中国“一带一路”战略的政治经济学

本论丛由
上海高校智库复旦大学宗教与中国国家安全研究中心
复旦大学国际关系与公共事务学院宗教与国际关系研究中心
主办

宗教与中国国家安全和对外战略论丛　　徐以骅 主编

邹 磊 著

中国“一带一路”战略的政治经济学

上海人民出版社

丛书总序

自冷战结束尤其是"9·11"事件以来，宗教在国际关系中的地位急速提升，已然成为各国国家安全与对外战略考量中不可回避的重要因素。伴随全球宗教复兴以及宗教保守派的崛起，许多国家出现宗教政治化和政治宗教化的趋势。宗教驱动或以宗教组织为载体的"国际恐怖主义第四次浪潮"的来临，更把宗教安全提上相关国家的国家安全甚至军事反恐的议事日程。在国际政治和宗教势力的推波助澜之下，宗教极端主义、民族分裂主义和国际恐怖主义三股势力针对我国的政治和暴力行动也在不断升级，目前已经构成对我国国家安全最直接、最具突发性和暴力性的威胁。

与此同时，所谓国际宗教自由运动在世纪之交有了新的发展。该运动催生了由美国占主导地位的宗教人权国际制度的形成；各种以人权和宗教为议题的宗教非政府组织往往扮演西方国家外交政策非正式执行者的角色。与此同时，以互联网为代表的新兴媒体的低门槛、大流量、快速度、广参与、无中心、跨国境、弱监管、难治理等特征，也在相当大的程度上造成我国有关宗教法规的滞后。所谓国际宗教自由运动和宗教非政府组织通常不具暴力性，但具有广泛的群众性，并且有助推"颜色革命"的能量，因此成为影响我国国家安全的更为经常性和潜在性的因素。

近年来我国各种宗教和民间信仰均呈较快增长的趋势，宗教无论作为正面还是负面因素，其对我国社会稳定和安全的重要性正在日益增长。在当前我国国家利益布局以及能源需求全球化的背景下，宗教对我国对外战略和对外关系的重要性也在不断提升。在我国当前关于"丝绸之路经济带”和“海上丝绸之路”等战略构想和倡议中，就不仅有经济和政治面向，而且还蕴含着文化和宗教面向。宗教交流是中国与外部世界在思想文化、价值观和情感层面的互动，其影响往往要比经贸等交流更为深刻和持久。宗教作为中外关系最具地方性、民间性和基础性的因素之一，其对推动中外关系进一步向前发展的潜能和必要性都是不言而喻的。安全与民主和自由等实践一样，有积极、消极之分。消极安全具有被动和防御性，主要着眼于消除安全威胁；积极安全则具有主动和进取性，着眼于预防安全隐患以及扩大安全空间。如“中国宗教走出去”战略以及宗教领域的公共外交，就是提升我国国际形象、促进国际间互信、增强宗教与文化软实力和实现我国对外战略目标的重要途径。

目前国内关于我国国家安全的研究大致可分为对当前我国的国家安全（包括宗教领域）形势的研判、对国家安全理论的探讨，以及涉及我国国家安全的对策研究三个部分。其中第一部分在总体研判和具体分析方面都有很大进展；第二部分虽无重大突破，但对哥本哈根学派的安全化理论做了大量基于我国实际国情的讨论和批评；第三部分近年来发展较快，这也是目前国内智库热的结果之一。国家安全研究无论在定性还是在对策上都要注重等级和层次。比如一般来说，涉及宗教的安全问题可分为三个层面，即刑事犯罪、社会安全和国家安全。此三类安全问题尽管有所重叠，但在规模、范围、严重性、破坏性、国际影响等方面均有较大差异，因此需把握分寸、有的放矢、区别对待，比如我们不能用处理国家安全问题的手段来处理刑事犯罪问题；需尽量防止社会安全问题升格和变性为国家安全问题；而对三股势力我们则需严阵以待，坚决打击。因此，分级管控和区别对待应成为我国处理涉及宗教领域的安全问题的一项原则。

本论丛是上海高校智库复旦大学宗教与中国国家安全研究中心的学术成果的出版平台之一。2013 年下半年，在上海市教委的支持下，中心成为上海首批在建高校智库之一。中心的主要研究包括宗教与中国国家安全研究、宗教与当前中外关系和中国对外战略、宗教与中国社会安全和国家建设，以及当前国内外各种宗教运动和现象等。除本论丛外，中心还主办《宗教与美国社会》(CSSCI 来源集刊)、《基督教学术》(CSSCI 来源集刊,与复旦大学哲学学院合办)以及《宗教与当代国际关系论丛》等刊物。我们希望通过包括本论丛在内的上述学术出版平台,与国内外同行进行学术交流,更希望得到各方读者的批评指正,共同促进相关领域的研究。

徐以骅

2014 年 10 月于上海西郊

序　言

作为目前国内外关于中国“一带一路”战略的首部学术专著，本书以政治经济学为主要研究路径，对新时期中国政府明确提出的“一带一路”这一重大国家发展战略，作了较全面系统的论述。

本书在论述结构和层次上具有以下要点：

在研究视角上，本书将“一带一路”置于横向与纵向的双重比较中。通过对古代丝绸之路发展史中三大核心问题（地缘、贸易与宗教）的再思考，获取理解“一带一路”的历史视野；通过对21世纪以来中国与中东“现代丝绸之路”的深入剖析，获取理解“一带一路”的当代参照。

在核心观点上，本书认为“一带一路”分别蕴含了中国在近期和中远期两个层面的内外战略思考。作为新时期中国区域战略的优先方向与对外合作的总体构想，“一带一路”不仅只是对欧亚传统贸易路线的简单复兴，更体现了中国对于未来国内区域发展和对外开放格局、国际政治经济秩序的长远战略谋划。这也是“一带一路”倡议超越古代丝绸之路和中国—中东“现代丝绸之路”，从而呈现出战略意义之关键所在。

在进展追踪上，本书以翔实的材料和数据，重点考察了自2013年9月“一带一路”倡议提出以来中国在内政、外交、贸易、金融、交通、能源、次区域合作等各个层面的推进举措，描绘了“五通”（政策沟通、设施联通、贸易畅通、货币流通和民心相通）全面展开的画卷。

在研究范围上，本书还在政治经济的视野中考察了古今丝绸之路上的宗教因素，尤其是聚焦于宗教与贸易、信仰版图与政治版图的互动关系。宗教因素的引入，不仅丰富了当前以政治经济学分析为主基调的“一带一路"研究,也为较全面地评估宗教与"一带一路"倡议乃至中国总体对外战略的关系进行了有益探索。

在对策研究上,本书基于对中国在"一带一路"建设中面临的各种固有与新生、短期与长期、突发性与结构性风险的分析,提出了防范战略风险和降低合作成本的因应方略。

在前景展望上,本书认为随着中美关系的日益全球化,两国势必面临在"一带一路"沿线开展战略互动的课题。尽管目前中美在亚太的战略竞争态势有所加剧,但双方在相关领域尤其是中亚和中东事务的合作空间亦在增长,从而给中美构建新型大国关系提供了新的契机和舞台。

当然,作为对中国"一带一路"战略具有框架性的政治经济学分析,本书的研究还是初步学术探索,需要更多具体个案和最新动态来加以充实。本书对"一带一路"的战略风险,以及对学界和坊间以中国的"战略西进"对冲美国的"战略东移"的论说,甚至冠之以"中国版门罗主义""中国版马歇尔计划"等不符实际的解读和期待的回应还不够充分有力,对宗教与古代丝绸之路和当前"一带一路"关系的论述还有待进一步细化。

"一带一路"所涉及的国家和地区甚多,所涵盖的议题甚广,所需要动员的资源甚巨,所面临的传统利益格局甚为复杂。因此,我们有必要在对外战略的积极有为与审慎节制之间保持适当的平衡,较多地以国内和区域性经济发展倡议,而非地缘政治的思路和举措,来持之以恒地切实推进"一带一路"建设,在构建我国内外战略大格局的同时避免国力的过度铺张。

邹磊博士在复旦大学国际政治系完成其从本科生到博士的全部学业,在校期间就以学业精湛和文笔老到而出名,尤喜钻研近代中外关系史,曾访学于台湾政治大学等院校,并与我合编和合著过包括《宗教与中国对外战略》等多部(篇)论著。本书是在其题为《中国与伊斯兰世界"新丝绸之路"的兴起》的博士论文基础上经过近2年的增删打磨而成。在本书出版之际,作为邹磊博士的博士论文指导老师,本人在此向邹磊博士表示衷心的祝贺。

徐以骅

2015年1月8日于上海西郊寓所

目录

导论

为了使欧亚各国经济联系更加紧密、相互合作更加深入、发展空间更加广阔，我们可以用创新的合作模式，共同建设“丝绸之路经济带”，以点带面，从线到片，逐步形成区域大合作。

——习近平

东南亚地区自古以来就是“海上丝绸之路”的重要枢纽，中国愿同东盟国家加强海上合作，使用好中国政府设立的中国—东盟海上合作基金，发展好海洋合作伙伴关系，共同建设21世纪“海上丝绸之路”。

——习近平

丝绸成了连结不同民族的纽带，并出现了一条条无穷无尽的商路……可以毫不夸张地说，这条交通干线是穿越整个旧世界的最长的路，从文化—历史的观点看，这是连结地球上存在过的各民族和各大陆的最重要的纽带。

——[瑞典]斯文·赫定

一、问题缘起

在公元前2世纪张骞西域凿空到公元15世纪初郑和下西洋的漫长岁月里，穿越广袤的草原、沙漠和海洋，在中国与亚、非、欧各国之间长期活跃着一条因丝绸贸易而著称的贸易通道，此即举世闻名的“丝绸之路”。

“丝绸之路”之名首见于近代德国地理学家费迪南·冯·李希霍芬(Ferdinand von Richthofen)[1]，并经瑞典探险家斯文·赫定(Sven Hedin)

于1938年出版的同名著作而广为流传。[2]最初，这个名称主要用于描述近代西方世界兴起以前以中国与中亚、西亚为核心且一度通往欧洲的陆上贸易通道。随着时间的推移，“丝绸之路”的内涵和外延都发生了很大的变化。在内涵上，“丝绸之路”逐渐从一条因丝绸贸易往来而形成的商路扩展为由不同港口、驿站、货物、原料、思想、文化、宗教和民族结成的复合网络。在外延上，“丝绸之路”逐渐从原先专指穿越中亚沙漠地带的“绿洲路”泛化为“绿洲路”“海洋路”“草原路”“西南路”等欧亚之间各条贸易路线的统称。[3]

鉴于古代丝绸之路的衰落与近代西方世界的兴起具有时间上的继起性，由“丝绸之路”所联结的古代中国与中亚、西亚、东南亚等非西方世界的政治、经济和文化交往纽带，往往被视作由西方强力塑造的现代政治经济秩序的直接参照。正是这种古今和东西之间的双重分野及其背后所体现的实力消长，使得“丝绸之路”始终受到各方的广泛关注，成为理解西方世界兴起之前欧亚之间政治、经济、民族、宗教、文化交往时最具象征性的知识图景、历史记忆和政治符号。相应地，以复兴丝绸之路的名义重建欧亚大陆内部沉寂已久的地缘经济纽带，也成为了各方的广泛共识。冷战结束以后联合国、美国、俄罗斯、土耳其、哈萨克斯坦、伊朗，乃至韩国、日本等都曾提出过各自版本的“新丝绸之路”计划。

作为古代丝绸之路东端最重要的大国，中国国力的消长始终与丝绸之路的兴衰息息相关。2013年9月7日，中国国家主席习近平在哈萨克斯坦纳扎尔巴耶夫大学演讲时建议，欧亚各国用创新的合作模式，共同建设“丝绸之路经济带”。具体而言，从加强政策沟通、道路联通、贸易畅通、货币流通和民心相通五个方面做起来，以点带面，从线到片，逐步形成区域大合作。[4]2013年10月3日，习近平主席又在印度尼西亚国会大厦演讲时表示，中国愿同东盟国家发展好海洋合作伙伴关系，共同建设“21世纪海上丝绸之路”。[5]这标志着在古代丝绸之路衰落数百年之后，新一届中国政府正式向沿线国家发起了共建海陆“新丝绸之路”的战略倡议，简称“一带一路”。

在此之后，经过周边外交工作座谈会(2013年10月)、中共十八届三中全会(2013年11月)、中央经济工作会议(2013年12月)和全国人民代表大会(2014年3月)等中央重要会议和《中共中央关于全面深化改革若干重大问题的决定》《政府工作报告》等指导性文件的确认，“一带一路”被正式确立为国家发展战略，与“京津冀协同发展”和“长江经济带”共同构成了本届政府的三大重要区域战略构想和部署。

2014年6月，中阿合作论坛第六次部长级会议在北京举行。这成为了倡议提出以来首次以“共建一带一路”为主题开展的重大外交动员举措，再次唤起了对由中国与中东阿拉伯—伊斯兰世界共同经营的古代“丝绸之路”(或“香料之路”、“瓷器之路”)的历史记忆。现有的考古发现表明，相较于汉朝与罗马帝国之间零星的贸易与文化往来，唐宋时代中国与中东伊斯兰世界之间的贸易、人员、宗教、文化交流更为直接而持久，所涉及的范围更为广泛，所反映的内容也更为深刻。[6]

事实上，早在“一带一路”倡议提出之前，21世纪以来中国与中东之间逐渐“自发”兴起的所谓“新丝绸之路”或“现代丝绸之路”即已备受关注。正如许多观察者所注意到的，以能源贸易为主要驱动力，中国、印度、新加坡、日本等亚洲国家与中东产油国，在商品、能源、人员和资金方面的往来呈现出明显的加速态势，两个地区之间自古代丝绸之路衰落以来中断已久的贸易纽带正在重新得到激活，“新丝绸之路”或“现代丝绸之路”则很自然地成为了对这一地缘经济新景观的描述。[7]由此导致的结果是，一方面，中国、印度等亚洲国家在中东的经济影响力快速增长；[8]另一方面，中东产油国也日益表现出“向东看”的地缘政治和地缘经济倾向。[9]两者均指向中国/东亚、中东与西方/美国三者相互关系和影响力的此消彼长。在澳大利亚观察家贝哲民(Ben Simpfendorfer)看来，现代丝绸之路的兴起表明阿拉伯—伊斯兰世界正在重建历史上与中国之间的紧密联系，而这与“9·11”事件以后前者与西方/美国关系的疏离形成了鲜明对比。[10]

因此，作为新时期中国政府明确提出的重大国家发展战略，对“一带一路”的考察至少存在着两个参照系。一是与古代丝绸之路的纵向比较，二是与中国—中东“现代丝绸之路”的横向比较。相应的，本书的核心关切在于，如何理解中国“一带一路”倡议的时代性和战略性？更为具体地，本书将重点讨论以下三个相互交织的问题：

首先，相较于古代丝绸之路，如何理解“一带一路”倡议的历史延续和时代特征，尤其是在地缘、贸易和宗教等关键方面体现出怎样的古今异同？

其次，相较于21世纪以来中国与中东之间“自发”兴起的所谓“新丝绸之路”或“现代丝绸之路”，如何理解新时期中国“一带一路”倡议的战略性，尤其是其对未来国际政治经济新秩序的战略谋划？

第三，围绕“一带一路”的战略谋划，如何理解中国即将或正在实施的建设举措，对于在此过程中可能遭遇的现实或潜在的风险应该如何评估与因应？

二、研究意义

作为目前国内外首部系统分析中国“一带一路”战略的研究著作，本书在现实和学术两个层面上都具有一定意义。

(一) 现实意义

首先，服务国家“一带一路”战略的顺利实施。一般而言，一项完整的战略包含目标、手段和风险评估三个层面。作为当前中国最新的重大国家发展战略之一，各界对于“一带一路”的战略目标、建设方略和风险评估的研究尚处于起始阶段。就战略目标而言，中国须根据自身实力和内外环境明确区分目标的轻重缓急、优先次序，厘清在近期、中期和远期各个阶段所追求的主要目标，统筹协调同一时期不同层次目标之间的关系，并在此基础上合理配置战略资源。就建设方略而言，涉及具体的实施原则和推进路径，尤其是要形成与不同国家(沿线国家和主要大国)之间的战略谅解与利益共享，在对既有的各种合作机制和网络进行整合、优化和升级的同时，也要在某些重点和优先领域进行前瞻性、创新性的布局安排。就风险评估而言，应该重点研究“一带一路”所可能遭遇的结构性和长期性挑战，并就此提出合情合理的因应方案。因此，本书对于这些问题的初步讨论，将有助于深化对“一带一路”战略的理解，从而在一定程度上服务于国家战略的顺利实施。

第二，把握中国区域发展和对外开放的新趋势。丝绸之路经济带从中国西部内陆地区出发横贯整个欧亚大陆，21 世纪海上丝绸之路则从中国东部沿海地区出发连接太平洋和印度洋，两者都是集国内区域发展和对外开放于一体的综合性战略构想。长期以来，受地理区位、资源禀赋和国家战略等多方面的影响，中国国内的东西部之间始终存在着发展失衡的状态，对外开放也呈现出东快西慢、海强陆弱的格局。丝绸之路经济带倡议的提出表明，西部和陆地在中国区域和地缘战略格局中的重要性进一步得到凸显，而西部开发与向西开放（陆上合作）也将得到更为紧密的结合。相应的，21 世纪海上丝绸之路倡议的提出则意味着，国家将继续支持东部地区优先发展，并进一步推动沿海开放、海洋经济发展和海上互联互通进程，强化中国在海洋方向的竞争力。因此，“一带”与“一路”之间并非竞争性的相互替代关系，二者的同时问世正体现了新时期中国统筹经略西部和东部、陆地和海洋的战略意志。随着“一带一路”战略的正式确立，中国将进一步寻求更为均衡的区域发展和海陆地缘，构筑东西互济、海陆统筹的全方位对外开放新局面。这就使得对“一带一路”的系统研究将有助于及时把握中国国内区域发展、对外开放以及地缘布局的新趋势。

第三，理解中国周边外交与区域合作的新安排。长期以来，中国通过各种双边或多边机制和平台，构筑了多层次、多渠道、多领域的周边外交与区域合作网络。然而与此同时，制约中国与周边国家和地区深入合作的障碍依然不少，部分合作领域亟须注入新的动力加以优化升级，某些周边国家（如阿富汗）和地区的特定形势也要求中国提出新的政治经济秩序安排加以应对。近年来，随着自身动员、整合和运筹资源能力的大幅提升，中国正越来越主动地塑造周边和区域环境，在周边和区域合作中积极贡献“中国方案”和“中国倡议”。作为新一届中国政府正式提出的洲际经济合作倡议，“一带一路”覆盖了东南亚、南亚、中亚、俄罗斯、蒙古等周边地区以及西亚北非、中东欧、欧盟等重要能源和经贸伙伴，反映了当前中国对周边外交、区域合作以及欧亚经济秩序的最新构想。在“一带一路”的战略框架下，各种既有的合作网络将得到整合升级，而新的布局和安排也将逐渐酝酿展开，从而为中国与沿线国家（尤其是周边国家）的合作提供新的契机和愿景。因此，对“一带一路”的深入研究有助于理解中国周边外交和区域合作的新思路、新安排。

（二）学术意义

首先，深化对中国内政和外交互动关系的理解。随着中国国家利益全球化进程的全面展开，内政与外交的界限日益模糊，两者之间的互动更为紧密。新时期，中国所面临的许多国内问题已越来越需要通过国际层面或“走出去”的方式加以应对。相应的，周边和国际局势也正在对中国的内政产生直接的现实影响。从“一带一路”倡议的提出来看，它不仅包含了内政和外交两个层面的战略考量，更体现了将国内和国际两个大局进行统筹协调的思路。例如，在丝绸之路经济带的构想中，阿富汗国家重建与新疆安全稳定息息相关，西部大开发进程将更多地与中国对中亚、南亚和东南亚的周边外交布局紧密结合。在21世纪海上丝绸之路的构想中，海外港口布局则与沿海产业带、港口城市网络建设相互促进。随着“一带一路”逐渐从倡议进入动员、协调、部署和实施阶段，内政外交的互动趋势将更为直观和频繁。因此，作为一项最新的国家发展战略，对“一带一路”的考察与追踪，可以为深入理解新时期中国内政与外交的互动关系，并进而总结发现某些具有普遍性的互动模式提供很好的切入点。

其次，增进对国际政治经济秩序演变的新认识。以丝绸之路为切入点，不仅可以考察特定历史时期欧亚之间的地缘环境、贸易往来、人员流动和宗教传播，更可以揭示它们各自所对应的国际体系和政治经济秩序，而这也正是区别不同历史阶段、不同版本“丝绸之路”的本质所在。本书对“一带一路”的讨论将在与两个参照对象的比较中展开。一是古代丝绸之路，这被认为是近代西方世界兴起以前全球最重要的地缘经济组合，与此后西方所塑造的资本主义世界体系呈现出鲜明的反差。二是21世纪以来逐渐兴起的中国（东亚）与中东的“现代丝绸之路”，在两个地区之间地缘经济的重新接近背后，正是由美国所主导的当代政治经济秩序。在此意义上，作为新时期中国的重大洲际合作倡议，“一带一路”所着眼的不仅仅是贸易路线的复兴，更在一定程度上体现了中国对未来国际政治经济新秩序的战略谋划。因此，通过对三个版本“丝绸之路”的纵向与横向比较，可以更为深入地理解不同国际政治经济秩序的建构原则、运行逻辑和展开方式，从而增进对“一带一路”时代性和战略性的认识。

第三，促进对古代丝绸之路发展历史的再思考。长期以来，依托沿线各国丰富的历史文献和考古发现，中外学界已对古代丝绸之路涉及的诸多面向进行了深入而细致的诠释。然而必须指出的是，尽管目前在中西交通史或全球史框架下开展的各项研究（尤其是在地缘环境、外交关系、军事冲突、贸易往来、宗教传播等领域）成果不可谓不精彩，却亦在某种程度上存在着“就事论事”“就史论史”的视野局限。随着中国“新丝绸之路”战略的提出，古代丝绸之路研究将获得新的动力和契机。一方面，为了更好地推进当代新丝绸之路建设，需要对古代丝绸之路兴衰的国内国际根源、经验教训进行全面的梳理总结，并尽可能激活蕴涵其中的各种正面资源，从而使得古代丝绸之路研究呈现出直接的政策意涵。另一方面，国家发展战略和国际政治经济的新语境将有助于开启理解古代丝绸之路的新视野、新路径，增进对某些具有高度历史连续性的重要问题之探索。例如，货币流通以往并不是古代丝绸之路研究中的重点议题，但通过与当代美元本位制、人民币国际化、“一带一路”金融合作等议题的联系，这一问题具有了学术和政策两个层面的双重意义。此外，通过与“一带一路”倡议的比较，古代丝绸之路发展史中的海陆关系转换、宗教与贸易、信仰版图与政治版图互动等主题也将得到更加深入的讨论。

三、文 献 综 述

作为一项新兴的重大国家发展战略，目前国内外关于"一带一路"或"新丝绸之路"倡议的研究还处于起步阶段，除了一些论文、评论和智库报告外，尚未有系统的研究专著问世。从既有的研究成果来看，主要围绕"一带一路"的战略考量、建设方略和风险评估三个角度展开。

（一）战略考量

1. 提出背景

杨恕指出，"丝绸之路经济带"倡议绝非海洋战略受挫后的折衷选择，或是应对美国"亚太再平衡战略"的对冲举措，而是中国全方位开放与全面发展的内在要求。[11]王晓泉也认为，"丝绸之路经济带"战略构想的提出标志着我国开始改变传统的对外经贸合作方向，由偏重东部海路变为东部海路与西部陆路双方向均衡发展。[12]梅新育指出，我国"一带一路"构想最初的着眼点仅仅限于陆上丝绸之路的中线，目标是在美国北约从阿富汗撤军和国际经济转折的背景下构建包括中亚、阿富汗、伊朗在内的西域经济新秩序，以取代美国版本的"新丝绸之路"计划，并为预防该区域的政治权力更迭和动乱风险做好准备，从而抵御"三股势力"(指暴力恐怖势力、民族分裂势力和宗教极端势力)的东侵。后来才在这一基础上又扩展至北线、南线和海上丝绸之路。[13]同时，梅新育认为，在欧洲成为中国第一大贸易伙伴的背景下，"丝绸之路经济带"构想还具有应对阿拉伯世界动荡局势下中欧贸易路线转移压力的深意。[14]有西方学者则指出，"21世纪海上丝绸之路"概念的提出是为了回应美国对中国所谓"珍珠链战略"的炒作，旨在通过强调经济合作淡化外界对中国海洋战略的顾虑。[15]

2. 战略定位

胡鞍钢等认为，"丝绸之路经济带"在性质上是集政治经济、内政外交与时空跨越为一体的历史超越版，在内容上是集向西开放与西部开发为一体的政策综合版，在形成上是历经几代领导集体谋划国家安全战略和经济战略的当代升级版。它表现为中国国家安全战略的一系列转型：从消极性战略防御到主动性战略进取；从单一性边疆安全到多维度的全面合作；从内政外交相分离到内政外交一体化。[16]何茂春、张冀兵指出，“丝绸之路经济带”是中国在区域经济一体化和经济全球化新形势下提出的跨区域经济合作新模式，是新时代对古老丝绸之路的复兴计划。相较于日本的“丝绸之路外交”、美国的“新丝绸之路”计划以及俄印伊的“北南走廊”计划，中国的战略构想具备最佳的客观条件与更高的战略价值。[17]文扬发现，中国版的“新丝绸之路”由于与古代丝绸之路之间的千丝万缕的历史联系，不可避免地连带着诸多深刻的历史含义。即它所覆盖的地域不仅是西方崛起之前的古代世界，也是古代中华影响所及和平友好、互惠互利的世界，更是没有地缘战略谋划和控制世界企图的世界，而这三者正构成了“一带一路”与美国版或联合国版“新丝绸之路”计划最大的不同之处。[18]

3. 战略意义

商务部部长高虎城认为，建设“一带一路”有利于我国构建陆海统筹、东西互济的全方位开放新格局，有利于沿线国家优势互补和互利共赢，有利于打造区域利益共同体和命运共同体。[19]曹云指出，丝绸之路经济带建设至少指向国家安全(地缘政治平衡、反恐战略需要、国家能源安全)、对外开放、西部开发和中国经济未来新增长点的四重战略目标。[20]占豪提出，两条新丝绸之路具有战略安全与经济安全、拓展国际空间、促进中西部大发展、打击国际恐怖主义、加速产业升级等方面的战略意义。同时，“丝绸之路经济带”在客观上可以对冲美国版的“新丝绸之路战略”，还能加速欧亚大陆整合；海上丝绸之路除了可以对冲美国在海上对中国的围堵，反击美国针对中国的空海一体战计划，还有助于在经济上加强与东南亚、印度洋国家的联系，避免美国利用跨太平洋战略经济伙伴关系协定(TPP)在经济上架空中国。[21]郭田勇、李琼则从经贸金融战略角度指出，新丝绸之路战略有利于我国的产业升级，助推物流业、外贸电商发展，促进金融市场发展和人民币国际化。[22]

（二）建设方略

1. *政府层面*

外交部部长王毅提出，“一带一路”建设的主线是经济合作和人文交流，优先是互联互通和贸易投资便利化，方式是平等协商、循序渐进，目的是合作共赢，打造利益共同体。[23]商务部部长高虎城指出，“一带一路”是开放包容的经济合作倡议，不限国别范围，不是一个实体，不搞封闭机制，有意愿的国家和经济体均可参与进来，成为“一带一路”的支持者、建设者和受益者。[24]商务部国际贸易谈判代表钟山表示，丝绸之路经济带将充分依靠既有的双多边机制，借助既有的区域合作平台，并为这些机制和平台充实新的内涵。[25]国家发改委秘书长李朴民提出，新时期建设丝绸之路经济带要紧紧围绕经济合作，突出“亲、诚、惠、容”的方针，坚持共商、共建、共享原则，以“五通”为主要内容，以重大合作项目为抓手，以完善合作机制为载体。[26]国家海洋局局长刘赐贵认为，海洋合作伙伴关系是共建21世纪海上丝绸之路的题中要义，应从构建海上互联互通、加强海洋经济和产业合作、推进海洋非传统安全领域合作、拓展海洋人文领域合作四个重点方面入手发展好海洋合作伙伴关系。[27]

2. *民间/半官方/智库层面*

中国人民大学重阳金融研究院的报告建议，建设丝绸之路经济带可以提出一个时间跨度为35年的“三步走”战略。即从现在起到2016年为战略动员阶段，主要分为国内动员和国际动员；从2016年到2021年为战略规划期；从2021年到2049年则为战略施行期。[28]商务部研究员刘华芹、李钢认为，丝绸之路经济带建设应遵循好近期与长远相结合、贸易与投资相结合、双边与多边相结合、共同利益最大化、以市场经济原则创新合作模式等基本原则。在此过程中，形成“三个支点、三个辐射面、三条路径”的战略布局。即以上海合作组织（以下简称上合组织）为支点，辐射独联体国家；以海湾阿拉伯国家合作委员会（以下简称海合会）为支点，辐射西亚国家；以中巴自由贸易区和孟中印缅经济走廊为支点，辐射南亚国家。在三个支点中，上合组织是推进重点。[29]新加坡国立大学教授郑永年建议,“一带一路”建设可以借鉴第二次世界大战后美国为复兴欧洲所实行的“马歇尔计划”,既学习其成功经验,也要超越其地缘政治概念。具体执行上,在中央层面成立一个国际开发机构来协调经济“走出去”和海外经贸活动,积极发挥自身强大的金融能力和基础设施建设能力,通过建设开放式的新丝绸之路减轻其他国家的地缘政治担忧。[30]中国人民银行乌鲁木齐中心支行行长朱苏荣指出,丝绸之路本质上是一条贸易与货币共生相伴之路,应充分发挥金融的核心引领作用,以金融支持“道路联通”和“贸易畅通”为切入点,以“货币流通”促进区域合作为突破点,促进区域内贸易投融资便利化。[31]中国国际经济交流中心副理事长魏建国建议,21世纪海上丝绸之路的建设应着眼于建立一个平台、一个基金和一个机制。具体而言,一个平台是指面向东盟、非洲、南亚以及东欧地区的海上丝绸之路的论坛平台;一个基金是指由海上丝绸之路互联互通所决定的丝绸之路共同发展基金;一个机制是指海上丝绸之路沿线的城市市长会议。[32]

(三) 风险评估

1. 经济/机制风险

陕西省社科院课题组认为,沿线国家和区域合作机制协调的困难、中亚基础设施建设的滞后以及各国贸易通关协作的不力使丝绸之路经济带建设面临严峻挑战。[33]杨恕、王术森则指出,沿线地区经济发展的严重失衡、铁路轨距不统一、北极航道的竞争等都构成了丝绸之路经济带建设的不利条件。[34]曾向红指出,中亚国家各自的利益计算、不同的发展水平增加了构建丝绸之路经济带过程中的协调难度。[35]程云洁则将沿线国家经贸合作的挑战归因于美欧俄日韩等国对沿线市场的争夺、“俄白哈关税同盟”的贸易转移效应、跨境运输能力与机制的掣肘以及一些国家严格的贸易壁垒等。[36]

2. 政治/安全风险

郑永年认为,新丝绸之路面临的最大挑战来自地缘政治问题,中国应分别在“一带”和“一路”上处理好与俄罗斯、东盟、印度等国家的关系。[37]

周明以哈萨克斯坦为案例指出，由于中国在哈萨克斯坦大众的地缘政治想象中具有模糊性，且部分人士担心合作更有利于中国，使哈萨克斯坦对丝绸之路经济带构想的长期参与和认同投下了阴影。因此，加强沿线国家民众对中国的理解，保障参与者均能获得相对公正的收益，是未来中国与各参与国都需要认真思考的问题。[38]梅新育则提醒到，在宗教极端主义仍将持续膨胀20年以上的背景下，中国应谨防被西方诱导而损耗国力，从而在中俄、西方、宗教极端主义势力的三角博弈中失败。同时，应警惕“三股势力”借助经贸发展的便利加速向我国新疆渗透。[39]类似的，张文木也指出，随着俄罗斯在中亚的战略收缩和近期美军从阿富汗撤军，8世纪出现在中国西陲的“黑衣大食”形势再次东向进逼，地区恐怖主义为争夺战略真空对中国西陲造成的安全压力和危险增大。当前“三股势力”日益向中国南疆喀什一线汇集，正是有着在历史上被新疆分裂主义势力规律性地多次重复过的地缘战略取向。在东海成为中国主要安全矛盾的背景下，中国应该在西域方向保持足够的审慎。[40]清华大学中国与世界经济研究中心的报告认为，除了基础设施建设不足之外，丝绸之路经济带建设还面临着宗教和民族问题关系复杂、历史遗留问题较多和国家体制差异较大等政治安全挑战。若要实现合作前景和发展愿景，沿线各国亟须推动经济、金融、教育、旅游、反恐等领域的合作。[41]

简言之，随着中国“一带一路”战略的提出，相应的研究进程正在开启。正如前文所述，已有的研究成果对于初步理解“一带一路”的战略考量、建设方略和风险挑战具有一定的促进作用。

然而平心而论，既有研究在深度和广度上均存在诸多不足，研究的视野也略显单一。由于这一议题是在国家战略的直接推动下产生的，多数研究主要聚焦于对“一带一路”的意义解读和政策建议上。通过对研究者与国家发改委、外交部、商务部等“一带一路”牵头单位各自表述的比较来看，政学之间的话语体系存在着高度的重合。在国家战略提出初期，这固然有其相当的合理之处和正面意义。但随着时间的推移，这种政策导向的命题式和对策式研究也日益呈现出其局限性。例如，对于“一带一路”

与古代丝绸之路之间的天然联系，目前绝大多数的研究只是在将后者作为论证政策合理性的历史符号时加以提及，而并未深入发掘古代丝绸之路的历史经验、当代遗产以及蕴含在其中丰富的历史比较视野，相应的历史研究成果也未能有效加以激活与整合。对于中国在“一带一路”上的建设方略，既有的研究普遍带有重判断轻论证、重宏观轻细节的倾向，尤其缺乏对中国采取的具体举措进行细致的追踪分析，并揭示其背后的模式化经验。基于以上原因，既有研究在给本书提供一定启发的同时，却也留下了极大的深化和拓展空间。

四、篇章安排

(一) 研究思路

为了理解新时期中国“一带一路”倡议的时代性与战略性，本书的研究思路如下：

首先，通过对古代丝绸之路发展史中三大核心问题(地缘、贸易与宗教)的再思考，获取理解“一带一路”的历史视野。具体而言，对地缘环境(尤其是海陆交通的历史性兴替)的分析，有助于理解“一带”与“一路”两者同时提出背后的新意与深意。对国际贸易(侧重于商品和货币)的考察，有助于从历史和比较视野中理解古代丝绸之路、中国与中东“现代丝绸之路”以及“一带一路”各自所反映的国际政治经济秩序。对宗教传播(主要是丝绸之路的伊斯兰化)的梳理，有助于理解宗教因素在中国与中东“现代丝绸之路”和“一带一路”上所扮演的复杂角色。无论是由义乌的中东贸易引发的伊斯兰教传播，宁夏与阿拉伯世界的宗教纽带开启的向西开放新空间，还是沿线国家普遍遭遇的政教关系和国家建设困境，都与历史上伊斯兰教信仰版图的扩张息息相关。因此，对古代丝绸之路宗教传播的考察，有助于观照不同历史时期宗教与贸易、信仰版图与政治版图之间的互动关系。

其次，通过对21世纪以来中国与中东“现代丝绸之路”的深入剖析，获取理解“一带一路”的当代参照。相较于观察者们对两地之间商品、能源、人员、资金流动的直观描述，本书将侧重于分析其得以兴起的结构性条件，以及这一双边关系背后所反映的当代国际政治经济秩序与结构。通过分析可以发现，相较于古代丝绸之路，它在许多方面都呈现出鲜明的现代特征。然而相较于“一带一路”倡议，它又只是改革开放以后中国国内发展战略和当代国际政治经济体系下“三角贸易”结构交互作用的一个缩影，具有明显的内在局限性。在此意义上，本书反驳了西方观察者们对中国与中东“现代丝绸之路”战略意义的过高评价，认为这一贸易通道的复兴虽然对传统以欧美为中心的地缘经济格局造成冲击，但是它本质上只是美元本位制下中国制造与中东石油及两者衍生形式之间的双向流动，不仅缺乏改变国际政治经济既有结构的战略前景，更是呈现出深刻的战略困境。可以说，中国与中东“现代丝绸之路”的独特之处正在于其新旧交错的属性，而这为深入理解“一带一路”的战略谋划提供了历史经验之外的当代参照。

第三，在与古代丝绸之路、中国与中东“现代丝绸之路”的双重比较视野中，深入考察“一带一路”倡议的战略谋划。通过与古代丝绸之路的比较，理解“一带一路”得以兴起的历史条件，尤其侧重于各种国内外政治、经济和技术条件的交织组合。在此基础上，区分中国在“一带一路”上的现实考量和理想愿景。就现实考量而言，既有对中国与中东“现代丝绸之路”局限性的克服（如通过西部开发与向西开放扭转经济重心的沿海化倾向、通过多元化方式缓解石油进口中东化的风险），也有对一些国内外现实问题的回应（如通过“走出去”的方式缓解产能过剩和资本过剩，进一步贯通欧亚间贸易通道）。就理想愿景而言，则包含了对国内区域发展和对外开放格局、国际政治经济新秩序的谋划，而这正是“一带一路”超越古代丝绸之路、中国与中东“现代丝绸之路”而具有深刻战略性之关键所在。

第四，围绕“一带一路”倡议，考察中国正在或即将采取的具体举措，以及在此过程中的风险因应。在具体举措部分，主要关注中国在“一带一路”上的政治安排（国内部署与外交动员）、金融合作（货币与融资）、互联互通（铁路、公路、管道和港口）以及次区域合作（沿边、内陆与沿海）。在此过程中，尤其注重对内政与外交，金融、能源与基础设施，区域发展与对外开放等多方面、多层次互动情况的考察。同时，尝试性地梳理总结中国各种实际举措背后的共性化和模式化特征。在风险因应部分，将集中分析中国在“一带一路”上现实或潜在遭遇的长期性、结构性政治安全风险，包括沿线节点国家的政治动荡、伊拉克和阿富汗的国家重建、“三股势力”、跨国犯罪以及大国竞争等。这些政治安全风险彼此交织、交互作用，具有深刻的历史背景和时代特征。因此，本书将侧重于分析它们的联动方式（如阿富汗局势与“三股势力”“鸦片贸易—武器军火—恐怖主义”），并着力阐释其背后的历史渊源（如古代丝绸之路的伊斯兰化）。在此基础上，从原则和策略两个层面建设性地提出中国的因应方略。

（二）资料来源

本书的文献和研究资料主要由三部分构成。

首先是现有学术研究成果、历史文献以及非学术类报刊资料，且主要以中、英文文献为主。历史文献部分包括：《隋书》《旧唐书》《新唐书》《宋史》《宋会要辑稿》《诸蕃志》《岭外代答》《中国印度见闻录》《道里邦国志》等古代丝绸之路发展史和中西交通史所涉及的相关史料；非学术类报刊部分包括《人民日报》《经济日报》《求是》《参考消息》，以及《金融时报》（*Financial Times*）、《新闻周刊》（*Newsweek*）、《纽约时报》（*The New York Times*）、《外交事务》（*Foreign Affairs*）、《国家利益》（*The National Interest*）、《外交政策》（*Foreign Policy*）等中外主流媒体。

其次是各种官方文献，包括政府文件、统计数据、年度报告、白皮书等。国内部分除领导人重要讲话外，还包括国务院办公厅、国家发改委、国家能源局、国家统计局、国务院新闻办公室、国家外汇管理局、国土资源部、海关总署、财政部、中国人民银行、原铁道部、交通运输部、工信部、商务部、外交部、农业部、公安部、新疆维吾尔自治区、宁夏回族自治区、广西壮族自治区等官方单位所发布的各类权威资料，以及中国与外国政府、国际组织所签署或发布的条约、合作规划、联合声明等；国外部分则包括联合国、世界银行、国际货币基金组织、国际能源署、国际海事组织、国际麻醉品管制局、石油输出国组织(欧佩克)、亚洲开发银行、沙特阿拉伯海关、美国能源情报署、美国财政部、美国商务部普查局等机构所发布的各种官方文献、数据或统计报告。

第三是各类非官方文献。主要包括:(1)中国石油天然气集团公司、国家开发银行、中国进出口银行、BP、沙特阿拉伯阿美石油公司、阿联酋阿布扎比投资局等中外公司/机构的年报(年鉴);(2)长城咨询、麦肯锡(McKinsey)、安永(Ernst & Young)、战略与国际研究中心(Center for Strategic and International Studies)、威尔逊中心(Woodrow Wilson International Center for Scholars)、兰德公司(Rand Cooperation)、布鲁金斯学会(The Brookings Institute)、亚洲研究局(The National Bureau of Asian Research)、皮尤研究中心(Pew Research Center)等国内外知名商业咨询公司/智库单位发布的研究报告和政策分析;(3)其他具有较强公信力的网络资源。

(三)篇章结构

本书将分为导论、正文和结论三部分。正文共分为五章,其中第一、二章为理解"一带一路"的古今背景和参照,第三至五章则分别阐述"一带一路"的战略谋划、实际举措和风险因应。

具体而言,第一章旨在通过对古代丝绸之路兴衰史的再思考,获取理解新时期"一带一路"倡议的历史视野,尤其侧重于地缘、贸易和信仰三个维度的讨论。

第二章将剖析21世纪以来中国与中东"现代丝绸之路"兴起的形式、条件和实质,获取理解新时期"一带一路"倡议的当代参照。

在此基础上,第三章将深入考察中国"一带一路"战略倡议的历史条件、现实考量和远期愿景,从而理解"一带一路"倡议的战略谋划。

第四章将从四个方面深入追踪和把握当前中国推动"一带一路"建设的具体举措和实际进展。首先是基于"一带一路"战略所进行的国内部署和外交动员;其次是以货币流通(人民币)和融资支持(美元)为核心所开展的金融合作;第三是以跨境铁路、跨境公路、油气管道和港口建设为重点所着力打造的基础设施互联互通;第四是以新疆、宁夏和广西为代表的沿边、内陆和沿海省区与周边国家或地区开展的次区域合作。

第五章主要聚焦于"一带一路"建设进程中现实的或潜在面临的主要政治安全风险,包括沿线国家内部动荡、跨境威胁和大国竞争等,并在此基础上尝试性地提出中国的因应方略。

最后是本书结论,将在前文讨论的基础上总结全文核心观点,并在古代和当代两个参照系的比较中理解新时期"一带一路"倡议的变与常。

注 释

1. Daniel C.Waugh, "Richthofen's 'Silk Roads': Toward the Archaeology of a Concept," *The Silk Road*, Vol.5, No.1(Summer 2007), p.4.
2. Sven Hedin, *The Silk Road: Ten Thousand Miles through Central Asia*, translated by F.H.Lyon(New York: E.P.Dutton & Company, Inc, 1938).笔者参考的是 2009 年英国伦敦 Tauris Parke Paperbacks 重印的版本。该书的中文译本参阅[瑞典]斯文·赫定:《丝绸之路》,江红、李佩娟译,新疆人民出版社 1996 年版。
3. 关于"海洋路",参阅常任侠:《海上丝路与文化交流》,海洋出版社 1985 年版;陈高华等:《海上丝绸之路》,海洋出版社 1991 年版;刘迎胜:《丝路文化》海上卷,浙江人民出版社 1995 年版;陈炎:《海上丝绸之路与中外文化交流》,北京大学出版社 2002 年版;杜瑜:《海上丝路史话》,社会科学文献出版社 2011 年版。关于"草原路",参阅苏北海:《汉、唐时期我国北方的草原丝路》,新疆美术摄影出版社 1994 年版;刘迎胜:《丝路文化》草原卷,浙江人民出版社 1995 年版。关于"西南路",参阅徐冶:《南方陆上丝绸路》,云南民族出版社 1987 年版;邓廷良:《丝路文化》西南卷,浙江人民出版社 1995 年版;江玉祥:《古代西南丝绸之路研究》第 1、2 辑,四川大学出版社 1990 年版、1995 年版。
4. 习近平:《弘扬人民友谊共创美好未来——在纳扎尔巴耶夫大学的演讲》(2013 年 9 月 7 日,阿斯塔纳),载《人民日报》2013 年 9 月 8 日,第 3 版。

5. 习近平:《携手建设中国—东盟命运共同体——在印度尼西亚国会的演讲》(2013年10月3日,雅加达),载《人民日报》2013年10月4日,第2版。

6. 马文宽:《从考古资料看中国唐宋时期与伊斯兰世界的文化交流》,载中国社会科学院考古研究所《汉唐与边疆考古研究》编委会:《汉唐与边疆考古研究》第一辑,科学出版社1994年版,第245页。

7. Dominic Barton, Kito de Boer and Gregory P. Wilson, "The New Silk Road: Opportunities for Asia and the Gulf," *The McKinsey Quarterly*, July 2006, pp.1—2; Economist Intelligence Unit, *Near East Meets Far East: The Rise of Gulf Investment in Asia* (New York: The Economist Group, 2007); Afshin Molavi, "The New Silk Road," *The Washington Post*, April 9, 2007; Stephen Glain, "The Modern Silk Road", *Newsweek*, May 26/June 2, 2008, pp. 32—33; Miria Pigato, *Strengthening China's and India's Trade and Investment Ties to the Middle East and North Africa* (Washington, D.C.: World Bank, 2009); Mikkal E. Herberg et al., *The New Energy Silk Road: The Growing Asia-Middle East Energy Nexus* (Washington, D. C.: The National Bureau of Asian Research, 2009); Christopher Davidson, *The Persian Gulf and Pacific Asia: From Indifference to Interdependence* (London: Hurst & Co., 2010); Alshin Molavi, "The New Silk Road, 'Chindia,' and the Geo-Economic Ties that Bind the Middle East and Asia," in Bryce Wakefield and Susan L. Levenstein, eds., *China and the Persian Gulf: Implications for the United States* (Washington, D. C.: Woodrow Wilson International Center for Scholars, 2011), pp.45—53.

8. Manochehr Dorraj and Carrie Currier, "Reconstructing the Silk Road in a New Era: China's Expanding Regional Influence in the Middle East," in Emilian Kavalski, ed., *China and the Global Politics of Regionalization* (New York: Ashgate Publishers, 2009), pp. 165—176; Geoffrey Kemp and Abdulaziz Sager, eds., *China's Growing Role in the Middle East: Implications for the Region and Beyond* (Washington, D.C.: The Nixon Center, 2010); Geoffrey Kemp, *The East Moves West: India, China, and Asia's Growing Presence*

in the Middle East（Washington，D.C.：Brookings Institute Press，2010）；Christina Lin，*The New Silk Road*：*China's Energy Strategy in the Greater Middle East*（Washington，D.C.：Washington Institute for Near East Policy，2011）.

9. 安惠侯:《阿拉伯国家"向东看"政策评析》,载《阿拉伯世界研究》2011 年第 1 期，第 3—9 页;杨光:《中东非洲发展报告:解析中东非洲国家的"向东看"现象》,社会科学文献出版社 2011 年版;Emile Hokayem，"Looking East：A Gulf Vision or A Reality?" in Bryce Wakefield and Susan L. Levenstein，eds.，*China and the Persian Gulf*：*Implications for the United States*（Washington，D.C.：Woodrow Wilson International Center for Scholars，2011），pp. 38—44；Jaqueline M. Armijo and Lina M. Kassem，"Turning East：The Social and Cultural Implications of the Gulf's Increasingly Strong Economic and Strategic Relations with China，" *Singapore Middle East Papers*，Vol. 1（2012），pp.22—45。

10. Ben Simpfendorfer，*The New Silk Road*：*How a Rising Arab World is Turning Away from the West and Rediscovering China*（New York：Palgrave Macmillan，2009），pp.7—27.

11. 杨恕:《中国西部地区需要什么样的新丝绸之路——从北京的战略构想到兰州的现实诉求》,载《人民论坛·学术前沿》2013 年 12 月上,第 14—15 页。

12. 王晓泉:《建设"丝绸之路经济带"的战略思考》,载《经济导刊》2014 年 3 月号。

13. 梅新育:《丝绸之路谨防深陷"伊斯兰陷阱"》(2014 年 6 月 4 日,凤凰网)，http://city.ifeng.com/special/chinacity46/(登录时间:2014 年 7 月 25 日)。

14. 梅新育:《新丝绸之路的深意》,载《人民论坛·学术前沿》2013 年 12 月上,第 38 页。

15. Shannon Tiezzi，"The Maritime Silk Road vs. The String of Pearls，" http://thediplomat.com/2014/02/the-maritime-silk-road-vs-the-string-of-pearls/（Accessed：July 11，2014）

16. 胡鞍钢、马伟、鄢一龙:《"丝绸之路经济带":战略内涵、定位和实现路径》,载《新疆师范大学学报》(哲学社会科学版)2014 年第 2 期,第 1—10 页。

17. 何茂春、张冀兵:《新丝绸之路经济带的国家战略分析:中国的历史机遇、潜在挑战与应对策略》,载《人民论坛·学术前沿》2013年12月上,第6—13页。

18. 文扬:《中国版“新丝路”的历史含义》(2014年3月2日,观察者网),http://www.guancha.cn/wen-yang/2014_03_02_209999.shtml(登陆时间:2014年3月11日)。

19. 高虎城:《深化经贸合作　共创新的辉煌》,载《人民日报》2014年7月2日,第11版。

20. 曹云:《丝绸之路经济带具四重战略目标》,载《中国社会科学报》2014年1月11日,A07版。

21. 占豪:《两条丝绸之路的战略考量》,载《社会观察》2014年第1期,第39—41页。

22. 郭田勇、李琼:《“新丝绸之路”的经贸金融战略意义》,载《人民论坛·学术前沿》2013年12月上,第64—70页。

23.《王毅在十二届全国人大二次会议举行的记者会上就中国外交政策和对外关系答中外记者问》,载《人民日报》2014年3月9日,第3版。

24. 高虎城:《深化经贸合作　共创新的辉煌》,载《人民日报》2014年7月2日,第11版。

25. 钟山:《深化互利共赢的经贸合作　扎实推进丝绸之路经济带建设——在丝绸之路经济带国际研讨会上的演讲》(2014年6月26日,乌鲁木齐),http://www.scio.gov.cn/ztk/dtzt/2014/31055/31059/Document/1373660/1373660.htm。

26. 李朴民:《共建丝绸之路经济带　共享繁荣发展新机遇——在丝绸之路经济带国际研讨会上的主旨演讲》(2014年6月26日,乌鲁木齐),http://www.scio.gov.cn/ztk/dtzt/2014/31055/31059/Document/1373923/1373923.htm。

27. 刘赐贵:《发展海洋合作伙伴关系推进21世纪海上丝绸之路建设的若干思考》,载《国际问题研究》2014年第4期,第1—8页。

28. 中国人民大学重阳金融研究院:《建设丝绸之路经济带:愿景与路径》,载中国人民大学重阳金融研究院主编:《欧亚时代——丝绸之路经济带研究蓝皮书2014—2015》,中国经济出版社2014年版,第243页。

29. 刘华芹、李钢:《建设“丝绸之路经济带”的总体战略与基本架构》,载《国际贸易》2014 年第 3 期,第 6—7 页。

30. 郑永年:《新丝绸之路——做什么、怎么做?》(2014 年 6 月 24 日,联合早报网),http://www.zaobao.com/forum/views/opinion/story20140624-358341/page/0/1(登录时间:2014 年 7 月 11 日)。

31. 朱苏荣:《丝绸之路经济带的金融支持》,载《中国金融》2013 年第 24 期,第 77—78 页。

32. 肖莹莹:《魏建国为“海上丝绸之路”下一步发展提三点建议》(2014 年 2 月 23 日,中国新闻网),http://www.hi.chinanews.com/zt/2014/0408/39372.html(登录时间:2014 年 7 月 11 日)

33. 陕西省社会科学院课题组:《丝绸之路经济带建设形势分析与展望》,载任宗哲、石英、白宽犁主编:《丝绸之路经济带发展报告(2014)》,社会科学文献出版社 2014 年版。

34. 杨恕、王术森:《丝绸之路经济带:战略构想及其挑战》,载《兰州大学学报》(社会科学版)2014 年第 1 期,第 28—29 页。

35. 曾向红:《中亚国家对“丝绸之路经济带”构想的认知和预期》,载《当代世界》2014 年第 4 期,第 40 页。

36. 程云洁:《“丝绸之路经济带”建设给我国对外贸易带来的新机遇与挑战》,载《经济纵横》2014 年第 6 期,第 95 页。

37. 郑永年:《中国重返丝绸之路的几个重大问题》(2014 年 6 月 17 日,联合早报网),http://www.zaobao.com/forum/views/opinion/story20140617-355672(登录时间:2014 年 7 月 11 日)。

38. 周明:《地缘政治想象与获益动机——哈萨克斯坦参与丝绸之路经济带构建评估》,载《外交评论》2014 年第 3 期,第 136—156 页。

39. 梅新育:《丝绸之路谨防深陷“伊斯兰陷阱”》。

40. 张文木:《丝绸之路与中国西域安全——兼论中亚地区力量崛起的历史条件、规律及其因应战略》,载《世界经济与政治》2014 年第 3 期,第 4—27 页。

41. 清华大学中国与世界经济研究中心、中国经济网:《丝绸之路经济带——发展前景及政策建议》,2014 年 5 月 20 日。

第一章　地缘、贸易与信仰：对古代丝绸之路的再思考

作为近代西方兴起以前欧亚之间最重要的经济、文化、民族、宗教纽带，丝绸之路已成为描述古代东西方世界持续交往的核心概念。从20世纪以来，各种亚洲内部或欧亚之间的经济合作计划，往往被冠之以诸如“新丝绸之路”的名义。对于中国的“一带一路”而言，同样是借用古代丝绸之路的历史符号所提出的大型合作倡议。

本章旨在以地缘、贸易与信仰为切入点，通过对古代丝绸之路兴衰史的再思考，获取理解新时期中国“一带一路”倡议的历史视野。首先，探讨古代丝绸之路藉由海洋与陆地两个地缘空间，沟通中国与沿线国家、地区的发展脉络，进而分析唐代中后期海陆丝绸之路历史性兴替的根源；其次，从商品和货币两个角度探讨作为古代丝绸之路核心内容的国际贸易，为理解中国与中东“现代丝绸之路”以及“一带一路”的贸易往来与经济合作提供历史坐标；第三，回顾古代丝绸之路伊斯兰化的历史进程，并在此基础上理解宗教与贸易、信仰版图与政治版图的互动在当代丝绸之路上所可能呈现出的复杂面向。

一、古代丝绸之路的海洋与陆地

古代丝绸之路作为多条贸易路线的统称，从海洋与陆地两个地缘空间将欧亚大陆相联系。在不同的历史时期，海路和陆路呈现出了不同的盛衰风貌。

(一) 海陆交通

从公元前 2 世纪起，汉代中国加大了对西域的经营力度，并逐渐与贵霜、安息、罗马等帝国发生直接或间接的人员和贸易联系。在汉代，相较于北方草原之路和南方海上之路，中部绿洲之路在东西方交往中发挥着更为重要的主导性作用。自东往西，这一路线的主要走向是从长安出发，经河西走廊至玉门、敦煌，由疏勒越葱岭后经大月氏和安息至地中海东岸，即狭义上的“丝绸之路”。穿过山脉、沙漠和绿洲，同样的欧亚内陆交通干线又在此后将隋唐、萨珊波斯、拜占庭等帝国及其相邻的突厥等游牧民族相连接。[1]

隋朝尽管国祚短促，但对于开拓西域用力甚深，为唐代丝绸之路的繁荣奠定了基础。正如裴矩所作《西域图记》记载：

> 发自敦煌，至于西海，凡为三道，各有襟带。北道从伊吾，经蒲类海铁勒部突厥可汗庭，度北流河水，至拂菻国，达于西海。其中道从高昌、焉耆、龟兹、疏勒、度葱岭，又经钹汗、苏对沙那国、康国、曹国、何国、大小安国、穆国，至波斯，达于西海。其南道从鄯善，于阗，朱俱波、喝槃陀，度葱岭，又经护密、吐火罗、挹怛、忛延，曹国，至北婆罗门，达于西海。其三道诸国，亦各自有路，南北交通。[2]

也就是说，从敦煌出发，可沿北、中、南三条陆上通道分别通往拂菻国(拜占庭帝国)、波斯(萨珊波斯王朝)和北婆罗门(印度北部)，并抵达地中海、波斯湾、印度洋。相较于汉代，主要的路线大致接近，但隋朝对于西方的认识无疑进一步加深，从中也衬托出当时东西方交往的密切。

在丝绸之路的西端，自伊斯兰教兴起以后，阿拉伯人不断开疆拓土，深刻改变了西亚、北非、中亚、南欧的地缘政治版图。通过战争，阿拉伯人在极短的时间内征服了萨珊波斯，并占领了拜占庭帝国地中海东岸和北非的大片领土，从而切断了拜占庭通往东方的贸易路线。由于阿拉伯人先后建立的倭马亚王朝(即“白衣大食”)和阿拔斯王朝(即“黑衣大食”)都是横跨欧亚非大陆的强大帝国，大食帝国成为了丝绸之路西端的实际主导者。

永徽二年（651 年），第三任哈里发奥斯曼派遣使臣到达长安，开始了唐朝与大食之间的正式交往，这也是中国与伊斯兰世界的首次接触。[3]在唐代，大食是中国视野所及之内西部世界实力最强大的国家。贞元三年（787 年），宰相李泌曾一度主张联合大食以制衡吐蕃：“大食在西域为最强，自葱岭尽西海，地几半天下，代与吐蕃为仇，故知其可结。”[4]史学家陈垣先生也曾指出：“大食在唐宋间与中国之关系，殆如今日之英美，明时之葡萄牙。当时外国来华海船，以波斯大食为最多。”[5]

唐代中国与大食帝国的交通往来，据贞元年间的宰相贾耽记载，主要借由“安西入西域道”和“广州通海夷道”两条路线，而这也大致是古代海陆丝绸之路的主要干线（参见图 1.1）。[6]具体而言，“安西入西域道”从长安经河西走廊，沿天山南麓西行过葱岭，再由中亚怛罗斯西进，可以经波斯到达大食的首都缚达（即今巴格达）。据 9 世纪晚期的阿拉伯地理名著《道里邦国志》记载，沟通中国与阿拉伯世界的陆上通道即著名的“呼罗珊大道”，这条大道从巴格达向东北延伸，经哈马丹、木鹿、布哈拉、撒马尔罕、锡尔河流域等丝绸之路上的著名驿站抵达中国边境。[7]“广州通海夷道”自广州出发沿海岸而行，经由南海、马六甲海峡、孟加拉湾、阿拉伯海，到波斯湾，再由两河口上溯至大食都城巴格达。[8] 9 世纪中叶曾经到过广州的阿拉伯商人苏莱曼记下了他的航海历程，这条航线的走向是从尸罗夫出发，经阿曼马斯喀特、苏哈尔、印度故临、朗迦婆鲁斯岛、占婆，并最终达到广州。[9]全程约需 120 天，大致与贾耽所记相同。

在唐代，长安与巴格达是举世瞩目的国际性大都市。由两地对外辐射，串联起了唐朝与大食两大帝国之间广袤土地上一系列的陆上驿站和城市。盛唐时期，天山南北各绿洲城镇市场兴旺，西州、伊州、庭州商胡杂居，贸易往来频繁，安西四镇成为了重要的商业城镇。敦煌、吐鲁番、喀什、费尔干纳、撒马尔罕、布哈拉等城市由于成为了陆上丝绸之路的重要中转地而繁荣一时。中亚地区的康、安、米、何、史、石、曹诸国人来到唐朝，

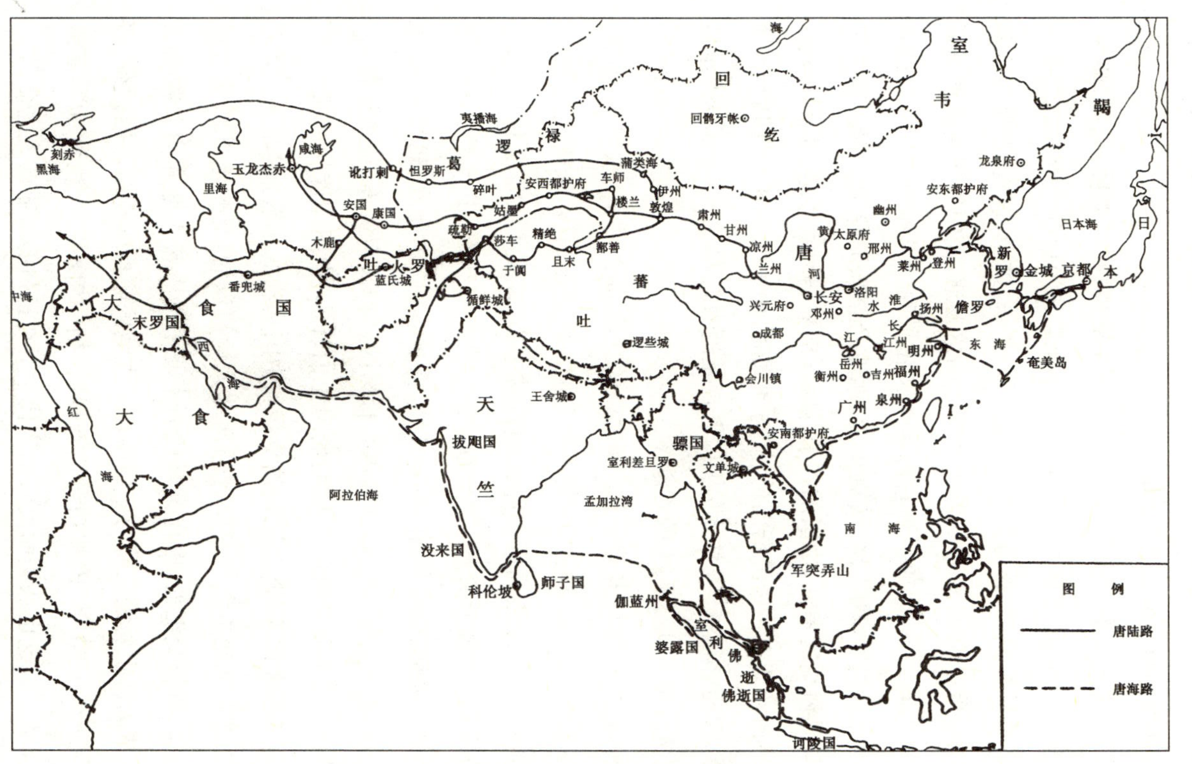

图1.1　唐代海陆“丝绸之路”路线图

资料来源：张一平：《丝绸之路》，五洲传播出版社2005年版，第11页。

即所谓"昭武九姓",以善于经商著称,在沟通中原与西方的经济、文化交流方面有较大影响。大量大食、波斯和中亚各族商旅的东来,促进了中东、中亚物质和精神文化在中原的传播。

中国古代文献中记载的一批带有"胡"字的植物,如胡桃、胡瓜、胡椒、胡萝卜等,也大多是在这一时期由西亚、中亚商旅经由陆上丝绸之路传入中国。各种珍禽异兽、香药珠宝、金银货币、音乐、舞蹈、饮食、服饰等大量传入中国。可以说,正是由于陆上丝绸之路的畅通,使中原华夏文明得以广泛吸收外来文明,形成了独特的多元文化景观。[10] 与此同时,中国的物产和技术也经过"丝绸之路"传到中亚、西亚乃至欧洲等地。据法国学者阿里·玛扎海里的考证,中国的谷子、高粱、肉桂、姜黄、生姜、水稻、麝香、大黄等借由丝绸之路经波斯西传。[11] 与此同时,中国的造纸术、印刷术、漆器、瓷器、火药、指南针等技术发明,也正是通过阿拉伯人的中转传至欧洲,为世界文明作出了重大的贡献。

同样,唐中后期与宋元海上丝绸之路的发达,是与中国、东南亚、南亚、西亚地区诸多国际港口的繁荣密不可分的。就中国而言,从唐代开始,广州、扬州等地就已经是高度国际化的贸易中心,聚集了大量贩售珠宝、犀象、香药的大食和波斯商人。据记载,"天宝九年(750 年)送至广州……江中有婆罗门、波斯、昆仑等舶,不知其数,并载香料、珠宝、积载如山,舶深六七丈。师子国、大石国(即大食国)、骨唐国、白蛮、南蛮等,往来居住,种类极多"[12]。成书于 9 世纪中后期的阿拉伯著作《中国印度见闻录》曾写道:"广府是船舶的商埠,是阿拉伯货物和中国货物的集散地",广州是"阿拉伯商人荟萃的地方"。[13] 自隋开通南北大运河以后,扬州地处南北大运河与长江入海口交汇处,唐代扬州成为南北漕运中转大港和南北物资集散中心,成为海上丝绸之路与中国内地广大地区联系的枢纽。据记载,唐肃宗上元元年(760 年)田神功讨伐刘展时,扬州"商胡大食、波斯等商旅死者数千人"[14],这也从侧面反映出唐代生活在扬州的西亚商人之众。

到了宋代,海上贸易已成为国家财政的重要来源,官方对贸易港的经营也变得更为积极。继唐朝在广州设市舶司后,宋廷又陆续在杭州、明州

（今宁波）、泉州、密州（今胶州）、温州、秀州（今上海松江）、江阴、上海设置，共计九处。有宋一代，最重要的市舶司在广州与泉州，这也与宋代海外贸易主要面向东南亚、西亚等地息息相关。大体而言，在北宋时，广州在各贸易港中居于首位。[15]朱彧《萍洲可谈》云："崇宁初，三路各置提举市舶司，三方唯广最盛。"[16]南宋定都临安后，靠近政治中心的泉州快速发展，到南宋末年时已取代广州成为中国最大的贸易港，也是东方第一大港。[17]据记载，当时的泉州已是"蕃货远物异宝奇玩之所渊薮，殊方别域富商巨贾之所窟宅，号为天下最"[18]。迄于元末，泉州始终是中国对外贸易的第一大商埠，马可·波罗东来时即曾亲眼目睹泉州港的盛况，"大量商人云集于此，货物堆积如山，实在令人难以置信"[19]。

在海舶极盛的宋代"广州通海夷道"上，三佛齐（唐称室利佛逝，今印尼苏门答腊）和故临（今印度奎隆）是中国与阿拉伯地区之间最重要的两个贸易中转站。据南宋周去非《岭外代答》记载："三佛齐国，在南海之中，诸蕃水道之要冲也。东自阇婆诸国，西自大食、故临诸国，无不由其境而入中国者。"[20]赵汝适《诸蕃志》言其"扼诸番舟车往来之咽喉"[21]。与此同时，"中国舶商，欲往大食，必自故临易小舟而往"[22]。可以说，故临和三佛齐是中国通往东南亚、南亚、西亚乃至非洲的海上中转站，也是宋元海上丝绸之路得以繁荣发展的重要媒介。故临则不仅是中国和阿拉伯地区之间的贸易纽带，而且也是从三佛齐至大食之间的必经之路。

相较于宋元时代中国官方对经营海外贸易的积极性，大食诸国对开展与中国等地的东方贸易亦表现出了极大的热情。这不仅与穆斯林善于经商的传统密切相关，从具体的历史背景来看，也与十字军东征、塞尔柱突厥人兴起所造成的西亚地区社会动荡和财政困难息息相关。可以说，无论是在中国还是大食诸国，海上丝路贸易都已成为当时缓解本国财政紧张的重要途径。

正因此，在海上丝绸之路的另一端，一些著名的贸易港口也得以长期繁荣。阿拉伯商人苏莱曼观察到，当时"货物从巴士拉、阿曼以及其他地方运到尸罗夫（Siraf），大部分中国船在此装货"[23]。尸罗夫即贾耽"广州通海夷道"中的"提罗卢和国",后又译作西拉夫、西拉甫等,公元 977 年毁于地震。据日本学者桑原骘藏的考证,唐中叶以后,波斯湾的东洋贸易港中以尸罗夫最繁盛,"居民恃海外贸易之关系,储有可惊之资产……盛传于伊斯兰教之国中"[24]。此后,波斯湾的国际贸易港转移到了霍尔木兹海峡的吉什姆岛(Kishma),元时马可・波罗从泉州到波斯,就是在该港口登陆,而郑和下西洋时大明海军也在该岛与波斯和阿拉伯人进行贸易。[25]与此同时,伊拉克的巴士拉(末罗)、也门的亚丁(三兰)、阿曼的苏哈尔(没巽)等,都是当时波斯湾地区重要的海上贸易枢纽。《道里邦国志》曾载,"从巴士拉出发,沿波斯海岸航行到东方的道路"[26],俨然视巴士拉为通往中国、印度等东方航路的起点。阿曼的苏哈尔港各国商人荟萃,各色货物云集,甚至有 10 世纪的阿拉伯地理学家认为,"在波斯湾和整个伊斯兰世界找不到哪个城市能比得上苏哈尔华丽的建筑和繁富的外国货物"[27]。可以说,这些以海洋贸易为主要财富来源的阿拉伯城市的繁荣,也正体现了海上丝绸之路对于西亚地区的重要意义。

(二) 海陆兴替

古代丝绸之路的发展,以唐代中期"安史之乱"为分水岭,大致呈现出陆路衰落、海路发达的历史性兴替。在此之前,自汉代以来开始经营的陆上丝绸之路逐渐进入空前的繁荣时期。长安与巴格达成为了盛唐时代丝绸之路两端最重要的世界性大都市,从大食、波斯经中亚、西域进入中原的陆上通道成为了最具活力的国际性贸易走廊。然而,在此之后,由于西北陆路长期受阻,以及中国经济重心南移,海路逐渐受到重视,并在宋、元时代以及明前期始终保持兴盛。尽管蒙古帝国建立后,从中国一直向西延伸到中亚、西亚乃至欧洲的陆上通道一度复兴,但随着帝国的瓦解而又陷于没落。明永乐朝之后,中国在西北方向采取守势,退入嘉峪关自保,陆上丝绸之路彻底衰落。[28]

从历史来看,唐代中前期陆上丝绸之路的繁荣,是与特定的政治情势息息相关的,是以相应的政治基础为前提的。具体而言,经过长期的征战、怀柔与羁縻，唐朝逐渐对西域实现了有效的统治，并对中亚地区保持了相当的政治影响力。贞观三年（629 年），唐朝攻打东突厥汗国并于次年（630 年）灭之。647 年设燕然都护府，669 年改称安北都护府，辖漠北各部。650 年设立的瀚海都护府至 779 年改称单于都护府，辖漠南各部。唐朝进而逐步从西突厥的势力范围里夺取天山南北。640 年，唐朝攻占高昌（吐鲁番），设安西都护府，648 年攻占龟兹（库车），迁安西都护府于此。以龟兹、于阗、疏勒、碎叶为安西四镇。659 年，完全平定西突厥。702 年，将安西都护府一分为二，另设北庭都护府，治庭州，管辖天山和锡尔河以北草原地区的游牧民族；安西都护府则统辖这一线以南各绿洲的诸国。安北、单于、北庭、安西四大都护府的建立，使唐朝的政治影响力成功地向西扩展至中亚，原先在西突厥统治下的中亚诸国纷纷前来归附，西北诸族君长皆奉唐太宗为“天可汗”，唐朝即为“天朝”。显庆三年（658 年），高宗派果毅董寄生前往河中设立都督府、州，从而使唐朝对中亚地区具有了名义上的统治权。[29] 可以说，唐中前期在西域的经营，消除了来自西北游牧民族的安全威胁，从而确保了中原通往中亚和西亚的陆路畅通，这是唐代中前期陆上丝绸之路得以繁荣发展最重要的政治基础。自此之后的中国王朝，除了元朝之外，再无能力将影响恢复至盛唐的程度。

相应地，唐中期以后陆上丝路的阻断，也是以唐逐渐失去对西域和中亚政治秩序的主导权为前提的。随着大食帝国政治力量的向东扩张，呼罗珊、吐火罗斯坦等地相继臣服于大食。天宝十年（751 年），唐朝与大食在中亚怛罗斯发生遭遇战，尽管怛罗斯之战的失败并未彻底消除唐朝在中亚的影响，却也暴露出了唐朝在中亚的实力限度。[30] 755 年“安史之乱”爆发后，吐蕃趁虚而入，尽取河西、陇右之地，并在天山以南建立了吐蕃人的统治，从而阻断了唐朝与中亚之间的陆路交通。唐末五代，中原与西域的交往，远不过于阗，葱岭以西已无外交关系。[31] 由于自此之后中国西北长期处于辽、金、西夏、回纥、吐蕃之间连绵不断的征战、对峙之中，中原与中亚、西亚的陆上通路不复通畅。尽管西北少数民族政权依然与阿拔斯王朝（黑衣大食）保持了一定的人员和贸易往来，但总体而言，沟通中原与中亚、西亚之间的陆上丝绸之路由于政治情势的变化而陷入衰落。

正是在此背景下，唐中期以后，海上丝绸之路逐渐兴起，并在宋元时代和明前期得到了空前的发展(参见图1.2、图1.3)。海上丝绸之路研究的权威陈炎先生指出：“陆上丝路的衰落和海上丝路的兴起，两者有着密切的关系，是相辅相成，互相交替的。”[32]由于西北边境长期不宁，使北宋虽有陆路可以西行，仍偏重于由海道与西方各国交往，天圣元年(1013年)曾诏大食“自今取海路，由广州至京师”[33]。到南宋时，由陆路通往西域的道路被完全阻断，“诸蕃惟市舶仅通”[34]。顾炎武后来亦指出，“南渡以后，经纲困乏，一切倚办海舶”[35]。也就是说，南宋的对外关系(准确地说是对外贸易关系)已发展到几乎完全依靠海路的地步。元代时期，尽管西北陆路和东南海路始终并存，但是，陆路丝绸之路的重要性和繁荣度已远不可与盛唐时代相比，而海上丝绸之路在沟通中国与西亚往来中的地位则得到了进一步强化。与此同时，由于市舶司收入在宋元两朝已逐渐成为国家财政的重要来源，出于招徕外商、发展外贸的目的，海上丝绸之路更加受到重视。例如，宋高宗曾表示：“市舶之利，颇助国用，宜循旧法以招徕远人。”[36]有学者指出，750年阿拔斯王朝(黑衣大食)建立后全力加强海上交通，其都城巴格达由陆上丝路西端的陆路交通中心成为海路交通中心，这种转变也正契合了中国自唐中期以后海陆丝路兴替的历史趋势。[37]

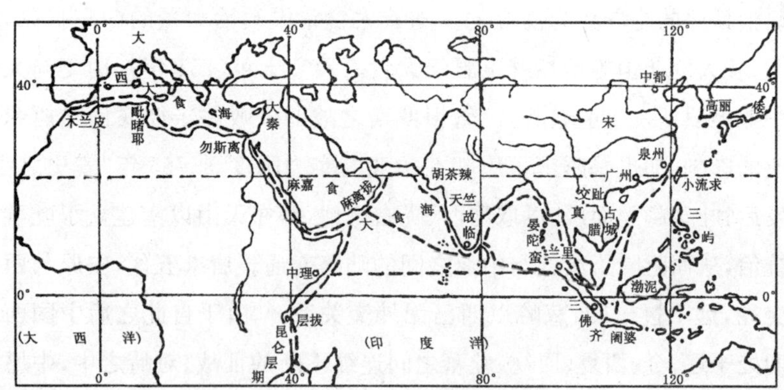

图1.2 宋代海上交通路线图

资料来源：孙光圻：《中国古代航海史》，海洋出版社2005年版，第320页。

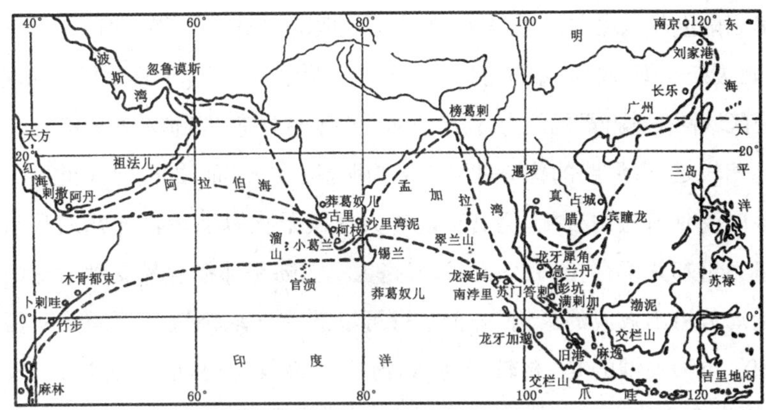

图 1.3　明朝郑和下西洋路线图

资料来源：孙光圻：《中国古代航海史》，第 399 页。

伴随着唐朝中期以后西北政治局势的长期动荡，中国的经济重心也逐渐南移，东南沿海省份成为了国家最重要的税收来源地。从某种程度上来说，中国经济地理格局的深刻变化是造成陆上丝绸之路衰落、海上丝绸之路兴盛的深层次国内根源。在宋代以前，国家的政治中心长期在关中和洛阳，经济重心也在北方，政治中心与经济重心基本保持一致。由此导致丝路贸易的生产基地与消费市场也大致集中于北方，陆上丝绸之路的优势地位得以长期保持。然而，自宋代以后，经济重心转移到了南方，政治中心与经济重心出现了分离。作为经济重心南移的一个重要体现，中国大宗出口商品（如丝绸、瓷器等）的主要生产地也大多位于东南沿海地区，这就使得海上丝绸之路具有了天然的地缘经济优势。

除了这些结构性因素制约之外，古代陆上丝绸之路还具有难以克服的内在局限性。一方面，陆上丝绸之路对于沿途各国政治局势的变动极其敏感，往往某一国内部发生政治动荡，就会影响整条丝路的通畅。事实上，这种因中国西北以及中亚地区处于战争、动乱而使陆上丝路中断的情况，在历史上屡次发生。另一方面，陆上丝绸之路容易受到自然条件的极大限制，往往要穿越崇山峻岭与戈壁沙漠等极其艰苦的区域，从而使陆上远程贸易存在着运量小、时间长、成本高以及安全性低等一系列弊端。这也正凸显出陆上丝绸之路对于跨境基础设施的强烈需求。然而,即便是罗马帝国、阿拔斯王朝、唐朝、蒙古帝国,在当时的时代状况下都不具备提供如此大规模区域性公共产品的能力,遑论长期处于政治对峙和割据的各地诸侯。

相较之下,海路的优势就显得极为明显。一方面,古代海洋世界尽管也不时受到海盗的袭扰,但真正能够大规模干扰海上运输通畅的政治—军事力量却并不存在;另一方面,海路也不像陆路那样容易受到沿途国家政治局势溢出效应的影响,海上航行可以选择性地绕过政治局势动荡的国家。更为关键的是,相较于驼队,海舶运输具有时间短、运量大、成本低、更安全等优点。据估计,一支由 30 头骆驼组成的沙漠商队,只能装载 9 000 公斤货物,而一艘海船则可载货 60 万至 70 万公斤,相当于 2 000 头骆驼的运输量。[38]因此,可以说,海运更适合于大规模的贸易往来,而陆上丝绸之路的衰落在某种程度上也是由于它已无法承载当时急剧增加的中国与西亚之间的贸易规模。值得指出的是,自唐朝中后期开始尤其是宋代以后陶瓷大规模出口的兴起,更强化了海上丝绸之路的重要性。由于陶瓷具有体重质脆的特点,很容易受到运输条件的制约。一般来说,陆运驮行远不及海运方便安全,而载重巨大的船舶往往更能节约成本而具有比较优势。因此,陶瓷大宗国际贸易的繁荣,常常伴随着船舶制造技术的发展。朱彧的《萍洲可谈》曾这样记载瓷器舶运的情况:"船舶深阔各数十丈,商人分占贮货,人得数尺许,下以贮货,夜卧其上。货多陶器,大小相套,无少隙地。"[39]

这也多少提示着,海上丝绸之路的发达,与当时中国在海洋上的优势地位是密不可分的。据《中国印度见闻录》载,从尸罗夫到马斯喀特的海域中有暗礁群,"紧夹在两个暗礁之间的航道只有小船才能通过,中国船却是无法通过的",在故临港"每艘中国船交税 1 000 个迪尔汗(dirhems),其他船只仅交税 10 到 20 个第纳尔(dinar)"[40]。1 000 迪尔汗等于 50 个第纳尔,即便剔除对不同地区船只征收不同税率的因素,如此悬殊的交税额度也足以说明中国船吨位之庞大。宋人周去非的《岭外代答》曾这样描述当时中国在南海航行的巨船,"舟如巨室,帆若垂天之云,柂长数丈,一舟载百人，中积一年粮”[41]。元末摩洛哥旅行家伊本·白图泰观察到，当时中国船只分大中小三类，大船有 3—10 帆，役使千人（水手 600，卫兵 400），每一大船又有随从小船三艘（半大、三分之一大、四分之一大）。[42]在当时的海洋贸易中，中国船的优势几乎难以被他国企及。这实际上也从侧面反映着海上丝绸之路上各方力量对比的变化：如果说唐代中前期西亚商人是海上贸易的主导者，那么宋代，中国海船已后来居上并逐渐取代波斯、阿拉伯、印度、昆仑等国海船，成为印度洋海上秩序的支配者。李露晔(Louise Levathes)曾指出，郑和七下西洋象征着中国人的海上活动在 15 世纪初期的世界已取得无人可以挑战的优势地位。[43]事实上，早在宋元时代，中国的海上优势地位即已逐渐确立。

伴随着明中后期与清代对海洋贸易的有限开放、伊斯兰世界的长期动荡，以及西方世界称霸海洋、殖民主义政治秩序的全球扩展等一系列历史进程的展开，连接中国与东南亚、印度、西亚和非洲等地区的海上丝绸之路逐渐陷于衰落，并长期消失在历史的视野中。

简言之，海陆丝绸之路的历史性兴替，既与特定政治局势的转换息息相关，也是由中国经济重心南移、陆上贸易的内在局限以及中国的海上优势等一系列因素所共同促成。历史的经验表明，陆上丝绸之路的盛衰往往取决于中国对西北边疆的经营程度以及中亚、西亚地区的政治稳定度。蒙古帝国时代丝绸之路的复兴，是以强大的政治力量和军事力量为基础的，尽管在当代以帝国的方式实现区域整合已不具备政治正当性，但是依然给以政治合作为先导复兴陆上丝绸之路提供了有益的启示。

二、古代丝绸之路的国际贸易

国际贸易是古代丝绸之路发展史中的核心内容，也是欧亚各国长期、持续往来的基本动力，而商品和货币则构成了贸易关系的主要载体。

（一）商品结构

丝绸是秦汉、魏晋南北朝时期中国主要的外销商品。在这一时期，安息王朝与继起的波斯萨珊王朝成为了东西方之间陆上丝绸贸易的垄断者。正是凭借波斯和中亚商人的中介转运，中国与罗马—拜占庭帝国之间形成了横贯亚欧大陆的丝绸贸易通道。为了获得对丝绸贸易的控制权，拜占庭帝国、波斯萨珊王朝和西突厥帝国之间曾多次爆发战争，而这也从侧面反映了中国丝绸在沿线地区的受欢迎程度。[44]公元7世纪中叶以后，随着伊斯兰教在阿拉伯半岛的兴起，在大食帝国的军事压力下，从拜占庭通往东方的贸易路线基本被切断。与此同时，大食则积极从海陆两条路线大力拓展、经营与东方诸国的贸易，逐渐成为中国主要的国际贸易对象。

据苏丹学者加法尔·卡拉尔·阿赫默德(Gaafar Karrar Ahmed)的考证，唐代中国从大食进口的主要商品包括：乳香、圆木、干鱼、树胶、阿拉伯树胶、没药、咖啡、象牙、龟甲、犀牛角、樟脑、龙涎香、香水、药材、蔗糖、棉花、珠宝、珍珠、琥珀、地毯、黄金、白银；向大食出口的商品则主要是丝绸、瓷器和阿巴斯王朝所需的玻璃。[45]这也与当时许多观察者的记载相符合。7—8世纪巴士拉学者扎希兹编纂的《商务的观察》开列了巴格达市场上的各国货品，其中从中国输入的货物有丝绸、瓷器、纸、墨、鞍、剑、肉桂，等等。伊本·忽尔达兹比赫在《道里邦国志》的《入中国道里续志》一节中，也列举了中国输往阿拉伯世界的商品名目，计有各种丝绸、瓷器、麻醉药物、麝香、马鞍、貂皮、肉桂等。[46]除了陆上丝绸贸易之外，唐代时西亚商人也经海路从中国进口丝绸。[47]新罗僧人慧超曾观察到，波斯、阿拉伯人“常于西海泛舶入南海，向师子国取诸物，所以彼国出宝物。亦向昆仑国取金。亦泛舶汉地，直至广州，取绫、绢、丝、绵之类”[48]。陶瓷是唐代新崛起的出口产品，大批青瓷和白瓷通过广州等口岸销往东南亚、印度、阿拉伯和东非地区。[49]与此同时，在唐朝都城长安，经营珠宝生意的大食、波斯商人常常是富有和奢侈的象征。《太平广记》曾记载了大量西亚胡商在长安、洛阳、广州、扬州等地的轶事，大部分与珠宝贸易有关，价值有时高达数千万贯。[50]概言之，丝绸、瓷器与珠宝、香料是唐代海陆丝绸之路上的主要国际贸易商品，其中，又以丝绸和珠宝最为时人所瞩目。

有宋一代，由于陆上丝绸之路长期受到阻隔，宋朝与阿拉伯地区之间的贸易往来主要通过海船实现，这一借由海路展开的国际贸易通道即自唐中叶后已相当繁荣的“海上丝绸之路”。该时期中外国际贸易往来的总体状况，大致如《宋史·食货志》所载：

> （开宝）四年，置市舶司于广州，后又于杭、明州置司。凡大食、古逻、阇婆、占城、勃泥、麻逸、三佛齐诸蕃并通货物，以金银、缗钱、铅锡、杂色帛、瓷器，市香药、犀象、珊瑚、琥珀、珠琲、镔铁、鼊皮、玳瑁、玛瑙、车渠、水精、蕃布、乌樠、苏木等物。[51]

以上所列诸国与货物，大体就是宋代国际贸易的主要对象与内容。与唐代类似，宋朝的对外出口以五金、丝绸和瓷器等生产性手工业品为主，而从大食等国进口的商品则以香药（香料与药物）、犀象（犀角与象牙）、珍宝等资源性奢侈品为主。

值得指出的是，相较于唐代，宋朝与大食诸国贸易的商品结构也发生了一定的变化。一方面，随着宋代船舶与航海技术的发展，瓷器贸易得以大量兴起，其规模远超唐代，可与丝绸并列为宋朝对外出口中最主要的大宗商品。中国的蚕桑丝绸技术经历了数个世纪的不断西传，中亚、西亚、东南亚诸国已陆续掌握丝织技术，甚至还向中国出口“蕃布”，这也在无形中降低了中国丝绸的海外需求。[52]鉴于陶瓷在海洋贸易中的重要地位，日本学者三上次男认为，这一从唐中叶以后成为东西贸易主要路线的海上通路应命名为“陶瓷之路”。[53]另一方面，香药开始大量进口，成为大食诸国对华贸易的首要性大宗商品，几乎是宋代“舶货”的代名词。诚如白寿彝先生所指出的，“唐时大食商人的商品，以珍宝驰名于世。宋时则以犀象，尤其是香药，为人所重”[54]。全汉昇先生在考察宋代最大贸易港广州的国内外贸易时也说，“在由海外输入广州的奢侈品中，以真珠、犀角及象牙为最有名”，“由外国输入广州的商品，尤以香药为最大宗”。[55]据曾任市舶提举的南宋赵汝适所著《诸蕃志》记载：“番商贸易至，舶司视香之多少为殿最。”[56]因此，亦有学者认为，从大量进口香药(尤其是香料)的角度来看，这一海路可称为“香料之路”。事实上，若将香药与瓷器这两种当时最重要的国际大宗商品整体考虑，宋代海上丝绸之路是名副其实的“香瓷之路”。[57]

宋代时，大食乃阿拉伯地区诸国的统称。周去非的《岭外代答》指出：“大食者，诸国之总名也。有国千余，所知名者，特数国耳。”[58]在宋代的香药进口中，无论是数量还是质量，阿拉伯的香料在“海外诸蕃国”中都居首位。[59]据《诸蕃志》所载，大食“土地所出，真珠、象牙、犀角、乳香、龙涎、木香、丁香、肉豆蔻、安息香、芦荟、没药、血竭、阿魏、腽肭脐、鹏砂、琉璃、玻璃、珊瑚树、猫儿睛、栀子花、蔷薇水、没石子、黄蜡、织金软绵、儿罗绵、异缎等”[60]。在宋代，乳香、龙涎、木香、肉豆蔻、栀子花、蔷薇水、安息香等，都是当时在中国销路极广的名贵香料。无论是宫廷生活，还是士大夫的日常生活中，香料都是非常重要的消费品。在这些香料中，又以乳香使用最多最广。正因如此，香药尤其是乳香就成为了政府“禁榷”或“博买”的重点对象。所谓“禁榷”，就是指禁止民间私下交易，而由政府专买专卖；所谓“博买”，就是由政府出面收购舶船运来的商品。南宋高宗绍兴三年(1138 年)七月一日诏广南东路提举市舶官：“今后遵守祖宗旧制，将中国有用之物如乳香药物及民间常使香药，并多数博买。内乳香一色，客算尤广，所差官自当体国，招诱博买。”[61]事实上，“祖宗旧制”所博买的乳香数量已相当惊人。据《粤海关志》引毕衎《中书备对》载，神宗熙宁十年至元丰元年(1076—1078 年)，“明、杭、广州市舶司博到乳香计三十五万四千四百四十九斤……三司三年出卖计八十九万四千七百一十九贯三百五文”[62]。由此可见宋代香料贸易之兴盛。

香料贸易对宋代国家财政的贡献显而易见，正所谓“宋代经费，茶、盐、矾外，惟香之为利博”[63]。根据白寿彝先生的统计，宋代国家财政对香药、犀象、珠宝等带来的市舶收入的依赖程度与日俱增(参见表 1.1)。

从表 1.1 中可以看出，北宋初时，市舶收入约占全部岁入的 1/50，而南渡以后这一比重却已攀升至 1/5，可见海上丝绸之路尤其是香药、犀象、珠宝贸易的重要性。

表 1.1　宋代岁收总额与市舶收入统计　　（单位：贯铜钱）

时　期	岁收总额	市舶收入
宋初（960 年起） —	1 600 余万	30 万 50 万
天禧末（1021 年）	2 650 余万	—
皇祐（1049—1054 年）	—	53 万
嘉祐（1057—1063 年）	3 680 余万	—
治平（1064—1067 年）	—	63 万
熙宁元丰（1068—1085 年）	6 000 余万	—
元祐初（1086 年）	4 800 余万	41 万 6 千余
崇宁元年（1102 年）	6 000 余万	110 万 1 千余
渡江之初（1127 年起）	1 000 万	200 万
绍兴末（1162 年）	—	200 万（仅闽、广二处）
淳熙（1174—1194 年）	6 530 余万	—

资料来源：白寿彝：《宋时大食商人在中国的活动》，载氏著：《中国伊斯兰史存稿》，宁夏人民出版社 1983 年版，第 160 页。

在出口方面，陶瓷是除丝绸之外宋代国际贸易最大宗的外销商品，并一直延续到元、明时期。阿拉伯地理学家伊本·法基在其《地理志》一书中，把中国陶瓷、中国丝绢、中国灯并列为三大名产。[64]生活于 10—11 世纪的穆斯林学者撒阿利比说："阿拉伯人习惯于把一切精美的或制作奇巧的器皿，不管真正的产地为何地，都称为'中国的'。"[65]为了适应大规模的海外需求，东南沿海几省曾涌现了数以百计的瓷窑。[66]今天的考古挖掘，已经越来越清晰地展示了当年中国与东南亚、西亚、北非地区陶瓷贸易的兴盛，而这些发现也使自唐以降中国瓷器的国际销售网络得以逐渐浮现。[67]

在印度尼西亚北婆罗洲沙捞越，有 9—10 世纪越窑产品出土；在埃及开罗南郊福斯塔特，发现大量唐瓷碎片，种类有唐三彩、邢州白瓷、越州黄褐釉瓷、长沙窑瓷器等；在伊朗内沙布尔遗址，发掘出 9 世纪后半叶至 10 世纪前半叶唐朝邢窑、长沙窑、越州窑产品；在巴基斯坦卡拉奇斑波尔遗址，发掘出晚唐越窑瓷器和长沙窑黄褐釉带绿彩花草纹碗残片；在今伊拉克境内，发现9世纪、10世纪的越窑瓷和12世纪、13世纪龙泉窑青瓷片；在叙利亚的哈玛发掘有宋德化窑白瓷片、南宋官窑的牡丹浮纹青瓷钵碎片；在阿拉伯半岛的卡拉托巴林、亚丁东北的阿比延、也门的扎赫兰、阿曼的苏哈尔等地均有宋元时期的青瓷和青花瓷的碎片出土。可见当时中国出口的瓷器数量之多和范围之广。[68]中国的瓷器虽从唐代即已开始输入非洲，但大批地运往非洲则是在宋元以后。在埃及与苏丹间的阿伊扎布港，遗迹沿海岸延续长达2公里，中国的陶瓷片在这里俯拾皆是，从唐末至明初的瓷片达千余件。[69]正如三上次男观察到的，“中国风格在陶瓷界的流行，波及整个中东地区”[70]。

可以说，在漫长的丝绸之路发展史中，中国与沿线国家和地区之间国际贸易的商品结构呈现出高度的稳定性。中国的出口以丝绸、瓷器等生产性手工业品为主，而从西亚、南海等地的进口则以香药、犀象、珍宝等资源性奢侈品为主。两者之间具有极强的互补性，由于利润丰厚，互相之间缺乏竞争，因而十分稳定。斯塔夫里阿诺斯(Leften S.Stavrianos)认为，中外进出口贸易商品结构中的分工差异，恰恰反映出当时中国在国际贸易中的优势地位。[71]法国学者阿里·玛扎海里(Aly Mazahéri)也指出，“来自穆斯林一方的使节—商队要比来自中国一侧的多得多，因为主要是伊朗—伊斯兰世界需要中国产品，而中国则可以离得开‘西域’”[72]。

然而，尽管丝绸、瓷器、香药、犀象、珠宝等商品名声很大，但在当时的消费对象主要仍是各国上层社会，对于国计民生的影响很小。与今天世界各国对“中国制造”或是中国对石油、矿产等大宗商品的刚性需求相比，已远不可同日而语。事实上，这种根本性的逆转背后所反映的，正是古今国际贸易的本质差别。

(二) 货币流通

丝绸之路贸易初期主要以物物交换为主，但随着商品交换数量、范围、频率的不断扩大，计价和结算货币应运而生。在20世纪以来的各种考古活动中，中外钱币不断被发现，生动展现了贸易往来与货币流通在古代丝绸之路上的相伴相生和相互促进。据不完全统计，历年来在中国出土发现的外国钱币主要有罗马—拜占庭金币、萨珊波斯银币、阿拉伯金币、贵霜国铜币、突骑施汗国铜币、卡喇汗国铜币、察合台汗国银币等。相应的，中国外流的钱币主要是五铢钱、唐代开元通宝和宋钱。[73]

在阿拉伯帝国兴起以前，拜占庭帝国和波斯萨珊王朝是丝绸之路西段最强大的国家。伴随着频繁的贸易往来，拜占庭金币和波斯银币作为主要的国际货币在西亚、中亚地区广泛流通，并沿着丝绸之路流入中国境内。陆续的考古发现已经充分证实了这一点，其中尤以波斯银币数量最巨、分布最广（参见表1.2）。正是在此意义上，公元4世纪至7世纪的欧亚贸易通道既是一条自东向西的丝绸之路，也是一条自西向东的“白银之路”。[74]

表1.2　魏晋南北朝隋唐时期丝绸之路流通金银币出土发现情况不完全统计

类　别	发现地点	枚数
萨珊波斯银币	新疆、青海、陕西、河南、河北、内蒙古、广东等	1 598
拜占庭金币	新疆、甘肃、宁夏、陕西、河北、河南等	54

资料来源：孙莉：《萨珊银币在中国的分布及其功能》，载《考古学报》2004年第1期，第35—54页；张绪山：《中国与拜占庭帝国关系研究》，中华书局2012年版，第202—213页。

据考证，目前我国境内陆续发现的拜占庭金币主要分布于新疆（和田、吐鲁番），甘肃（武威、天水、陇西），宁夏（固原），陕西（咸阳、西安、商州、定边），河北（赞皇、磁县），河南（洛阳）境内，均处在陆上丝绸之路沿线。[75]萨珊波斯银币则主要分布于新疆（乌恰、吐鲁番、库车），青海（西宁），陕西（西安、耀县），河南（洛阳），河北（定县）以及广东（英德、曲江），分别涵盖陆路和海路。[76]若将这些发现地一一相连，则可以大致勾勒出拜占庭金币和波斯银币流入中国的路线，与丝绸之路的路线高度吻合。从出土货币所属的铸造年代来看，两大帝国各朝货币在中国境内发现的数量也基本符合各自的国势走向。

在萨珊波斯银币流通的过程中，专门从事东西方贸易中转的中亚粟特人扮演了重要的角色。由于萨珊波斯银币重量一致、银色纯正、便于携带和交易,因此在龟兹、高昌、河西等粟特商人聚居地颇为流行。尽管魏晋南北朝时期龟兹也铸造与中原地区接近的铜钱,却仅仅是作为在小商品交易或找零时使用的辅助货币,主要的贸易结算货币却依然是萨珊波斯银币,以及少量的拜占庭金币。[77]波斯银币和拜占庭金币在西域的流通,也扩散到河西地区,并得到了官方的默许。据《隋书・食货志》载,后周之初,"河西诸郡,或用西域金银之钱,而官不禁"[78]。

随着公元7世纪中叶伊斯兰教的兴起,大食帝国先后实现对萨珊波斯的征服和对拜占庭帝国部分领土的占领。在此背景下,拜占庭金币和波斯银币在中国境内逐渐减少乃至消失,取而代之的则是阿拉伯金币在中国境内的出现逐渐增多。1964年陕西省西安窑头村一座唐墓出土三枚阿拉伯文金币,都在铭文中标明是"第纳尔",每枚重量为4.2—4.3克。[79]

除了陆路之外,大食和波斯商人越来越多地通过海路往返于中国与波斯湾之间,这也带动了西亚金银在岭南地区的流通。唐代诗人元稹观察到:"自岭以南,以金银为货币。"[80]然而,早在武德四年(621年),唐朝政府开始大量铸造"开元通宝"铜钱,并在国内市场广泛流通。据《中国印度见闻录》的观察,"除了他们外,没有别的国王占有铜币,因为这是他们的国币。他们拥有黄金、白银、珍珠、锦缎和丝绸。尽管这一切极为丰富,但仅仅是商品,而铜钱则是货币"[81]。因此,岭南地区的金银货币交易与当时全国的货币流通状况呈现出明显的差异。尽管现在的研究表明岭南地区的金银流通主要是建立在岭南本地金银普遍生产的基础上,但与大食、波斯等地的海上贸易亦是重要的动因。[82]唐人所作《广州记》称:"金屑出大食国。彼方出金最多,凡是贸易并使金。"[83]诗人王建更是观察到,"市喧山贼破,金贱海船来"[84]。由此可见,西亚商人借由海上贸易所输入的黄金,数量庞大到已足以影响岭南地区金价的地步。

在拜占庭、波斯、大食的金银循着海陆贸易路线流入中国的同时,伴随着丝绸之路贸易的繁荣,中国的铜钱也大量外流。唐代外流铜钱不少,海舶发达的南宋尤其如此。据《中国印度见闻录》的观察,波斯湾著名港口尸罗夫曾大量流行“铸着汉字的铜钱”[85]。《宋史·食货志》称：“钱本中国宝货，今乃四夷共用。”[86]宋朝南渡后，“三路舶司岁入固不少，然金银铜铁，海船飞连，所失良多，而铜钱之泄尤甚”[87]。据明代马欢的《瀛涯胜览》记载：“番人殷富者甚多，买卖交易行使中国历代铜钱。”[88]可以说，这些描述正是唐宋铜钱作为丝绸之路国际贸易重要流通货币的生动写照。目前国外的考古发现更是充分证实了这种“四夷共用”的历史景象。铜钱不仅在日本、东南亚各地流通，在东南亚、西亚、非洲等地也大量发现。在托克玛克南的阿克西姆古城遗址中，出土了“开元通宝”“乾元重宝”“大历元宝”等唐钱。[89]在非洲坦桑尼亚桑给巴尔岛，曾出土过176枚中国铜钱，其中唐“开元通宝”铜钱4枚，北宋钱108枚，南宋钱55枚。[90]

事实上，铜钱不仅被当作国际贸易的结算货币，也被外国当做宝物贮藏。据《宋会要辑稿》记载，“蕃夷得中国钱，分库藏贮，以为镇国之宝。故入蕃者非铜钱不往，而蕃货亦非铜钱不售。利源孔厚，趋者日众”[91]。这也说明铜钱甚至已成为西亚、东南亚等地国内的通货之一。

铜钱的长期大量外流，在促进丝绸之路国际贸易繁荣的同时，在客观上却也造成了通货紧缩的国内经济后果。自唐开元二年(714年)起，唐廷即有金、铁、铜钱不得与诸蕃互市之禁。宋开国之初，即再颁禁令，此后又三令五申禁止铜钱外流，然而历代禁令却形同虚设。[92]据《宋史·食货志》载：

> 置市舶于浙、于闽、于广，舶商往来，钱宾所由以泄，是以自临安出门，下江海，皆有禁。淳熙九年，诏广、泉、秀漏泄铜钱，坐其守臣。嘉定元年，三省言：“自来有市舶处，不许私发番船。”绍兴末，臣僚言：“泉、广二舶司及西南二泉司遣舟回易，悉载铜钱。”四司既自犯法，郡县巡尉其能谁何？[93]

由此可知，铜钱在宋代海外贸易中的重要性，政府的禁令也从侧面反衬出铜钱外流数量之巨。这使得政府鼓励在对外贸易中采用丝绸和瓷器进行换货交易，从而在客观上推动了丝绸和瓷器的对外输出。与此同时，作为中国最具竞争力的出口商品，丝绸也被作为通货广泛用于国际贸易结算中。诚如有学者指出的：“唐代大量丝织品在丝绸之路上的流通，主要乃是当做货币进行的，它在丝绸之路上扮演的角色与其说是商品，不如说是货币……事实上，丝绸除了部分高档、特殊产品外，大量的绢练乃是作为货币流通而输向各地的。”[94] 相较于铜钱，丝绸的大量输出既不会影响国内经济，也不会造成货币贬值和信用危机。在西亚金银大量流入、中国铜钱大量外流且缺乏足够金银储备的背景下，作为计价交易货币的丝绸，起到了重要的缓冲作用。事实上，丝绸作为计价交易货币不仅在唐代实行，乃至在郑和下西洋时代依然通行，且得到当地人的认可。

简言之，在中国与东南亚、中亚、西亚地区海陆丝绸之路的繁盛时期，罗马—拜占庭、波斯、大食的金银币和中国的铜钱是最主要的国际贸易计价交易货币，而中国也间或在外贸中以丝绸作为辅助性的实物货币。值得指出的是，与中国主要输出的是贱金属货币相反，西亚地区流入中国的主要是贵金属货币，这种鲜明的反差正体现了中国在古代丝绸之路国际贸易中的优势地位。一般而言，在金属货币时代，贵金属更容易在国际贸易中充当具有信用度的结算货币；而贱金属尽管可以依靠国家力量推动在一国内部流通，在国际贸易中却并不具有竞争力。因此，唐宋时代铜钱在国际贸易中的地位，更多是由中国的综合国力所决定的，当时中国的国家实力和信用确保了作为贱金属的铜钱在海外的广泛需求和大量流通。然而，从本质上而言，丝绸之路上各种金属货币的流通在很大程度上是出于交易的便利。各方从未试图将货币与丝绸、瓷器、香料等商品的计价、结算相捆绑，更从未试图通过控制货币主导权获取贸易优势或政治经济权力。与近代以来的英镑、美元等世界货币相比，具有根本性的差别。

三、古代丝绸之路的伊斯兰化

作为古代欧亚之间的贸易通道，丝绸之路也是一条名副其实的“信仰之路”[95]。在相当长时期内，伴随着频繁的人员流动和贸易往来，祆教、佛教、摩尼教、景教等各种东西方宗教在沿途传播且和平相处。然而，自公元7世纪中叶以后，伊斯兰教逐渐成为丝绸之路上最主要的宗教信仰，原先多元化的宗教生态走向终结。从地缘宗教和历史地理的角度来看，伊斯兰世界信仰版图的历史性形成与古代海陆丝绸之路的伊斯兰化，正是同一历史进程的两个面向。

(一) 历史进程

伊斯兰教在古代海陆丝绸之路的传播历程，往往呈现出不同的主导逻辑。相较而言，海路上的信仰传播通常与贸易往来相互促进，而陆路上的伊斯兰化进程背后则始终与特定民族的政治扩张和军事征服推动紧密结合。

先看陆路。伊斯兰教在最初期的对外传播，主要是以阿拉伯帝国的军事扩张为先导的。倭马亚王朝时代(661—750年)东征西伐，一度建立起西起北非、西班牙和法国南部，东至印度北部、西北部和中国西北边境的大帝国。然而，由于信仰本身所具有的长期性和超越性，即便阿拉伯人曾在帝国境内强制推行伊斯兰教，距离帝国中心较远的地区在很长时间内都保持着多元宗教并存的局面。

中亚地区的伊斯兰化是一个复杂的历史进程，除了贸易和通婚的原因之外，首要的原因即是政治权力和军事征服的扩张。[96]继阿拉伯人之后，先后在中亚地区推动伊斯兰教传播的分别是波斯人、突厥人和蒙古人，其中尤以突厥人和蒙古人推行最有力也最彻底。随着突厥民族的南下，中亚地区很多民族的语言和生活习惯都逐渐突厥化，而突厥人也接受伊斯兰教作为自己的信仰，并通过政治和军事手段强制全面推广伊斯兰教。后来蒙古人的征服，非但没有改变这种状况，反而强化了这一趋势。事实上，随着蒙古人建立在中亚、西亚的统治，其自身也逐渐被突厥化和伊斯兰化。[97]这也使得今天从北非到中国新疆地区的广大“伊斯兰走廊”主要由三个族群构成：阿拉伯人、波斯人和突厥人。1258年，继倭马亚王朝而起的阿拔斯王朝(750—1258年)被蒙古军队灭亡。后来，统辖波斯及其比邻地区的伊尔汗国、统辖西域等地的察合台汗国、统辖草原诸地的钦察汗国的统治者,相继接受了被统治者的宗教——伊斯兰教。蒙古人的突厥化和伊斯兰化,使陆上丝绸之路的政治生态和宗教生态发生了巨大的变化,其总体的趋向就是中亚、印度北部、中国新疆部分地区的伊斯兰化。原先在整个中亚地区和中国新疆等地具有重要影响力的佛教,也因受到穆斯林国家的长期征伐攻击而逐渐走向衰落。佛教和伊斯兰教的此消彼长,正是陆上丝绸之路宗教格局演变的基本脉络。[98]与此同时,伴随着伊斯兰教国家在中亚地区的强势扩张,原先繁荣的陆上贸易通道也日益陷入没落,而这也成为理解古代丝绸之路宗教与贸易互动关系的切入点。

在蒙古伊尔汗国解体后,波斯人和突厥人的地方王朝迭起,形成了分裂割据的局面。公元13世纪末从中亚迁来的突厥人在小亚细亚建立奥斯曼帝国,并于公元1453年攻陷东罗马帝国首都君士坦丁堡。这样一来,整个小亚细亚半岛完全被伊斯兰化和突厥化了。1502年,波斯人建立了萨法维王朝(1502—1736年)。1526年突厥化且伊斯兰化的蒙古人在印度建立了莫卧儿帝国(1526—1857年),莫卧儿是“蒙兀儿”的转音,莫卧儿帝国就是蒙兀儿帝国,是帖木儿蒙古帝国(1370—1507年)的延续。因此,在16世纪初,伊斯兰世界形成了奥斯曼土耳其帝国、波斯萨法维王朝和印度莫卧儿王朝三足鼎立的地域格局。可以说,到1500年左右,西起北非、西亚,向东一直延伸到中国新疆地区的伊斯兰地带已基本形成,陆上丝绸之路最终完成了伊斯兰化的进程。

再来看海路。海上丝绸之路的伊斯兰化,即伊斯兰教在东南亚地区的广泛传播,主要是借由贸易而非征服的方式展开的。[99]印度尼西亚、马来西亚等地的伊斯兰化,与其作为海上丝绸之路贸易中转地的特殊地理位置息息相关。事实上,在世界历史上,从未有一种宗教传统如伊斯兰教那样热衷于从事贸易活动。[100]随着阿拉伯商人泛海东来,伊斯兰教最先是在一些沿海贸易港零星出现。8世纪之后,在北苏门答腊沿海地区已有大批穆斯林商人定居,通过通婚、同化和传教等方式,伊斯兰教在当地逐渐传播。到了16世纪之初，海上丝绸之路沿线经过的大部分沿海城市都已逐渐成为穆斯林的土地。此后，伊斯兰教继续向印度尼西亚、马来西亚等国的内陆地区传播，到1800年左右这些地区已基本实现伊斯兰化。

就中国而言，伊斯兰教是“流”而不是“源”。从伊斯兰教在中国的传播过程来看，大致可分为三个重要的历史时期：第一个时期为唐宋时期，从事商业活动的阿拉伯、波斯穆斯林商人沿着海上丝绸之路来到中国东部沿海地区，伊斯兰教也随之传入；第二个时期为元朝，蒙古人的西征使大批中亚各族穆斯林从陆路迁居陕、甘、青、宁诸省，伊斯兰教的传播地域和人数大大扩展；第三个时期为明朝，新疆地区伊斯兰化逐渐深入并基本完成。[101]从具体的历史进程而言，在不同时期、不同地区，伊斯兰教的传播呈现出相当不同的逻辑。

唐代，广州出现了穆斯林社区，称作“蕃坊”。蕃坊内设蕃长且由皇帝任命，既是在华大食人的行政单位，也是中国最早的穆斯林宗教组织。法国学者张日铭甚至颇为夸张地认为，唐代穆斯林商贾的经济实力一度发展到了“可以左右中国政治”的地步。[102]宋代中国的伊斯兰教信徒，几乎完全是留居东南沿海广州、泉州、扬州等港口的“蕃客”，或者唐代入华的“蕃客”后人。两宋时期海上丝绸之路国际贸易的发达，造就了一个财资雄厚的穆斯林阶层。日本学者桑原骘藏对宋元时期泉州阿拉伯商人蒲寿庚的研究，充分说明当时中国与阿拉伯世界贸易之频繁、穆斯林商人对中国社会影响之强烈。[103]事实上，这也正是信仰与贸易在古代丝绸之路上互动的生动写照。然而，与印度尼西亚、马来西亚的伊斯兰化不同，由贸易往来促进的伊斯兰教传播在中国东部沿海地区主要存在于蕃客内部，而远未深入到广阔的中国社会。随着海上丝绸之路的衰落，东部沿海地区的伊斯兰影响也逐渐消退。

元朝是中国伊斯兰教大发展的时期，也是陕甘青宁诸省逐渐成为穆斯林聚居地的时期。在长达半个世纪的西征过程中，蒙古大军裹挟着大量的中亚、西亚各族人来到中国，绝大多数是穆斯林。其中有军士、炮手、工匠、医生、传教士等，被统一编为“探马赤军”，被迫参加蒙古征服中原的战争，战后这些“探马赤军”留居各地屯田，尤其西北地区最多。元代在中国的穆斯林估计在百万以上，元朝政府也为此设有专门管理伊斯兰教事务的机构——回回掌教哈的所。到了明朝，穆斯林在政治、经济、文化、外交中发挥了很大作用，其中尤以郑和最为著名。在郑和下西洋的过程中，穆斯林在与东南亚、西亚伊斯兰地区的沟通中扮演了重要角色。

新疆地区的伊斯兰化，与陕甘青宁诸省存在着很大的差别，而与整个中亚地区的情况更为接近。从公元1世纪开始，祆教、佛教、摩尼教、景教沿着陆上丝绸之路先后传入新疆等地。在伊斯兰教传入新疆之前，佛教在新疆流传的时间最长，信仰人数最多，基础最雄厚，影响最深远。以于阗、龟兹、高昌为中心，佛教的影响力一度遍及全疆。[104]相应的，伊斯兰教在新疆地区的大规模传播，自始至终伴随着伊斯兰教对佛教的宗教战争，尤以喀喇汗朝和东察合台汗国推行所谓“圣战”最力。伊斯兰教传入新疆的时间大致在喀喇汗朝时期，以萨图克·布格拉汗开始接受和推行伊斯兰教为主要标志。960年，布格拉汗之子阿尔斯兰汗宣布伊斯兰教为国教，并将喀什噶尔升格为王朝的正都，喀什噶尔也就成为了王朝的政治、经济、文化和宗教中心。喀喇汗朝的伊斯兰化，带动了新疆乃至整个中亚地区地缘政治和地缘宗教格局的深刻变化。位于喀喇汗朝西部的萨曼王朝原是其政治上的主要敌人，但共同的伊斯兰教信仰使彼此的政治关系得以缓和；而位于喀喇汗朝东部、南部的高昌和于阗作为西域地区的佛教中心，也由原先的友邻转变为“圣战”的对象。由此，新疆一度出现了三大政治势力（喀喇汗朝、高昌和于阗）鼎足和两大宗教势力（佛教和伊斯兰教）对峙的局面。喀喇汗朝对于阗李氏王朝的“圣战”，是伊斯兰教传入新疆后同佛教的第一次大规模战争，也是新疆历史上规模最大、历时最长、影响最深远的宗教战争。960年战争爆发，1024年喀喇汗朝全部占领于阗。从此以后，塔里木盆地西部和南部地区佛教势力退出。[105]14世纪初，蒙古东察合台汗国建立，其奠基人秃黑鲁·帖木儿汗皈依伊斯兰教。随着蒙古人的伊斯兰化和突厥化，在东察合台汗国时期，伊斯兰教继续向天山南麓东部地区推进。1392年前后，东察合台汗国以“圣战”的形式夺取库车(即龟兹),强制当地佛教徒改宗伊斯兰教,到15世纪后期至16世纪初,佛教在库车彻底消失。由此,新疆于阗、龟兹、高昌三大佛教圣地陆续为伊斯兰教所覆盖。库车的伊斯兰化也使得作为新疆最后的佛教中心的吐鲁番地区失去屏障,由于吐鲁番地区是新疆维吾尔族主要聚居区,该地区的伊斯兰化也彻底终结了南疆维吾尔族宗教信仰多元化的局面。16世纪,哈密王改奉伊斯兰教,以“苏丹”自称。这样,伊斯兰教在新疆达到了最东部的地区,除准噶尔盆地的瓦剌人信奉藏传佛教以外,伊斯兰教成为新疆各少数民族的主要宗教信仰。[106]从10世纪中叶前伊斯兰教传入喀什噶尔,至16世纪哈密地区皈依伊斯兰教,新疆地区的伊斯兰化经历了长达600年的历史进程。

简言之,到公元16世纪左右,在贸易、通婚、传教、政治扩张和军事征服等多重因素的推动下,古代海陆丝绸之路基本完成了伊斯兰化的历史进程。不同地区、不同民族各自独特的伊斯兰化进程,也造就了当代伊斯兰世界内部复杂的地域性分殊和系谱。

(二)当代遗产

今天,伊斯兰世界的信仰版图西起北非、中东,分别沿陆路延伸至中亚和中国西北地区,沿海路延伸至马来西亚、印度尼西亚、文莱等东南亚国家,形成了东西走向的“伊斯兰走廊”。[107]据统计,截至2010年,全球穆斯林人口约为16亿;到2030年,这一数字预计将达到22亿,约占全球总人口的1/4。[108]

海上丝绸之路伊斯兰化的历史结果主要体现在印度尼西亚、马来西亚、文莱等马六甲海峡沿岸国家相继成为了以伊斯兰教为主体信仰的国家。截至2010年,印度尼西亚约有2.05亿穆斯林,是全球拥有最多穆斯林人口的国家,约占全球总数的1/8。[109]相较之下,由海上丝绸之路贸易往来推动的信仰传播,不仅没有使中国东部沿海地区伊斯兰化,穆斯林商人一度在广州等贸易港拥有的巨大影响力也已随着海上丝绸之路的衰落而式微。今天,最能体现当时波斯、大食穆斯林在该地区影响力的历史遗存,当属广州怀圣寺、泉州麒麟寺、杭州凤凰寺以及扬州仙鹤寺四大著名清真寺。

与海路相比,陆上丝绸之路伊斯兰化的历史遗产则无疑更为丰富,在多重历史结构的交错下,也显得更为复杂。基于在地缘政治格局和油气资源版图中的显著位置,从中东到中亚地区的绵延地带历来是外部大国力量交汇最集中、各族群和教派冲突最频发的地区。近代以来,在帝国主义与殖民主义全球扩张的过程中,几乎整个伊斯兰世界都逐渐沦为了西方的殖民地或势力范围。[110]第一次世界大战以后,奥斯曼帝国的瓦解和哈里发制度的废除彻底打乱了中东地区的政治秩序,而西方大国基于自身利益考虑的政治安排则为后来的种种地区冲突种下了祸根。冷战时代,中东成为美苏争夺的前沿地区,阿拉伯国家与以色列、逊尼派与什叶派的尖锐对立在大国势力的交冲下演变成持续的战争。

自 1648 年威斯特伐利亚和会以来,宗教被取消了国际关系层面的正当性,成为个人信仰和国内事务,即所谓从威斯特伐利亚体系中遭到“放逐”。然而,对于伊斯兰世界和伊斯兰国家而言,宗教因素却始终在政治、社会、外交等各项事务中占据核心位置,复兴伊斯兰世界信仰版图的信念始终存在。20 世纪 70 年代以来“政治伊斯兰”的强势崛起,更被视作全球宗教复兴的主要标志之一。[111]“政治伊斯兰”既是一种保守的宗教理念,也是一种行动力极强的政治主张,其核心即在于按照伊斯兰教法重建政治秩序和世俗生活。这种虚实相间、软硬兼施的特征,也使得“政治伊斯兰”在影响国际关系与对外战略时并不完全受限于地理环境,而具有基于信仰版图的跨国联系与全球动员的面向。作为对近代以来西方主导的国际体系的反抗,它不仅试图恢复历史上伊斯兰国家政教合一的体制,更试图按照伊斯兰世界的信仰版图重建国际政治秩序。这就使得伊斯兰教信仰版图与民族国家政治版图之间本已存在的张力进一步加剧,前者强烈试图以自身的逻辑实现对后者的重构。由此所导致的部分结果则是,冷战结束以后,某些跨国性、原教旨主义的宗教动员网络强有力地冲击着北非、中东和中亚地区的政治秩序和国家建设,普遍性的“弱国—强宗教”的政教格局往往使许多国家几乎无力应对所面临的严峻挑战。外部大国力量的持续性渗透和介入，又在很大程度上加剧了北非、中东和中亚地区的政治动荡。

可以说，古代陆上丝绸之路伊斯兰化的信仰遗产、近代伊斯兰世界殖民地化的政治遗产与当代国际政治经济的权力结构相互交织，并在全球宗教复兴和大国力量重组的双重背景下冲击着陆上丝绸之路的政治秩序。在很大程度上，这些现实挑战是结构性的，深嵌在层层累积的多重历史遗产之中。从北非、中东、中亚到南亚，由“政治伊斯兰”或宗教原教旨主义强势兴起所引发的政治动荡，已然成为丝绸之路沿线许多伊斯兰国家所面临的结构性危机。

就中国西北地区伊斯兰化的信仰遗产而言，它不仅包括众多的清真寺、丰富的思想典籍、复杂的教派门宦，更包括规模庞大的穆斯林人口。据估计，截至 2010 年，中国国内的穆斯林人口大约为 2 300 万，其中约 1 769 万分布于新疆、宁夏、甘肃、青海这西北四省区，约占全国穆斯林总人口的 3/4。[112]新疆、宁夏、甘肃、青海成为中国穆斯林的主要聚居地，深刻地改变了中国的政治、社会、族群和宗教生态，从而大大强化了“中华民族多元一体格局”中“多元”的面向。

从国家建设的角度来看，西北穆斯林聚居区与中国政治版图之间不仅是中央与地方关系，也包含着政教关系的维度。在不同的历史条件下和具体区域内，两者之间既可能实现良性的互动，更可能存在着相当的张力。

具体而言，一方面，西北穆斯林聚居区的存在使得中国与广大伊斯兰世界之间拥有了现实性、基础性、长期性、人员性的联系纽带和沟通渠道。随着中国全面“走出去”和国家利益全球化进程的展开，在民族国家的视野之外，尤其是在诸如“伊斯兰世界”等全球性信仰版图中思考中国的国家利益已成为亟须正视的重大课题。[113]中国西北穆斯林聚居区与其他穆斯林国家/地区的往来，可以理解为信仰世界（或信仰版图）中的地域性互动。这也就意味着在复兴陆上丝绸之路的过程中，西北穆斯林聚居区有可能成为沟通中国与伊斯兰世界的桥头堡。与此同时，西北穆斯林聚居区独特的宗教人文优势也使其蕴含着重新吸引中东、中亚穆斯林商旅、资金东来或促进中国西北地区"向西开放"乃至"走出去"的潜力。

另一方面,宗教纽带对国家总体外交战略的正面促进更多只是理想层面的考量,作为统一的多民族国家,宗教因素对中国政治版图和国家建设的负面冲击同样明显且更为现实。例如,有清一代,西北、西南地区伊斯兰教徒的起义/叛乱始终是冲击政治秩序的重大问题,清政府为此不得不将大量的精力和资源用于对该地区的军事行动上。[114] 据统计,清朝近五十多部有关平定内部动乱与对外武功的方略、纪略中,涉及伊斯兰教的就有十一部,超过了总数的五分之一。[115] 新中国成立以后,政府与西北地区穆斯林群体的关系得到了很大的改善,尤其是甘、青、宁三省区的穆斯林聚居区更是出现了前所未有的长期稳定局面。然而与此同时,新疆(尤其是南疆地区)的安全稳定却也经常性地面临着以"三股势力"为代表的跨境族群和宗教动员网络的挑战。在此过程中,基于自身的利益计算,某些中东国家不仅成为泛伊斯兰主义、泛突厥主义的理念输出者,更通过各种方式进行资金支持,从而使得"三股势力"的思想、组织、动员和支持网络呈现出鲜明的跨国色彩。相较于其他宗教,伊斯兰教对于跨国信仰版图的意识更为明确,并且形成了以麦加为中心的认同取向。同时,由于历史上突厥民族曾在中亚和新疆部分地区建立起跨国性的统治,泛突厥主义思潮始终以重建跨国民族版图为诉求进行传播和渗透,并以中东的土耳其作为主要认同对象。正如"三股势力"的合流所表明的,跨国宗教理念和跨境民族思潮相互交织,已对中国的多民族政治版图和政治认同造成了严重的威胁。

简言之,特定地域与特定宗教的结合,使得中国西北穆斯林聚居区从形成之初就必然处于两种秩序、两种版图的交汇点。中国西北穆斯林聚居区的特殊性在于,它们既是现代中国政治版图的内陆边疆,也是伊斯兰世界信仰版图的东部边缘。这种双重身份(也是双重认同)的长期存在使得宗教因素既可能蕴含着促进国家利益增长的潜在资源,却也存在着破坏政治版图的消极力量。

本章小结

为了理解“一带一路”倡议的时代特征和历史延续，本章着重考察了古代丝绸之路发展史的三个主要面向：地缘、贸易和宗教。

以唐代中期“安史之乱”为分水岭，古代丝绸之路大致呈现出陆路衰落、海路发达的历史性兴替。在此之前，自汉代以来开始经营的陆上丝绸之路逐渐进入繁荣时期，中国陆续与波斯、罗马、拜占庭、大食等欧亚主要大国建立起了牢固的人员、经济、文化、宗教交流的纽带。自此之后，在陆上政治局势动荡、中国经济重心南移、陆上贸易内在局限等一系列因素的共同促成下，海路得到大力拓展，并在唐朝后期、宋元时代以及明前期持续保持兴旺。相应的，尽管蒙古帝国建立后欧亚间的陆上通道一度得到复兴，但很快就由于元朝的瓦解而又陷于没落，并自明中后期以后基本被阻断。

商品交换和货币流通是古代丝绸之路国际贸易的主要形式。长期以来，中国的出口以丝绸、瓷器等生产性手工业品为主，而从西亚、南海等地的进口则以香药、犀象、珍宝等资源性奢侈品为大宗，两者在结构上具有高度的稳定性。在此过程中，罗马—拜占庭、波斯、大食的金银币和中国的铜钱是最主要的国际贸易计价货币，而中国也间或在外贸中以丝绸作为辅助性的实物货币。然而，尽管丝绸、瓷器、香药、犀象、珠宝等商品名声很大，但在当时，其消费对象主要是各国上层社会，对于国计民生的影响很小，与当代处于国际分工体系下的原材料和制成品远不可同日而语。相应的，丝绸之路上各种金属货币的流通在很大程度上是出于交易的便利，各方从未试图将自身货币与特定商品相捆绑，更从未试图通过控制货币获取贸易优势或政治经济权力。因此，通过对古代丝绸之路国际贸易的初步考察，有助于理解不同历史时期贸易体系的运行方式及其背后的建构原则，从而为观照“一带一路”经济合作的时代性提供历史坐标。

作为一条名副其实的“信仰之路”，公元7世纪中叶以后伊斯兰教的兴起终结了丝绸之路多元化的宗教生态。伊斯兰世界信仰版图的历史性形成与古代海陆丝绸之路的伊斯兰化，构成了同一历史进程的两个面向。正如本章的考察所表明的，海路上的信仰传播通常与贸易往来相互促进，而陆路上的伊斯兰化进程背后则始终与特定民族的政治扩张和军事征服紧密结合。20世纪70年代以来“政治伊斯兰”的崛起使得伊斯兰教信仰版图与民族国家政治版图之间本已存在的张力进一步加剧，前者强烈试图以自身的逻辑实现对后者的重构，从而对当代丝绸之路沿线的政治秩序造成强烈冲击。对于中国而言，西北穆斯林聚居区既是政治版图的内陆边疆，也是伊斯兰世界的东部边缘。这种双重身份(也是双重认同)的长期存在意味着，宗教因素既可能蕴含着促进国家利益增长的潜在资源，却也存在着破坏政治版图的消极力量。在此意义上，宗教对于新时期“一带一路”的复杂影响，我们需要更为审慎地应对。

注　释

1. 张广达:《古代欧亚的内陆交通——兼论山脉、沙漠、绿洲对东西文化交流的影响》，载氏著:《西域史地丛稿初编》，上海古籍出版社1995年版，第373—391页。
2. (唐)魏征等:《隋书》卷六十七，中华书局1973年版，第1579—1580页。
3. (后晋)刘昫等:《旧唐书》卷一百九十八，中华书局2000年版，第3313页。
4. (明)严衍:《资治通鉴补》卷二百三十三，上海古籍出版社2007年版，第636页。
5. 陈垣:《回回教入中国史略》，载氏著:《陈垣史学论著选》，上海人民出版社1981年版，第220页。
6. (宋)欧阳修、宋祁:《新唐书》卷四十三，中华书局1975年版，第1149—1155页。
7. [阿拉伯]伊本·胡尔达兹比赫:《道里邦国志》，宋岘译注，中华书局2001年版。
8. 关于唐代中国与阿拉伯的海上往来航线，参阅李金明:《唐代中国与阿拉伯海上交通航线考释》，载《广东社会科学》2011年第2期，第114—121页。
9. 穆根来等译:《中国印度见闻录》，中华书局1983年版，第7—9页。尸罗夫为公元9—10世纪间波斯湾最繁荣的贸易港口，我国史籍将其记载为尸罗围、施那帏、撒那威等。

10. 荣新江:《中古中国与外来文明》,生活·读书·新知三联书店 2001 年版;[美]谢弗:《唐代的外来文明》,吴玉贵译,陕西师范大学出版社 2005 年版;葛承雍:《唐韵胡音与外来文明》,中华书局 2006 年版;韩香:《隋唐长安与中亚文明》,中国社会科学出版社 2006 年版;向达:《唐代长安与西域文明》,河北教育出版社 2007 年版。
11. [法]阿里·玛扎海里:《丝绸之路:中国—波斯文化交流史》,耿昇译,中华书局 1993 年版,第 439—552 页。
12. [日]真人元开:《唐大和上东征传》,汪向荣校注,中华书局 2000 年版,第 74 页。
13. 穆根来等译:《中国印度见闻录》,第 7、96 页。
14. (后晋)刘昫等:《旧唐书》卷一百一十,第 3313 页。
15. 关于宋代广州的贸易状况,参阅关履权:《宋代广州的海外贸易》,广东人民出版社 1994 年版;全汉昇:《宋代广州的国内外贸易》,载氏著:《中国经济史研究.2》,中华书局 2011 年版,第 1—63 页。
16. (宋)朱彧:《萍洲可谈》卷二,中华书局 1985 年版,第 17 页。
17. 关于泉州港在南宋时期崛起的原因分析,参阅陈高华、吴泰:《宋元时期的海外贸易》,天津人民出版社 1981 年版,第 143—148 页。
18. 《送姜曼卿赴泉州路录序》,《草庐吴文正公集》卷 16,转引自李兴华:《中国伊斯兰教史》,中国社会科学出版社 1998 年版,第 69 页。
19. [意]马可·波罗:《马可·波罗游记》下册,余前帆译注,中国书籍出版社 2009 年版,第 367 页。
20. (宋)周去非:《岭外代答校注》,杨武泉校注,中华书局 1999 年版,第 86 页。
21. (宋)赵汝适:《诸蕃志校释》"三佛齐"条,杨博文校释,中华书局 2000 年版,第 36 页。
22. (宋)周去非:《岭外代答校注》,第 91 页。
23. 穆根来等译:《中国印度见闻录》,第 7 页。
24. [日]桑原骘藏:《唐宋贸易港研究》,杨炼译,商务印书馆 1935 年版,第 32—33 页。
25. 林梅村:《丝绸之路十五讲》,北京大学出版社 2006 年版,第 354 页。
26. [阿拉伯]伊本·胡尔达兹比赫:《道里邦国志》,第 64 页。

27. [爱尔兰]赛弗林:《现代辛伯达航海记》,史春永、古明译,世界知识出版社1988年版,第35页。
28. 何芳川:《中外文化交流史》上册,国际文化出版公司2008年版,第62页。
29. 吴玉贵:《唐代西域羁縻府州建置年代及其与唐朝的关系》,载《新疆大学学报》1986年第1期,第55—61页。
30. 卢苇:《唐代中国和大食在中亚地区斗争的发展和变化》,载卢苇:《中外关系史研究》,兰州大学出版社2000年版,第221—240页;王小甫:《唐、吐蕃、大食政治关系史》,北京大学出版社1992年版。
31. 张维华:《中国古代对外关系史》,高等教育出版社1993年版,第94页。
32. 陈炎:《海上丝绸之路与中外文化交流》,北京大学出版社1996年版,第19页。
33. (元)脱脱等:《宋史》卷四百九十,中华书局1977年版,第14121页。
34. (清)永瑢等:《四库全书总书目》卷七一《史部地理类四　诸蕃志》提要,中华书局1965年版,第631页。
35. (清)顾炎武:《天下郡国利病书》,上海科学技术文献出版社2003年版,第2742页。
36. (清)徐松:《宋会要辑稿》“职官四四之二十四”,中华书局1957年版(2006年印刷),第3375页。
37. 陈炎:《海上丝绸之路与中外文化交流》,第25—26页。
38. 何芳川:《中外文化交流史》上册,第62页。
39. (宋)朱彧:《萍洲可谈》卷二,第18页。
40. 穆根来等译:《中国印度见闻录》,第8页。
41. (宋)周去非:《岭外代答校注》,第217页。
42. [摩洛哥]伊本·白图泰:《伊本·白图泰游记》,马金鹏译,宁夏人民出版社1985年版,第490页。
43. Louis Levathes, *When China Ruled the Seas: The Treasure Fleet of the Dragon Throne, 1405—1433*(New York: Oxford University Press, 1996).
44. 张一平:《丝绸之路》,五洲传播出版社2005年版,第62页。
45. [苏丹]加法尔·卡拉尔·阿赫默德:《唐代中国与阿拉伯世界的关系》下,金波、俞燕译,载《新疆师范大学学报》(哲学社会科学版)2004年第3期,第57页。

46. 张广达:《海舶连天方　丝路通大食——中国与阿拉伯世界的历史联系的回顾》,载氏著:《西域史地丛稿初编》,上海古籍出版社 1995 年版,第 426 页。
47. 赵丰对唐代丝绸在海陆两条贸易路线上的流通网络及其影响进行了深入的探讨。参阅赵丰:《唐代丝绸与丝绸之路》,三秦出版社 1992 年版,第 183—236 页。
48. 王仲荦:《慧超〈往五天竺传〉残卷笺释》,载氏著:《敦煌石室地志残卷考释》,上海古籍出版社 1993 年版,第 276—277 页。
49. 李庆新:《滨海之地:南海贸易与中外关系史研究》,中华书局 2010 年版,第 89 页。
50. 叶德禄:《唐代胡商与珠宝》,载《辅仁学志》第 15 卷第 1、2 合期,1947 年。
51. (元)脱脱等:《宋史》卷一百八十六,第 4558—4559 页。
52. 诚然,必须指出的是,即便在元、明时代,丝绸依然是中国最具竞争力的出口商品。例如,汪大渊在《岛夷志略》中记载了从越南到印度西海岸,直至麦加的海路贸易,主要货物就是丝绸;到郑和下西洋时,丝绸依然是与南海、西亚诸国贸易的首要商品。
53. [日]三上次男:《陶瓷之路》,李锡经、高善美译,文物出版社 1984 年版。
54. 白寿彝:《宋时大食商人在中国的活动》,载氏著:《中国伊斯兰史存稿》,宁夏人民出版社 1983 年版,第 134 页。
55. 全汉昇:《宋代广州的国内外贸易》,载全汉昇:《中国经济史研究.2》,中华书局 2011 年版,第 15—16 页。迄今为止,关于宋代香药贸易最详细而深入的研究,参阅林天蔚:《宋代香药贸易史》,台湾中国文化大学出版部 1986 年版。
56. (宋)赵汝适:《诸蕃志校释》“乳香条”,第 163 页。
57. 陈佳荣:《古代香瓷之路刍议》,收入联合国教科文组织海上丝绸之路综合考察泉州国际学术讨论会组织委员会编:《中国与海上丝绸之路》,福建人民出版社 1991 年版,第 17—19 页。
58. (宋)周去非:《岭外代答校注》卷三“外国门下”条,第 99 页。
59. 林天蔚:《宋代香药贸易史》,第 81 页;白寿彝:《宋时大食商人在中国的活动》,第 153 页;(宋)赵汝适:《诸蕃志校释》“卷下志物”,第 161—200 页。
60. (宋)赵汝适:《诸蕃志校释》“大食国”条,第 90 页。
61. (清)徐松:《宋会要辑稿》“职官四四之十六”,第 3372 页。

62. (清)梁廷枏:《粤海关志》卷三“前代事实二”,台湾文海出版社 1975 年版,第 145—147 页。
63. (元)脱脱等:《宋史》卷一百八十五,第 4537 页。
64. 沈福伟:《中国与西亚文化交流研究》,新疆人民出版社 2010 年版,第 205 页。
65. 杜瑜:《海上丝路史话》,社会科学文献出版社 2011 年版,第 93 页。
66. 冯先铭:《中国陶瓷》,上海古籍出版社 2001 年版,第 401 页。
67. 阎文儒:《从考古发现上看阿剌伯国家与中国的友好关系》,载《文物参考资料》1958 年第 9 期;马文宽、孟凡人:《中国古瓷在非洲的发现》,紫禁城出版社 1987 年版;中国古陶瓷研究会、中国古外销陶瓷研究会:《中国古代陶瓷的外销》,紫禁城出版社 1988 年版。
68. 杜瑜:《海上丝路史话》,社会科学文献出版社 2011 年版,第 99—112 页。
69. 夏鼐:《作为古代中非交通关系证据的瓷器》,原载《文物》1963 年第 1 期,载氏著:《夏鼐集》,中国社会科学出版社 2008 年版,第 418—427 页。
70. [日]三上次男:《陶瓷之路》,第 152 页。
71. [美]斯塔夫里阿诺斯:《全球通史》,吴象婴等译,上海社会科学院出版社 1992 年版,第 438 页。
72. [法]阿里·玛扎海里:《丝绸之路:中国—波斯文化交流史》,第 25 页。
73. 康柳硕:《从中国境内出土发现的古代外国钱币看丝绸之路上东西方钱币文化的交流与融合》,载《甘肃金融》2002 年第 2 期,第 9—18 页。
74. 姜伯勤:《敦煌吐鲁番文书与丝绸之路》,文物出版社 1994 年版,第 30 页。
75. 张绪山:《中国与拜占庭帝国关系研究》,中华书局 2012 年版,第 216 页。
76. 夏鼐:《综述中国出土的波斯萨珊朝银币》,载《考古学报》1974 年第 1 期,第 105 页;孙莉:《萨珊银币在中国的分布及其功能》,载《考古学报》2004 年第 1 期,第 35—43 页。
77. 张忠山:《中国丝绸之路货币》,兰州大学出版社 1999 年版,第 27 页。
78. (唐)魏征等:《隋书》卷二十四,第 691 页。
79. 张忠山:《中国丝绸之路货币》,兰州大学出版社 1999 年版,第 59 页。
80. (唐)元稹:《钱货议状》,载氏著:《元氏长庆集》,上海古籍出版社 1994 年版,第 180 页。

81. 据估计,一贯(1 000 个)铜钱约等于一个 4.25 克金的阿拉伯第纳尔。参阅穆根来等译:《中国印度见闻录》,第 15、69 页。
82. 王承文:《论唐代岭南地区的金银生产及其影响》,载《中国史研究》2008 年第 3 期,第 45—66 页。
83. (宋)唐慎微:《政和证类本草》卷四引,尚志均辑释,华夏出版社 1993 年版,第 104 页。转引自王承文:《论唐代岭南地区的金银生产及其影响》,第 45 页。
84. 王建:《送郑权尚书南海》,载氏著:《王建诗集》,中华书局 1959 年版,第 51 页。
85. 穆根来等译:《中国印度见闻录》,第 99 页。
86. (元)脱脱等:《宋史》卷一百八十,第 4384 页。
87. (元)脱脱等:《宋史》卷一百八十六,第 4566 页。
88. (明)马欢:《瀛涯胜览校注》,冯承钧校注,中华书局 1955 年版,第 14 页。
89. 汶江:《唐代开放政策与海外贸易的发展》,载《海交史研究》1988 年第 2 期,第 2 页。
90. 马文宽:《非洲出土的中国钱币及其意义》,载《海交史研究》1988 年第 2 期,第 36—42 页;田树茂:《东非发现的我国文物》,载《晋阳学刊》1982 年第 6 期,第 12—14 页。
91. (清)徐松:《宋会要辑稿》刑法二,第 6567 页。
92. [日]桑原骘藏:《中国阿剌伯海上交通史》,冯攸译,商务印书馆 1934 年版,第 41—46 页。
93. (元)脱脱等:《宋史》卷一百八十,第 4396—4397 页。
94. 赵丰:《唐代丝绸与丝绸之路》,三秦出版社 1992 年版,第 208 页。
95. 马通:《丝绸之路上的穆斯林文化》,宁夏人民出版社 2003 年版;周菁葆:《丝绸之路佛教文化研究》,新疆人民出版社 2010 年版;李进新:《丝绸之路宗教研究》,新疆人民出版社 2010 年版;Susan Whitfield and Ursula Sims-Williams, *The Silk Road: Trade, Travel, War and Faith*(Chicago: Serindia Publications, 2004); Richard C. Foltz, *Religions of the Silk Road: Overland Trade and Cultural Exchange from Antiquity to the Fifteenth Century*(New York: St. Martin's Press, 1999); Richard Foltz, *Religions of the Silk Road: Premodern Patterns of Globalization*(New York: Palgrave Macmillan, 2010)。

96. Richard C.Foltz, *Religions of the Silk Road: Overland Trade and Cultural Exchange from Antiquity to the Fifteenth Century* (New York: St.Martin's Press, 1999), pp.95—97.

97. 敏贤麟:《蒙古游牧文明与伊斯兰文明的交汇》,宗教文化出版社 2010 年版。

98. 刘欣如:《丝绸之路上佛教和伊斯兰教的传播》,载余太山、李锦绣:《丝瓷之路Ⅰ:古代中外关系史研究》,商务印书馆 2011 年版,第 67—91 页;Johan Elverskog, *Buddhism and Islam on the Silk Road* (Philadelphia: University of Pennsylvania Press, 2010)。

99. Malise Ruthven and Azim Nanji, *Historical Atlas of the Islamic World* (Cambridge, MA: Harvard University Press, 2004), p.106.

100. Richard C.Foltz, *Religions of the Silk Road: Overland Trade and Cultural Exchange from Antiquity to the Fifteenth Century*, p.89.

101. 中国伊斯兰教协会编:《中国伊斯兰教简志》,宗教文化出版社 2011 年版,第 7 页。

102. [法]张日铭:《唐代中国与大食穆斯林》,姚继德、沙德珍译,宁夏人民出版社 2002 年版,第 119 页。

103. [日]桑原骘藏:《蒲寿庚考》,陈裕菁译,中华书局 1954 年版。

104. [日]羽溪了谛:《西域之佛教》,贺昌群译,商务印书馆 1999 年版;才吾加甫:《新疆古代佛教研究》,社会科学文献出版社 2011 年版。

105. 魏良弢:《喀喇汗王朝史稿》,新疆人民出版社 1986 年版;李进新:《新疆伊斯兰汗朝史略》,宗教文化出版社 1999 年版;余振贵:《中国历代政权与伊斯兰教》,宁夏人民出版社 1996 年版;高永久:《西域古代伊斯兰教综述》,民族出版社 2001 年版。

106. 田卫疆:《丝绸之路与东察合台汗国史研究》,新疆人民出版社 1997 年版;李进新:《蒙古统治与新疆伊斯兰教》,载《中国伊斯兰教研究文集》编写组编:《中国伊斯兰教研究文集》,宁夏人民出版社 1988 年版,第 306—321 页;刘迎胜:《察合台汗国史研究》,上海古籍出版社 2006 年版;陈慧生:《中国新疆地区伊斯兰教史》第一册,新疆人民出版社 1999 年版。

107. 徐以骅、邹磊:《地缘宗教与中国对外战略》,载《国际问题研究》2013 年第 1

期，第 35 页。

108. Pew Research Center's Forum on Religion & Public Life, *The Future of the Global Muslim Population: Projections for 2010—2030*, January 2011, p.13.

109. Ibid., p.11.

110. 具体而言，埃及、苏丹、印度成为英国殖民地；阿尔及利亚和突尼斯成为法国殖民地；摩洛哥成为法国和西班牙的殖民地；利比亚成为意大利殖民地；叙利亚和黎巴嫩成为法国的势力范围；印度尼西亚和马来西亚沦为荷兰和英国的殖民地；伊拉克和波斯湾地区成为英国的势力范围；伊朗和阿富汗成为英国、俄国的势力范围。

111. ［美］彼得·伯格等：《世界的非世俗化：复兴的宗教及全球政治》，李骏康译，上海古籍出版社 2005 年版，第 9—11 页。

112. 根据美国皮尤研究中心（Pew Research Center）的报告，1990 年中国的穆斯林人口约为 1 683.9 万，约占全国总人口的 1.5%；2010 年中国的穆斯林人口约为 2 330.8 万，约占全国总人口的 1.8%；而到 2030 年中国的穆斯林人口将预计达到 2 994.9 万，约占全国总人口的 2.1%。参阅 Pew Research Center's Forum on Religion & Public Life, *The Future of the Global Muslim Population: Projections for 2010—2030*, p.158。

113. 徐以骅、邹磊：《信仰中国》，载《国际问题研究》2012 年第 1 期，第 47 页。

114. 李范文、余振贵：《西北回民起义研究资料汇编》，宁夏人民出版社 1988 年版；马长寿：《同治年间陕西回民起义历史调查记录》，陕西人民出版社 1993 年版；张中复：《清代西北回民事变——社会文化适应与民族认同的省思》，台北联经出版事业公司 2001 年版；潘向明：《清代新疆和卓叛乱研究》，中国人民大学出版社 2011 年版；Wen-Djang Chu, *The Moslem Rebellion in Northwest China 1862—1878* (Hague: Mouton & Co., 1966); Hodong Kim, *Holy War in China: The Muslim Rebellion and State in Chinese Central Asia, 1864—1877* (Stanford, California: Stanford University Press, 2004)。

115. 包括《钦定平定云南回匪方略》《钦定平定陕甘新疆回匪方略》《钦定平定回疆剿擒逆裔方略》等。参阅张中复：《清代西北回民事变——社会文化适应与民族认同的省思》，第 3 页。

第二章　新旧之间：理解中国与中东的“现代丝绸之路”

古代海陆丝绸之路作为连接中国与中东、中亚等地的贸易之路、文化之路和信仰之路，曾是近代西方世界兴起之前全球最重要的地缘经济组合和宗教文化纽带。自近代西方崛起并驰骋于海上，中国与中东地区之间的海上丝绸之路陷入了数百年的沉寂。然而，种种迹象表明，21 世纪以来，以“中国制造”和中东石油的双向流动为载体，一条连接中国东部沿海省份与波斯湾的“现代丝绸之路”正在悄然兴起，两地之间消逝已久的经济纽带再次被激活。在新的时代背景下，全球最主要的商品生产基地和石油出口地区的再次接近，使现代丝绸之路具有了深刻的地缘经济和地缘政治含义，而敏感的西方政治精英也开始越来越多地关注到贸易关系背后所蕴含的政治效应（尤其是对西方的意义）。

那么，在 2013 年中国政府正式提出“丝绸之路经济带”和“21 世纪海上丝绸之路”战略倡议的背景下，如何理解中国与中东之间“自发”兴起的“现代丝绸之路”？基于这一问题，本章将分成三个部分。第一部分勾勒中国与中东“现代丝绸之路”兴起的整体轮廓和微缩景观；第二部分分析“现代丝绸之路”得以兴起的根源，重在阐述其背后的结构性条件；第三部分则在当代国际政治经济的宏观结构中深入剖析“现代丝绸之路”的本质和困境。

一、中国与中东“现代丝绸之路”的兴起

中国与中东“现代丝绸之路”的兴起，大致可以从宏观和微观两个层

面进行考察。就前者而言，体现为由统计数字所体现的两个地区间商品、资金和人员的大规模快速流动；就后者而言，表现为由局部的个体生活和经历所汇集的社区性贸易、宗教和社会状况，浙江义乌是其中最典型的例子。

（一）整体轮廓

据观察，目前中国生产的各种机电产品、服装饰品、运输设备、钢铁建材、家具等充斥中东市场，而“中国制造”的大行其道已成为过去十年中东各百货市场的显著特征。在伊斯兰教的圣城麦加，随处可见由中国生产的宗教纪念品（如电子版《古兰经》、穆斯林服饰、祷告跪垫等），而这也被看做是中国在中东地区日益上升的商业影响力最具象征性的体现。[1]澳大利亚观察家贝哲民通过实地走访发现，中国生产的电子版《古兰经》一度在内战前的叙利亚风靡。[2]价廉物美和品类多样使得“中国制造”的商品对于中东地区尤其是中下层民众具有很强的吸引力。2003 年伊拉克战争后，曾有 150 多万伊拉克难民涌入叙利亚，而他们所有的日用小商品几乎都依靠在浙江义乌的 1 000 多名伊拉克商人从中国输入。[3]对于深受西方制裁中的伊朗而言，来自中国的商品更是其极其重要的生活物资来源。

事实上，“中国制造”不仅在中低端产品上具有极强的价格优势，近年来在一些高端产品尤其是装备制造领域中同样表现出巨大的市场潜力。2010 年 11 月，由中国铁建股份有限公司承建的沙特麦加轻轨铁路正式开通，为来自世界各地的穆斯林朝觐者提供交通运输服务。2013 年全球穆斯林朝觐期间，麦加轻轨在 7 天 6 夜的时间里持续运营达 162 小时，A、B、C、D、E 五种运营模式实际开行列车 1964 列，运送朝觐者达 380 万人次，圆满完成了麦加朝觐的运营任务。[4]2014 年 3 月 3 日，首批在伊拉克生产的力帆汽车下线，标志着中国自主汽车品牌力帆在伊拉克的组装车辆生产正式启动。据估计，这个初期年产能 1 万辆的新装配厂，未来将帮助力帆占领伊拉克 15%的进口车市场。[5]

在“中国制造”以各种方式进入中东的同时，中东石油也以极其惊人的速度流向中国。近年来，随着国内能源需求的爆炸式增长，中国从世界第一大石油出口国沙特阿拉伯的原油进口量逐年攀升，与美国之间的差距快速缩小。2008年时，中国每天从沙特进口的原油量尚不及美国的一半；而到了2011年，两者即已极为接近(参见表2.1)。尤其值得指出的是，2009年，美国从沙特进口原油跌至自1989年以来的最低点，在当年11—12月，中国暂时性(历史性)地超越美国成为沙特阿拉伯最大的原油进口国，一度引起美国主流舆论和政治精英的高度关注(焦虑)。[6]

表2.1　2008—2013年中美从沙特进口原油量　单位：千桶/日

	2008年	2009年	2010年	2011年	2012年	2013年
美　国	1 529	1 004	1 096	1 195	1 361	1 328
中　国	731	843	896	1 010	1 083	1 083

注：中国的数据原计量单位为万吨，此表经过笔者换算所得。

资料来源：田春荣：《2013年中国石油和天然气进出口状况分析》，载《国际石油经济》2014年第3期，第33页；U.S Energy Information Administration，http://www.eia.gov/dnav/pet/pet_move_impcus_a2_nus_ep00_im0_mbblpd_a.htm。

在石油贸易的刺激下，中国也逐渐超越美国成为中东第一大经济体沙特阿拉伯的头号贸易伙伴。根据美国商务部普查局的数据，2011年，美国对沙特出口为138.30亿美元，进口为474.76亿美元，总额约为613.06亿美元。[7]同年，沙特与日本、韩国、新加坡的双边贸易额分别约为571亿美元、439亿美元和185亿美元，均低于中国的643.18亿美元。[8]这也就意味着，中国在2011年历史性地超越美国成为沙特阿拉伯的全球第一大贸易伙伴国。[9]同时，沙特海关的进出口统计年报显示，2010年，中国取代阿联酋成为沙特最大的非石油产品出口对象国；2011年，中国取代美国成为沙特最大的进口对象国(参见表2.2)。可以说，进出口总额、出口额、原油进口额、非石油产品进口额等各个指标数据均显示，中国已经成为了沙特阿拉伯最大的贸易伙伴。

表 2.2　2009—2011 年沙特与主要贸易伙伴进出口统计

单位：亿沙特里亚尔

国　家	进　口			国　家	非石油产品出口		
	2009 年	2010 年	2011 年		2009 年	2010 年	2011 年
中　国	405.9	468.6	649.9	中　国	86.6	134	221.8
美　国	509.9	527.5	619.3	阿联酋	127.6	131.2	173.1
德　国	286.6	309.3	339.5	新加坡	41.4	79.1	117.5
日　本	271.4	298.4	314.5	印　度	49	64	82.6
总　额	3 584.3	4 007.7	4 955.7	总　额	879.9	1 177.2	1 575

资料来源：Saudi Customs，*Annual Report*，2010—2011.

作为中国在中东地区仅次于沙特阿拉伯的第二大贸易伙伴，近年来伊朗对于中国的依赖度显著提升。事实上，从 2008 年起，中国即已成为伊朗的全球第一大贸易伙伴，而这在很大程度上归功于中国从伊朗的石油进口。据统计，2012 年，受西方制裁后的伊朗石油出口几乎全部流向四个亚洲国家（即中国、韩国、日本和印度），而中国的购买量占伊朗出口量的一半。因此，尽管当年中国从伊朗的购油总量同比下降 23%，却成为了伊朗 50%石油出口的买家。[10]

同时，中国国家海关总署的数据显示，2013 年，来自伊拉克的原油进口大涨 49.9%，达 2351 万吨，成为当年增幅最大的原油进口来源。[11]在某些西方学者看来，中国与伊拉克之间爆炸式增长的能源与经贸合作表明，中国正在成为伊拉克石油产业繁荣发展的最大赢家。[12]据国际能源署估计，到 2035 年，伊拉克的石油日产量将超过 800 万桶，其中约四分之一（即 200 万桶）将出口至中国，以至于有学者颇为夸张地将两国之间的能源合作（涉及原油进出口和直接投资两个方面）称为“‘北京—巴格达’石油轴心”（The Beijing—Baghdad Oil Axis）[13]。

与“中国制造”和中东石油的交换相伴随的，是中国（东亚）与中东之间日益兴起的资金流动。2010 年 6 月，科威特投资局在中国农业银行的首次公开募股（IPO）中投资了 28 亿美元，而后又进一步提高至 60 亿美元。2012年8月,卡塔尔主权基金购买了中国国际信托投资公司22%的股份。[14]北京麦健陆顾问有限公司(JL McGregor & Company)估计,2008—2013年从中东地区流入中国的资金达2 500亿美元;与之形成鲜明对照的则是,受到"9·11"事件的冲击,2003—2008年中东国家对美国的投资锐减达2 000亿美元。[15]据著名商业咨询公司麦肯锡的预测,受到中国、印度等亚洲国家强劲且持续的石油需求驱动,至2020年,中东和中国之间的实际贸易额将飙升至3 500亿至5 000亿美元,比2005年至少增长6倍;与此同时,到2020年,海合会和中印等国的跨境资金流动总额有可能从2005年的150亿美元增加到每年3 000亿美元。[16]类似的,具有官方背景的科威特投资机构也认为,如果国际油价维持在平均每桶80美元,那么到2020年,从海合会成员国流向中国等亚洲国家(不包括日本)的资本将超过3 600亿美元。[17]美林证券对外公布的一份报告也认为,到2020年,以海合会产油国为首的中东投资者将有高达3 000亿美元的资金流入中国股市。[18]

正是基于中国与中东之间这一系列兼具实质性和象征性的经济联系,麦肯锡资深董事鲍达民(Dominic Barton)等人敏锐地指出,21世纪以来,拥有丰富石油资源的海湾国家与发展迅速的中国等亚洲国家之间明显加快了商品、人员和资金的交流速度,东亚(中国)和中东之间沉寂了数百年之久的"丝绸之路"正在出现复兴的迹象。[19]美国《新闻周刊》在2008年5月26日刊登的《现代丝绸之路》一文则进一步预言,中东和东亚(中国)这两个世界上最具流动性的经济体之间的日益接近正在重新塑造全球经济的版图,从而使世界的经济中心从美国和欧洲逐渐转移到中东和东亚地区。[20]

(二)微缩景观

如果说贸易统计数字只是从宏观上勾勒了"中国制造"与中东石油双向流动的整体轮廓,那么,两地之间密集的人员往来和交流,尤其是伴随着义乌的国际贸易所引发的当地穆斯林人口的增长和新"蕃坊"现象,则堪称是兴起中的中国与中东“现代海上丝绸之路”最为生动、最富象征意味的微观图景之一。

在历史上,义乌从不是海上丝绸之路的港口或生产基地,甚至迟至2000年的时候,义乌依然默默无闻。然而,在极短的时间内,义乌已成为全世界最大的小商品集散地,外向度高达65%,堪称高度国际化的城市行为体。[21]目前,义乌小商品城市场汇集了4 202个种类、170多万种商品,囊括了工艺品、饰品、小五金、日用百货、雨具、电子电器、玩具、化妆品、文体、副食品、纺织品等所有日用工业品(其中饰品、袜子、玩具产销量占全国市场1/3),销售网遍及全球219个国家和地区。[22]如果说中国是世界工厂,那么义乌中国小商品城就是“中国制造”全面“走出去”的展示厅和桥头堡。

中东地区作为义乌小商品最重要的出口对象地,历年来约占总出口份额的1/3左右。[23]在国际金融危机和欧债危机导致欧美市场萎缩的同时,义乌市场与中东国家的商贸关系却稳中有升,越来越多的中东商人选择直接到义乌采购价廉物美的“中国制造”商品。一方面,义乌吸引着大批中东商人入驻;另一方面,大量的“中国制造”也经由他们进入中东市场。这种情形与唐宋时代大食、波斯商人大规模往来于广州、泉州、明州等港口,并将丝绸、瓷器大量运回中东地区充满了历史性的相似。在石油资源被国家、大型跨国公司垄断的背景下,私人性的中东商人已不复历史上纵横香料、珠宝贸易的条件。相较于中东石油生产、供应、运输背后高度的国家/国有企业色彩,无论是“中国制造”在长三角、珠三角等地的生产,或是在迪拜、大马士革、德黑兰、麦加、开罗、伊斯坦布尔等地的销售,常常是通过高度分散的企业/个人主体实现。与古代海上丝绸之路相比,这种由无数个人所推动的贸易往来显然是不对称的;与中国大规模从中东进口石油所受到的巨大关注相比,这些地方所讲述的个人故事似乎是无足轻重的。然而,当成千上万的个体相互交织时,巨大的贸易走廊得以重新开启,而这正是中国与中东“现代丝绸之路”的活力源泉。

“9·11”事件以后,西方世界尤其是美国社会弥漫着浓重的“伊斯兰恐惧症",对于伊斯兰世界的疑虑使其收紧了面向中东地区的签证发放。据统计,2000 年,前往美国的阿拉伯人逾 25 万人,到 2007 年则已降至 17 万人。[24]与之形成鲜明对比的则是,中国自加入世界贸易组织(以下称之为 WTO)后大大放宽了对中东地区的签证限制。据统计,目前每周有 145 个航班往来于中国与阿拉伯国家之间,每年双方人员往来超过 83 万人次。[25]事实上,仅阿联酋迪拜就有 20 万常驻中国公民,是目前海外最大的非永久性华人聚居地[26];而每年中东地区前往浙江义乌的人员也逾 20 万,超过这些国家到美国任何一地的人员(每年 18 万人)。[27]

根据笔者的实地调研,随着中东商人的大量涌入,义乌的社会生态也发生了巨大的变化,阿拉伯的气息在这个城市比比皆是。在沿义乌国际商贸城的稠州北路往下的街区,一个庞大而新兴的穆斯林社群正在悄然形成。从历史的视野来看,这无疑是古代丝绸之路上穆斯林商人在中国"蕃坊"的某种再现。除了汉语和英语之外,阿拉伯语成为了当地最重要的书面和口头语言,随处可见的阿拉伯语广告牌和门牌提示着当地阿拉伯客商的数量和分量。据笔者实地考察所见,中国人或阿拉伯人所开设的进出口公司、翻译公司、语言学校、餐馆充斥整个街道(参见图 2.1、图 2.2)。义乌的中东商人文化程度普遍较高,有经济头脑和一定的财力,以年轻男子居多。半岛电视台是当地阿拉伯人了解中东地区政治、社会、经济新闻的主要渠道。义乌的阿拉伯餐馆林立,以满足阿拉伯世界各个国家商人之需要,阿克萨餐厅满是巴勒斯坦的用餐者,而大马士革餐厅则多为叙利亚顾客。

与此同时,中东商人大规模进入义乌所创造出的巨大商机,也吸引了大量国内的穆斯林蜂拥前来,主要为来自宁夏、河南、云南的回族和来自新疆的维吾尔族。如果说 21 世纪早期少数西北穆斯林是看中义乌小商品本身的商机,那么,近年来大量西北穆斯林涌入义乌则在相当程度上是由于中东商人的云集。目前,中国国内穆斯林在义乌从事的主要职业类别可大致概括为餐饮业从业人员、商人和翻译,三者都与其穆斯林的身份密不可分。在贝哲民看来,义乌的阿拉伯语翻译是自下而上地将阿拉伯世界与中国紧密联系的重要环节。[28]可以说，中东地区穆斯林的东来和中国西北穆斯林的南下，共同促成了义乌中外穆斯林杂居共存的社会生态。从某种程度上看，这正是古代陆上丝绸之路的信仰遗产在现代中国与中东“海上丝绸之路”的激活与重组。

图 2.1　义乌街头的阿拉伯商铺

笔者摄于 2012 年 4 月 14 日。

图 2.2　义乌某商铺的招聘广告

笔者摄于 2012 年 4 月 14 日。

在古代海上丝绸之路兴盛的历史时期，大量来自中东的大食、波斯商人频繁往还于中国东部沿海地区与波斯湾之间，并在广州、扬州、泉州和杭州等重要贸易港形成了以清真寺为中心、独具时代特色的聚居区——“蕃坊”。伴随着成千上万的中外穆斯林的涌入，尤其是2万多阿拉伯穆斯林人口的常住，使义乌在极短的时间内从一个无清真寺、无穆斯林墓地、无宗教活动的“三无”县级市，猛然成为当代中国东部沿海地区的伊斯兰教重镇。在短短几年时间内，义乌已建有1个清真寺、5个活动点，穆斯林人口呈现出几何倍数的增长。从某种意义上看，贸易与信仰在义乌的互相促进，不仅为感受古代丝绸之路繁荣时中东商人在中国的生活提供了生动的现场画面，也为理解古代丝绸之路的伊斯兰化进程提供了侧面的当代观照。

2001年，官方批准在巴基斯坦、阿富汗商人较多的红楼宾馆设立了全省首处县级接纳国外穆斯林的伊斯兰教临时活动场所。2002年，义乌市政府出面承租了位于义乌南门街200号500平方米的二楼大厅作为穆斯林礼拜场所，聚礼人数多时有500余人。2004年8月，这个礼拜殿搬迁至原义乌丝绸厂，面积为2 500平方米，粗略估算大殿站满约5 000人。2007年，为适应穆斯林礼拜的需要，义乌市政府对江滨西路的清真寺进行扩建，这座清真寺被当地穆斯林称为“义乌清真寺”或“清真大寺”(参见图2.3、图2.4)。与此同时，红楼宾馆的礼拜点一直保留了下来。[29]根据2012年4月笔者的实地考察与访谈，每周前往义乌清真寺礼拜的人数已经超过7 000人次(其中60%为外国穆斯林)，已超过中国最大清真寺的新疆喀什艾提尕尔清真寺，后者每周的聚礼人数约为5 000—6 000人。

可以说，由义乌的中东生意所带来的穆斯林人口增长、当代新“蕃坊”和清真寺扩建，正在塑造古代丝绸之路衰落后东部沿海贸易城市前所未有的宗教景观和社会生态。在“9·11”事件以后西方世界对伊斯兰教和清真寺充满疑虑的背景下，无疑极具象征意味，贝哲民甚至将此视作“2001年以来中国和西方如何分道扬镳的缩影”[30]。

图 2.3　义乌清真大寺

笔者摄于 2012 年 4 月 14 日。

图 2.4　义乌清真大寺内景

笔者摄于 2012 年 4 月 14 日。

简言之,21 世纪以来,伴随着中国与中东之间贸易数字的快速增长,相应的商品、能源、人员、资金流动也呈现出加速态势,标志着两地之间沉寂已久的地缘经济纽带重新得到建立。在此过程中,由义乌的国际贸易所带动的宗教传播和社会生态变化深具象征意味,直接唤起了对古代丝绸之路的历史记忆。

二、中国与中东“现代丝绸之路”的根源

中国与中东“现代丝绸之路”在21世纪的兴起，并非孤立的偶发事件，而是多重结构性条件共同作用和推动的产物。

（一）中国制造全球化

改革开放以后，为了尽可能快速地吸引国外投资和扩大出口创汇，中国实行了优先发展东部沿海地区和出口导向型制造业的国家发展战略。在具体的政策上，则体现为在东部沿海地区设立一系列经济特区和经济技术开发区，并以资源输入和政策倾斜的方式进行重点扶持。在西方发达国家以及东南亚地区的华人社会成为中国主要的贸易伙伴，且国际贸易主要通过海上运输的背景下，东部沿海地区无疑具有天然的地缘优势。尤其值得指出的是，以血缘和乡情为纽带，广东、福建成为了大规模海外华人资本对国内投资的主要目的地。凭借大量廉价而优质的劳动力、丰富的自然资源、完备的工业体系、高效的政府行政等一系列优势，在西方发达国家将中低端制造业向海外转移的过程中，中国迅速成长为世界上规模最大的制造业大国之一。

进入21世纪以来，“中国制造”的全面崛起，不仅成为了中国经济奇迹的基础动力，也充当了世界经济增长的重要引擎。2002—2011年，中国规模以上工业增加值年均增长15.4%，工业占国内生产总值的比重始终保持在40%左右，“中国制造”对国民经济增长的贡献率超过45%。[31] 在国际金融危机尤其是欧债危机持续发酵的背景下，以“中国制造”为基础的中国经济成为了世界经济的稳定器和发动机。

据美国经济咨询机构IHS环球透视（IHS Global Insight）的估算，2010年，中国的制造业产出占当年世界总产出的19.8%，略高于美国的19.4%，成为全球制造业第一大国，终结了后者垄断了110年之久的最大商品生产国宝座。历史数据显示，中国最近一次占据此一位置是在1830年前后，当时中国的制造业产出占全球总产出的30%，而在1900年降至

大约6％，到1990年更进一步降至约3％。[32]根据工信部的权威数据，在22个制造业大类中，中国在7个大类中名列第一；在世界500种主要工业品中，有220种产品产量居全球第一位；2011年粗钢产量位居世界第一，占全球粗钢产量的44.7％；2011年电解铝产量位居世界第一，占世界产量的40％；2011年彩电、手机、计算机产量位居世界第一，占全球出货量的比重分别达到48.8％、70.6％和90.6％。[33]

在作为“大国重器”的装备制造领域，“中国制造”同样呈现出极其迅猛的发展势头。据工信部的统计，2013年，我国装备制造业产值规模突破20万亿元，占全球装备制造业的比重超过1/3，稳居世界首位，而历史上只有美国和英国曾达到或超过这一比例。当年，中国发电设备产量1.2亿千瓦，约占全球总量的60％；造船完工量4 534万载重吨，占全球比重41％；汽车产量2 211.7万辆，占全球比重25％；机床产量95.9万台，占全球比重38％。[34]可以说，中国已成为了名副其实的“世界工厂”，2009年的《时代》杂志以“中国制造”的实现者以及世界经济的支撑者——3.75亿中国产业工人的群像作为年度封面，正是对这一意象的准确表达。

从中国出口商品结构的演变中，可以很清晰地发现“中国制造”的决定性作用。1980—1990年，工业制成品（即“中国制造”）超越初级产品成为主要的出口商品；1990—2000年，“中国制造”又实现了由轻纺产品为主向机电产品为主的转变，其中机电产品比重达到42.3％；21世纪前10年，机电产品在出口商品所占比重已超过“半壁江山”，而以电子和信息技术为代表的高新技术产品出口比重则不断扩大，在2010年时占比31.2％（参见表2.3）。据悉，汽车、船舶、飞机、铁路装备、通讯产品等大型机电产品和成套设备出口均有新的突破。[35]

对于21世纪的全球来说，这是一个“中国制造”无处不在的时代。通过中国大规模的对外出口，“中国制造”席卷全球，逐渐成为世界上规模最大的货物形式。从1978—2010年，以“中国制造”为基本形式的中国货物出口呈现出爆炸性的增长（参见图2.5）。

表 2.3　1980—2010 年中国出口商品结构

	1980 年		1990 年		2000 年		2010 年	
	金额（亿美元）	比重（%）	金额（亿美元）	比重（%）	金额（亿美元）	比重（%）	金额（亿美元）	比重（%）
出口商品总额	181.2	100	620.9	100	2 492.1	100	15 777.5	100
初级产品	91.1	50.3	158.9	25.6	254.6	10.2	817.2	5.2
工业制成品	90.1	49.7	461.8	74.4	2 237.5	89.8	14 962.2	94.8
化学品及有关产品	11.2	6.2	37.3	6	121	4.9	875.9	5.6
按原料分类制成品	40	22.1	125.8	20.3	425.5	17.1	2 491.5	15.8
机械及运输设备	8.4	4.7	55.9	9	826	33.1	7 803.3	49.5
杂项制品	28.4	15.7	126.9	20.4	862.8	34.6	3 776.8	23.9
未分类的其他商品	2.1	1.2	116.3	18.7	2.2	0.1	14.7	0.1
机电产品*	13.9	7.7	110.9	17.9	1 053.1	42.3	9 334.3	59.2
高新技术产品*	—	—	—	—	370.4	14.9	4 924.1	31.2

注：机电产品和高新技术产品中包含部分相互重叠的产品。

资料来源：中华人民共和国国务院新闻办公室：《中国的对外贸易》白皮书（2011 年 12 月），载《人民日报》2011 年 12 月 8 日，第 14 版。

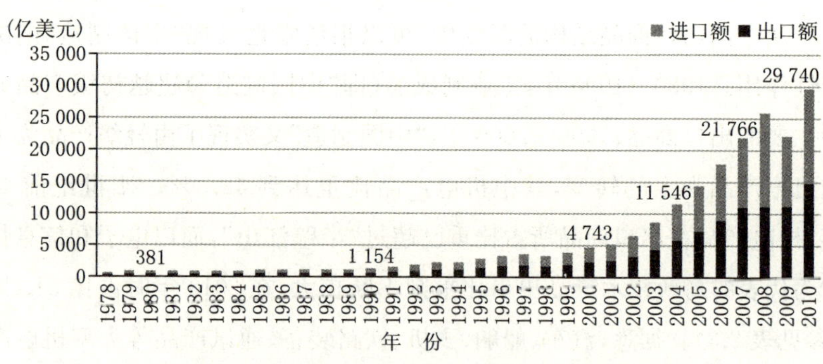

图 2.5　1978—2010 年中国货物贸易进出口情况

资料来源：中华人民共和国国务院新闻办公室：《中国的对外贸易》白皮书（2011 年 12 月），载《人民日报》2011 年 12 月 8 日，第 14 版。

2009 年，"中国制造"一举超越"德国制造"，荣登全球出口首位，占当年世界出口总额的 9.6%。[36] 2012 年，中国在以 20%左右的比重继续稳居世界制造业第一大国地位的同时，工业制成品出口达全球制成品贸易的1/7。[37]韩国贸易协会国际贸易研究院在其发布的“通过世界出口市场占有率第一的商品看外国出口竞争力”的报告中指出，在2012年的“全球出口市场占有率第一产品数量”的世界排名上，中国以1485种产品数位居第一，超过排名第二、三位的德国（703种）和美国（603种）的总和。[38]根据世界贸易组织秘书处的统计数据，2013年，中国的货物进出口总额为4.16万亿美元（其中出口额2.21万亿美元，进口额1.95万亿美元），超越美国成为世界第一货物贸易大国。[39]与之相伴随的，则是中国已成为世界上2/3以上国家和地区的最大贸易伙伴，全球贸易版图发生了重大变化。数据表明，2006年，美国是全球127个国家最大贸易伙伴，中国的这一数字为70个；而到了2011年底，该现象已彻底逆转，中国成为126个国家最大贸易伙伴，远超美国的76个。[40]

可以说，目前“中国制造”的全球化已成为国际政治经济的基本特征之一。从南太平洋岛国到非洲大陆，从欧亚大陆东端到大西洋两岸，几乎在全球任何角落都可以找到“中国制造”的存在，全世界都在享受着质优价廉的中国制造商品。在此意义上，“中国制造”在中东市场的大量出现，正是这一全球性运动的局部效应，而中国和中东商人则在此过程中充当了流动的中介。

（二）石油进口中东化

“中国制造”的全球化使得中国在向国际社会输出大量工业制成品的同时，自身（尤其是东部沿海地区）对于资源、能源乃至粮食等大宗商品的需求也日益依赖于国际市场。事实上，这两种趋向正是同一经济逻辑的不同表达形式。

在当今的国际大宗商品市场中，石油无疑是最受关注的核心战略资源，也因此成为了中国能源战略的重中之重。据统计，从1978年至今，煤炭在中国全部能源消费总量的比重始终维持在70%左右，而石油的占比基本保持在20%左右。[41]可以说，煤炭依然是我国最主要的能源消费产品。然而,在目前的条件下,石油对于“中国制造”、国民经济以及日常生活都有着不可替代的重要作用。因此,中国的经济奇迹与“中国制造”的国际化,也同时意味着中国对国际石油市场的高度依赖。继 1993 年成为石油产品净进口国之后,中国又于 1996 年由原油的净出口国变为净进口国。英国石油公司的最新统计表明,2013 年中国日均石油净进口量达 700 万桶,一度超越美国的 650 万桶(1988 年以来最低),跃居世界上最大的石油净进口国。[42] 伴随着中国海外石油进口的扩大,原油进口依存度(即原油净进口量占炼厂加工量的比例)从 2003 年的 34.6%上升至 2013 年的 58.6%;相应的,石油进口依存度(即石油净进口量占总消费量的比重)也由 2003 年的 39.1%激增至 2013 年的 61.7%。[43]

正是鉴于中国对海外石油日趋严重的依赖,2001 年,国家能源战略出台;2003 年,中国政府又制定了“走出去”战略,以期利用“两个市场、两种资源”来解决石油短缺问题。可以说,在国际市场中拓展石油来源以保证供应已经成为中国能源安全战略的主导议题,石油因素也逐渐成为影响中国外交政策的重要变量。[44]

从中国原油进口的来源构成看,21 世纪以来,中国逐渐形成了以中亚、俄罗斯、非洲以及中东地区为主体的石油进口战略区。[45] 2013 年,在全部 2.821 亿吨的原油进口总量中,中国从俄罗斯和哈萨克斯坦进口原油约占 13%;非洲占比约 23%,其中安哥拉约占 14%;中东地区占比约 52%,其中沙特、阿曼、伊拉克、伊朗、阿联酋和科威特在单个国家排名中位列第一(19.1%)、第三(9%)、第五(8.3%)、第六(7.3%)、第九(3.6%)和第十(3.3%)(参见图 2.6)。

由此可见,中国对中东地区尤其是沙特、伊朗、阿曼和伊拉克等产油国的石油进口依赖已经达到了极深的程度。事实上,从 1996 年中国成为原油净进口国之时起,来自中东地区的原油就已占据中国进口的“半壁江山”。当年,中国原油进口总量为 2 261.69 万吨,其中从以阿曼、也门、伊朗为主要来源的中东地区共进口 1 196.21 万吨,约占 52.9%。[46] 进入 21

世纪以来,中东石油在中国原油进口中的比重始终保持在50%左右,中国石油进口来源呈现出明显的"中东化"特征(参见图2.7)。这种状况所导致的贸易结构体现为:一方面,中国普遍对中东产油国存在着贸易逆差;另一方面,原油贸易成为了中东对华出口的主导形式。

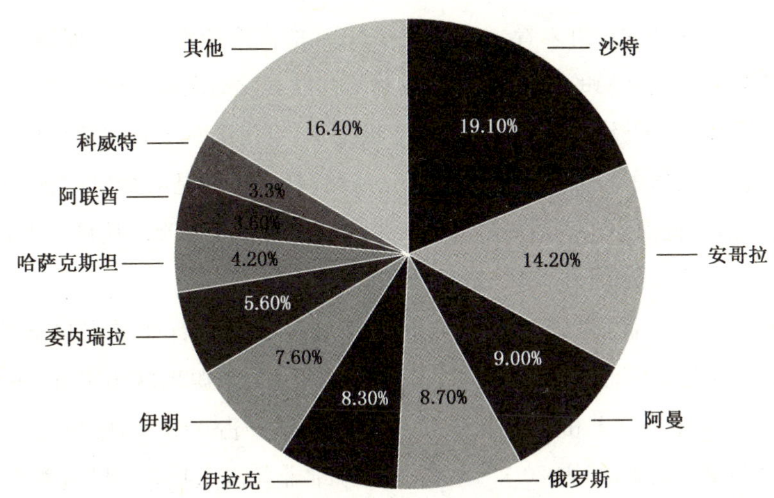

图2.6　2013年中国原油进口主要区域和国别来源构成

资料来源:田春荣:《2013年中国石油和天然气进出口状况分析》,载《国际石油经济》2014年第3期,第34—35页。

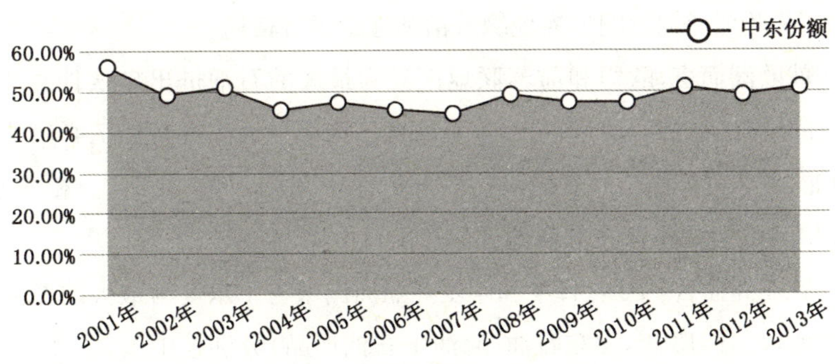

图2.7　2001—2013年中东份额在中国原油进口中所占比重

资料来源:田春荣:《2005年中国石油和天然气进出口状况分析》,载《国际石油经济》2006年第3期,第4页;田春荣:《2013年中国石油和天然气进出口状况分析》,载《国际石油经济》2014年第3期,第34页。

可以说，在今天，由波斯湾和霍尔木兹海峡驶往中国东部沿海地区的巨型船舶上满载之物，已经从古代的香料、犀象、珠宝变成了石油。对于中国社会、政治、经济乃至外交的影响力而言，石油的重要性却已远非香料、犀象、珠宝所能比拟，而确保中东对中国的能源供应也就成为了中国中东政策的核心关切。[47]

从更宏观的视野来看，中国对中东石油的高度依赖正是东亚地区石油进口中东化格局的集中体现，而这恰恰与欧美发达国家石油进口的“非中东化”形成了极其鲜明的对比。20 世纪 70 年代第一次石油危机以后，发达国家实施了石油供应来源多样化战略，其实质即是减少对中东的石油依赖，降低因中东政治局势变化所带来的能源安全风险。从目前来看，欧美国家能源的“非中东化”格局已基本形成。

就美洲而言，美国与其他美洲国家互为最大的石油进出口伙伴。2013 年，美国石油(原油＋石油产品)进口第一大来源地区为美洲，占比 58.7%，其中加拿大和墨西哥占 41.4%，中南美洲占 17.3%；中东地区则下降为第二大来源，占 20.7%左右；西非和北非共占 8.4%。可见，美国石油进口已形成以美洲为核心，中东和非洲为补充的格局。值得指出的是，随着美国页岩气、加拿大油砂和巴西深海石油的开采，美洲正在逐渐成为世界能源供应版图中的“新中东”，并可能在未来几十年改变全球能源分布版图，乃至深刻影响世界地缘政治和地缘经济格局。

就欧洲而言，欧盟和前苏联地区互为最大的石油进出口伙伴。2013 年，在欧盟国家的石油进口中，前苏联地区为第一大来源，占 47.4%；非洲(西非、北非)为第二大来源，占 23.6%，而中东则占约 16.5%。相应地，2013 年，欧盟的份额在苏联地区的总出口中约占 66%。

就亚洲而言，中国、日本和印度等亚洲国家与中东互为最大的石油进出口伙伴。2013 年，中东石油(原油＋石油产品)分别在中国、印度、日本的进口总量中占 43%、61%和 73%，其中原油进口的比重则更高。相应地，2013 年，亚洲的份额在中东的总出口中所占比例已高达 76%(参见图 2.8)。

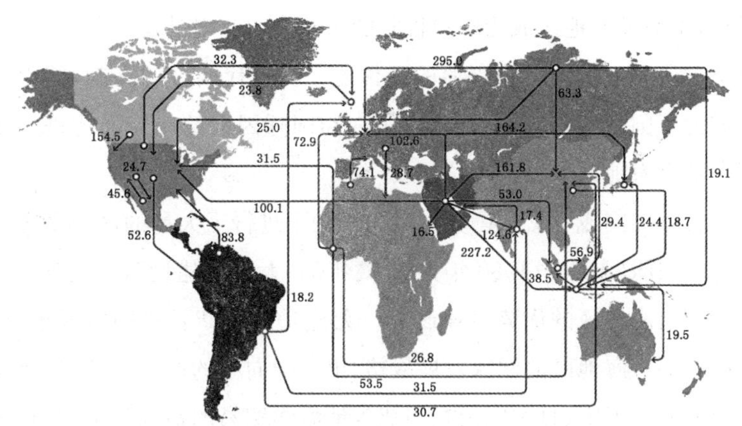

图 2.8　2013 年全球各地区间石油(原油+石油产品)流动路线　单位:百万吨

资料来源:BP, *BP Statistical Review of World Energy*, June 2014, p.19.

简言之,目前世界石油版图的供需板块已逐渐出现“区域化”的特征。随着美国渐渐回归美洲,欧洲更多依赖前苏联地区,中东已经在很大程度上成为“亚洲的中东”[48]。这在造成中东石油日益依赖亚洲消费者的同时,也使得中东局势对于亚洲与欧美具有不同程度的溢出效应。尤其值得注意的是,近年来,“页岩气革命”已使得美国成为世界上油气产量增长最快的生产国,不仅在 2009 年超越俄罗斯成为全球第一大天然气生产国,还在过去的近 60 年来首次成为石油产品的净出口国。据国际能源署《2012 年世界能源展望》预测,到 2020 年左右美国将超过沙特阿拉伯成为世界最大的石油生产国,2030 年前后北美地区有望成为石油净出口地区。届时,目前能源进口约占能源消费需求 20%左右的美国将几近成为能源自给自足的国家。[49]在此意义上,中国逐渐超越美国成为中东(尤其是沙特阿拉伯)石油最大的买家,正是国际石油供需版图深刻变化的集中体现,而背后隐藏的则是中国(东亚地区)能源安全乃至国家安全的长期风险。

(三)经济重心沿海化

与“中国制造”全球化和石油进口中东化相伴随的,则是中国经济重心的沿海化倾向。从历史来看,中国自宋代开始就逐渐实现了经济重心的南移，东部沿海地区成为国家税收的主要来源和对外贸易的主要基地，这也是古代海上丝绸之路兴盛的条件之一。近代西方的兴起，使得海上贸易成为了国际贸易的主要形式，国内和国际因素的相互强化进一步巩固了东部沿海地区的独特地位。

尽管新中国成立后在国家力量的推动下进行了大量的区域平衡发展的努力，尤其是1964—1980年为期16年的“大三线建设”，[50]但改革开放以后东部沿海地区的优势迅速凸显。无论是从生产要素的资源禀赋、优先发展东部沿海地区的国家发展战略、出口导向型的产业政策，还是主要面向西方发达国家、日本以及东南亚等地海洋贸易的地缘优势，都意味着东部沿海地区在中国经济地理中的首要地位。在此过程中，西部地区的人力资源和自然资源也大规模向东部地区快速流动。东西部地区之间本已存在的区域发展失衡，在政策和市场的共同推动下被进一步拉升。由此所导致的结果，则是珠三角、长三角和京津冀三个东部沿海城市群成为了资源、劳动力、资本、商品、产业最密集的区域，而经济沿海化成为了中国区域经济地理的基本特征。无论是中国制造的生产，还是中东石油的消费，基本都来自东部沿海地区。

中国经济重心的沿海化倾向，可以从一系列产业布局和统计指标中得到体现。2012年，东部地区（注：包括北京、天津、河北、辽宁、上海、江苏、浙江、福建、山东、广东等10个省、直辖市）以占全国9.5%的土地面积吸纳了全国38.2%的人口、47.4%的劳动力、51.3%的国内生产总值总量以及84.6%的货物进出口总额。[51]从出口加工区的分布来看，截至2011年底，我国在25个省（区、市）共批准设立了102个出口加工区等海关特殊监管区域，其中，东部沿海地区76个，中部地区有11个，而西部地区仅有15个。[52]从国家高新区的分布来看，截至2012年，对全国105家国家高新区的地区分布统计中，东部地区46家（43.4%），中部23家（21.7%），西部24家（22.6%）。[53]从国家级经济技术开发区看，2011年，东部地区的66家国家级经济技术开发区实现地区生产总值和进出口总额分别达28 623.5亿元和5 908.7亿美元，分别占全国国家级开发区的比重为

69.2%和 89.6%；截至 2011 年年底，东部地区外商直接投资企业达 61.6 万家，占全国比重为 83.4%；累计实际使用外资金额达 1.0 万亿美元，占全国比重为 81.7%；2011 年超过 1 亿美元的外商投资企业数达 362 个，比 2002 年增加 205 个。[54]可以说，21 世纪以来的全球制造业中心在中国，而中国的制造业中心则主要集中于东部沿海地区。由此所产生的结果之一，则是中国东部沿海地区的外贸依存度始终居高不下。2012 年，东部十省市国内生产总值总量为 295 892 亿元，货物进出口总额为 32 710.8 亿美元，以 2011 年末人民币对美元汇率中间价 6.285 5 元/美元计，则当年东部沿海地区的外贸依存度高达 70%左右。[55]

值得指出的是，中国原油进口在各个省份的分布也很明显地体现出了这一经济地理格局。以 2013 年为例，全年中国进口原油总计约 28 214 万吨，其中东部十省达到 23 784.3 万吨，金额达 1 840.9 亿美元，约占全国原油总进口量和总金额的 84%(参见表 2.4)。近年来，中国与沙特、科威特等国还在山东、福建、天津、浙江、海南等地合资兴办炼油和石化企业，从地理分布来看，全部位于东部沿海地区。因此，除了往来于中国和中东之间的巨型油轮之外，中东石油的向东流动也在中国东部沿海地区出现了固定的载体。

表 2.4　2013 年中国东部十省市原油进口情况统计

省　份	进口数量(万吨)	进口金额(亿美元)	所占比重(%)
山　东	5 946.8	458.3	21.08
辽　宁	2 898.7	227.3	10.27
浙　江	2 877.4	218.6	10.20
广　东	3 719.6	288.2	9.73
上　海	2 284.3	179.8	8.10
江　苏	1 996.8	153.4	7.08
河　北	1 226.4	92.1	4.35
北　京	1 111.5	86.3	3.94
福　建	1 078.3	85.6	3.82
天　津	644.5	51.3	2.28
东部十省总计	23 784.3	1 840.9	84
全　国	28 214	2 195.5	100

资料来源：国家海关总署。

经济重心的沿海化不仅促成了东部沿海地区在国际贸易中的优势地位，同时，也使得中国对外贸易高度依赖海上运输。诚然，自唐朝中后期以后，丝绸之路就逐渐实现了陆海通道的此消彼长，无论是中国的丝绸、瓷器，还是中东地区的香料、犀象都主要通过海舶往还于两地。今天，中国与各主要贸易伙伴之间的运输通道基本依赖海洋，“中国制造”的大规模出口与包括中东石油在内的大宗商品进口，都广泛借由海运实现。在中俄和中缅陆上原油管道投产以前，中国将近95%的石油进口都通过海运完成，中国进口石油约占世界油轮总运力的1/3。据估计，作为全球最大的大宗商品消费国，中国有将近99%的铁矿石进口来自海上通道，而全国所有外贸总运量的93%要通过海上运输。[56]事实上，在未来相当长一段时期内，海运仍将是中国开展国际贸易的主要载体，而全球每年新增的海运量中将有超过60%的份额是中国的进出口货物。[57]因此，义乌、广州等地得以重新吸引大量的中东客商云集，中国东部沿海地区与中东波斯湾之间海上丝绸之路的复兴，在某种程度上正是中国经济沿海化的逻辑结果和生动展现。

简言之，“中国制造”的全球性流动、中国石油需求的“中东化”态势与中国经济地理的沿海化格局，共同构成了21世纪以来中国与中东之间“现代丝绸之路”得以兴起的深层次根源。

三、中国与中东“现代丝绸之路”的实质

中国与中东“现代丝绸之路”的兴起绝不是古代丝绸之路的简单再现，而是深刻根植于当代国际政治经济的宏观结构中，是当代地缘政治与地缘经济关系在特定历史语境下的衍生叙事。

(一) 当代国际政治经济结构的衍生叙事

在古代丝绸之路繁荣发展的时代，中国的丝绸、瓷器和中东的香料、犀象、珠宝的双向流动是当时国际贸易的基本形式。今天，中国与中东现代丝绸之路的国际贸易，也正是以“中国制造”和中东石油这两种当代国

际政治经济中最具影响力和象征性的商品形式的双向流动而展开的。古代大食、波斯商人由海舶或驼队运来了大量的香药、珠宝、犀象等资源性奢侈品；而今天，从中东借由油轮输往中国的最大宗商品则是石油等资源性矿产品。相应的，在古代，中国先是藉由海陆两路向中东地区大规模输出丝绸，后又主要经海路将丝绸、瓷器等生产性手工商品销往中东；而今天，由珠三角和长三角等东部沿海地区所生产的“中国制造”(以机电产品、纺织服装、运输设备等为主)也是经由海路进入中东地区。可以发现，古今丝绸之路国际贸易的商品结构保持着高度的稳定性，即中东地区出口的始终是资源性商品，而中国输出的则始终是生产性商品。然而，形式上的稳定性背后却也同时蕴含着深刻的变化，使中国与中东的现代丝绸之路具有当代国际政治经济结构的深刻烙印。

如果说古代中东地区对丝绸、瓷器的依赖远超过中国对香料、珠宝的需求，那么，今天中国对石油的依赖则远超中东国家对“中国制造”的需求，中国与中东地区国际贸易的相互依赖程度已发生了根本性的逆转。作为极其重要的战略物资，兼具商品、政治和金融特性的石油对于中国国计民生的影响既深且广，已远非香料、犀象、珠宝等奢侈品所能比拟。处于现代全球分工体系下的国际大宗商品交易涉及的都是必需品，绝不是可有可无的奢侈品，而这恰恰反映出了古今国际贸易的本质性差别。

古代国际贸易往来大体是按照各个地区自然经济体的剩余产品而开展，不同经济体之间处于一种大致平等的交换关系，国际贸易往来并不足以影响到一国国内的经济结构和社会民生，更难以形成国与国(地区与地区)之间的支配和从属关系。然而，随着近代西方的崛起，国际贸易逐渐演变成工业制成品与原材料的强制性交换，与之相对应的，则是欧美发达国家和亚非拉发展中国家之间显著的“中心—边缘”结构，即原先松散、平等的国际贸易关系逐渐呈现出结构性和从属性。在这种二元结构下，发达国家掌握着国际贸易的规则、货币、定价权与主导权，而发展中国家则充当发达国家的原料产地和工业品消费市场。

改革开放以后，中国以前所未有的力度参与到了这一国际分工和贸易体系中，优先发展东部沿海地区的区域发展战略和经济地理格局，契合了以海洋贸易为主导的国际贸易形式，而以东部地区为基地的“中国制造”的蓬勃发展不仅创造了举世瞩目的中国经济奇迹，更逐渐改变着近代以来由西方强势塑造形成的西方—非西方“中心—边缘”的二元结构。

具体而言，中国（东亚）的经济成长正在使得国际贸易二元结构逐渐转变成一种新的三角贸易结构。旧的三角贸易一般用于描述新航路开辟以后欧洲殖民者用纺织品、果酒、杂货等至非洲换取奴隶，再用黑奴从美洲换取金银、棉花、矿产品等生产原料，最终制成商品再运到非洲购买奴隶的循环贸易活动。因其贸易涉及欧、美、非三洲，故称三角贸易。在新的三角贸易中，行为主体分别是以欧美发达国家为代表的消费国、以中国等东亚国家为代表的生产国和以中东产油国为代表的资源国。这种三角循环的运转方式体现为：生产国从资源国进口原材料并向资源国和消费国输出制成品，消费国向生产国和资源国提供资本、技术和服务，而生产国和资源国的贸易盈余和外汇储备则大量流向消费国，三者之间呈现出金融（货币、资本）、商品（工业制成品）和原料（大宗商品）的明确分工。相较于“中心—边缘”二元结构，三角贸易结构的特点在于：一方面，消费国通过保持资本项目顺差的方式有效弥补了经常项目逆差，对资源国和生产国的剥削变得更加深刻而隐秘；另一方面，发达国家与发展中国家之间工业制成品与原材料的直接交换，逐渐被中国对原材料的进口和制成品的出口所取代，消费国与资源国的贸易联系也变得相对间接。由此导致的直接后果则是中国对原材料等大宗商品的极度渴求，以及不得不为此而付出的高昂的政治、经济和道德代价。长城咨询 2012 年的报告显示，截至 2011 年年底，在受调查的 25 个大宗商品品种中，中国有 19 个品种的消费量居全球第一，中国大宗商品总消费量约占全球总消费量的 18.7％。其中，中国消费量占全球比重超过 40％（含 40％）的品种有 8 个，包括铁矿石 68％、稀土 67％、PTA52％、煤炭 48％、甲醇 45％、精炼铜 41％、原铝 41％、棉花 40％。同时，自 1993 年成为石油产品净进口国后，中国先后从大豆（1996 年）、铜（1998 年）、铁矿石（2000 年）、镍（2003 年）、锌(2004年)、白银(2007年)、精炼铅(2009年)、玉米(2009年)、煤炭(2009年)等大宗商品的净出口国变为净进口国，而每一次从净出口到净进口的拐点出现，都直接伴随着大宗商品价格的上涨。[58]正是在此意义上，中美对中东石油需求消长背后的深层次原因在于，中国承担了三角贸易格局下发达国家消费资源能源的成本转嫁。

因此，从表面上看，中国已成为新的三角贸易中联系消费国与资源国的枢纽，然而若仔细观察可以发现，美国和美国主导的国际贸易规则、定价结算交易体系，以及建立在其基础之上的政治安全秩序，才是新的三角贸易结构得以运转的前提。中国与广大发展中国家的经济联系仍然在相当程度上受制于西方，当代国际政治经济的基本结构并未发生根本改变。这就意味着，中国与中东“现代丝绸之路”恰恰是美国全球霸权下的产物。

第一，西方，尤其是美国掌握着国际大宗商品交易的定价权，大宗商品的供给方、消费方与定价方三者分离。以国际原油贸易为例，尽管以中东产油国为主体的欧佩克拥有原油供给权，而中国、日本等东亚国家已成为全球最主要的原油消费地区，但两者却都不享有原油定价权。长期以来，中东原油在出口至不同地区时会采取不同的计价公式，并根据不同的基准价格加贴水。其中，输往欧美的贴水多为负值，输往亚洲的则多为正值。在计价上，美国主要按照纽约西德克萨斯轻质(West Texas Intermediate，以下简称WTI)原油计价体系，西欧则按照布伦特(Brent)原油计价体系。相比之下，亚洲市场虽然以阿曼/迪拜均价作为定价基准，但阿曼/迪拜均价的评估在很大程度上依赖布伦特原油期货。这就使得亚洲国家不得不支付比欧美国家更高的原油进口价格(每桶约多付1美元)，即所谓中东石油的“亚洲溢价”。在这样的定价基准下，作为原油进口大国，中国(东亚)不仅无法对原油价格产生影响，还不得不长期接受国际油价高企与“亚洲溢价”的事实。

第二，美元是国际经济、贸易、金融体系的主导性货币，承担着全球交易媒介、价值储藏和计价单位三大职能。从交易来看，根据国际清算银行(Bank for International Settlements)对全球外汇市场成交量的调查，

2001—2013年，美元在全球外汇交易市场中的份额始终保持在87%左右。[59]从储藏来看，根据国际货币基金组织的统计，截至2013年，全球官方外汇储备的货币构成中约61%份额属于美元。[60]从计价来看，当前的全球市场，如石油、黄金、有色金属、粮食等大宗商品交易几乎全部以美元定价，无论是现货市场还是期货市场及其衍生品市场，无论是WTI还是布伦特。美国通过对石油、粮食等最具战略价值的能源资源计价结算的垄断，尤其是中东产油国所采取的石油美元结算体制，确保了美元得以长期在国际贸易处于支配性地位。在古代丝绸之路的国际贸易中，中国和中东地区采取的是准本币结算的方式，铜钱与金银是两个地区贸易往来中的主要结算货币，作为金属货币的铜钱和金银在对方国内也被广泛贮藏。因此，由双方本币结算到第三国货币(同时也是最主要的世界货币)结算的历史性转变，才是堪称中国与中东“现代丝绸之路”真正革命性的变化。

第三，近代以来由西方主导的海洋贸易仍然是当今国际贸易的基本形式，海上运输则是贸易往来的主要载体。据估计，目前全球商品贸易货运量的90%以上是通过海运完成的。[61]凭借超强的海上军事力量和全球投射能力，西方尤其是美国得以控制着世界各主要贸易航路和通道。无论是马六甲海峡、苏伊士运河，还是霍尔木兹海峡，几乎都在美军的军事覆盖范围之内。这就使得包括中国在内的广大非西方世界必须长期承担着贸易路线遭到破坏、切断的风险。因此，尽管今天从中国到中东的贸易路线大抵与古代海上丝绸之路的“广州通海夷道”相同，即中国东部沿海地区——南中国海——马六甲海峡——阿拉伯海——霍尔木兹海峡和亚丁湾，然而，中国所面临的处境却已发生了很大的变化。

第四，美国对大宗商品定价权、结算货币、贸易通道的控制，始终是以美国为主导的国际政治安全架构为支撑，美国超强的政治军事实力得以为一系列贸易、金融和地缘安排提供信用支撑，政治与经济之间存在着极其紧密的互动关系。石油美元体制在很大程度上是美国主导的中东政治安全架构的外在表现形式，中东石油美元对美国金融霸权的依附是与海湾君主制产油国在政治、军事上严重依附于美国一体两面的，甚至是以后者为前提的。正是在此意义上，伊朗核计划引起了美国的强烈反对，且将世界主要大国全部卷入，因为其走向与中东安全架构和美元本位制的存废息息相关。尽管美国正在逐渐实现能源供应的“非中东化”以及所谓的“战略东移”，但美国绝不会弱化其在中东的政治和军事主导权。这就使得当前的世界能源版图与国际政治格局日益呈现出一种错位状态。一方面，欧美国家已基本实现石油进口的“非中东化”，然而西方在中东主要产油国的政治、军事影响却依然强大；另一方面，中国的石油进口高度依赖政治局势长期动荡的中东地区，然而中国在该地区的政治、军事影响力和海外投射能力却远不足以与西方相比。与此同时，中国对伊朗、苏丹等地的巨额投资又必须面对西方的强大政治压力，而由政治风险所导致的经济损失后果已经显现。

正是在此意义上，尽管中国的经济成长正在深刻改变近代以来西方主导的国际贸易结构，却还远未能真正变革全球贸易体系，中国与中东“现代丝绸之路”在很大程度上仍是当代国际政治经济结构的衍生叙事。循着当代国际政治经济中三角贸易结构的视角，可以进一步观察“现代丝绸之路”上（中东）石油、（美国）美元与中国制造（中国）的相互关系，并从中理解中国所面临的困境之所在。

（二）石油、美元与中国制造的三角循环

在当前的国际贸易和金融体系中，石油作为重要的战略物资，既是可供交易的商品，也同时兼具着高度的政治和金融色彩。美元则作为第三国的美国所发行的货币，是当代国际政治经济中具有支配性地位的国际货币。无论是包括“中国制造”在内的东亚商品出口，还是包括中东石油在内的国际大宗商品交易，基本都采取了美元计价和结算的方式。“中国制造”作为改革开放三十年来中国经济奇迹的引擎，已成为目前全球最重要和最普遍的商品形式之一。因此，石油、美元与“中国制造”及其衍生形式的三角循环可以被视作推动当代国际政治经济中三角贸易结构发展的最集中

而生动的写照，而这也正是中国与中东"现代丝绸之路"的真实图景。

首先，对于中国与中东而言，它们分别通过大规模出口"中国制造"和石油的方式，获得了巨额的经常项目盈余，其主要形式即商品美元和石油美元。尽管近年来经常项目顺差占中国外汇储备的比重已经逐年下降，而资本项目顺差的比重则逐年上升，但从长期来看，中国巨额外汇储备的主要构成来源还是由历年"中国制造"出口所累积的商品美元。事实上，中国等东亚国家商品美元和中东产油国石油美元快速积聚，正在以前所未有的规模重构着全球资本市场的版图。根据麦肯锡全球研究院 2007 年发布的报告，21 世纪以来，石油美元、亚洲中央银行、对冲基金以及私募股权投资基金正在迅速成为新的世界四大金融权力经纪（Power Broker）。[62]截至 2013 年年末，中国的外汇储备已达 3.82 万亿美元。[63]相应的，截至 2012 年年底，海合会六国的主权财富基金资产总额合计 1.6 万亿美元，相当于其国内生产总值的 107%，在全球主权财富基金 5.2 万亿资产中占比超过 32.6%。其中，沙特主权财富基金以 6 410 亿美元的资产居榜首，阿联酋和科威特分列二、三位，资产总额分别达到 3 970 亿美元和 3 950 亿美元。[64]据国际货币基金组织的预测，到 2017 年，仅海合会六国的境外资产就将达 3 万亿美元。[65]可以说，中国等东亚国家的商品美元和中东产油国的石油美元已成为国际资本市场中举足轻重的两大力量，而其实质正是东亚商品/"中国制造"与中东石油的货币化，具体而言是美元化。近年来，资金雄厚的主权财富基金成为了国际金融市场中极其活跃而备受瞩目的机构投资者。从持有者来看，主要可以分成两类：(1)拥有巨额石油美元资产的产油国，如阿联酋、沙特、科威特、俄罗斯、挪威、哈萨克斯坦、文莱、伊朗等；(2)拥有巨额贸易盈余和外汇储备的东亚国家，如中国、韩国、马来西亚等。因此，所谓主权财富基金，在很大程度上只是石油美元和商品美元的新面目。

其次，中东产油国通过进口各种"中国制造"商品向中国支付石油美元，从而使得部分石油美元转换为商品美元；与此同时，中国又利用手头所持有的商品美元向中东产油国购买石油，从而使得部分商品美元转换为石油美元。可以说,“新丝绸之路”上“中国制造”和石油双向流动的背后,其实质就是石油美元和商品美元之间不断的循环交换,作为第三方的美国和美元,无时无刻不出现在中国与中东贸易往来的整个过程中。正是在此意义上,中国与中东产油国之间经济关系的紧密程度,所反映出的正是石油、美元与“中国制造”三者之间的流动速度。

近年来,无论是大量中东穆斯林商人来到义乌、广州等地,或是大量中国商人/企业活跃于迪拜等地,其背后的主导性逻辑都是石油美元以各种方式现实或潜在地流入中国。在此过程中,宗教因素(无论是中国生产的伊斯兰教用品、义乌的新兴穆斯林新建清真寺还是古代丝绸之路伊斯兰化信仰遗产的激活和重组)和个体活动固然是重要的,但在本质上仍然只是石油、美元与“中国制造”这一三角关系的嵌入性因素。

从中东石油美元和中国/东亚商品美元的对外流向来看,最主要的目的地仍然是美国。由于石油出口国国内无法吸收天量的石油美元,而美国又拥有全球最发达的金融市场,石油美元便回流成为美国的银行存款、股票、国债等金融资产,从而使美国长期保持经常项目逆差和资本项目顺差的平衡。美国财政部公布的数据显示,截至 2009 年 6 月 30 日,主要石油出口国直接持有的包括股票、国债、公司债、机构债在内的美国金融资产为 5 121 亿美元,占总数的 4%,直接购买或借道伦敦、新加坡等离岸金融中心购买的美国金融衍生品数额更大。2002 年至 2008 年,主要石油出口国通过购买商品,累计直接向美国回流资金 2 437 亿美元。[66]根据国际货币基金组织估算,20 世纪七八十年代,流向国际市场的石油美元中 80%以上成为存放西方的存款、债券、股票等金融资产。[67]“9·11”事件以后,美国对中东资本的疑虑一度造成部分石油美元逃离美国。然而,根据麦肯锡的报告,2002—2006 年,在海合会六国累积 5 420 亿美元的资本输出中,55%流向美国,18%流向欧洲,亚洲仅占 11%(参见图 2.9)。阿布扎比投资局的年报也同样显示,2012 年,该金融机构的投资区域布局是 35%—50%投向北美,20%—35%投向欧洲,10%—20%投向亚洲发达国家,而新兴市场国家只占到 15%—25%。[68]可以说,美国仍然是中东石油美元资本最主要的投资目的地。相应的，中国等东亚国家则主要将其外汇储备投资于美国国债。包括中国在内的东亚国家，和包括中东产油国在内的欧佩克成员国，共同构成了美国金融资产最重要的持有者。仅以美国国债为例，截至 2013 年，美国共发行国债 58 020 亿美元，其中，中国大陆、日本、欧佩克产油国分别以 12 701 亿、11 825 亿和 2 383 亿美元占据债权方的第一位、第二位和第五位。[69] 从某种程度上而言，正是货币化的东亚商品/中国制造和中东石油支撑着美国经济，并进一步巩固着美元的世界货币地位。

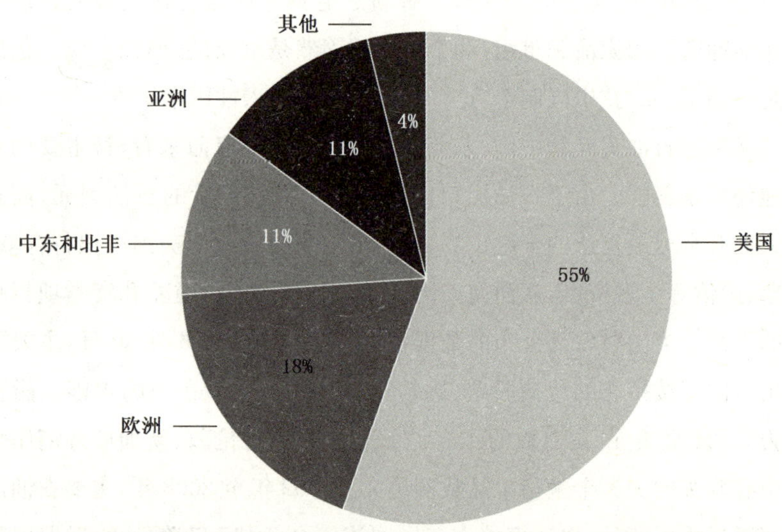

图 2.9　2002—2006 年海合会成员国对外投资流向全球分布图

资料来源：McKinsey Global Institute, *The New Power Brokers: How Oil, Asia, Hedge Funds, and Private Equity Are Shaping Global Capital Markets*, October 2007, p.62.

因此，石油、美元和"中国制造"这一三角关系得以形成动态循环的关键，就在于美国长期保持经常项目逆差和资本项目顺差的国际收支格局。事实上，只有美国长期保持经常项目逆差，即通过美国大量进口外国实物商品（包括"中国制造"和石油在内）并对外支付美元的方式，才能使其他国家不断获得美元储备，从而使得以美元为计价和结算货币的各种国际贸易可以顺利进行。与此同时，只有美国长期保持资本项目顺差，即通过运用各种金融资产凭证吸引外国持有美元回流的方式，才能抵消美国在经常项目上的逆差，从而维持美国的收支平衡和美元的国际信用。简言之，美国在经常项目上用美元交换外国实物商品，资本项目上又用虚拟的金融资产凭证交换外国美元，从而实现了美国金融产品与外国实物商品之间的循环流动。在此过程中，石油和“中国制造”与其衍生形式（石油美元和商品美元）起到了关键性的作用。

这也意味着，石油、美元与“中国制造”这一三角关系并不是对等的，三者之间的流动也是极不均衡的，中国与中东“现代丝绸之路”的结构性困境也正来源于此。与古代丝绸之路国际贸易不同，目前中国对于中东石油的依赖程度远大于中东对于“中国制造”的依赖程度。事实上，这一关系的逆转正是当代国际贸易格局中“反剪刀差”现象的鲜明体现，即工业品越来越便宜，而原材料越来越昂贵，工业国必须用更多的工业品去交换更少的原材料。因此，“中国制造”的全球化流动，恰恰是与中国对石油等各种国际大宗商品的需求膨胀为代价的。正是在此意义上，中东与中国/东亚之间石油原料与工业制成品的商品交换形式，所反映的是当代国际贸易体系中资源国与工业国之间隐秘的剥削关系。

与此同时，由于中国、日本、韩国、新加坡等东亚国家既是世界上最重要的商品生产者和出口地，也是中东石油最主要的出口对象，因此，国际油价的快速上涨就迫使中国等商品生产国必须向中东产油国支付更多的美元。这也就意味着更多的商品美元被转换为石油美元，进而以部分石油美元回流的形式弥补美国的资本项目逆差，由此进一步强化了“（中国/东亚）商品美元—（中东）石油美元—（美国）美元”的三角循环。对于美国而言，国际油价的上涨尽管也加剧了美国经常项目的逆差，却也意味着各石油进口国加大了对美元的需求，以及更多的石油美元得以回流美国金融市场。因此，在目前以美元为国际贸易（尤其是石油等大宗商品交易）计价和结算货币的格局下，国际油价的上涨意味着石油美元流量的放大和石油美元循环的加速。在石油、美元与“中国制造”的三角关系中，中国承受着最大的损失和风险，而美国和产油国无疑是最大的获益方。因此，美国和中东产油国作为这一三角关系中的既得利益者，不仅没有进行调整的动力，甚至会维持这种失衡的状态。

以美元为结算货币的“现代丝绸之路”在客观上是有利于美国的，它在促成中国与中东地区经济联系日益紧密的同时，却也使中国和中东国家进一步受制/依附于美国的金融霸权之下。可以说，在目前的国际政治和经济权力结构下，仅以“中国制造”和石油（或石油美元和商品美元）的双向快速流动为特征的“现代丝绸之路”是一种新旧交织的产物，并不具有真正改变国际政治经济固有结构的战略意义。若要使这种双向互动具有真正深刻的国际政治意义，则在于最终打破“现代丝绸之路”上“中国制造”和中东石油的美元结算制，而实行人民币或本币结算。然而，“石油人民币”的尝试必然将受到美国政治、军事、金融霸权的全面反击，而这恰恰也是中国所遭遇的两难困境。

本章小结

21 世纪以来，无论是两个地区之间快速的商品、人员和资金流动，还是义乌的穆斯林人口增长和新“蕃坊”现象，都提示着中国与中东地区之间沉寂已久的古老贸易通道正在重新得到激活和复兴，而这是在盛唐和蒙古世界帝国之后的漫长历史岁月里所从未同时出现的地缘经济新景观。中国制造的全球化、中国石油进口的中东化以及中国经济重心的沿海化，共同促成了“现代丝绸之路”的兴起。石油贸易的爆炸式增长提升中国在中东的影响力和存在感，作为全球最重要的商品生产国和石油出口地，中国和中东的再次接近成为了具有深刻国际政治影响的大事件。在美国能源自给和战略东移的背景下，“现代丝绸之路”正被越来越多的西方精英视作中国“重返中东”和中东国家“向东看”的例证。

然而，“现代丝绸之路”绝不是古代版本的简单再现，而是深刻根植于当代国际政治经济的宏观结构中，是当代地缘政治与地缘经济关系在特定历史语境下的衍生叙事。中国和中东贸易纽带的强化,仍然受到美国主导的国际贸易规则、定价结算交易体系和政治安全秩序的制约。“现代丝绸之路”的兴起,不再是两个地区的双边事务,而是以中国、中东与美国的三边关系为前提。(中东)石油、(美国)美元与“中国制造”的三角循环,构成了当代新三角贸易结构中资源国、消费国与生产国之间最真实的互动图景,反映了中国与中东在当代国际政治经济权力格局中所遭遇的结构性困境。

因此,21 世纪以来以商品换石油为主要形式、以美元为结算货币的中国与中东“现代丝绸之路”是一种新旧交织的产物,而并不具有真正改变国际政治经济固有结构的战略意义。以此为参照背景,才能对中国“一带一路”倡议的战略谋划和理想图景进行更加深入的阐释。

注 释

1. Alshin Molavi, “The New Silk Road, ‘Chindia,’ and the Geo-Economic Ties that Bind the Middle East and Asia,” in Bryce Wakefield and Susan L. Levenstein, eds., *China and the Persian Gulf: Implications for the United States* (Washington, D. C.: Woodrow Wilson International Center for Scholars, 2011), p.45.
2. [澳]贝哲民:《新丝绸之路:阿拉伯世界如何重新发现中国》,程仁桃译,东方出版社 2011 年版,第 11 页。
3. 张研:《被阿拉伯人改变着的义乌》(2008 年 3 月 7 日,路透社中文网),http://cn.reuters.com/article/oddlyEnoughNews/idCNChina-752720080307?sp=true(登录时间:2013 年 2 月 1 日)。
4. 中国铁建股份有限公司:《中国铁建圆满完成今年沙特麦加朝觐运营任务》(2013 年 10 月 22 日),http://www.crcc.cn/g282/s962/t38748.aspx(登录时间:2014 年 3 月 11 日)。
5. 观察者网:《中国自主汽车品牌首次在伊拉克生产 力帆斥资 1.2 亿新厂启动》(2014 年 3 月 5 日),http://www.guancha.cn/economy/2014_03_05_

211008.shtml(登录时间:2014 年 3 月 11 日)。

6. Jad Mouawad, “China's Growth Shifts the Geopolitics of Oil,” *The New York Times*, March 19, 2010, http://www.nytimes.com/2010/03/20/business/energy-environment/20saudi.html(Accessed: March 20, 2013).
7. United States Census Bureau, “2011 : U.S. trade in goods with Saudi Arabia,” http://www.census.gov/foreign-trade/balance/c5170.html (Accessed: February 1, 2013).
8. 中国驻沙特阿拉伯大使馆经济商务参赞处:《中国跃居沙特外贸首位》(2012 年 4 月 16 日),http://sa.mofcom.gov.cn/article/sqfb/e/201204/20120408071718.shtml(登录时间:2014 年 3 月 11 日)。
9. 中国驻沙特阿拉伯大使馆经济商务参赞处:《2012 年中沙贸易额创历史新高》(2013 年 1 月 8 日),http://sa.mofcom.gov.cn/article/jmxw/201301/20130108517347.shtml(登录时间:2013 年 2 月 1 日)。
10. 李亮:《英报告称 2012 伊朗石油出口全流往亚洲　中国占五成》(2013 年 1 月 6 日,环球网),http://finance.huanqiu.com/view/2013-01/3453303.html(登录时间:2013 年 2 月 1 日)。
11. 田春荣:《2013 年中国石油和天然气进出口状况分析》,载《国际石油经济》2014 年第 3 期,第 34 页。
12. Naser Al-Tamimi, “China in Iraq: Winning Without A War,” March 16, 2013, http://english.alarabiya.net/en/views/2013/03/16/China-in-Iraq-Winning-Without-a-War.html(Accessed: 20 March, 2013); Tim Arango and Clifford Krauss, China Is Reaping Biggest Benefits of Iraq Oil Boom, *The New York Times*, June 2, 2013.
13. Javier Blas, “The Beijing-Baghdad Oil Axis,” *The Financial Times*, October 11, 2012.
14. 付碧莲:《人民币结算业务将持续增加》,载《国际金融报》2013 年 7 月 25 日,第 6 版。
15. JL McGregor & Company, “A Note on Middle East Investment in China,” 2008, 3; 转引自 C. Fred Bergsten et al., *China's Rise: Challenges and*

Opportunities (Washington D. C.: Center for Strategic and International Studies, 2008), pp.222、333, note 36。

16. Dominic Barton and Kito de Boer, "Tread Lightly Along the New Silk Road," *The McKinsey Quarterly*, March 2007.
17. Andrew England, "Chinese Trade Flows along New Silk Road," *Financial Times*, December 14, 2009.
18. 朱益民:《中东石油美元图谋全球金融权力中心》,载《21 世纪经济报道》2007 年 12 月 31 日,第 54 版。
19, Dominic Barton, Kito de Boer and Gregory P. Wilson, "The New Silk Road: Opportunities for Asia and the Gulf," *The McKinsey Quarterly*, July 2006.
20. Stephen Glain, "The Modern Silk Road," *Newsweek*, May 26/ June 2, 2008, pp.32—33.
21. 关于义乌市中国小商品城的国际化发展历程,参阅高尚涛等:《国际关系中的城市行为体》,世界知识出版社 2010 年版,第 203—207 页。
22. 史晓菲:《义乌成我国第十个"新特区"》,载《消费日报》2011 年 4 月 6 日,第 A01 版。
23. 洪新年、何文帅:《义乌海关:今年外贸形势依然严峻》,载《义乌商报》2012 年 2 月 3 日,第 13 版。
24. Ben Simpfendorfer, *The New Silk Road: How A Rising Arab World is Turning Away from the West and Rediscovering China* (New York: Palgrave Macmillan, 2009), p.10.
25. 王毅:《加强论坛建设,打造中阿关系"升级版"》,载《人民日报》2014 年 6 月 4 日,第 21 版。
26. Ben Simpfendorfer, "China's Historic Return to the Gulf," *Foreign Policy*, April 2, 2010, http://mideast.foreignpolicy.com/posts/2010/04/02/china_s_historic_return_to_the_gulf(Accessed: 20 March, 2013).
27. Alshin Molavi, "The New Silk Road, 'Chindia,' and the Geo-Economic Ties that Bind the Middle East and Asia," p.46.
28. [澳]贝哲民:《新丝绸之路:阿拉伯世界如何重新发现中国》,第 116 页。

29. 周志忠、李辉民:《安居乐业在义乌(上)》,载《中国民族报》2011 年 2 月 15 日,第 7 版。

30. [澳]贝哲民:《新丝绸之路:阿拉伯世界如何重新发现中国》,第 8 页。

31.《打好工业转型升级攻坚战——访工业和信息化部党组书记、部长苗圩》,载《经济日报》2012 年 10 月 17 日,第 7 版。

32. Peter Marsh,“China noses back ahead as top goods producer to halt 110-year US run,” *Financial Times*, March 14, 2011.

33. 工信部办公厅:《工作会专稿:我国成为全球制造业第一大国》(2012 年 12 月 27 日), http://www.miit.gov.cn/n11293472/n11293832/n11293907/n11368223/15089301.html(登录时间:2013 年 2 月 1 日)。

34. 庞革平、王云娜:《我装备制造业产值居世界首位》,载《人民日报》2014 年 4 月 3 日,第 10 版。

35. 管培利:《扩大开放——外贸结构在优化》,载《经济日报》2012 年 9 月 6 日,第 5 版。

36. 卢铮:《冷静看待“出口全球第一”》,载《中国证券报》2010 年 2 月 11 日,第 A02 版。

37. 苗圩:《在全面深化改革中打造制造业强国》,载《求是》2014 年第 5 期,第 15 页。

38.《中国“全球第一产品”世界居首》,载《参考消息》2014 年 1 月 24 日,第 4 版。

39. 王珂:《中国成为第一货物贸易大国》,载《人民日报》2014 年 3 月 2 日,第 1 版。

40. 楚墨编译:《中国超过美国成为多数国家最大贸易伙伴》(2012 年 12 月 3 日,新浪网), http://finance.sina.com.cn/world/20121203/155413878413.shtml(登录时间:2014 年 3 月 11 日)。

41. 中华人民共和国国家统计局:《中国统计年鉴 2012》,中国统计出版社 2012 年版,第 273 页。

42. BP, *BP Statistical Review of World Energy*, June 2014, p.3.

43. 田春荣:《2013 年中国石油和天然气进出口状况分析》,第 30—31 页。

44. David Zweig and Bi Jianhai, “China's Global Hunt for Energy,” *Foreign*

Affairs, Vol.84, No.5(Sep.—Oct., 2005), pp.25—38; Charles E.Ziegler, “The Energy Factor in China's Foreign Policy,” *Journal of Chinese Political Science*, Vol.11, No.1(Spring 2006), pp.1—23; Aaron L.Friedberg, “‘Going Out’: China's Pursuit of Natural Resources and Implications for the PRC's Grand Strategy,” *NBR Analysis*, Vol.17, No.3(Sep., 2006), pp.5—34.

45. 史丹:《中国能源安全的国际环境》,社会科学文献出版社 2013 年版。

46. 《中国 1996—2001 年原油进口来源和出口去向》,载《能源政策研究》2002 年第 1 期,第 88—89 页。

47. Jin Liangxiang, “China and the Middle East: Energy First,” *Middle East Quarterly*, Spring 2005, pp.3—10; Henry Lee and Dan Shalmon, “*Searching for Oil: China's Oil Initiatives in the Middle East*,” Discussion Paper, Belfer Center for Science and International Affairs, John F. Kennedy School of Government, Harvard University, January 2007; Gang Chen and Ryan Clarke, *China's Intensified Energy Engagement in the Middle East* (Singapore: National University of Singapore, 2010); Christina Lin, *The New Silk Road: China's Energy Strategy in the Greater Middle East* (Washington, D.C.: Washington Institute for Near East Policy, 2011).

48. Mikkal E.Herberg et al., *The New Energy Silk Road: The Growing Asia-Middle East Energy Nexus* (Washington, D.C.: The National Bureau of Asian Research, 2009).

49. 白阳等:《全球能源分布格局呈现重大变化》,载《人民日报》2012 年 11 月 14 日,第 3 版。

50. 陈东林:《三线建设——备战时期的西部开发》,中共中央党校出版社 2003 年版。

51. 中华人民共和国国家统计局:《中国统计年鉴 2013》,中国统计出版社 2013 年版,第 18—19 页。

52. 霍建国:《巩固提升中国“全球制造业中心”地位》(2012 年 7 月 12 日,商务部国际贸易经济合作研究院),http://www.caitec.org.cn/c/cn/news/2012-07/13/news_3404.html(登录时间:2013 年 2 月 1 日)。

53. 赵永新:《国家高新区表现抢眼》,载《人民日报》2012年12月18日,第1版。
54. 商务部新闻办公室:《十六大以来商务成就综述之六:东部地区对外开放迈上新台阶》(2012年11月1日),http://www.mofcom.gov.cn/article/ae/ai/201211/20121108414144.shtml(登录时间:2012年11月3日)。
55. 中华人民共和国国家统计局:《中国统计年鉴2012》,中国统计出版社2012年版,第19页;国家外汇管理局:《国家外汇管理局年报(2012)》,2013年,第23页。
56. 陈元等:《现代综合交通体系建设研究》,研究出版社2008年版,第251、257页。转引自王湘穗:《倚陆向海:中国战略重心的再平衡》,载《现代国际关系》2010年庆典特刊,第55页。
57. 彤新春:《通往海运强国之路》,载《人民日报》2014年2月21日,第23版。
58. 长城战略咨询:《大宗商品中国时刻——2010年大宗商品产业研究报告》,2012年。
59. Bank for International Settlements, *Triennial Central Bank Survey 2013*, September 2013, p.10.
60. IMF, "Currency Composition of Official Foreign Exchange Reserves"(Last updated: March 31, 2014), http://www.imf.org/External/np/sta/cofer/eng/index.htm(Accessed: May 5, 2014).
61. 彤新春:《通往海运强国之路》。
62. McKinsey Global Institute, *The New Power Brokers: How Oil, Asia, Hedge Funds, and Private Equity Are Shaping Global Capital Markets*, October 2007.
63. 中国国家统计局:《中华人民共和国2013年国民经济和社会发展统计公报》,载《人民日报》2014年2月24日,第10版。
64. 王俊鹏:《海湾国家主权财富基金充裕》,载《经济日报》2013年8月20日,第4版。
65. 中国驻巴林经商处:《到2017年海合会国家的境外资产将达3万亿美元》(2012年11月14日),http://www.mofcom.gov.cn/article/i/jyjl/k/201211/20121108435237.shtml(登录时间:2013年3月10日)。

66. 王震:《掌握石油美元重要砝码》,载《第一财经日报》2011 年 12 月 30 日,第 T40 版。

67. 梅新育:《抓住石油美元新高潮的机遇》,载《新理财》2006 年第 4 期,第 13 页。

68. Abu Dhabi Investment Authority, *ADIA kevіew, 2012*, p.21.

69. U. S Department of Treasury, "Major Foreign Holders of Treasury Securities," http://www.treasury.gov/resource-center/data-chart-center/tic/Documents/mfh.txt(Accessed: 10 March, 2013).

第三章　经略海陆：中国"一带一路"倡议的战略谋划

2013年9月和10月，中国国家主席习近平分别在出访中亚和东南亚时正式提出"丝绸之路经济带"和"21世纪海上丝绸之路"的战略倡议，简称"一带一路"或海陆"新丝绸之路"。这是新一届政府在上海自贸区、京津冀协同发展、长江经济带、新型城镇化之外提出的又一重大国家发展战略，同时也是中国政府首次明确以"(新)丝绸之路"的名义阐述对周边及欧亚经济合作的顶层设计和总体构想，具有特殊的时代精神和历史意义。

为了深入理解中国的"一带一路"战略倡议，本章将分成三个部分。首先，阐述"一带一路"倡议得以提出的多重历史条件；其次，解析"一带一路"倡议背后的一系列重要现实考量；最后，描绘"一带一路"战略在国内和国际两个层面的远期愿景。

一、"一带一路"倡议的历史条件

中国的"一带一路"战略倡议，绝不是孤立时空条件下的空泛的丝绸之路复兴计划，而是与21世纪以来国内外各种政治、经济、技术因素的共同作用息息相关。具体而言，中国综合国力复兴、欧亚政治环境改善、沿线经济纽带强化与交通运输技术革新等一系列进展的出现，共同构成了"新丝绸之路"战略得以提出的历史条件。

(一) 中国综合国力的复兴

作为丝绸之路东端最重要的国家，中国国力的盛衰直接影响着丝绸之路的兴废。中国“一带一路”战略倡议得以提出的首要历史条件，即在于当代中国综合国力的全面复兴。

首先，凭借着新中国前三十年所奠定的坚实基础，改革开放以来中国的国家实力尤其是经济实力正在快速实现复兴，并进入到了前所未有的新阶段。在工业体系上，目前，中国拥有 39 个工业大类、191 个种类、525 个小类，是全世界唯一拥有联合国产业分类中全部工业门类的国家，形成了全球最完备齐全的国民经济与工业体系。[1]在主要经济指标上，根据国家统计局的计算，1979—2012 年，中国国内生产总值年均增长 9.8%，而同期世界经济年均增速只有 2.8%；经济总量占世界的份额由 1978 年的 1.8%提高到 2012 年的 11.5%；国家财政收入从 1978 年的 1 132 亿元猛增至 2012 年的 11.73 万亿元，比 1978 年增长 103 倍，年均增长 14.6%。[2]同时，1978 年，中国的外汇储备仅 1.67 亿美元，位居世界第三十八位，而截至 2013 年，中国的外汇储备已达 3.82 万亿美元，雄踞世界第一位。[3] 2013 年，中国历史性地超越美国成为全球最大的货物贸易国，并已成为全球 2/3 以上国家和地区的最大贸易伙伴。1978 年，中国经济总量仅位居世界第十位，而 2008 年和 2010 年先后超越德国和日本成为仅次于美国的世界第二大经济体。根据世界银行 2014 年 4 月 30 日发布的报告预测，按照购买力平价计算，中国的经济规模可能在 2014 年超越美国成为世界第一大经济体。[4]可以说，中国复兴丝绸之路的物质条件已经基本具备。

其次，新中国成立以来，国家对西部边疆的治理达到了空前的深度和广度。从历史上看，除元朝之外，历代的中原王朝长期在西部边疆面临着政治和安全上的威胁。中国在西部陆地的防御性战略态势决定了，处理与陆上少数民族政权的关系始终是中原王朝在国家战略考量中的核心关切和重大隐忧，而西部边疆对中央政府的向心力长期处于不稳定状态。即便是在盛唐时期，对于西域的经营也只能采取怀柔、羁縻等方式，唐朝与大食的怛罗斯之战彻底暴露了中国在西域的实力限度，而新疆、西藏、蒙古等地真正被纳入王朝“政教所及之地”则已是相当晚近的事。因此，尽管仍然面临着"疆独"、"藏独"等分裂势力的挑战,但新中国对西部边疆总体上的有效治理使其基本消除了历史上中原王朝始终面临的内部军事挑战和武装叛乱,从而使中国得以最大限度地动员和整合国内资源,沿着海陆丝绸之路对外拓展。同时,历史经验表明,古代陆上丝绸之路的兴衰,不仅与欧亚大陆特定的政治经济情势息息相关,更取决于中国对国内西部地区的经略程度。由于位于欧亚大陆中心的中亚地区经济实力薄弱,复兴陆上丝绸之路归根到底取决于中国,尤其是包括新疆在内的西部地区能否提供足够的国内力量支撑。因此,伴随着国家经济实力和边疆治理能力的全面提升,中国经略西部的能力已大大增强,从而使复兴丝绸之路具有了国内基础。

第三,伴随着中国综合国力和国际地位的显著提升,中国动员和运筹对外关系的资源、手段更加丰富,塑造外部环境的能力显著提高。以国家实力为依托,中国开始越发广泛而积极地参与到国际和地区事务中,为解决各种全球性问题和地区热点问题提出中国方案,发挥中国作用,强调为国际社会提供更多公共产品。[5]在朝鲜、叙利亚、伊朗、巴勒斯坦、阿富汗、伊拉克等热点问题的政治解决或政治过渡中,中国都已经是重要的参与方与推动方。同时,中国开始更加主动地设置战略议题,在国际关系中提出中国倡议,从被动因应到主动塑造外部环境(尤其是周边环境)。从 2013 年新一届中国政府成立至今,中国领导人已陆续在各种外交场合提出一系列重大外交倡议,包括丝绸之路经济带、21 世纪海上丝绸之路、中巴经济走廊、孟中缅印经济走廊、亚洲基础设施投资银行、中国—东盟自由贸易区升级版等,中国外交越发呈现出"大国外交"的气象。其中,"一带一路"则是中国政府有史以来首次明确提出的洲际性合作战略倡议。

可以说,伴随着综合国力的全面复兴,今天的中国已经初步积累了同时经略海陆丝绸之路的潜力,而这是历史上任何一个强盛的中原王朝所无法企及的。

（二）欧亚政治环境的改善

丝绸之路的兴衰总是与特定的政治安全情势息息相关。随着近代西方的兴起与殖民主义全球体系的扩展，海陆丝绸之路沿线地区成为了外部大国力量竞逐的舞台。清朝“塞防”与“海防”的争论表明，中国历史性地同时面临陆地与海洋两个方向的严重安全威胁，而国家必须在两者的优先次序上做出选择。在欧亚大陆的枢纽地区，英国与沙俄对中亚地区的激烈争夺甚至催生了一个经典的国际政治术语——“中亚大博弈”。冷战时期，中国一度也同时面临着美国从东部海洋方向和苏联从西部北部陆地方向上的安全威胁。因此，持续的政治动荡和军事对峙，使得复兴丝绸之路无从谈起。在此背景下，中国“一带一路”战略倡议尤其是“丝绸之路经济带”的提出，必然是以相应的政治安全基础为历史前提的。

首先，1989 年中苏关系正常化使得中国结束了与苏联的政治军事对峙，解除了苏联在中国西部和北部的军事包围。如果说 1972 年中美和解使得中国打破了美国及其西方盟国的政治、经济和军事封锁，从而奠定了融入西方主导的国际经济体系的政治基础，那么，中苏关系正常化则使中国进一步实现了改革开放的国家发展战略与独立自主的和平外交政策之间的协调，从而得以提前告别了冷战和冷战思维。[6]

其次，20 世纪 90 年代中国有效地构筑起了与俄罗斯、中亚国家的睦邻友好关系和边境互信机制，并顺利解决了与俄罗斯和中亚国家之间历史遗留的边界问题。在外交关系方面，继 1992 年 1 月 26 日与五国建立外交关系后，中国又先后通过双方高层互访的方式，分别与塔吉克斯坦（1993 年 3 月）、哈萨克斯坦（1993 年 10 月）、乌兹别克斯坦（1994 年 10 月）签署关于相互关系基本原则的联合声明。[7]由此，初步奠定了中国与中亚五国外交关系的政治基础。在边境互信机制方面，由中、俄、哈、吉、塔组成的“上海五国”先后通过签署《关于在边境地区加强军事领域信任的协定》（1996 年 4 月）和《在边境地区相互裁减军事力量的协定》（1997 年 4 月）这两个重要文件，为中国与中亚五国的边界安全提供了制度性的保障。考虑到历史上中国西北地区曾长期是中原王朝的安全隐患，以及中苏关系破裂后苏联在西北和北部边境陈兵百万所构成的严重军事威胁，该地区边境互信机制的重要意义理应得到更高的估计。在边界谈判方面，继1994年4月26日与最大的中亚邻国哈萨克斯坦签署《中哈国界协定》后，中国又与俄、哈、吉、塔四国签署《中俄边界西段协定》（1994年9月），大致确立了中国与哈、吉、塔三国边界谈判的基调。经过双方后来陆续缔结的多个国界协定，到2002年5月《中塔国界补充协定》的签署，中国与中亚国家全长3 000多公里的边界问题已基本解决。[8]这无疑为双方关系的进一步发展扫除了障碍。2007年7月21日，中国和俄罗斯两国政府签署《关于中俄国界线东段的补充叙述议定书》及其附件，中俄长达4 300多公里的边界全线勘定。到目前为止，除了印度、不丹外，中国已彻底解决了同12个邻国的陆地边界问题。[9]

第三，作为政治互信的结果和延续，2001年上合组织成立，随着成员国、观察员国、对话伙伴国不断增加，上合组织已成为中国与成员国进行政策协调、联合反恐、相互支持和务实合作的重要平台。这不仅体现在各方共同打击“三股势力”、成立并不断强化上合组织、定期举行联合军事演习、频繁的领导人互访与磋商，更体现在各方在涉及对方主权、安全和领土完整等核心利益问题上相互坚定支持。同时，中国与巴基斯坦的政治互信不仅经受住了冷战的考验，更在冷战后得到了进一步的强化，两国成为全天候的“好邻居、好朋友、好兄弟、好伙伴”，“全天候友谊和全方位合作已成为中巴关系的显著特征”[10]，两国将致力于打造“中巴命运共同体”。[11]

可以说，自中苏关系正常化以来，长期困扰中国历代统治者的西部陆地边境的安全威胁已经得到了极大的缓解。尽管仍然不时面临“三股势力”等非传统安全威胁的冲击、中俄和中印关系中的战略竞争因素也始终存在，中国在西部方向遭遇大规模和国家性军事威胁的可能性却已大大下降。相较之下，从黄海、东海到南海，从钓鱼岛到黄岩岛，今天中国与日、韩、越、菲等各主要东亚国家间都存在着程度不一的领土领海争议。在经济资源竞夺和大国势力介入的双重动因作用下，尤其是在美国所谓

“重返亚太”的背景下，东亚地区领土争议的复杂性大大增加，并日益成为直接影响中国与东亚邻国政治关系的难题。可以说，历史上中国在海陆两端的地缘政治处境已发生了深刻的逆转，即西部陆地方向所面临的传统安全威胁大大降低，而东部海洋方向所遭遇的军事挑战则大大提升。因此，20 世纪 90 年代所确立的中国与中亚国家边界安全的制度性保障，不仅大大缓解了中国在西部和陆地上的军事压力，从而避免了腹背受敌的局面，也使中国可以将更多的经济和军事资源用于应对东部和海洋方向的可能挑战。

由于古代陆上丝绸之路的衰落、中国经济重心向东部沿海地区的转移都是与欧亚大陆地缘政治环境的恶化直接相关，因此，中国在西部方向政治安全形势的改善无疑具有特殊的历史意义。事实上，这是自蒙古帝国瓦解之后中国所从未遇到的较为有利的陆上地缘政治处境。

这种根本性的重大转变意味着：一方面，中国具有了在西部地区进行除战备经济（如“大三线”建设）之外的经济建设的可能性，这也是 21 世纪以来西部大开发战略得以实施的外部政治条件；另一方面，地缘政治环境的改善也使得欧亚大陆有可能再次成为地缘经济上极具潜力的新兴地带，而这是冷战后各种跨境基础设施建设国际合作得以形成的地区政治基础。在此背景下，中国在欧亚大陆上长期被压缩、阻隔的地缘政治和地缘经济空间逐渐具有了激活和释放的可能，而“向西开放”国家战略和“一带一路”战略倡议（尤其是“丝绸之路经济带”）所着眼的正是这一战略纵深的极大拓展潜力。

（三）沿线经济纽带的强化

经济合作是古代丝绸之路发展史中的核心内容，贸易的繁荣一度带动了人口、民族、宗教、思想、文化的流通与融合。在经历了数百年的沉寂之后，中国不仅已与丝绸之路最西端的全球最大发达市场——欧盟——互为最重要的贸易伙伴，与沿线发展中国家和新兴市场的贸易、投资、人员往来也日趋频繁，后者在中国对外经济合作版图中的地位愈发彰显。

这一深刻变革的历史含义在于：一方面，中欧之间重新建立了历史上因奥斯曼帝国垄断东西方贸易通道而逐渐瓦解的经济纽带，并逐渐改变了近代以来西方支配下的不平等的政治经济关系；另一方面，中国与沿线发展中国家重新强化了彼此之间受近代西方冲击而日益走向没落的经济联系，并逐渐建立起发展中国家之间的新型合作关系，中国已成为众多沿线国家的最大贸易伙伴、最大出口市场、重要投资来源地。可以说，21世纪以来中国与丝绸之路沿线发达和发展中国家经济纽带的强化，使得复兴丝绸之路具有了充分的历史基础。

与历史上的丝绸之路贸易或所谓“朝贡贸易”不同，今天中国与丝绸之路沿线国家之间的经济贸易往来是在全球性经济贸易体系的整体框架下展开的。对各国而言，彼此的经贸往来绝不只是少数商人或上层阶级的专属性、偶然性行为，而是与国民经济息息相关的全民性、结构性活动。在此背景下，古代丝绸之路贸易或朝贡贸易的衰落对中国和沿线国家的影响相对有限，而绝大多数中原王朝也普遍缺乏以国家意志大力拓展对外贸易的动力。然而，今天的情况则完全不同，中国与丝绸之路沿线国家的经济纽带达到了前所未有的紧密程度，各方存在着“一荣俱荣，一损俱损”的共生关系。

根据官方统计，过去10年，我国与沿线国家贸易额年均增长19%，对沿线国家直接投资年均增长46%，均明显高于同期我国对外贸易、对外直接投资总体年均增速。2013年，中国与“一带一路”沿线国家贸易额超过1万亿美元，占我国对外贸易总额的1/4。对沿线国家直接投资占我国对外直接投资总额的16%，在沿线国家承包工程营业额占我国对外承包工程总额的一半。[12]

具体到各区域而言，2013年，中国与东盟的贸易额达4 436亿美元，10年来年均增长率超过20%。截至2014年6月底，中国与东盟双向累计投资总规模近1 200亿美元，其中东盟国家对华投资总额超过800亿美元，中国对东盟国家投资总额近400亿美元。同时，中国企业累计在东盟国家签订承包工程合同额超过1 800亿美元，已经完成营业额超过1 250

亿美元。[13]东盟已经连续三年成为中国第三大贸易伙伴、第四大出口市场和第二大进口来源地，中国已连续四年成为东盟第一大贸易伙伴。建立于2010年的中国—东盟自由贸易区经济总量约6万亿美元，贸易额达4.5万亿美元，是世界上由发展中国家组成的最大自由贸易区。作为经济纽带日益强化的生动写照，目前中国和东盟国家之间每年的人员往来达1 800万人次，每周有1 000多架次的航班往返于中国和东盟国家之间。[14]

2012年，上合组织成员国、观察员国(阿富汗、蒙古、印度、巴基斯坦、伊朗)之间的贸易总额超过3 100亿美元，其中中国与成员国、观察员国的贸易额达2 462亿美元，约占总额的八成左右。[15]中国同中亚国家的贸易额则从建交之初的4.6亿美元增加到2012年460亿美元，是21年前的100倍。[16]目前，中国已成为俄罗斯、哈萨克斯坦、土库曼斯坦的第一大贸易伙伴，吉尔吉斯斯坦、乌兹别克斯坦的第二大贸易伙伴，塔吉克斯坦的第三大贸易伙伴。

向西延伸，2013年，中阿双边贸易额达2 389亿美元，相比于2004年的255亿美元增长了约8.4倍，10年来年均增长超过25%；中国企业在阿拉伯国家新签承包工程合同额从2004年的26亿美元增至291亿美元，年均增长达27%。目前，阿拉伯国家是中国第七大贸易伙伴，而中国则是阿拉伯国家第二大贸易伙伴，成为9个阿拉伯国家的最大贸易伙伴。[17]同期，中国与16个中东欧国家贸易额则达到551亿美元，创历史新高，相比10年前增长了5.3倍。[18]根据一家总部位于伦敦的商业银行(Grison's Peak)的统计，自中国—中东欧国家合作机制建立以来，2011—2013年，中国与16个中东欧国家共签署了总额达520亿美元的贷款和投资协议，其中2013年全年达222亿美元。[19]

尤其值得指出的是，从2003—2013年，中欧双边贸易额从1 252亿美元飙升至5 591亿美元，10年间增长了4倍左右(参见图3.1)。欧盟连续10年成为中国第一大贸易伙伴，而中国则连续11年成为仅次于美国的欧盟第二大贸易伙伴。[20]截至2013年年底，欧盟对华累计投资超过900亿美元；中国对欧盟累计直接投资也已经超过了350亿美元。[21] 目前，中欧经贸关系已成为全球规模最大、最具活力的经贸关系之一。

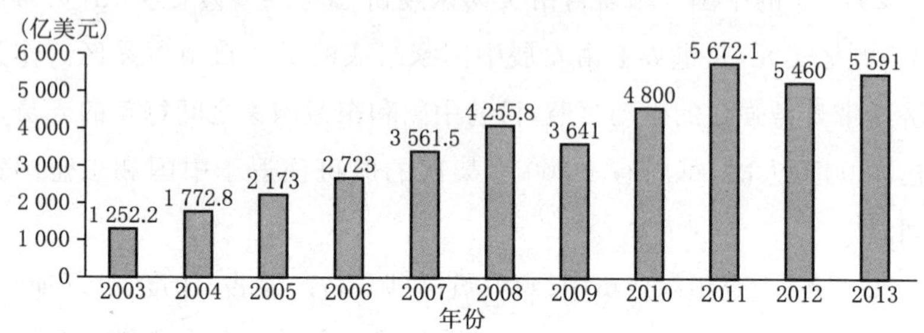

图 3.1　2003—2013 年中国与欧盟双边贸易额

资料来源：商务部：《商务部召开例行新闻发布会(2014 年 1 月 16 日)》，http://www.mofcom.gov.cn/xwfbh/20140116.shtml(登录时间：2014 年 7 月 15 日)；国家统计局：《中国统计年鉴》(2003—2013 年)，中国统计出版社 2003—2013 年版。

可以说，21 世纪以来，中国与"一带一路"沿线国家的经济纽带得到了历史性的强化。在与沿线各国积极开展贸易往来的同时，中国陆续搭建了上合组织、中国—东盟自贸区、中国—中东欧国家合作论坛、中国—阿拉伯国家合作论坛、中国—亚欧博览会、中国—南亚博览会等一系列经济合作平台。目前，中国也正在与相关方开展诸如亚洲基础设施投资银行、上合组织开发银行、中巴经济走廊、孟中缅印经济走廊、中国—东盟自贸区升级版、区域全面经济伙伴关系(RCEP)、中国—海合会自贸区、中欧投资协定、中欧自贸区等一系列重大经济合作机制的磋商、谈判和研究。正是在此意义上，中国的"一带一路"战略倡议并非全新的欧亚洲际合作方案，而是对中国与沿线各国之间既有经济合作机制、平台和网络的进一步整合与升级。

(四) 交通运输技术的革新

除了受到特定的政治、经济条件推动之外，"一带一路"战略倡议的提出，也与当代交通运输技术的革新密不可分。一方面，随着现代海上运输技术的发展，传统远洋贸易受气候、洋流、补给、通信等方面的制约已大大改善。另一方面，随着航空、公路、铁路、管道等跨境运输方式的兴起，以海运为主导的现代贸易运输体系得到了有力的补充。

纵观古代丝绸之路的发展史，大致呈现出海陆之间的兴替转换，而陆上交通的内在弱点是造成这一变化的重要原因。相较于海运，陆上运输所面临的地理环境、自然气候更为复杂和恶劣，受到沿线地区政治、军事、民族冲突的影响更为直接。同时，相较于大型船舶，驼队、人力等古代陆上运输方式不可避免地存在着运量小、成本高、安全性低等问题，而陶瓷商品的易碎特征更使得陆上运输难以适应陶瓷贸易快速增长的实际需求。随着西方主导的海洋贸易时代的兴起，海上运输本身具有的优势进一步得到强化，成为国际贸易中最重要的物流形式，这种局面一直延续至今。

陆上交通运输的不畅以及由此导致的高昂运输成本，直接影响到了欧亚之间陆上贸易的滞后。研究表明，一个典型内陆国家的运输成本要比一个沿海国家高50%，贸易量则要低60%，而运输成本降低10%即可使贸易量增加25%。[22]因此，与消除关税及非关税壁垒相比，改善陆上交通基础设施将更加有利于欧亚大陆之间降低贸易成本，提高贸易量。

21世纪以来，陆上油气管道的陆续修建使得中国的能源进口获得了除海运以外的新途径。同时，随着现代铁路和公路运输技术的快速发展，尤其是高速铁路、重载铁路的兴起，陆路运输的成本正在大幅降低，长期困扰古代陆上丝绸之路运输量承载不足的问题亦得到了极大的缓解。相较于海运，铁路运输具有时间优势；相较于空运，铁路运输则具有成本优势。更为关键的是，它使得欧亚大陆的贸易联系方式尤其是中亚地区的贸易畅通迎来了新的契机。

近年来，以杜克大学高柏教授为代表的乐观派充分肯定了高速铁路技术对促进欧亚经济整合的战略意义，并认为欧亚高铁网络的兴建有助于缓解中国在海洋方向的挑战，通过由海向陆的地缘战略调整实现与“蓝海战略”的战略性对冲。[23]由于将高铁直接与中国的海陆地缘转向相联系，且严重低估了其潜在的政治风险（如中俄关系的恶化），这一主张受到了较为尖锐的批评。[24]然而,以高速铁路为代表的陆上交通运输技术革新正在重新唤醒欧亚大陆沉寂已久的陆上贸易通道,却是不争的事实。在其背后,恰恰是21世纪以来中国国内铁路尤其是高铁技术突飞猛进所取得的重大进展。可以说,高铁在降低中国国内区域间运输时间和成本上的成功,为推动欧亚大陆的陆上互联互通提供了极好的参照。

目前,中国已成为世界上高铁发展最快、运营里程最长、运营时速最高、在建规模最大、技术最全面的国家。随着中国高铁的发展,逐步完成"四纵四横"铁路快客通道和六大城际快客系统。截至2013年年底,中国铁路营运里程突破10万公里,复线和电气化里程分别达到4.6万公里和5.4万公里,西部铁路由昔日的不足千公里跃进到3.8万公里,在整个路网中的比重上升到36.9%。高速铁路突破1万公里,在建规模1.2万公里,使我国成为世界上高速铁路运营里程最长、在建规模最大的国家。[25]根据调整后的《中长期铁路网规划》,到2015年,中国高速铁路运营里程将达到1.9万公里;到2020年,中国铁路营业里程将达到12万公里以上,快速客运网基本覆盖中国各省省会及50万以上人口城市。可以说,21世纪以来,铁路尤其是高速铁路的快速发展正在以一种前所未有的方式重塑中国区域间的经济和人员往来方式。尤其值得指出的是,世界银行的最新研究表明,中国的高铁建设成本大约为其他国家的三分之二,而票价仅为其他国家的四分之一到五分之一。[26]

中国高铁技术发展迅速,企业在技术研发、设计施工、运营管理和设备制造等方面有明显的产业链优势。由于技术领先、设备成套、建设经验丰富且工程造价经济实惠,从2013年起,李克强总理已先后在访问泰国、中东欧、非洲、英国、俄罗斯等国家和地区时推销中国的高铁等基础设施及装备制造。2014年7月25日,由中国铁道建筑总公司和中国机械进出口(集团)有限公司牵头、土耳其当地企业共同建设的安(卡拉)伊(斯坦布尔)高速铁路二期工程顺利实现通车,从而使两大城市之间每天的铁路客流量从目前的4 000人次增加到25 000人次以上,而铁路客运量将从占总量的10%提升至78%。这一全长158公里、设计时速250公里、合同金额12.7亿美元的工程，是中土两国迄今为止最大的合作项目，不仅在当时刷新了我国对外工程承包单项合同总额纪录，也是中国企业在海外修建的第一条高铁，为未来中国高铁全面“走出去”积累了宝贵经验和良好声誉。[27]可以说，以高铁为代表的高端装备制造“走出去”不仅已成为中国外交的新名片，也成为中国制造“出口升级”的重要标志。在此背景下，以中国的技术、装备、工程和劳务为依托，全面推进欧亚大陆的互联互通，成为值得期待的发展方向。

简言之，21世纪以来各种国内外政治、经济和技术条件的交织组合，赋予了复兴丝绸之路前所未有的历史契机，而这也使得中国的“一带一路”战略有可能超越过往各种空泛的丝绸之路复兴计划，具备真正得以实现的基础。

二、“一带一路”倡议的现实考量

“一带一路”战略倡议的提出，既是特定时期多重历史条件的产物，也受到当前中国在区域协调、对外开放、产能输出、资本输出、能源安全、贸易通道等方面的一系列重要现实考量的共同推动。

（一）西部开发与向西开放

改革开放以后，伴随着中国与西方发达国家政治关系的改善，中国基本解除了来自东部和海洋方向的安全威胁，并迅速通过“沿海开放”重新确立了东部沿海地区在国家经济发展中的优先位置。在此过程中，中国的产业政策（出口导向型、劳动密集型的制造业）、区域政策（优先发展东部沿海地区）与对外开放战略（沿海开放）存在着高度的协同性。这种区域发展战略与产业政策契合了当时中国在国际经济分工中的地位，从而大大加快了改革开放的进程和经济增长的速度，并创造了举世瞩目的“经济奇迹”。然而，一方面，非均衡的区域发展战略使得本已长期存在的东西部地区差距在开放型的经济环境下被进一步扩大。据统计，1999年，西部人均地区生产总值不足东部地区的一半（41.3%），东西部人均地区生产总值相对差距比1978年扩大了12.8个百分点。[28]另一方面，重海轻陆的地缘战略也使得西部地区的对外开放程度远远落后于东部沿海地区。根据国家发改委的统计，2011年，西部地区进出口总额、实际利用外资占全国的比重分别只有5%和10%；近20年来，沿边地区对外贸易年均增速仅为沿海地区的一半。[29]

广袤的西部地区拥有着丰富的战略资源、巨大的发展潜力和广阔的市场空间，既是扩大内需、产业转移的重点区域和新兴市场，也是实现“两个百年”目标进程中的难点。同时，西部地区和欧亚大陆也是确保未来中国得以持续发展的战略纵深，而中国对西部和陆地的经营程度则决定了战略空间的广度。

伴随着欧亚大陆地缘政治局势的改善和地缘经济空间的开启，中国的西部地区获得了进行开发和开放的外部政治前提，而中国国家能力尤其是分税制以来中央政府财政能力的极大提升，则为国家通过政治动员、资源输入、政策倾斜等方式促进西部开发和向西开放提供了内部物质基础。在此过程中，社会主义的政治体制和政治伦理又为国家资源在区域间的再分配以及东西部之间的资源流动提供了合法性依据。[30]值得指出的是，非均衡的区域和地缘战略既是造成经济沿海化的根源，却也是21世纪以来国家加大对西部地区经济投入、促进东部地区进行对口支援的经济基础。正是在此意义上，古代中央政府在东部发展经济、在西部维持稳定的传统治国思路在当代仍具有一定的历史延续性。

1999年9月，中共十五届四中全会正式做出了西部大开发的战略决策。[31]范围覆盖四川、重庆、贵州、云南、西藏、陕西、甘肃、青海、宁夏、新疆、内蒙古和广西等12个省、自治区、直辖市，幅员约685万平方公里，约占全国总面积的71%，拥有中国85%的陆地边境线，人口约3.65亿，约占全国总人口的28.19%。[32]在《中共中央国务院关于深入实施西部大开发战略的若干意见》《西部大开发“十一五”规划》的基础上，中央政府又相继出台了促进西部12个省区市发展的中长期意见或规划。[33]这些规划与2010年12月批复的《全国主体功能区划》和2012年发布的《西部大开发

“十二五”规划》一起，共同构成了新一轮为期10年的西部大开发战略具体实施的依据和动力。

根据国家发改委的数据，2000—2012年，中央财政对西部地区财政转移支付累计达8.5万亿元，中央预算内投资安排西部地区累计超过1万亿元，分别占全国总量的40%左右。[34]事实上，在当前中西部地区的大部分县市中，中央转移支付占地方支出的比重已超过50%。[35]同时，据统计，从2000—2013年，西部大开发累计新开工重点工程207项，投资总规模超过4万亿元，其中2012和2013年新开工工程分别是22项和20项，投资总规模分别是5 778亿元和3 265亿元。[36]从实施成效看，10余年来，西部地区在中国经济版图中的分量日益提升。地区生产总值从1999年的1.58万亿元提升到2012年的11.39万亿元，年均增速12.4%。自2007年以来，西部地区生产总值加权平均增长率已连续6年高于东部地区，各项经济增速指标均高于全国平均水平。[37]可以说，在国际金融危机和东部地区经济增速放缓的背景下，西部地区已然成为我国发展速度最快、发展潜力最大的新兴市场。青藏铁路、西气东输、西电东送、国道主干线西部路段和大型水利枢纽等一批重点工程相继建成。截至2012年，西部地区新增公路通车里程109万公里，其中高速公路2.28万公里，新增铁路营业里程1.5万公里，民用机场达到90个，占全国机场总数的50%。[38]尤其是在铁路建设方面，近年来国家的重点明显向中西部地区转移。根据中国铁路总公司的规划，“十二五”期间，中西部国家铁路建设投资1.85万亿元、投产新线2.3万公里，分别占全国比重的72%、77%。[39]可以说，这些大型基础设施的建设将为改善西部地区的投资环境、增强西部地区向周边国家的对外辐射能力提供初步的条件。

与历史上对西部的经营相比，21世纪以来的西部开发是在中国全面参与国际经济交往的背景下发生的，因此自实施伊始起就注重与向西开放之间的协调。国务院总理李克强曾在多个欧亚间合作平台阐述中国将西部开发与向西开放相结合的战略考量：

> 向西开放是中国全方位对外开放的重大举措。在开放的区域格局上，我们致力于更加均衡和协调，在提升沿海开放、向东开放水平的同时，进一步扩大内陆开放、沿边开放，大力实施向西开放。目前，我们正在西部地区建设一批特殊经济区、开放开发试验区、重点边境口岸，打造向西开放的桥头堡。这表明，中国更加注重扩大内需与扩大开放相结合，更加注重西部大开发与西部大开放相结合。[40]

在向西开放的国家战略推动下，中央政府相继出台了针对新疆、云南、广西、内蒙古等沿边省份和宁夏、四川、重庆、陕西等内陆省份的各种向西开放“桥头堡”规划或政策，旨在通过经济特区、开发开放实验区、重点边境口岸等支点撬动西部省份的开放局面。同时，中央政府也搭建了中国西部国际博览会（四川成都）、中国—东盟博览会（广西南宁）、中国—亚欧博览会（新疆乌鲁木齐）、中国—阿拉伯国家博览会（宁夏银川）、欧亚经济论坛（陕西西安）、中国—南亚博览会（云南昆明）等一系列央地共建、以特定西部省会为主办地的向西开放合作平台，旨在形成地方对外开放与国家总体外交战略之间的良性互动。

可以说，经过21世纪前10余年来持续性的战略投入，中国西部地区的开发与开放已取得了一定的进展。然而，在中国整体的区域发展与对外开放版图中，西部地区仍然处于相对落后的位置，“仍然是我国全面建设小康社会的难点和重点”[41]。因此，在整合既有资源、政策、机制、平台的基础上，继续全面推动中国的西部开发和向西开放，成为了未来中国国家发展中的重要战略取向，而这也正是“一带一路”尤其是“丝绸之路经济带”战略倡议的重要出发点。

诚如李克强总理所强调的：“今后扩大开放的最大潜力和回旋余地在中西部地区，要抓紧制定丝绸之路经济带、21世纪海上丝绸之路的相关规划和具体方案，重点推进与周边国家基础设施互联互通，打造孟中印缅、中巴经济走廊，沿线各地要找准定位、密切配合。”[42]可以预见，随着中国深入推进“一带一路”建设，在新型城镇化、长江经济带等一系列涉及中西部地区的战略规划和政策实施中，中国将越来越多地考虑到与“一带一路”战略的统筹协调。[43]相应的，广大中西部地区也将在“一带一路”建设中获得更多的政策、资源和发展契机，而与国家战略的深度对接也将成为未来中西部地区得以持续发展和开放的根本保障。

（二）进口多元与能源安全

在当代国际贸易的三角结构下，中国不仅是全球最大的商品生产和提供者，也是全球最大的原材料消费和进口国。中国对资源、能源、粮食等大宗商品的庞大需求，既是本国经济快速成长的代价使然，也是三角贸易结构下消费国对商品国的成本转嫁。可以预见，为了维持国民经济和世界经济的正常运转，中国对于石油、天然气、矿产等战略性资源能源的消费具有长期性和结构性的特征。以石油等能源为例，据英国石油公司发布的《2030世界能源展望》估算，未来20年，全球94%的石油需求净增长将来自中国和印度。[44]在国内资源约束的背景下，中国对能源的需求必须通过大规模的进口才能得到满足。2013年，中国的石油和天然气进口依存度分别达到61.7%和33%。[45]根据国家能源局的预测，到2030年，我国能源、石油、天然气的对外依存度将进一步攀升至25%、70%和50%以上。

能源安全是关系国家经济社会发展的全局性、战略性问题。然而，与美国等西方国家逐渐实现能源自给或能源进口“非中东化”趋势相逆，自1996年成为石油净进口国以来，中国的石油进口主要依赖中东地区和海上运输。在现有政治影响力和军事投射力的制约下，石油进口的“中东化”格局使中国不得不在油源、油价和油路等方面承受长期的能源安全风险。

作为世界能源供应版图的核心区，中东也历来是世界地缘政治版图中族群宗教关系最复杂、大国力量交汇最集中、热点冲突最频发的区域。这使得中东的石油出口往往与地区政治局势紧密相关。以伊朗为例，受到西方制裁的影响，近年来中国从伊朗的原油进口呈现出逐年递减的态势，从2011年的2 776万吨骤降至2013年的2 144万吨，降幅达23%。与之类似，受到政治局势的影响，2011年，中国从苏丹进口石油1 299万吨，而到了2013年，中国从南北苏丹的总进口量仅为595万吨，降幅达54%。[46]对于中国而言，与伊朗、苏丹的石油贸易使其不得不承受巨大的政治压力，而政治压力又直接导致了中国从这些国家石油进口量的锐减。目前，尽管伊朗或苏丹份额的减少并不足以影响中国整体的石油进口安全，但是，由中东北非政治局势所导致的油源风险仍值得重视。

同时，中东政治局势的变动和油价的涨跌息息相关。从1973年第一次石油危机开始，无论是1979年伊朗伊斯兰革命、1990年海湾战争、2003年伊拉克战争、2011年席卷整个西亚北非的“阿拉伯之春”、2012年至今的叙利亚内战，还是旷日持久且几乎将所有世界主要大国都卷入的巴以问题和伊朗核问题，抑或是2014年6月以来的伊拉克动乱，几乎都成了推动国际油价上涨的主要因素。同时，由于中东石油的定价权和结算货币长期由西方尤其是美国所主导，且以美国在中东的安全架构为基础，使得中国面临的油价风险具有政治和金融的双重属性。

就油路而言，当代中国的进口石油运输只有少部分经过霍尔木兹海峡，大部分都是经过马六甲海峡。然而，相较于宋、元、明，尤其是郑和下西洋时代中国在南海乃至印度洋上的实力而言，今天的中国还远不是真正的海洋强国。海上军事和对外投射能力的不足，使得中国国际贸易的海上运输线随时可能面临外部力量的干扰、攻击和封锁。无论是以恐怖主义、海盗，或是国家行为的方式，外部力量都可以通过在南海、马六甲海峡、亚丁湾、霍尔木兹海峡等地制造事端的方式切断中国的贸易通道，尤其是对中国国民经济具有战略意义的资源进口。

2014年6月13日，中央财经领导小组第六次会议召开，会议专门研究了新形势下我国的能源安全战略。中央财经领导小组组长习近平明确指出，“全方位加强国际合作，实现开放条件下能源安全”，“务实推进‘一带一路’能源合作，加大中亚、中东、美洲、非洲等油气的合作力度”。[47]这是首次在中央最高层面正式将“一带一路”战略与国家能源安全战略相结合，既表明中央日益注重将“一带一路”倡议与其他重大国家发展战略的联动，也预示着未来能源进口多元化在“一带一路”建设中的优先地位。

具体而言，中国的“一带一路”战略倡议旨在从来源地、运输方式、计价结算三个方面实现能源进口的多元化，切实维护国家能源安全。

首先，在中东仍将是中国石油进口重要来源的背景下，积极拓展与新丝绸之路沿线国家的油气合作，有助于实现能源进口来源的多元化。新丝绸之路所途经的俄罗斯、中亚国家、缅甸等地石油天然气资源丰富，不仅与中国陆上接壤，更与中国保持着良好的政治关系。中国的油气需求有助于这些国家扩大出口，从而提升本国经济，也有助于其减少对欧洲市场的依赖，实现能源出口目的地的多元化。对俄罗斯而言，2009年，中俄之间的“贷款换石油”合作使其获得了应对国际金融危机的宝贵资金。在俄欧关系因乌克兰危机陷入低谷的背景下，加大对中国的油气出口力度对俄罗斯具有特殊的战略意义。对哈萨克斯坦、土库曼斯坦等中亚国家而言，其在地理上北与俄罗斯接壤、西为里海、南与阿富汗和伊朗接壤，几乎都是与自身经济结构相似或局势动荡的资源富庶国家，不具备理想的油气出口市场，而唯有临近的中国在能源需求上最为旺盛和稳定。事实上，在中哈原油管道和中国—中亚天然气管道建成投产以前，哈萨克斯坦的原油和土库曼斯坦的天然气只能通过管道过境俄罗斯出口到欧洲。目前，中国与土库曼斯坦已互为最大的天然气进出口贸易伙伴，通往中国的天然气管道已成为改变中亚油气出口格局的最重要因素。

其次，在海上运输仍将于相当长时期内发挥主要作用的背景下，通过与新丝绸之路沿线国家合作修建陆上油气管道的方式，绕过马六甲海峡，实现能源进口方式的多元化。一方面，油气管道可以直接将俄罗斯、哈萨克斯坦、乌兹别克斯坦、土库曼斯坦、缅甸等国的石油天然气资源从东北、西北、西南三个方向运往中国；另一方面，油气管道可以经由巴基斯坦（瓜达尔港）、缅甸（马德岛）、哈萨克斯坦等国中转，将中东、非洲和里海的油气资源以海陆联运的方式输往中国。

第三，在美元仍将是国际大宗商品和能源交易主要计价和结算货币的背景下，以能源合作为突破口，推进与新丝绸之路沿线国家贸易的本币或人民币结算，实现能源进口定价权和结算货币的多元化。目前，中国与俄罗斯、哈萨克斯坦、土库曼斯坦等上合组织成员国贸易的本币结算正在开展。在能源贸易成为双方最主要贸易形式且各方都受制于美元本位制的背景下，未来中国有可能以上述三国为突破口，将彼此之间的政治互信转换为经济金融层面的务实合作。因此，尽管能源计价结算货币的多元化仍将面临极其漫长而艰难的过程，但从长远来看，它将使新丝绸之路上的政治、贸易、能源与金融真正实现有机联动，呈现出具有全局性的战略意义。

（三）产能输出与资本输出

在能源进口急剧攀升的同时，当前中国也面临着产能和资本双重过剩的压力。在此背景下，以沿线地区尤其是周边国家和新兴市场为重点的产能输出、资本输出就成为了中国海陆"新丝绸之路"战略倡议的题中应有之意。

根据工信部、发改委等部委的调研，2012 年底，中国的钢铁、水泥、电解铝、平板玻璃、船舶产能利用率分别仅为 72%、73.7%、71.9%、73.1%和 75%，明显低于国际通常水平。[48]同时，2012 年底，我国风电设备制造、光伏电池、多晶硅等新兴产业的利用率只有 67%、57%和 35%。[49]截至 2013 年上半年，我国工业产能的平均利用率为 78%，是 2009 年第四季度以来的最低点。在各相关行业协会调查的 39 个产品中，有 21 个产能利用率低于 75%，而按照世界公认的标准，小于 75%已属于严重过剩。[50]可见，与前几轮过剩相比，本轮产能过剩属于工业部门的普遍过剩，覆盖传统产业和新兴产业的多个门类，具有范围广、程度深、数量多的特点。同时，在大面积过剩乃至严重过剩、绝对过剩的背景下，某些过剩行业的投资却仍在持续增长，且大部分体现为现有水平下的重复投资，使得新的中低端产能过剩进一步积累。因此，本轮产能过剩的化解难度远高于以往。产能的严重过剩造成了企业经营困难、财政收入下降、金融风险积累等一系列问题。在此背景下，从 2012 年底的中央经济工作会议开始，化解产能过剩逐渐被上升至转方式、调结构、促转型、打造中国经济升级版的重大战略举措。2013 年 9 月，习近平总书记在中央政治局常委会会议上就化解产能过剩工作发表重要讲话；2013 年 10 月，国务院出台化解产能严重过剩矛盾的指导意见，明确提出了化解产能过剩的总体要求、基本原则、主要目标和主要任务。2013 年 12 月，中央经济工作会议再次强调，“坚定不移化解产能过剩，不折不扣执行好中央化解产能过剩的决策部署”[51]。

同时，除了产能严重过剩之外，作为拥有全球最大外汇储备（2013 年底达 3.83 万亿美元）的国家，中国也日益面临着资本过剩所带来的负面效应。2014 年 5 月，李克强总理在访问肯尼亚时指出，“比较多的外汇储备已经是我们很大的负担，因为它要变成本国的基础货币，会影响通货膨胀”[52]。事实上，伴随着美国的量化宽松政策，我国巨额的外汇储备持续面临着缩水的风险，投资美国国债的边际收益正在下降。因此，寻求更为多元化的资本流通和增值渠道，就变得非常重要而紧迫。近年来，随着中国对外直接投资的快速增长，2012 年，按流量排名已跻身当年世界第三位。[53]然而，相较于中国庞大的外汇储备和所持有的美国国债（2013 年底达 1.27 万亿美元），中国的对外直接投资规模仍然相对较小。截至 2012 年末，全球外国直接投资存量为 23.59 万亿美元，中国对外直接投资存量为 5 319.4 亿美元，位列全球按国家（地区）存量排名的第 13 位，在全球份额中仅占比 2.3％，而同期欧盟和美国则分别占比 41.7％和 22％。在规模上，2012 年末中国对外投资存量仅相当于同期美国的 10.2％、英国的 29.4％、德国的 34.4％、法国的 35.5％、日本的 50.4％。[54]可见，在中国所持美国国债增长接近极限的同时，中国的对外直接投资却展现出巨大的潜力。

因此，随着产能过剩和资本过剩日益成为制约中国经济健康发展的突出矛盾，传统的化解方式显然已无法完全解决问题，而通过“走出去”实现产能输出和资本输出的应对思路则逐渐受到重视。习近平总书记在 2013 年 9 月的政治局常委会会议上指出：“过剩产能对我们是负担，但对周边国家和其他发展中国家则是财富。许多国家除了要我们扩大从他们国家进口外，普遍期望我们去投资兴业。”[55] 2013 年 11 月，李克强总理在中东欧国家访问时也表示，中国目前在交通（铁路、公路、港口、机场）和新能源（核电、水电、风电、光电）等领域部分产能存在着过剩问题，而中东欧国家却在交通基础设施和电厂改造方面需求旺盛，双方合作前景广阔。[56] 同时，2013 年，中国领导分别在博鳌亚洲论坛和夏季达沃斯论坛宣布，今后5 年中，中国将进口 10 万亿美元左右的商品，对外投资规模将达到 5 000亿美元。[57]《国务院关于化解产能严重过剩矛盾的指导意见》（2013 年 10 月）则明确提出，“鼓励优势企业以多种方式‘走出去’，优化制造产地分布，消化国内产能”，“加强与周边国家及新兴市场国家投资合作，采取多种形式开展对外投资，在全球范围内开展资源和价值链整合”。[58] 可以说，产能输出和资本输出的顶层设计和政策部署已经初步形成。

从某种程度上看，目前中国正与第二次世界大战结束初期的美国面临着相似的机遇窗口，即拥有全球最大的工业产能和最多的外汇储备。为了帮助战后欧洲重建，美国国会于 1948 年通过《对外援助法案》，总值约 130 亿美元的“马歇尔计划”开始实施。按照“马歇尔计划”，美国向西欧提供资金援助，而西欧则用这些资金向美国采购重建所需的物资。这一安排使美国成功消化了自身的过剩产能且将之转换为对西欧受援国家的债权，也使西欧迅速实现了战后经济复兴，从而为美国工业和外贸的进一步扩张培育了市场，堪称双赢合作的典范。正是在此历史经验启发下，所谓“中国版马歇尔计划”正在受到越来越多的讨论，其出发点即在于借鉴第二次世界大战后美国的经验，以中国的资本输出带动产能输出。[59] 然而，必须指出的是，“中国版马歇尔计划”从未也不可能成为中国官方的正式表述。尽管这一概念包含着一定的参考价值，却也蕴含着诸多的陷阱。[60]

简言之，“一带一路”沿线绝大多数都属于基建需求强烈、资金相对短缺的发展中国家，与中国在产能和资本两方面都存在着高度的互补性。因此，沿线国家完全有可能成为下一阶段中国实现产能输出、资本输出的重要目的地和优先突破口。

（四）贯通欧亚间贸易路线

21 世纪以来，随着中国与海陆丝绸之路沿线国家和地区经济纽带的不断强化，寻求更为紧密的贸易、投资、金融合作，进而建设亚欧大通道和亚欧大市场，成为了中国与亚欧各国的共识。

例如，作为全球最大的发展中国家、商品生产基地和最大的发达国家联合体、商品消费市场，目前中国和欧盟经济总量已占世界三分之一，中欧双边贸易额已连续三年突破 5 000 亿美元。据中国官方初步测算，到 2020 年，中欧贸易额将争取达到 1 万亿美元；从 2013—2020 年，中国从欧洲进口商品累计将达 3 万亿美元，中国企业对欧洲投资额、中国公民到欧洲旅游人数也将大幅度增长。[61]同时，继成功建成全球最大的发展中国家间自贸区且双边贸易额突破 4 000 亿美元后，中国和东盟正在进行中国—东盟自由贸易区“升级版”建设的前期论证。根据双方达成的共识，至 2015 年时双方贸易额将提高到 5 000 亿美元，到 2020 年时达到 1 万亿美元，届时中国从东盟累计进口将达 3 万亿美元。同时，2013—2020 年，中国与东盟双向投资将达 1 500 亿美元，其中中国对东盟投资将至少达 1 000 亿美元以上。[62]可见，针对自己的全球第一和第三大贸易伙伴，中国已明确形成了至 2020 年与欧洲和东盟分别实现两个“1 万亿”（双边贸易额）和“3 万亿”（中国累计进口商品额）的贸易战略。相应地，针对丝绸之路沿线的俄罗斯、中亚、南亚、中东和中东欧等贸易伙伴，中国也分别提出了各种双边贸易“升级版”的远景规划。

然而，根据统计，目前欧亚之间的贸易额仅占两个地区贸易总额的十分之一。[63]在此背景上，从海洋和陆地两个地缘空间继续贯通欧亚间的贸易路线，消除制约贸易往来深化的障碍，成为了中国海陆“新丝绸之路”战略倡议的重要考量。大体而言，贯通欧亚间贸易路线主要包括两个层面：互联互通和贸易投资便利化。事实上，诚如外交部部长王毅所阐述的，这也是目前中国在推动海陆新丝绸之路建设中的两个主要优先方向。[64]

实现欧亚之间交通基础设施的互联互通，即习近平主席所说的“设施联通”。古往今来，任何的贸易往来都是在一定的地缘空间中发生，交通基础设施的便捷程度直接影响到贸易的深度与广度，对于贸易条件相对落后的沿线发展中国家而言尤其如此。因此，海陆"新丝绸之路"的互联互通旨在形成从太平洋至印度洋和波斯湾的海上运输通道，以及横跨整个欧亚大陆的陆上运输网络。

海上互联互通的重点在于港口基础设施建设、海陆联运建设和港口间合作。陆上互联互通的重点则是借助各种融资平台和渠道，加速建成中国至东南亚、中亚、南亚、中东、欧洲之间的公路网和铁路网，包括沿线国家内部的交通设施建设，也包括跨国、跨地区之间交通干线的连接。同时，通过联合国亚太经社理事会、上海合作组织、中国与东盟、中国与中东欧国家、中国与欧盟等各种合作框架达成国际道路运输便利化协定，尽可能减少或取消多次性的通关过境检查手续，切实降低陆上运输成本。

对于中欧贸易通道而言，实现陆上互联互通具有特殊的战略意义。在历史上，由于扼守欧亚非交界地带的中东地区长期被伊斯兰帝国所控制，欧洲与东方之间的贸易通道被人为阻断。尽管在元朝时期曾出现过马可·波罗等少数西方人往来于中欧之间，但是总体而言，受到政治局势、自然环境、交通运输等因素的制约，中欧之间大规模的贸易往来始终没有出现。今天，尽管中东地区已不存在切断贸易通道的帝国，然而持续性的民族、宗教和国家冲突和外部大国介入，使得该地区陷入持续性的政治危机和社会动荡中，而这给中国和欧洲之间的海上运输通道造成了持续性的安全隐患。土耳其经济政策基金会学者尤赛尔·萨巴兹(Ussal Sahbaz)认为，目前开发连接中欧之间的陆上运输走廊已具备可行性和必要性。一是中国东部港口吞吐量提升空间有限，难以适应中欧贸易的同步增长，而中国西部的大规模铁路建设为开发中欧铁路项目奠定了基础。其次，相较于海运，铁路运输可大幅减少运输时间，中欧间海运需 35 天，而铁路运输仅需 15 天。再次，连接欧亚的陆上运输走廊可带动中亚、高加索地区沿线国家发展，促成中欧向这些成本更低的国家转移产业链，也可帮助俄罗斯振兴纺织和其他行业。[65]因此，尽管海上运输仍将在相当长时期内作为中国(东亚)与欧洲之间的运输方式，但是，陆上运输走廊的开辟无疑将为欧亚经济的整合带来全新的历史契机，而近年来从中国西部通往西欧的“渝新欧”“汉新欧”等国际铁路货运班列的开通运行正是新时期贯通欧亚贸易路线的重要尝试。有鉴于此，2014 年 3 月 31 日的《关于深化互利共赢的中欧全面战略伙伴关系的联合声明》提出，“中欧加强交通运输关系潜力巨大，双方决定共同挖掘中国丝绸之路经济带倡议与欧盟政策的契合点，探讨在丝绸之路经济带沿线开展合作的共同倡议”[66]。

在交通基础设施互联互通的基础上，贯通欧亚间贸易路线仍需要进一步促进沿线地区贸易和投资政策的便利化安排，即习近平主席所说的“贸易畅通”。它主要是指在充分考虑各方利益的前提下，秉持共同开放的原则，尽可能消除丝绸之路沿线国家彼此之间贸易壁垒和投资限定，降低跨境贸易和投资的成本，并逐渐建立自由贸易区。目前，中国与东盟之间已成功建成自贸区且进入“升级版”的磋商，中国与海湾合作委员会之间的自贸区谈判已将近 10 年，而中国与欧盟的投资协定谈判已进行两轮。2014 年 4 月初，习近平主席在访问欧盟时进一步建议“积极探讨自由贸易区建设”，“积极探讨把中欧合作和丝绸之路经济带建设结合起来，以构建亚欧大市场为目标，让亚欧两大洲人员、企业、资金、技术活起来、火起来，使中国和欧盟成为世界经济增长的双引擎”。[67] 鉴于中欧双方庞大的经济体量、贸易规模和市场潜力，中欧自贸区建设的经济影响和政治效应将远超目前的中国—东盟自贸区或未来的中国—海合会自贸区，从而具有真正能够重塑国际经济格局的潜力。

因此，在中国与海陆丝绸之路沿线国家（尤其是东盟与欧盟）经济贸易纽带不断强化的当下，通过促进互联互通建设（交通）和贸易投资便利化安排（政策），进一步贯通欧亚间的贸易路线，成为了“一带一路”倡议的题中应有之义。

三、“一带一路”倡议的远期愿景

“一带一路”倡议既体现为中国对一些现实重大问题的思考和应对，同时，也包含了新一届政府对未来国内区域发展和对外开放格局、国际政治经济新秩序的战略谋划。在某种程度上，这也是“一带一路”得以真正超越古代丝绸之路、中国与中东“现代丝绸之路”而具有深刻战略性之关键所在。

(一) 区域协调与海陆全面开放

作为一个同时拥有漫长海岸线和陆境线的海陆复合国家，受地理区位、资源禀赋、国家战略和国际环境等多方面因素的影响，中国的东西部区域发展和海陆对外开放中常常面临严重失衡的发展状况，呈现出东快西慢和海强陆弱的格局。

在盛唐以前，中国的政治中心和经济重心均位于关中地区，长安、洛阳等国际性大城市得以吸引大量的大食、波斯、粟特商旅云集往还。自此之后，由于欧亚大陆和中国西北地区长期处于政治动荡，中国的经济重心逐渐向东南沿海地区转移，西部、北部陆地方向成为了中原王朝国家安全的主要矛盾所在。正如清人王韬所观察到的，“以故天下有事，其危常系西北，而不重东南”[68]。在此背景下，国家经济重心和政治安全重心出现了长期的分离，而将东南沿海地区的赋税用于西北地区的防御也成为传统王朝时代典型的区域资源再分配方式。濮德培(Peter Perdue)注意到，传统中央王朝在“最大限度地开发南方沿海和海外贸易的同时，仍旧不得不把大部分财政收入用于防范来自北方的入侵威胁”[69]。

新中国成立以后，历代领导人始终关注东西和海陆之间的协调发展。按照毛泽东在《论十大关系》中提出的平衡沿海工业和内地工业的发展思路，国家曾有意识地将大量的经济资源和工业基地布局在西部地区，从而一度缓解了东西部之间的发展失衡。这些举措得以实现的宏观背景在于：一方面，中国和西方国家存在着严重的政治军事对立，使得东部沿海地区缺乏发展国际贸易的政治条件；另一方面，由于中苏关系破裂后苏联在中国西部和北部边境陈兵百万，战备经济成为了西部地区经济发展的重要动力。因此，随着中美、中苏关系相继实现正常化，来自海洋和陆地方向的军事威胁分别解除，中国重新加入了西方主导的海洋贸易体系，并确立了优先发展东部沿海地区和沿海开放的非均衡发展战略。在此背景下，改革开放以后，中西部地区的人力、物力和财力等各种资源加速向东部沿海地区流动，历史上长期存在的经济重心沿海化格局在全球化的国际分工体系下再次凸显，而国家战略重心也出现了东重西轻、海重陆轻的隐患。[70] 20 世纪末以来，按照邓小平“两个大局”的区域发展构想，[71] 国家相继出台了促进包括西部大开发在内的区域政策，并于 2005 年完整地提出了实施西部大开发、振兴东北地区等老工业基地、促进中部地区崛起、鼓励东部地区率先发展的区域发展总体战略。与之相对应的，中央也逐渐形成了沿海、沿边、内陆全面开放的思路。

“一带一路”作为新一届政府提出的重大国家战略，既立足于国内区域协调发展，也着眼于海陆对外开放，是集内外发展为一体的综合性战略。从远期的愿景来看，“一带一路”有可能成为促进中国国内市场和亚欧大市场协同联动的重要契机。

首先，建立东西部之间要素流动和协调发展的市场化机制，形成全国统一大市场。事实上，这也是推动“一带一路”上东西和海陆联动最重要的基础和前提。无论是在传统王朝时代还是新中国成立以来，国家力量与相应的政策制度安排始终是促进区域间资源再分配的根本动力。以西部大开发为例，一方面，国家通过各种特殊性的政策安排和优惠措施将资源输入到西部地区，并将大量的财政转移支付用于西部地区建设；另一方面，在“两个大局”思路的指导下，国家通过政治动员的方式安排东部省份对西部地区实行对口支援。应当说，在西部地区自身发展能力相对欠缺的背景下，外部输入型和国家主导型的区域协调安排有助于促进西部地区的能力建设和跨越式发展，近年来西部经济的高增速正体现了这些措施的正面效果。然而，国家政策主导下的东西部资源流动主要是存量资源的再分配，未能最大限度地激发东部地区的积极性，而西部地区离实现“自我造血”也有很大的差距。因此，除了继续通过国家政策推动之外，更为重要的是形成市场化的区际利益与协调平衡机制。2014 年 4 月 23 日，国家发改委就启动“十三五”规划编制工作，并举行新闻发布会，发展规划司司长徐林指出:"区域的协调发展不能仅靠区域规划和政策来推动,我们可能更多的需要通过建立区域协调发展的体制和机制,就是在全国统一大市场框架内,来更好地通过促进要素的自由流动,让市场在资源配置的过程中发挥决定性作用。"[72] 2014 年 5 月 28 日,在国家发改委召开的"促进区域协调发展"新闻发布会上,发改委副秘书长范恒山强调:"在当前的形势下,在市场化的环境中,东部对于中西部的推动和支持更多的还要建立在市场规律和市场调节的基础上,要形成优势互补、互利共赢,最终实现共同发展、协调发展。"[73]因此,在东部地区面临转型升级压力的背景下,以"一带一路"、新一轮西部大开发、国家新型城镇化和长江经济带等重大战略为契机,促进东部产业向中西部的有序转移,逐步形成中西部地区的"自我造血"能力,将是新时期区域协调发展的重要方向。

其次,推进海陆全面开放,塑造国内区域发展与对外开放深度结合的"内外一体"格局。"一带一路"既是中国与沿线国家之间的贸易路线,同时也是从海路和陆路分别将东西部地区与沿线国家相联系起来的新图景。具体而言,沿着丝绸之路经济带的北、中、南三线,西部地区可以与整个欧亚大陆相结合,一路通向东南亚、南亚、中亚、俄罗斯、蒙古、西亚、南欧、中东欧和西欧等沿线各地区。伴随着一系列陆上互联互通基础设施的建成,历史上长安、洛阳与撒马尔罕、巴格达、大马士革、拜占庭、罗马之间的陆上贸易通道有可能再次兴起,并将从深度和广度上全面超越古代陆上丝绸之路。相应的,沿着 21 世纪海上丝绸之路,东部沿海地区则可以与太平洋、印度洋相结合,一路通往南海、马六甲海峡、孟加拉湾、阿拉伯海、波斯湾、亚丁湾乃至地中海沿线国家。通过港口合作网络和海上互联互通建设,历史上广州、泉州、扬州、宁波与苏门答腊、爪哇、马六甲、奎隆、亚丁、巴士拉等海港之间一度繁荣的海上贸易通道有可能再次被激活,而这也将是近代西方主导海上秩序以来中国与沿线国家新的海洋联系图景。因此,相较于以往沿海或沿边省份与周边国家的次区域合作,新时期"一带一路"倡议无疑将国内东西部地区纳入到了更为广阔的发展版图中,从而蕴含着更为巨大的发展潜力。"丝绸之路经济带"的提出意味着,未来西部开发与向西开放将在整个亚欧市场的大格局下展开,西部地区将成为中国与亚欧诸国陆上合作的“桥头堡”。“21世纪海上丝绸之路”倡议的提出则意味着,东部沿海地区将不仅是全球的商品生产基地和外贸出口基地,也将成为中国与太平洋和印度洋沿线国家构建海洋合作伙伴关系的基本依托。在此过程中,通过临港产业带建设,将使港口超越贸易中转的传统功能而具有带动产业转移和产业发展的新功能。

第三,统筹区域发展和海陆开放,形成“一带”与“一路”的协同与联动效应。“一带”与“一路”之间并非竞争性的相互替代关系,两者的同时提出正体现了新时期中国统筹经略东部和西部、海洋和陆地的战略意志。2014年3月,李克强总理在《政府工作报告》中提出:“要谋划区域发展新棋局,由东向西、由沿海向内地,沿大江大河和陆路交通干线,推进梯度发展。”[74]通过国内统一市场和经济内循环建设,有助于东部地区的要素、资金、产业逐步向中西部地区转移。在此基础上,以西部地区为“桥头堡”,东部的产业也可以更为便捷地向沿线发展中国家(尤其是东南亚、中亚、南亚、中东欧等地区)转移,从而使东部地区的转型升级得以在整个亚欧大市场的宏观框架下展开。因此,未来东部地区的商品、人员、产业等既可以沿海上丝绸之路通往太平洋和印度洋相关国家,也可以经由西部地区沿丝绸之路经济带进入陆上诸国。相应地,西部地区不仅有可能成为未来欧亚内陆国家向东通往太平洋的桥梁,也将成为未来将非洲、中东、中亚、俄罗斯、蒙古的资源、能源从陆上输往中国尤其是东部沿海地区的中转地。值得指出的是,作为新一届政府提出的又一项重大国家发展战略,长江经济带将成为“一带”与“一路”之间的连接枢纽。2014年4月28日,李克强总理在重庆主持研究依托黄金水道建设长江经济带时指出,建设长江经济带就是要构建沿海与中西部相互支撑、良性互动的新棋局,并与依托亚欧大陆桥的丝绸之路经济带相联接,构建沿海、沿江、沿边全方位开放的新格局。[75]2014年9月25日出台的《国务院关于依托黄金水道推动长江经济带发展的指导意见》进一步明确:“用好海陆双向开放的区位资源,创新开放模式,促进优势互补,培育内陆开放高地,加快同周边国家和地区基础设施互联互通，加强与丝绸之路经济带、海上丝绸之路的衔接互动。”[76]未来，“一带”、“一路”与长江经济带三者之间若能形成有效联动，将形成一幅横贯东西、联通海陆的经济整合新图景。

简言之，“一带一路”并非试图以陆权对冲海权、以“西进”对冲美国“战略东移”的权宜之计。从长远来看，“一带一路”战略旨在扭转长期以来经济重心沿海化、东西部发展和海陆开放严重失衡的现状，实现中国的区域协调发展和海陆全面开放，构筑东西互济、海陆统筹的全方位对外开放格局，形成中国国内市场和亚欧大市场的协同联动。

（二）新型经济循环与合作模式

据估计，“一带一路”沿线总人口约44亿，经济总量约21万亿美元，分别约占全球的63%和29%，其中绝大多数都是新兴经济体和发展中国家。[77]亚洲开发银行(Asian Development Bank)发布的《2014年亚洲发展展望》预测，45个亚洲发展中经济体2014—2015年的经济增长将分别达到6.2%和6.4%，高出发达国家平均增长率两倍以上。[78]可以说，在欧美发达国家经济复苏乏力的背景下，亚洲发展中国家展现出了广阔的发展前景，而这无疑为“一带一路”建设奠定了良好的基础。

然而，诚如对中国与中东“现代丝绸之路”的讨论所表明的，在既有的国际政治经济体系下，以中国为代表的东亚生产国、以中东为代表的亚非拉资源国和以美国为代表的西方消费国之间形成了不平等的新三角贸易结构。中国作为全球最大的原材料进口国和最大的制成品输出国，成为了使三角循环得以运转的枢纽。然而，美国/西方却凭借对国际贸易规则、货币、定价权与主导权的掌控，始终处于三角结构中的优势位置。相应地，中国和一些发展中国家尽管在这一体系中获得了很大的发展，却也受到其内在逻辑的深刻制约。对于大多数发展中国家而言，由于普遍存在着工业、交通和民生基础设施匮乏的情况，工业化进程极其缓慢，难以承接西方发达国家或中国等新兴市场国家的产业转移，形成了高度依赖资源出口的经济发展模式。同时，由于当代国际贸易中“反剪刀差”现象的存在，工业品越来越便宜，而原材料越来越昂贵，迫使中国等商品生产国不得不用更多的工业品交换更少的原材料。

因此，有必要对美元本位制下生产国与资源国之间"工业品换原材料"或"商品换能源"的国际贸易和经济合作模式做出调整，寻求发展中国家之间南南合作的新方式，从而推动建立更为平等的国际经济格局。事实上，这也正是中国的"一带一路"倡议所蕴含的战略深意。由于中国与沿线发展中国家之间在多个领域存在着高度的互补性，长远意义上的理想经济关系的塑造已具备了一定的现实基础。

首先，中国是目前全球最大的资源、能源等大宗商品的消费者，且有着长期、持续、不断攀升的进口需求，而"一带一路"沿线地区大多是资源储备丰富的国家，原材料等初级产品是其主要的出口商品。因此，双方在资源领域存在着高度的供需互补性。事实上，从贸易结构看，目前中国与东南亚、中亚、西亚、俄罗斯、蒙古等"一带一路"沿线地区之间的贸易往来主要体现为制成品与原材料之间的交换，且以中国大量的贸易逆差为代价。

其次，中国是目前全球拥有最多资金储备的国家，而除了少数富有的中东产油国之外，大部分"一带一路"沿线发展中国家均存在着资金短缺和融资困难的问题。因此，双方在资金方面存在着高度的供需互补性。依托庞大的资金优势，中国有可能通过各种双多边开发性金融安排，向发展中国家的基础设施建设、资源开发提供融资支持。以往，中国把外汇储备中的相当部分用于购买美国国债，那么，将大量资金投入发展中国家的国内建设无疑代表着一种更为平衡的资金流动方向。

第三，中国目前在通讯、高铁、船舶、核电、特高压等技术和装备制造业领域都达到了世界领先水平，并积累了丰富的劳务合作和工程承包经验，"中国装备"与"中国基建"已成为中国在国际市场中极富竞争力的新名片。根据工信部的统计，2013 年中国装备制造业产值规模突破 20 万亿元，占全球装备制造业的比重超过 1/3，稳居世界首位。[79]根据商务部的统计，截至 2013 年年底，我国对外承包工程业务累计签订合同额 11 698 亿美元(完成营业额 7 927 亿美元),对外劳务合作业务累计派出各类劳务人员 692 万人。[80]相应地,为了改善国内投资环境,提升本国经济和就业水平,“一带一路”沿线国家在资源、能源、交通、港口、电力、通信、民生等领域普遍存在着庞大的基础设施建设需求。因此,双方在基础设施建设领域亦存在着高度的供需互补性,而这也正在成为中国与广大发展中国家南南合作大有前途的领域。

第四,中国是目前拥有最完整的工业体系和工业门类的制造业大国,且正处于产业转型升级的过程中。除了西部地区之外,海外尤其是东南亚和中亚等周边地区劳动力成本低廉、市场前景广阔,是产业转移的理想对象。相应地,大部分“一带一路”沿线发展中国家的工业基础薄弱,亟须通过吸引外国投资发展本国工业。因此,双方在产业合作领域亦存在着很强的互补性。

这些方面的互补性意味着,中国有可能依托自身强大的资金优势、工程基建能力和工业制造能力,改变过去主要输出廉价的“中国制造”商品以及与发展中国家之间“商品换能源”的传统贸易模式,以资本“走出去”带动产业、产能、装备、劳务、基建“走出去”,建立“一带一路”沿线发展中国家之间的新型经济合作模式。在此过程中,以“金融合作—资源开发—基础设施建设”的三位一体合作模式为切入点,有可能使中国的资金、商品、装备、材料、工程、劳务、技术、标准和沿线国家的资源、市场形成良性的循环。

这一新型经济循环的核心逻辑在于:首先,通过成立开发性金融机构、合作投资基金、专项信贷等渠道和形式,向沿线国家提供重要基础设施和重大工程建设所需的项目融资,沿线国家则以自身的资源作为担保或等价补偿。其次,由中国工程公司承揽沿线国家的重要基础设施和重大工程项目,而沿线国家则用中方提供的资金支付基建和工程所需的产品、材料、装备和劳务。伴随着中国在装备和工程建设领域的优势确立,中国有可能以沿线国家为突破口,逐渐从输出具体产品过渡到输出技术标准。第三,能源开发在满足中国和国际市场需求,带动中国能源装备出口的同时，加速所在国积累发展本国经济所需的资金。第四，沿线国家基础设施状况的进展将带动其国内市场、就业、投资环境的改善，不仅为中国的产业转移奠定了基础，也为中国进一步的商品出口与企业投资培育了市场。第五，通过跨境基础设施的互联互通，将中国与中亚、南亚、东南亚、西亚、中东欧等各地区连接起来，促进区域间互通有无、优势互补，建立和健全亚欧供应链、产业链和价值链的深度合作，形成优势互补的产业网络和经济体系。

尤其具有战略意义的是，中国与“一带一路”沿线发展中国家的新型合作循环将在很大程度上加速人民币的国际化进程。具体而言，在贸易结算层面，中国可以优先以东盟为重点突破口，继续扩大人民币跨境贸易结算规模，采取“贸易＋离岸金融中心”的模式来推进人民币在东盟的流通使用。同时，中国可以以东盟、俄罗斯、中亚、蒙古、伊朗等国家和地区作为优先突破口，在资源、能源、粮食等大宗商品交易中部分采取人民币计价结算。在中国承担所在国资源开发与基础设施建设时，推动重大装备出口优先以人民币结算。

在此基础上，中国可以以“一带一路”建设为契机，提升人民币在中国对外投资、贷款、援助中的比重，形成“贸易＋投资＋贷款”在人民币国际化进程中的三轮驱动。在此过程中，中国在三角贸易结构下所积累的将近 4 万亿美元的外汇储备将发挥极其关键的战略作用。事实上，除了有助于中国向欧美发达国家购买高新技术和实物资产以进行产业升级，以及向发展中国家进行投资、贷款和融资之外，4 万亿美元外汇储备将是中国在“一带一路”上推行人民币国际化的重要本金和信用基础。就投资而言，中国可以着力拓展以人民币进行直接投资的渠道，甚至可以考虑成立人民币专项基金，专门用于投资沿线国家的基础设施建设和资源开发等项目。就贷款而言，中国可以向沿线发展中国家借出人民币贷款，用于购买中国的商品、装备、工程和劳务。由于人民币债务须用人民币偿还，且这些国家的出口以原材料等大宗商品为主，此举有助于推动人民币逐渐进入大宗商品结算货币行列。

因此，以“一带一路”建设为契机，中国与沿线发展中国家有可能超越三角贸易结构下“商品换资源”的贸易模式，逐步形成中国的资金、技术、装备、商品、工程、产能、劳务乃至人民币与沿线国家（尤其是东盟和中亚）的资源、能源、市场的有机联动，从而建立起亚洲发展中国家之间平等、互利、共赢的新型合作模式与经济循环。正是这种新的经济合作前景，使得“一带一路”建设有可能开创出南南合作的新局面，从而蕴含了变革在全球化时代不断强化的国际政治经济秩序的战略潜力。

然而，必须指出的是，“一带一路”战略的深意既不是要通过组建“中国版经互会”的方式对抗欧美发达国家集团，更不是要最终建立一个以中国取代美国、以人民币取代美元的国际经济新体系。这既不现实，亦不可取，势必将引起沿线国家（包括俄罗斯、印度等）的重重疑虑和美国的强烈反制，且仅凭中国的一己之力，也不可能支撑起沿线数 10 个发展中国家的共同发展。可以预见，在未来相当长时期内，由美国主导的国际贸易三角结构的大循环仍将继续存在。相应的，中国与沿线国家也将进行漫长而艰难的战略协调与利益平衡。在此意义上，尽管“一带一路”建设包含了中国对未来国际政治经济新秩序的战略谋划，但仍应当秉持开放、审慎而节制的精神。

本 章 小 结

作为新时期中国的重大国家发展战略，“一带一路”的提出无疑是与 21 世纪以来一系列历史条件的共同出现息息相关。中国综合国力的复兴、欧亚政治安全环境的改善、沿线经济纽带的强化以及交通运输技术的革新，为“一带一路”战略倡议提供了充分的政治、经济、技术基础。

从近期的现实考量来看，中国的“一带一路”倡议旨在进一步推动国内的西部开发与向西开放，通过“走出去”的方式缓解国内产能和资本的过剩问题，通过能源进口来源地、运输方式、计价结算货币的多元化维护国家能源安全，通过推动基础设施互联互通和贸易投资便利化来全面贯通欧亚大陆间的贸易通道。

从中长期的理想图景来看，一方面，“一带一路”战略旨在实现中国的区域协调发展和海陆均衡开放，构筑东西互济、海陆统筹的全方位对外开放格局，促进中国国内市场和亚欧大市场的协同联动；另一方面，“一带一路”战略旨在将中国的资金、商品、技术、装备、工程、劳务，乃至人民币与沿线发展中国家的资源、市场相结合和联动，构建中国与沿线发展中国家之间平等、共享、共赢的经济新循环，开创南南合作的新局面。

注　释

1. 梅新育：《中国制造业向何处去》，云南教育出版社 2013 年版，第 29 页。
2. 国家统计局：《改革开放铸辉煌　经济发展谱新篇——1978 年以来我国经济社会发展的巨大变化》，载《人民日报》2013 年 11 月 6 日，第 10 版。
3. 国家统计局：《中华人民共和国 2013 年国民经济和社会发展统计公报》，《人民日报》2014 年 2 月 24 日，第 10 版；国家外汇管理局国际收支分析小组：《2013 年中国国际收支报告》，2014 年 4 月 4 日，第 11 页。
4. World Bank, *Purchasing Power Parties and Real Expenditures of World Economies*, March 30, 2014.
5. 王毅：《站在新起点上的中国——在第 68 届联大一般性辩论上的发言》(2013 年 9 月 27 日，美国纽约)，http://www.fmprc.gov.cn/mfa_chn/zyxw_602251/t1082324.shtml(登录时间：2014 年 3 月 11 日)；《王毅在十二届全国人大二次会议举行的记者会上就中国外交政策和对外关系答中外记者问》，载《人民日报》2014 年 3 月 9 日，第 3 版。
6. 牛军：《“告别冷战”：中国实现中苏关系正常化的历史含义》，载《历史研究》2008 年第 1 期，第 126—140 页。
7. 邓浩：《中国与中亚国家关系：回顾与前瞻》，载《国际问题研究》2002 年第 3 期，第 8 页。
8. 张勇：《江主席与拉赫莫诺夫总统会谈》，载《人民日报》2002 年 5 月 18 日，第 2 版。
9. 杨洁篪：《始终不渝走和平发展道路》，载《人民日报》2012 年 12 月 14 日，第 6 版。

10.《中华人民共和国与巴基斯坦伊斯兰共和国联合声明》(2008 年 10 月 16 日,北京),载《人民日报》2008 年 10 月 17 日,第 3 版。

11.《中华人民共和国和巴基斯坦伊斯兰共和国关于深化中巴战略与经济合作的联合声明》(2014 年 2 月 19 日,北京),载《人民日报》2014 年 2 月 20 日,第 3 版。

12. 高虎城:《深化经贸合作　共创新的辉煌》,载《人民日报》2014 年 7 月 2 日,第 11 版;杨洁篪:《自信互信,共襄盛举——在博鳌亚洲论坛 2014 年年会"丝绸之路的复兴:对话亚洲领导人"分论坛上的演讲》(2014 年 4 月 10 日,海南博鳌),http://www.fmprc.gov.cn/mfa_chn/zyxw_602251/t1145772.shtml(登录时间:2014 年 4 月 11 日)。

13. 国务院新闻办公室:《国新办举行第 11 届中国—东盟博览会等情况新闻发布会》(2014 年 7 月 22 日),http://www.scio.gov.cn/xwfbh/xwbfbh/wqfbh/2014/20140722/index.htm(登录时间:2014 年 7 月 29 日)。

14. 张高丽:《携手共建 21 世纪海上丝绸之路　共创中国—东盟友好合作美好未来——在第十一届中国—东盟博览会和中国—东盟商务与投资峰会上的致辞》(2014 年 9 月 16 日,广西南宁),载《人民日报》2014 年 9 月 17 日,第 4 版。

15. 汪洋:《传承丝路精神　促进共同繁荣——在 2013 欧亚经济论坛上的主旨演讲》(2013 年 9 月 26 日,西安),载《西安日报》2013 年 9 月 27 日,第 1 版;国家统计局:《中国统计年鉴 2013》,中国统计出版社 2013 年版,第 233 页。

16. 杜尚泽:《梦想,从历史深处走来——记习近平主席访问中亚四国和共建"丝绸之路经济带"》,载《人民日报》2013 年 9 月 13 日,第 2 版。

17. 王毅:《加强论坛建设,打造中阿关系"升级版"》,载《人民日报》2014 年 6 月 4 日,第 21 版。

18. 张奇志等:《中国—中东欧国家经贸促进部长级会议召开》,载《人民日报》2014 年 6 月 9 日,第 22 版。

19. James Kynge, "Ukraine a setback in China's eastern Europe strategy", *Financial Times*, February 27, 2014, http://blogs.ft.com/beyond-brics/2014/02/27/ukraine-a-setback-in-chinas-eastern-europe-strategy/(Accessed: March 11, 2014).

20. 陈建:《投资将成中欧合作新引擎》,载《经济日报》2014 年 4 月 10 日,第 4 版。
21. 商务部:《商务部召开例行新闻发布会(2014 年 2 月 18 日)》,http://www.mofcom.gov.cn/article/ae/ah/diaocd/201402/20140200491167.shtml(登录时间:2014 年 3 月 11 日)。
22. Asian Development Bank and Asian Development Bank Institute, *Infrastructure for a Seamless Asia* (Tokyo: Asian Development Bank Institute, 2009), p.42.
23. 高柏:《高铁与中国 21 世纪大战略》,社会科学文献出版社 2012 年版。
24. 吴征宇:《向“陆”还是向“洋”——对〈高铁与中国 21 世纪大战略〉的再思考》,载《二十一世纪》2013 年 2 月号,第 105—113 页;张文木:《丝绸之路与中国西域安全——兼论中亚地区力量崛起的历史条件、规律及其因应战略》,载《世界政治与经济》2014 年第 3 期,第 22—24 页。
25. 陆娅楠:《中国铁路网络越织越精密》,载《人民日报》2013 年 12 月 29 日,第 2 版。
26. 世界银行驻中国代表处:《中国高速铁路:建设成本分析》,2014 年 7 月。
27. 范珣:《土耳其安伊高铁通车　系中企海外修建首条高铁》(2014 年 7 月 26 日),http://www.guancha.cn/Project/2014_07_26_250538.shtml(登录时间:2014 年 8 月 2 日)。
28. 陈栋生:《西部大开发十年回顾与展望》,载《光明日报》2009 年 11 月 10 日,第 10 版。
29. 杜鹰:《扩大向西开放　构筑全方位开放新格局——在第三届中国·阿拉伯国家经贸论坛上的演讲》(2012 年 9 月 13 日,银川),http://www.sdpc.gov.cn/zjgx/t20120918_505568.htm(登录时间:2014 年 3 月 11 日)。
30. 具体包括以全国性政治动员的方式推动东部地区、中央部委和中央企业的对口支援,以国家资源大规模输入的方式实行中央财政转移支付和大型基础设施建设,以国家规划和政策倾斜的方式全面支持重点区域发展和对外开放等。
31. 关于西部大开发的决策过程,参阅曾培炎:《西部大开发决策回顾》,中共党史出版社 2010 年版。
32. 国家统计局:《中国统计年鉴 2013》,中国统计出版社 2013 年版,第 18—19 页。

此外，湖南湘西土家族苗族自治州、湖北恩施土家族苗族自治州和吉林延边朝鲜族自治州等3个少数民族自治州，比照国家西部大开发有关政策实施开发。

33. 包括《关于进一步促进宁夏经济社会发展的若干意见》(2008年9月7日)、《关中—天水经济区发展规划》(2009年6月25日)、《关于进一步促进广西经济社会发展的若干意见》(2009年12月11日)、《甘肃省循环经济总体规划》(2009年12月24日)、《成渝经济区区域规划》(2011年5月5日)、《国务院关于进一步促进内蒙古经济社会又好又快发展的若干意见》(2011年6月29日)、《“十二五”支持西藏经济社会发展建设项目规划方案》(2011年7月6日)、《重庆市城乡总体规划(2007—2020年)》(2011年10月18日)、《国务院关于进一步促进贵州经济社会又好又快发展的若干意见》(2012年2月13日)、《国务院关于支持云南省加快建设面向西南开放重要桥头堡的意见》(2011年5月6日)、《宁夏内陆开放型经济试验区规划》(2012年9月21日)以及《中共中央、国务院关于推进新疆跨越式发展和长治久安的意见》(2010年5月)和《关于进一步维护新疆社会稳定和实现长治久安的意见》(2014年5月)等。

34. 许跃芝、李万祥:《中央财政累计对西部财政转移支付8.5万亿元》，载《经济日报》2013年10月23日，第3版。

35. 周飞舟:《以利为利:财政关系与地方政府行为》，上海三联书店2012年版，第249页。

36. 国家发改委:《2012年西部大开发新开工22项重点工程》(2012年12月19日)，http://www.sdpc.gov.cn/xwfb/t20121219_519108.htm;国家发改委:《2013年西部大开发新开工20项重点工程》(2013年12月20日)，http://www.sdpc.gov.cn/xwfb/t20131220_571266.htm(登录时间:2014年2月10日)。

37. 中国人民银行:《中国区域金融运行报告》，2006—2013年。

38. 吴邦国:《共享西部开发开放机遇　开创互利共赢美好明天——在第五届中国西部国际合作论坛上的演讲》，载《人民日报》2012年9月27日，第2版。

39. 陆娅楠:《今年新通铁路，近九成在中西部》，载《人民日报》2014年4月9日，第9版。

40. 李克强：《携手壮大新兴市场　促进全球共同发展——在2012中国（宁夏）国际投资贸易洽谈会暨第三届中阿经贸论坛开幕式上的演讲》（2012年9月12日，银川），载《人民日报》2012年9月13日，第3版。
41. 中共中央、国务院：《中共中央国务院关于深入实施西部大开发战略的若干意见》（中发〔2010〕11号），2010年6月29日。
42. 李克强：《关于深化经济体制改革的若干问题》，载《求是》2014年第9期，第9页。
43. 例如，2014年3月出台的《国家新型城镇化规划（2014—2020年）》中提出培育发展中西部地区城市群，“依托陆桥通道上的城市群和节点城市，构建丝绸之路经济带，推动形成与中亚乃至整个欧亚大陆的区域大合作”。参阅中共中央、国务院：《国家新型城镇化规划（2014—2020年）》，载《人民日报》2014年3月17日，第10版。
44. BP, *BP Energy Outlook 2030*, January 2012, p.45.
45. 田春荣：《2013年中国石油和天然气进出口状况分析》，载《国际石油经济》2014年第3期，第29—41页。
46. 田春荣：《2013年中国石油和天然气进出口状况分析》，第33—34页。
47. 《积极推动我国能源生产和消费革命　加快实施能源领域重点任务重大举措》，载《人民日报》2014年6月14日，第1版。
48. 国务院：《国务院关于化解产能严重过剩矛盾的指导意见》（国发〔2013〕41号），2013年10月6日。
49. 李毅中：《部分行业产能严重过剩是经济下行主因》（2013年7月31日，21CN财经网），http://finance.21cn.com/webfocus/a/2013/0731/13/23146570.shtml（登录时间：2014年3月11日）。按：李毅中系现全国政协常委、经济委员会副主任和工信部原部长。
50. 国家发改委产业协调司：《钢铁行业召开贯彻落实国务院关于化解产能严重过剩矛盾的指导意见会议》（2013年11月20日），http://gys.ndrc.gov.cn/gzdt/201311/t20131120_567428.html（登录时间：2014年3月11日）。
51. 《中央经济工作会议在北京举行》，载《人民日报》2013年12月14日，第1版。
52. 商务部：《李克强：巨额外汇储备是中国经济的一个沉重负担》（2014年5月12

日),http://www.mofcom.gov.cn/article/difang/im/201405/20140500581783.shtml(登录时间:2014 年 5 月 15 日)。

53. 2012 年,全球外国直接投资流出流量 1.39 万亿美元,中国流量占比 6.3%,仅次于美国和日本。参阅商务部、国家统计局、国家外汇管理局:《2012 年度中国对外直接投资统计公报》,中国统计出版社 2013 年版,第 4 页。

54. 商务部、国家统计局、国家外汇管理局:《2012 年度中国对外直接投资统计公报》,第 13—14 页。

55. 习近平:《在中央政治局常委会会议上关于化解产能过剩的讲话》,2013 年 9 月 22 日。转引自董小君:《中国下阶段产业转移的道路选择——基于产能国际转移日美两种模式的创新探索》,载《人民论坛·学术前沿》2013 年 12 月下,第 74 页。

56. 李克强:《在中国—中东欧国家领导人会晤时的讲话》(2013 年 11 月 26 日,布加勒斯特),载《人民日报》2013 年 11 月 27 日,第 3 版。

57. 习近平:《共同创造亚洲和世界的美好未来——在博鳌亚洲论坛 2013 年年会上的主旨演讲》(2013 年 4 月 7 日,海南博鳌),载《人民日报》2013 年 4 月 8 日,第 1 版;李克强:《以改革创新驱动中国经济长期持续健康发展——在第七届夏季达沃斯论坛上的致辞》(2013 年 9 月 21 日,大连),载《人民日报》2013 年 9 月 12 日,第 3 版。

58. 国务院:《国务院关于化解产能严重过剩矛盾的指导意见》(国发〔2013〕41 号),2013 年 10 月 6 日。

59. 例如,陈楠:《中国"马歇尔计划":与发展中国家共享发展——专访原国家税务总局副局长许善达》,载《商务周刊》2010 年第 2 期,第 60—63 页;江玮:《中国版"马歇尔计划"低调推进》,载《第一财经日报》2014 年 5 月 5 日,第 29 版。刘克清:《中国版"马歇尔计划":共赢的解决方案》(2013 年 1 月 24 日,每经网),http://www.nbd.com.cn/articles/2013-01-24/709731.html;张茉楠:《加快产业资本走出去 积极推进产能输出》(2013 年 11 月 8 日),http://news.xinhuanet.com/fortune/2013-11/08/c_125669932.htm;邵宇:《中国版的马歇尔计划》(2014 年 3 月 25 日,华尔街日报中文网),http://cn.wsj.com/gb/20140325/SHY084530.asp(登录时间:2014 年 5 月 20 日)。

60. 正如宋国友所指出的，尽管目前中国推动的区域经济合作战略与美国马歇尔计划有一定的类似之处，即都是大国力量在全球地位相对上升背景下由政府主导的对外经济关系拓展方案，但两者之间在时代背景、推出时机、政策意图、政策形式、货币使用、发展方向等方面都存在着重大区别。因此，应该审慎运用所谓"中国版马歇尔"等似是而非且充满陷阱的概念。参阅宋国友：《宋国友：马歇尔计划？不，Yidai，yilu!》(2014 年 11 月 10 日，观察者网)，http://www.guancha.cn/Song-Guoyou/2014_11_10_284550.shtml(登录时间：2014 年 11 月 10 日)。
61. 李克强：《让互利共赢之路越走越宽广——在第三届中国—中东欧国家经贸论坛上的致辞》(2013 年 11 月 26 日，布加勒斯特)，载《人民日报》，2013 年 11 月 28 日，第 3 版；习近平：《在布鲁日欧洲学院的演讲》(2014 年 4 月 1 日，布鲁日)，载《人民日报》2014 年 4 月 2 日，第 2 版。
62. 《纪念中国—东盟建立战略伙伴关系 10 周年联合声明》，载《人民日报》2013 年 10 月 10 日，第 3 版。
63. 李克强：《在第十届亚欧首脑会议第一次全会上的发言》(2014 年 10 月 16 日，米兰)，载《人民日报》2014 年 10 月 17 日，第 2 版。
64. 《王毅在十二届全国人大二次会议举行的记者会上就中国外交政策和对外关系答中外记者问》，载《人民日报》2014 年 3 月 9 日，第 3 版。
65. Ussal Sahbaz, "The Modern Silk Road: One Way or Another?" *On Wider Europe Series* (German Marshall Fund), January 26, 2014.
66. 《关于深化互利共赢的中欧全面战略伙伴关系的联合声明》(2014 年 3 月 31 日，布鲁塞尔)，载《人民日报》2014 年 4 月 1 日，第 2 版。
67. 习近平：《在布鲁日欧洲学院的演讲》(2014 年 4 月 1 日，布鲁日)，载《人民日报》2014 年 4 月 2 日，第 2 版。
68. (清)王韬：《弢园文录外编》，上海书店出版社 2002 年版，第 32 页。
69. [美]濮德培：《中国的边界研究视角》，载[美]阿里吉、[日]滨下武志、[美]塞尔登：《东亚的复兴——以 500 年、150 年和 50 年为视角》，马援译，社会科学文献出版社 2006 年版，第 62 页。
70. 王湘穗：《倚陆向海：中国战略重心的再平衡》，载《现代国际关系》2010 年庆典特刊,第54—64页。

71. 邓小平提出:"沿海地区要加快对外开放,使这个拥有两亿人口的广大地带较快地先发展起来,从而带动内地更好地发展,这是一个事关大局的问题。内地要顾全这个大局。反过来,发展到一定的时候,又要求沿海拿出更多力量来帮助内地发展,这也是个大局。那时沿海也要服从这个大局。"参阅邓小平:《邓小平文选》(第三卷),人民出版社1993年版,第277—278页。

72. 国务院新闻办公室:《发改委就启动"十三五"规划编制工作举行新闻发布会》(2014年4月24日),http://www.scio.gov.cn/xwfbh/gbwxwfbh/xwfbh/fzggw/Document/1368872/1368872.htm(登录时间:2014年7月11日)。

73. 国务院新闻办公室:《发改委就促进区域协调发展举行新闻发布会》(2014年5月28日),http://www.scio.gov.cn/xwfbh/gbwxwfbh/xwfbh/fzggw/Document/1371504/1371504.htm(登录时间:2014年7月11日)。

74. 李克强:《政府工作报告——二〇一四年三月五日在第十二届全国人民代表大会第二次会议上》,载《人民日报》2014年3月15日,第1版。

75. 陈二厚:《依托黄金水道建设长江经济带　立足改革开放谋划发展新棋局》,载《人民日报》2014年4月29日,第1版。

76. 国务院:《国务院关于依托黄金水道推动长江经济带发展的指导意见》(国发〔2014〕39号),2014年9月25日。

77. 高虎城:《深化经贸合作　共创新的辉煌》,载《人民日报》2014年7月2日,第11版。

78. Asian Development Bank, *Asian Development Outlook 2014* (Manila, Philippines: Asian Development Bank, 2014).

79. 庞革平、王云娜:《我装备制造业产值居世界首位》,载《人民日报》2014年4月3日,第10版。

80. 商务部:《商务部召开例行新闻发布会》(2014年1月16日),http://www.mofcom.gov.cn/xwfbh/20140116.shtml(登录时间:2014年7月11日)。

第四章　点面结合:中国在"一带一路"上的推进举措

自从"丝绸之路经济带"和"21 世纪海上丝绸之路"倡议相继提出以来,按照习近平主席"以点带面,从线到片"的推进原则,以加强"五通"(政策沟通、道路联通、贸易畅通、货币流通和民心相通)为重点,中国陆续从内政、外交、贸易、金融、交通、能源、次区域合作等各个层面进行了一系列的动员、部署和推进,使"一带一路"战略得以逐渐从倡议进入到执行落实阶段。为了深入追踪和理解目前中国推动新丝绸之路建设的实际进展,本章将从四个方面加以考察。首先是基于新丝绸之路战略所进行的国内部署和外交动员;其次是以货币流通(人民币)和融资支持(美元)为核心所开展的金融合作;第三是以跨境铁路、跨境公路、油气管道和港口建设为重点所着力打造的基础设施互联互通;第四是以新疆、宁夏和广西为代表的沿边、内陆和沿海省区与周边国家或地区开展的次区域合作。

一、"一带一路"上的政治安排

作为新时期中国的重大国家发展战略,"一带一路"建设的推进是以相应的政治安排为前提的。具体而言,包括国内层面从中央至地方的一系列部署和外交层面的各种双多边动员。

(一) 国内部署

按照当代中国的政治惯例,重大国家发展战略的确立、部署和动员,往往是由中共中央层面的重要会议、决议或文件的形式加以推动,对于外交战略而言尤其如此。这一极具中国特色的政治决策过程为国家战略的推行提供了自上而下的政治正当性，而“顶层设计”的特征也在客观上有助于协调各部门和地方利益，最大程度地动员和整合各项国家资源，确保国家总体战略的有序实施。自2013年9月和10月提出以来，“丝绸之路经济带”和“21世纪海上丝绸之路”经过了类似的政治过程，被确立为新一届政府所力推的重大国家战略。事实上，这也是未来“一带一路”战略得以全面、持续和深入推进最有力的政治基础。

2013年10月24—25日，周边外交工作座谈会在北京召开，这是新中国成立以来最高规格的中央周边外交工作专项会议，确定了今后5年至10年周边外交工作的战略目标、基本方针、总体布局，明确了解决周边外交面临的重大问题的工作思路和实施方案。会议提出，“统筹经济、贸易、科技、金融等方面资源，利用好比较优势，找准深化同周边国家互利合作的战略契合点”，“要同有关国家共同努力，加快基础设施互联互通，建设好丝绸之路经济带、21世纪海上丝绸之路”。[1]这是继习近平主席在中亚和东南亚提出“一带一路”倡议之后，中央层面首次作出明确部署，并将之与新时期的周边外交战略相结合。

2013年11月12日，中共十八届三中全会通过了《中共中央关于全面深化改革若干重大问题的决定》(以下简称《决定》)。作为指导下一阶段我国经济社会改革的重要决议，《决定》提出“建立开发性金融机构，加快同周边国家和区域基础设施互联互通建设，推进丝绸之路经济带、海上丝绸之路建设，形成全方位开放新格局”[2]。这意味着，“一带一路”已超越外交战略的层面，而被上升为贯彻全面深化改革的重要国家发展战略。

2013年12月13日，中央经济工作会议在北京举行，对2014年经济工作的总体要求和主要任务作出部署。会议提出：“推进丝绸之路经济带建设，抓紧制定战略规划，加强基础设施互联互通建设。建设21世纪海上丝绸之路，加强海上通道互联互通建设，拉紧相互利益纽带。”[3]这是首次在中央层面明确强调制定新丝绸之路的战略规划，“一带一路”建设成为了2014年经济工作的重点推进方向，由此进一步强化了“一带一路”在国家总体发展战略中的地位。

2014 年 3 月 5 日，李克强总理在《政府工作报告》中部署 2014 年重点工作时指出：“抓紧规划建设丝绸之路经济带、21 世纪海上丝绸之路，推进孟中印缅、中巴经济走廊建设，推出一批重大支撑项目，加快基础设施互联互通，拓展国际经济技术合作新空间。”[4] 继《决定》之后，“一带一路”再次被纳入中央重要文件，尤其是作为政府重点工作加以部署。

至此，经过周边外交工作座谈会、中共十八届三中全会、中央经济工作会议和全国人民代表大会等中央最高级别会议以及《决定》《政府工作报告》等指导性文件的确认，“一带一路”完成了在中央决策层面的战略部署和政治动员，而这种极高规格的定位也充分体现了新一届政府推动“一带一路”建设的战略决心。

为了贯彻和落实中央决定，2013 年 12 月 14 日（即中央经济工作会议结束次日），由国家发改委和外交部共同牵头主持的“推进丝绸之路经济带和海上丝绸之路建设座谈会”在北京召开，会议听取了各方对推进“一带一路”建设的意见建议，提出加快研究推进这一战略构想总体设计和框架方案的制定。值得指出的是，从本次座谈会的出席单位来看，大致透露了参与“一带一路”建设的主要部委和省区市。在国家部委层面，形成了由国家发改委和外交部牵头，科技部、工业和信息化部、交通运输部、农业部、商务部、中国人民银行、国资委、国家能源局、中国铁路总公司、国家开发银行、中国进出口银行等共同参与的部际联席机制；在地方政府层面，则分别是西北的陕西、甘肃、青海、宁夏、新疆，西南的重庆、四川、云南、广西，以及东部的江苏、浙江、广东、福建、海南等 14 个省区市。[5] 此后，根据形势的发展，参与“一带一路”规划和建设的国家部委继续扩员。按照《国务院关于落实〈政府工作报告〉重点工作部门分工的意见》（2014 年 3 月），除上述成员单位之外，进一步将财政部、海关总署、质检总局、金融监管机构、国家外汇管理局和国家铁路局等机构纳入。[6]

在此基础上，各相关的国家部委纷纷将“一带一路”建设纳入到自身的重要工作安排中。2013 年 12 月 27 日，全国商务会议在北京召开，会议明确了2014年商务工作的八项主要任务,包括对推进“一带一路”建设作出了具体部署。包括用好现有各种多双边经贸合作机制,拓展贸易投资合作领域,提升贸易投资便利化水平;支持在有条件的国家设立境外经贸合作区,与更多沿线国家探讨建设自贸区,在条件成熟的沿边地区设立边境经济合作区和跨境经济合作区等。[7]2014年2月13日,商务部新闻发言人进一步阐述了商务部下一阶段推动丝绸之路经济带建设的四项重点工作。[8]

2014年1月13日,国家能源局局长吴新雄在全国能源工作会议上布置2014年重点工作时提出:“建设丝绸之路经济带和21世纪海上丝绸之路,统筹国际国内两个大局、两个市场、两种资源,进一步提升能源国际合作水平”,“带动上下游产业、工程建设、技术装备和相关服务业发展”。[9]

2014年3月20日,中共交通运输部党组召开会议,要求将“一带一路”战略决策贯彻落实到交通运输工作中去。[10]在3月2日的例行新闻发布会上,交通运输部提出将建立推进“一带一路”建设的领导和工作机制,加快政策规划制定和重点项目实施,并介绍了下一阶段促进“一带一路”交通运输与互联互通建设的六项重点工作。[11]

2014年4月21日,农业部国际合作司、江苏省农委和连云港市政府签署三方战略合作协议书,其核心即在于支持连云港与丝绸之路经济带国家和地区的农业合作交流,建立“一带一路”农业国际合作示范区。[12]6月上旬,农业部又分别与伊朗、罗马尼亚和以色列举行会谈,提出在“一带一路”建设的大框架下推进中国与三国的农业合作。[13]

除了国务院相关部委之外,在“一带一路”建设中具有重要影响的国有政策性金融和保险机构也纷纷强化了各自的支持力度。2014年1月26日,国家开发银行2014年度工作会议上对2014年工作作具体部署,“稳步推进国际合作业务,服务于‘丝绸之路经济带’、‘21世纪海上丝绸之路’等建设,实现中国和合作国互利互惠,共同发展”[14]。中国进出口银行则围绕“一带一路”战略加大了对东盟地区互联互通项目的支持。截至2014年年初,进出口银行利用“两优”贷款(援外优惠贷款和优惠出口买方信贷贷款）累计支持东盟地区互联互通类项目46个，未来还将进一步以资金支持泛亚铁路建设。[15] 2014年以来，中国出口信用保险公司则将支持重点转向中国企业与“一带一路”沿线相关国家开展的经贸活动，尤其加大了对外工程承包、大型成套设备出口、境外农业合作项目、当地通讯网络等基础设施建设，以及过剩产能转移和优势产业“走出去”的信用保险保障。据统计，2014年第一季度，中国信保对涉及“一带一路”沿线的中亚、南亚、西亚、东南亚和中东欧等国家和地区承保规模达到263亿美元，占同期公司总承保规模的近四分之一。[16]

同时，各相关地方政府也纷纷启动了对接“一带一路”战略的舆论宣传和规划方案编制工作，以期最大限度地分享国家“一带一路”战略所带来的政策红利，抢占新一轮区域竞争的先机。根据笔者的统计，在31个省区市中，有20个省区市在2014年的政府工作报告中提出了参与“一带”或/和“一路”建设的工作计划，数量远超参加“推进丝绸之路经济带和海上丝绸之路建设座谈会”的14个省区市（参见表4.1）。除此之外，内蒙古、湖南、江西、黑龙江等省区也陆续表达了强烈的参与愿望。2014年5月下旬，习近平总书记在视察上海时又进一步强调，上海要按照国家统一规划、统一部署，参与丝绸之路经济带和海上丝绸之路建设、推动长江经济带建设等国家战略，从而使得“一带一路”覆盖的省份进一步扩员。[17]

表4.1　部分省区市2014年政府工作报告关于“一带一路”论述一览

丝绸之路经济带	陕西	“打造丝绸之路经济带新起点，加快建设内陆开发开放高地”
	甘肃	“把丝绸之路经济带甘肃段建设作为向西开放的重中之重……努力把甘肃打造成丝绸之路经济带黄金段”
	新疆	“紧紧围绕建设丝绸之路经济带核心区推进全方位开放”
	青海	“努力把我省打造成新丝绸之路的战略基地和重要支点”
	宁夏	“把宁夏建成丝绸之路经济带的战略支点”
	西藏	“依托藏青工业园，积极融入丝绸之路经济带”
	河南	“发挥郑欧国际铁路货运班列的带动作用，推动河南融入丝绸之路经济带发展”
	山西	“积极对接丝绸之路经济带”

续表

<table>
<tr><td rowspan="3">海上丝绸之路</td><td>海南</td><td>“积极参与21世纪‘海上丝绸之路’建设，深化与东盟的交流合作”</td></tr>
<tr><td>广西</td><td>“积极谋划参与21世纪‘海上丝绸之路’建设”</td></tr>
<tr><td>广东</td><td>“积极参与21世纪海上丝绸之路和中国—东盟自贸区升级版建设”</td></tr>
<tr><td rowspan="10">一带一路</td><td>云南</td><td>“主动融入国家‘一带一路’战略”</td></tr>
<tr><td>四川</td><td>“抓住国家扩大内陆沿边开放、建设丝绸之路经济带、21世纪海上丝绸之路和长江经济带等机遇，深化全方位开放合作，推进对外经济走廊建设”</td></tr>
<tr><td>重庆</td><td>“运营好渝新欧国际铁路联运大通道……参与丝绸之路经济带、海上丝绸之路和长江经济带建设”</td></tr>
<tr><td>湖北</td><td>“抢抓国家建设丝绸之路经济带和21世纪海上丝绸之路战略机遇，加快构建对外经济合作‘大通道’和桥头堡”</td></tr>
<tr><td>贵州</td><td>“借力渝新欧铁路，积极参与丝绸之路经济带建设。加强与东盟的交流合作，借助21世纪海上丝绸之路提高对外开放水平。”</td></tr>
<tr><td>山东</td><td>“积极参与丝绸之路经济带和海上丝绸之路建设”</td></tr>
<tr><td>福建</td><td>“抓住国家建设丝绸之路经济带、21世纪海上丝绸之路的机遇，鼓励有条件企业加快‘走出去’，培育一批本土跨国企业”</td></tr>
<tr><td>浙江</td><td>“认真落实国家区域发展总体战略，积极参与丝绸之路经济带、21世纪海上丝绸之路、长江经济带建设”</td></tr>
<tr><td>江苏</td><td>“抓住用好建设丝绸之路经济带和21世纪海上丝绸之路、依托长江建设中国经济新支撑带的重大机遇……发挥好连云港新亚欧大陆桥东桥头堡作用，推进东中西区域合作示范区建设”</td></tr>
</table>

资料来源：笔者根据全国部分省区市2014年政府工作报告整理。

目前，丝绸之路经济带所重点面向的西北五省已率先提出了各自的战略定位，无论是“新起点”（陕西）、“黄金段”（甘肃）、“核心区”（新疆），还是“战略基地和重要支点”（青海）与“战略支点”（宁夏），都旨在凸显自身在国家战略中的重要性。2014年5月19日，甘肃省在全国最先发布《“丝绸之路经济带”甘肃段建设总体方案》，从道路互联互通、贸易畅通、文化合作及构筑多层次交流机制等层面作出部署规划。5月28日，甘肃省政府与外交部共同举办的“亚洲合作对话——丝绸之路务实合作论坛”在兰州举行，成为继欧亚经济论坛（陕西西安）、中国—亚欧博览会（新疆乌鲁木齐）、中国—阿拉伯国家博览会（宁夏银川）之后在西北省区搭建的又一个区域合作平台,也是目前我国首个围绕"一带一路"建设的国际性论坛。[18]同时,兰州、西安、洛阳、酒泉、敦煌、青岛、连云港、义乌、宁波、泉州、广州、钦州等城市也相继提出,将打造"一带一路"上的枢纽城市、节点城市或门户港。由此可见,围绕着"一带一路"国家战略所带来的发展契机,各级地方政府的政治动员已进入了白热化的阶段。

2014 年 10 月 10 日,国务院副总理张高丽在西安主持召开推进"一带一路"建设工作座谈会,听取征求陕西、新疆、福建等与"一带一路"相关的部分省区市的意见建议。[19]这是自 2013 年 12 月国家发改委、外交部牵头之后又一次高层次的"一带一路"建设座谈会,在规格上与京津冀协同发展工作推进会议相同,均由常务副总理牵头。

11 月 4 日,习近平主持召开中央财经领导小组第八次会议,分别听取国家发改委、财政部和中国人民银行关于"一带一路"规划、发起建立亚洲基础设施投资银行和设立丝路基金的汇报,并对此进行了讨论。习近平强调,要做好"一带一路"总体布局,尽早确定今后几年的时间表、路线图,要有早期收获计划和领域,要抓住关键的标志性工程,力争尽早开花结果。[20]这是迄今为止中央最高决策层首次专门围绕推进"一带一路"建设而举行的重要会议。

11 月 28—29 日,习近平总书记在中央外事工作会议上要求,积极推进"一带一路"建设,努力寻求各方利益的汇合点。[21] 12 月 9—11 日,中央经济工作会议在北京举行。在中国经济进入"新常态"的背景下,会议提出要重点实施"一带一路"、京津冀协同发展、长江经济带三大战略,争取在 2015 年有个良好开局。[22]从各部委、各省区市的下一阶段工作计划来看,中央重点实施"一带一路"战略的精神得到了充分的响应和贯彻。至此,历时一年多来围绕"一带一路"展开的国内动员部署已基本完成。

(二) 外交动员

为了强化沿线国家和地区对"一带一路"的理解、支持和参与,经过最初一段时期的酝酿,中国政府从 2014 年开始加大了对"一带一路"倡议的外交资源投入。在极短的时间内,"一带一路"已成为了新时期中国外交的核心话语和重要议程。通过一系列"请进来"和"走出去"的双边、多边外交活动,中国向各沿线国家和地区发起了持续性的动员倡议,并得到了许多国家或积极或谨慎的支持。

截至2014年11月,回顾倡议提出一年以来的实际进展,中国围绕"一带一路"所展开的外交动员大致可分为三个时期。

1. 从2014年年初至2014年4月底是动员的缓步发展期。在这一阶段中,中国开始有意识地将"一带一路"倡议纳入到与相关方的外交议程中。根据笔者的统计,中国分别在与哈萨克斯坦、海湾合作委员会、俄罗斯、印度、斯里兰卡、巴基斯坦、伊拉克、沙特、德国、欧盟、缅甸、东帝汶等12个国家或地区组织的会晤中向对方发起了参与"一带"或/和"一路"建设的倡议邀请,得到了其中9个国家或组织的响应。就对方的态度而言,以哈萨克斯坦、斯里兰卡、巴基斯坦、东帝汶最为积极,而以德国、沙特、缅甸最为谨慎。[23]

2014年1月9日,哈萨克斯坦明确表示,"丝绸之路经济带与哈萨克斯坦打造欧亚大陆桥的国家战略高度契合,哈方愿积极支持、参与经济带建设",成为首个明确支持"一带"建设的地区重要大国。[24] 2月6日,鉴于中国在乌克兰危机期间对俄罗斯索契冬奥会的大力支持,普京在中俄领导人会晤中表示,"俄方积极响应中方建设丝绸之路经济带和海上丝绸之路的倡议,愿将俄方跨欧亚铁路与'一带一路'对接,创造出更大效益",这是俄方首次就中国的"一带一路"倡议作出正面回应。[25] 2月11日,斯里兰卡总统特使佩里斯外长访华时,同意在深化各领域务实合作的基础上全面拓展海洋合作,共建21世纪海上丝绸之路,成为首个明确支持"一路"建设的海上枢纽国家。[26]同日,印度总理辛格在新德里会见中印边界问题中方特别代表杨洁篪时表示,印方将积极参与孟中印缅经济走廊和丝绸之路经济带建设。[27] 2月23日,外交部部长王毅访问伊拉克,建议双方以丝绸之路经济带和21世纪海上丝绸之路建设为合作平台实现共同发展,这是中国首次将"一带一路"倡议与美国撤出以后伊拉克的国家重建相结合。[28] 3月31日,习近平主席访问欧盟总部,中欧双方就探讨中欧合作与丝绸之路经济带建设相结合达成共识,这是欧盟首次对中国的新丝绸之路倡议作出建设性的反馈。[29]此外,4 月 10 日举行的博鳌亚洲论坛设置了一场“丝绸之路的复兴:对话亚洲领导人”分论坛,来自中国、老挝、巴基斯坦、东帝汶、泰国、俄罗斯等国政要对“一带一路”的计划展开了讨论,成为中国借助既有多边平台进行政策沟通、理念阐释和外交动员的新尝试。[30]

2. 2014 年 5—6 月是动员的集中加速期。在这一阶段中,中国政府进一步加大了“一带一路”外交动员的力度,尤其是借助主办亚洲相互协作与信任措施会议(以下简称“亚信会议”)、中国—阿拉伯国家合作论坛第六次部长级会议、中国—中东欧国家协调员会议和经贸促进部长级会议等重要平台和机制,以“主场外交”为契机进行了密集的双多边动员,使“一带一路”成为了中国与沿线国家和地区外交议程中的必选项。如果说中国在前一阶段的外交动员仍属于“顺势而为”,那么,到这一阶段已明显呈现出“积极有为”的态势。

2014 年 5 月在上海举行的“亚信会议”成为了中国政府首次进行大规模、大力度集中式动员的契机。除了习近平主席在主旨发言中进行倡议外,根据笔者的统计,在短短 5 天的时间内,中国通过一系列的双边会晤向柬埔寨、吉尔吉斯斯坦、阿富汗、蒙古、哈萨克斯坦、阿塞拜疆、乌兹别克斯坦、俄罗斯、巴基斯坦、斯里兰卡、伊朗 11 国发起了“一带”或/和“一路”的邀请,并得到了其中 7 国的积极支持。值得指出的是,5 月 19 日,习近平主席在会见时任阿富汗总统卡尔扎伊时表示,愿同阿方一道推进丝绸之路经济带建设。[31]这是中方首次在正式场合将“一带”建设与美军撤出背景下阿富汗的国家重建相结合。5 月 20 日,中俄双方将“开展丝绸之路经济带合作”写进《联合声明》,具有重要的指标性意义。[32]5 月 22 日,习近平主席在会见巴基斯坦总统侯赛因时强调,中巴经济走廊建设是丝绸之路经济带和 21 世纪海上丝绸之路倡议重要组成部分,并首次将中巴经济走廊纳入到“一带一路”的框架中。[33]

2014 年 6 月 5 日在北京举行的中阿合作论坛第六届部长级会议,是新形势下中国政府首次以“共建一带一路”为核心议程所展开的重大外交行动。会议以“建设现代丝绸之路，促进共同发展”为主线，就中国和22个阿拉伯国家合作共建“一带一路”达成共识，并对未来10年中阿关系发展的重要方向和优先领域作出了规划部署。在回顾过去10年中阿关系发展的基础上，习近平主席提出了构建“1+2+3”的中阿“一带一路”合作新格局，即以能源合作为主轴，以基础设施建设、贸易和投资便利化为两翼，以核能、航天卫星、新能源三大高新领域为突破口，打造中阿利益共同体和命运共同体。同时，中方还提出加快推进和协商中国—海合会自贸区、中国—阿联酋共同投资基金、阿拉伯国家参与筹建亚洲基础设施投资银行等重大项目。[34]在此过程中，中国还分别与科威特和埃及达成共建“一带一路”的共识，其中，现任海合会和阿拉伯联盟轮值主席国科威特还进一步表态，愿意发挥自身资金优势支持筹建亚洲基础设施投资银行。[35]

2014年6月8—9日，根据《中国—中东欧国家合作布加勒斯特纲要》(2013年11月26日)的规定，中国—中东欧国家贸易促进部长级会议在浙江宁波举行。会后发布的《共同文件》中指出，双方同意以推进丝绸之路经济带和21世纪海上丝绸之路建设为契机，提升经贸合作水平，拓展新的合作领域，促进共同发展与繁荣。[36]这是中东欧16国首次正式响应中国的“一带一路”倡议，意味着经过双方一段时期的政策沟通，中国的“一带一路”建设开始明确与中东欧国家相结合。[37]

在这些多边场合之外，2014年5—6月，中国还先后在双边会晤中向土库曼斯坦(5月12日)、韩国(5月26日)、马来西亚(5月30日)、孟加拉国(6月10日)、希腊(6月19日)、缅甸(6月27日)等国发出了参与共建“一带”或/和“一路”的倡议。尤其值得指出的是，5月30日，马来西亚总理纳吉布在访华参加纪念中马建交四十周年活动期间表示，愿积极参与建设21世纪海上丝绸之路和亚洲基础设施投资银行。[38]鉴于马来西亚在东盟和海上丝绸之路中的核心地位，且将担任东盟2015年轮值主席国，在中越和中菲关系持续紧张的背景下，马方的支持对中国推进“一带一路”建设具有相当关键的意义。6月19日，在李克强总理访问希腊期间，希腊总理萨马拉斯表示，愿支持并积极参与中方提出的21世纪海上丝绸之路建设，将中远比雷埃夫斯港建设成中国同中东欧以及东南欧之间的物流中心，使其成为中国商品进入欧洲的门户，促进欧亚合作。[39]由于希腊是2014年上半年的欧盟轮值主席国，地理位置重要（通向欧盟和中东欧国家的门户），且双方海运合作规模巨大（目前一半以上的中国进口原油和其他进口原材料通过希腊货船运输），希腊的参与对海上新丝绸之路建设尤其是从海洋方向贯通中国与欧盟的贸易通道意义重大。[40]

3. 2014年8—11月是动员的深化巩固期。8月21—22日，习近平主席对蒙古国进行国事访问，建议同蒙方一道促进亚欧跨境铁路运输，共同建设丝绸之路经济带，得到了积极回应。[41]8月26日，商务部部长高虎城在中国—东盟经贸部长会议上介绍了21世纪海上丝绸之路倡议，并得到了与会东盟成员国经贸部长们的广泛理解、支持和积极响应。[42]9月11—19日，习近平主席应邀赴杜尚别出席上合组织成员国元首理事会第十四次会议，并对塔吉克斯坦、马尔代夫、斯里兰卡、印度进行国事访问。9月11日，中蒙俄举行首次三国元首会晤，进一步建议把丝绸之路经济带同俄罗斯跨欧亚大铁路、蒙古国草原之路倡议进行对接，打造中蒙俄经济走廊。[43]上合组织峰会期间，习近平重点介绍建设丝绸之路经济带的共赢规划和务实举措，首次提出将在本地区合作建设三大走廊，即中国—中亚—西亚经济走廊、新亚欧大陆桥经济走廊、中蒙俄经济走廊，重点加强基础设施互联互通、能源、金融、民生等领域互利合作。[44]9月13日，习近平与塔吉克斯坦总统拉赫蒙会谈，塔方表示希望积极参与丝绸之路经济带建设，发挥两国互补优势，推动电力、矿产、交通基础设施、跨境运输等领域务实合作。[45]两国领导人不仅将共建丝绸之路经济带写入《联合宣言》，还宣布了中塔电力和中国—中亚天然气管道D线塔吉克斯坦境内段的正式开工。[46]9月15日，习近平主席访问马尔代夫，马方表示欢迎并愿积极参与中方提出的构建21世纪海上丝绸之路倡议。[47]9月16日，中国与斯里兰卡就共建21世纪海上丝绸之路进一步达成共识，双方同意加强在港口建设运营、临港工业园开发建设、海洋经济、海上安全等领域合作，加快中斯自由贸易区谈判。[48]根据两国达成的行动计划，双方将加强对马加普拉/汉班托塔港项目的投资,推进科伦坡港口城的建设。[49]9 月 18 日,习近平主席在新德里阐述了新时期中国对印度和南亚的政策以及加强同南亚国家合作的重大举措,表达了中国希望以"一带一路"为双翼,与南亚国家一道实现腾飞。[50]通过此次集中出访,中国的周边合作布局进一步完善,"一带一路"得到了更为广泛的正面响应。

2014 年 10 月 10 日,第三轮中德政府磋商在柏林召开。李克强总理提出以建设"丝绸之路经济带"为契机,加强基础设施建设合作,充分挖掘中欧国际货运班列潜力,拓宽陆上贸易走廊。[51]根据《中德合作行动纲要》,"德方欢迎拓展中国与欧洲之间陆路贸易通道及'丝绸之路经济带'倡议"[52]。这是迄今为止德国对中国"丝绸之路经济带"倡议最为明确的支持性表态。10 月 28 日,习近平主席在北京会见阿富汗新当选总统加尼,阿方表示,"作为古丝绸之路的历史传统过境路线,阿富汗愿与中方密切合作,共同推进丝绸之路经济带建设"[53]。10 月 31 日,李克强总理在阿富汗问题伊斯坦布尔进程第四次外长会开幕式上进一步表示:"中方欢迎阿方充分发挥地缘和资源优势,积极参与中方提出的丝绸之路经济带倡议,中方有关部门将派出工作组,同阿方就具体合作项目进行深入磋商。"[54]11 月 3 日,中国与卡塔尔宣布建立战略伙伴关系,"双方强调共同建设'丝绸之路经济带'和'21 世纪海上丝绸之路'"[55]。由于卡塔尔即将担任海合会轮值主席国,两国关系的深化有助于进一步推动中国—海合会自贸区谈判,而卡塔尔的支持也使"一带一路"倡议获得了更广泛的实施基础。

11 月 8 日,由中方发起的加强互联互通伙伴关系对话会在北京举行,来自孟加拉国、老挝、蒙古国、缅甸、塔吉克斯坦、柬埔寨、巴基斯坦、联合国亚太经社会、上海合作组织等国家和国际组织的领导人共同与会。这是继 11 月 4 日中央财经领导小组第八次会议讨论推进"一带一路"建设后,中方首次主动主持召开以"互联互通"和"一带一路"为主题的多边国际会议。在对话会上,习近平主席对新时期深化"一带一路"合作提出了系统的论述。即以亚洲国家为重点方向,以经济走廊为依托,以交通基础设施为突破,以建设融资平台为抓手,以人文交流为纽带,加强"一带一路”务实合作，深化亚洲国家互联互通伙伴关系，共建亚洲发展和命运共同体。[56]根据会后发布的《联合新闻公报》，中方的这一建议得到了与会各国的积极支持。[57]

2014年11月5—11日，亚太经济合作组织（以下简称APEC）系列会议在北京召开，这是继5月“亚信会议”之后，2014年中国最重要的“主场外交”，也将“一带一路”外交动员推向高潮。在此期间，中国领导人不仅向与会代表阐述了中方的战略构想，还分别向印度尼西亚、泰国、新加坡、马来西亚、文莱等国发出邀请，获得了各方的肯定回应。[58]

2014年11月17日，习近平主席在澳大利亚国会大厦发表演讲时提出，“大洋洲地区是古代海上丝绸之路的自然延伸，中方对澳大利亚参与21世纪海上丝绸之路建设持开放态度”[59]。这是中国首次将海上丝绸之路延伸至大洋洲和南太平洋地区，从而进一步扩大了“一带一路”的覆盖范围。11月20日，习近平主席在新西兰也提出了类似的倡议。[60]11月22日，习近平主席与斐济、密克罗尼西亚联邦、萨摩亚、巴布亚新几内亚、瓦努阿图、库克群岛、汤加、纽埃等太平洋岛国领导人举行集体会晤，并欢迎各岛国共同建设21世纪海上丝绸之路。[61]以此为时间节点，中国为期一年来的“一带一路”外交动员和政策沟通大致告一段落，而上述国家和地区也基本反映了“一带一路”的主要覆盖范围。若从具体的动员策略来看，“一带一路”倡议提出一年来中国政府所采取的一系列外交动员举措具有以下三方面的特点：

首先，依托中国与沿线国家和地区之间既有的双多边合作机制。事实上，早在“一带一路”倡议最初提出时，中国领导人所依托的场合即是目前中国所参与的两大最重要的周边和区域合作机制——上海合作组织和中国—东盟（10+1）。此后，除了各类双边性会晤之外，中国还先后通过中国—海合会战略对话（2014年1月）、博鳌亚洲论坛（2014年4月）、亚洲相互协作与信任措施会议（2014年5月）、亚洲合作对话（2014年5月）、中阿合作论坛部长级会议（2014年6月）、中国—中东欧国家协调员会议（2014年5月）和经贸促进部长级会议（2014年6月）、中国—东盟经贸部长会议(2014 年 8 月)、上合组织峰会(2014 年 9 月)、亚欧首脑会议(2014 年 10 月)、阿富汗问题伊斯坦布尔进程第四次外长会(2014 年 10 月)、APEC 会议(2014 年 11 月)等一系列多边机制进行政策阐释和倡议动员。由此可见,尽管“一带一路”具有深刻变革当代国际政治经济体系的长远潜力,但中国的实施方式却并非“另起炉灶”。通过对现存合作机制平台的激活、利用和整合,有助于中国尽可能减少其他国家的疑虑,从而有效降低沟通、动员的政治和制度成本。商务部部长高虎城在谈论海上丝绸之路的合作原则时强调,“不损害地区现有合作机制,不再建立新的地区合作组织或机制”[62]。显然,这也适用于中国在推进丝绸之路经济带建设中的合作取向。

其次,寻求“一带一路”与沿线国家和地区自身发展战略的对接。例如,2014 年 3 月底,习近平主席在出访欧盟总部时达成的中欧联合声明指出:“中欧加强交通运输关系潜力巨大,双方决定共同挖掘中国丝绸之路经济带倡议与欧盟政策的契合点,探讨在丝绸之路经济带沿线开展合作的共同倡议。”[63]5 月 20 日,中俄在“亚信会议”期间达成的联合声明中也提出,“双方将寻找丝绸之路经济带项目和将建立的欧亚经济联盟之间可行的契合点”[64]。5 月 26 日,外交部部长王毅在出访韩国时建议,将“一带一路”构想同韩方提出的“丝绸之路快线”构想相连接。[65]9 月中旬,除了在中蒙俄三国元首会晤中提出将丝绸之路经济带与俄罗斯跨欧亚大铁路、蒙古国草原之路倡议对接后,习近平主席又分别提出将“一带一路”与斯里兰卡打造印度洋海上航运中心以及印度的“杰出印度”战略规划相对接。[66]11 月 9 日,习近平主席在会见印度尼西亚总统佐科时指出,印方的建设海洋强国理念和中方建设 21 世纪海上丝绸之路倡议高度契合,双方可以对接发展战略。[67]事实上,正是通过将彼此的发展战略和利益关切相整合,“一带一路”倡议才有可能取得沿线国家和地区的理解、支持与参与。

第三,遵循整体推进(面)和重点突破(点)相结合的推进节奏。具体而言,一方面,中国持续利用各种双多边场合向“一带一路”沿线国家和地区发起普遍性的倡议;另一方面,中国有意识地以战略位置重要、政治关系良好的国家为突破口进行深度的政策沟通与战略布局,包括哈萨克斯坦、俄罗斯、巴基斯坦、马来西亚、斯里兰卡、科威特和希腊。尤其值得指出的是,马来西亚、科威特和希腊分别即将或正在担任东盟、海合会、阿盟和欧盟的轮值主席国,以三国为突破口有利于从整体上把握中国与四个重要地区组织之间的合作方向,是中国推动"一带一路"建设上的重要战略布局。同时,鉴于中东欧国家在连接中国与欧盟之间的枢纽作用,未来中国的丝绸之路经济带建设必然将持续加大对中东欧国家的战略投入。在东海和南海局势持续紧张、外部大国持续介入、中国海上实力仍然有限的背景下,马来西亚、斯里兰卡将成为中国推动海上新丝绸之路建设的优先合作伙伴。

简言之,通过持续且不断升级的外交动员,截至 2014 年 11 月的 APEC 会议,中国已经相继与"一带一路"倡议所涉及的大多数沿线国家和地区达成了程度不一的合作共识(参见表 4.2)。尽管口头或文件层面的意向支持需由具体的合作项目予以落实,但初步的政策沟通目的已经大致达成。

表 4.2　中国的"一带一路"外交动员进展一览(截至 2014 年 11 月)

时　间	场合/地点	对　象	中方倡议		对方响应
			"一带"	"一路"	
2014.1.9	阿斯塔纳	哈萨克斯坦	✓		✓
2014.1.17	中国—海合会战略对话	海合会	✓	✓	✓
2014.2.6	索契冬奥会	俄罗斯	✓	✓	✓
2014.2.11	新德里	印　度	✓		✓
2014.2.11	北　京	斯里兰卡		✓	✓
2014.2.19	北　京	巴基斯坦	✓	✓	✓
2014.2.23	巴格达	伊拉克	✓	✓	✓
2014.3.16	北　京	沙　特	✓	✓	✓
2014.3.28	柏　林	德　国	✓		
2014.4.1	布鲁塞尔	欧　盟	✓		✓
2014.4.8	北　京	缅　甸		✓	
2014.4.14	北　京	东帝汶		✓	✓
2014.5.12	北　京	土库曼斯坦	✓		✓

续表

时　间	场合/地点	对　象	中方倡议		对方响应
			“一带”	“一路”	
2014.5.18—22	亚信会议	柬埔寨	√	√	
		吉尔吉斯斯坦	√		√
		阿富汗	√		
		蒙　古	√		
		哈萨克斯坦	√		√
		阿塞拜疆	√		√
		乌兹别克斯坦	√		√
		俄罗斯	√		√
		巴基斯坦	√	√	√
		斯里兰卡		√	√
		伊　朗	√	√	
2014.5.26	首　尔	韩　国	√	√	
2014.5.30	北　京	马来西亚	√	√	√
2014.6.5	中阿合作论坛部长会议	阿拉伯国家	√	√	√
		科威特	√	√	√
		埃　及	√	√	√
2014.6.8—9	中国—中东欧国家部长会议	中东欧16国	√	√	√
2014.6.10	北　京	孟加拉国	√	√	√
2014.6.19	雅　典	希　腊		√	√
2014.6.27	北　京	缅　甸		√	
2014.8.21	乌兰巴托	蒙　古	√		√
2014.8.26	中国—东盟经贸部长会议	东盟10国		√	√
2014.9.11	中蒙俄三国元首会晤	蒙古、俄罗斯	√		√
2014.9.13	杜尚别	塔吉克斯坦	√		√
2014.9.15	马　累	马尔代夫		√	√
2014.9.16	科伦坡	斯里兰卡		√	√
2014.9.18	新德里	印　度	√	√	√
2014.10.10	柏　林	德　国	√		√
2014.10.28	北　京	阿富汗	√		√
2014.11.4	北　京	卡塔尔	√	√	√
2014.11.8	加强互联互通伙伴关系对话会	孟加拉国、老挝、蒙古、缅甸、塔吉克斯坦、柬埔寨、巴基斯坦	√	√	√
2014.11.9—10	APEC会议	印度尼西亚		√	√
		泰　国	√	√	√
		新加坡	√	√	√
		马来西亚		√	√
		文　莱	√	√	√
2014.11.17	堪培拉	澳大利亚		√	√
2014.11.20	惠灵顿	新西兰		√	√
2014.11.22	斐　济	南太平洋8个岛国		√	√

资料来源：笔者根据公开资料整理。

二、“一带一路”上的金融合作

金融合作不仅是新丝绸之路上“贸易畅通”和“道路畅通”得以实现的重要支撑，也是推进未来“一带一路”建设中的核心内容。对于中国而言，新丝绸之路金融合作面临着两个最基本的重要背景，即人民币国际化的加速推进和巨额外汇(美元)储备的不断增长。这就决定了中国与“一带一路”沿线国家和地区的金融合作主要从人民币国际化和美元储备两个方面共同展开。即一方面是中国以人民币国际化为目标所开展的货币互换和人民币跨境结算，另一方面则是中国依托巨额美元资产所提供的以开发性金融为核心的一系列融资支持举措和倡议。

(一) 货币互换与人民币结算

通常而言，货币国际化可以分为三个层次：第一层次是本币在一般国际经济交易中被广泛地用来计价结算；第二层次是本币在外汇市场上被广泛用作交易货币；第三层次是成为各国外汇储备中的主要货币之一。在人民币资本项目尚未实现自由兑换的前提下，自 2008 年年底以来，中国的人民币国际化进程主要沿着两条相互交织的主线展开。一是中国人民银行与其他国家(地区)中央银行或货币当局之间的双边货币互换。二是人民币跨境结算的全面开展以及相应的清算网络和离岸市场建设。从目前来看，两者所重点面向和突破的对象正是“一带一路”沿线国家和地区。

货币互换，又称“货币掉期”，是指持有不同币种的两个交易主体，约定稳定的汇率、利率计算方法，设置确定的规模和存续期互相交换等值的货币，在期满后再换回各自本金并相互支付相应利息的市场交易行为。按照参与主体不同，货币互换既可以在商业机构间进行，也可以在中央银行间进行。1962 年，美联储与法国央行签署了首个中央银行之间的双边货币互换协议，而布雷顿森林体系崩溃后，美联储又凭借货币互换资金购入其他国家的中央银行所持有的美元，以维护美元的国际信用和币值稳定。为了相互加强流动性供给，自 2008 年国际金融危机爆发后，在全球范围内形成了四个相互重叠的货币互换网络，包括美联储网络、欧元网络、瑞士法郎网络与亚洲和拉美网络。[68]

中国对外签署中央银行间的货币互换协议，大致可以分为两个阶段。第一阶段是从 2001 年起至 2008 年底，为了完善区域金融风险预警机制和流动性支持措施，中国在《清迈倡议》框架下分别与日本、韩国、泰国、菲律宾、马来西亚和印度尼西亚签订了六份总额达 235 亿美元的双边货币互换协议，承诺出资 165 亿美元。此后，中国与东盟国家在“10＋3”合作框架下，继续推进清迈倡议多边化，共同参与设立总规模为 2 400 亿美元的亚洲区域外汇储备库。第二阶段是自 2008 年底至今，伴随着人民币国际化进程的开启，中国在更大范围内与更广泛的国家和地区签订双边货币互换协议，互换对象从周边的东盟和日韩，逐步扩大到中亚、南亚、中东、欧洲乃至拉美，总体上以“一带一路”沿线国家和地区为主。

然而，不同于发达经济体间签订的旨在应对金融危机的货币互换协议，2008 年底以来中国新一轮的货币互换举措尽管也包括了维护区域金融稳定的考量，但更为主要的目的是促进中国与对象国的双边贸易和投资便利化，助推人民币国际化。在人民币国际化启动初时，由于境外人民币存量有限，境外企业与居民获取人民币比较困难。通过货币互换，外国货币当局在获得人民币后，能够向本国商业银行和企业提供人民币融资，以支付从中国进口商品或对中国进行人民币直接投资。同样，该国家（地区）也可以在向中国出口商品时直接收取人民币或接受来自中国的人民币直接投资。由此，有助于中国与互换协议签署国规避汇率风险、降低汇兑费用，促进双方的贸易与投资增长。

根据中国人民银行的统计，截至 2014 年 11 月 3 日，我国已累计与 27 个国家/地区的中央银行或货币当局签订了总规模将近 2.9 万亿元的双边本币互换协议。[69]自“一带一路”倡议提出以来，中国人民银行先后与匈牙利银行、阿尔巴尼亚银行、欧洲中央银行、瑞士国家银行、斯里兰卡中央银行、俄罗斯联邦中央银行、卡塔尔中央银行等 7 家境外货币当局签署了双边本币互换协议，新签署协议总规模为7 070亿元人民币；与冰岛、印度尼西亚货币当局续签双边本币互换协议，总规模为1 035亿元人民币（参见表4.3）。

表4.3　中国与其他国家/地区货币当局本币互换情况一览表（截至2014年11月）

	国家/地区	签署时间	互换规模	有效期
1	韩国中央银行	2008.12.12	1 800亿元人民币/38万亿韩元	3年
2	香港金融管理局	2009.1.20	2 000亿元人民币/2 270亿港币	3年
3	马来西亚国民银行	2009.2.8	800亿元人民币/400亿林吉特	3年
4	白俄罗斯国家银行	2009.3.11	200亿元人民币/8万亿白俄罗斯卢布	3年
5	印度尼西亚银行	2009.3.23	1 000亿元人民币/175万亿印尼卢比	3年
6	阿根廷中央银行	2009.4.2	700亿元人民币/380亿阿根廷比索	3年
7	冰岛中央银行	2010.6.9	35亿元人民币/660亿冰岛克朗	3年
8	新加坡金融管理局	2010.7.23	1 500亿元人民币/300亿新加坡元	3年
9	新西兰储备银行	2011.4.18	250亿元人民币/50亿新西兰元	3年
10	乌兹别克斯坦央行	2011.4.19	7亿元人民币/1 670亿乌兹别克斯坦苏姆	3年
11	蒙古国中央银行	2011.5.6	50亿元人民币/10万亿图格里特	3年
12	哈萨克斯坦国家银行	2011.6.13	70亿元人民币/1 500亿坚戈	3年
13	韩国中央银行	2011.10.26	续签并扩大至3 600亿元人民币/64万亿韩元	3年
14	香港金融监管局	2011.11.22	续签并扩大至4 000亿元人民币/4 900亿港币	3年
15	泰国银行	2011.12.22	700亿元人民币/3 200亿泰铢	3年
16	巴基斯坦国家银行	2011.12.23	100亿元人民币/1 400亿卢比	3年
17	阿联酋中央银行	2012.1.17	350亿元人民币/200亿迪拉姆	3年
18	马来西亚国家银行	2012.2.8	续签并扩大至1 800亿元人民币/900亿林吉特	3年
19	土耳其中央银行	2012.2.21	100亿元人民币/30亿土耳其里拉	3年
20	蒙古银行	2012.3.20	补充协议扩大至100亿元人民币/2万亿图格里特	3年
21	澳大利亚储备银行	2012.3.2	2 000亿元人民币/300亿澳大利亚元	3年
22	乌克兰国家银行	2012.6.26	150亿元人民币/190亿格里夫纳	3年
23	新加坡金融管理局	2013.3.7	续签并扩大至3 000亿元人民币/600亿新加坡元	3年
24	巴西中央银行	2013.3.26	1 900亿元人民币/600亿巴西雷亚尔	3年
25	英格兰银行	2013.6.22	2 000亿元人民币/200亿英镑	3年
26	匈牙利中央银行	2013.9.9	100亿元人民币/3 750亿匈牙利福林	3年
27	冰岛中央银行	2013.9.11	续签35亿元人民币/660亿冰岛克朗	3年

续表

	国家/地区	签署时间	互换规模	有效期
28	阿尔巴尼亚中央银行	2013.9.12	20 亿元人民币/358 亿阿尔巴尼亚列克	3 年
29	印度尼西亚银行	2013.10.1	续签 1 000 亿元人民币/175 万亿印尼卢比	3 年
30	欧洲中央银行	2013.10.8	3 500 亿元人民币/450 亿欧元	3 年
31	瑞士国家银行	2014.7.21	1 500 亿元人民币/210 亿瑞士法郎	3 年
32	斯里兰卡中央银行	2014.9.16	100 亿元人民币/2 250 亿卢比	3 年
33	俄罗斯联邦中央银行	2014.10.13	1 500 亿元人民币/8 150 亿卢布	3 年
34	卡塔尔中央银行	2014.11.3	350 亿元人民币/208 亿里亚尔	3 年

资料来源：笔者根据中国人民银行历年《中国货币政策大事记》整理。

在中国人民银行与以“一带一路”沿线国家和地区为主体的货币当局开展大规模货币互换的同时，2009 年起，跨境贸易人民币结算逐渐试点并全面铺开，这对于促进“一带一路”上的货币流通具有关键意义。跨境贸易人民币结算是指将人民币直接用于国际交易，进出口均以人民币计价和结算，居民可向非居民支付人民币，并允许非居民持有人民币存款账户。事实上，自 1993 年中越两国央行签署《中越关于结算与合作协定》至 2008 年，中国人民银行先后与越南、蒙古、老挝、尼泊尔、俄罗斯、吉尔吉斯斯坦、朝鲜、哈萨克斯坦 8 个周边接壤国家的中央银行签订了双边边贸本币结算协定，允许在我国与周边国家的边境贸易结算中使用双方本币或人民币进行结算。2009 年 4 月 8 日，国务院决定在上海、广州、深圳、珠海、东莞五地率先试点跨境贸易人民币结算工作，境外地域范围暂定为港澳地区和东盟国家。2009 年 7 月 2 日，中国人民银行、财政部、商务部、海关总署、税务总局、中国银监会等共同制定的《跨境贸易人民币结算试点管理办法》正式发布，试点工作正式展开。在资本账户尚未完全开放的背景下，跨境人民币贸易结算试点是中国推动人民币国际化的“探路”之举，对于人民币发挥结算货币功能具有重要意义。2011 年 8 月 23 日，中国人民银行等六部委联合发出《关于扩大跨境贸易人民币结算地区的通知》，明确了全国各省市自治区的企业均可开展出口货物贸易人民币结算。至此，跨境贸易人民币结算境内地域范围扩大到全国，境外地域范围为所有国家和地区。

根据央行的统计，2009 年跨境贸易人民币结算刚试点之时，我国货物贸易的结算量只有 32 亿元。到 2014 年前三季度，跨境人民币结算金额已超过 4.8 万亿元，人民币已成为我国国际收支中第二大跨境支付货币，占全部跨境收支的比重已接近 25%，货物贸易进出口的人民币结算比例则超过 15%，与我国发生跨境人民币收付的国家达到 174 个[70]（参见图 4.1）。除了贸易之外，跨境人民币直接投资结算方面同样取得了重要进展，2013 年全年银行累计办理人民币跨境直接投资结算业务 5 337.4 亿元，其中，对外直接投资结算金额 856.1 亿元，外商直接投资结算金额 4 481.3亿元。[71]2014 年前三季度，银行累计办理人民币跨境直接投资结算金额 7 208.4 亿元，其中，人民币对外直接投资结算金额为 1 337 亿元，外商直接投资结算金额为 5 871.4 亿元。[72]

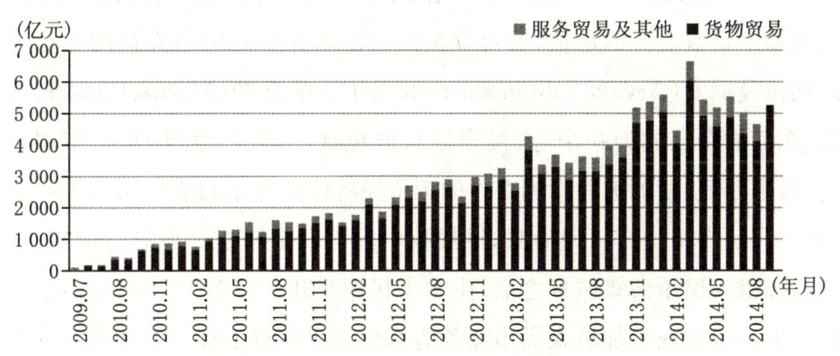

图 4.1　2009 年至 2014 年第三季度人民币跨境结算量统计

资料来源：中国人民银行货币政策分析小组：《2014 年第三季度中国货币政策执行报告》，2014 年 11 月 6 日，第 11 页。

随着人民币跨境结算的全面开展，人民币的国际影响力不断增强。根据总部设在比利时的环球银行金融电信协会（SWIFT）统计，2014 年 8 月人民币在全球支付清算的使用份额提升至 1.64%，成为全球第七大支付货币；在国际信用证和托收交易等贸易融资活动中的使用份额位列全球第二。国际清算银行的统计显示,人民币已经是全球第九大外汇交易货币。英国、尼日利亚、泰国、南非、白俄罗斯、印度尼西亚等国已明确表示将人民币纳入外汇储备,人民币已成为全球第七大储备货币。[73]

随着"一带一路"战略的提出,中国进一步加强了重点面向沿线国家和地区的金融合作力度。根据不同地区的实际情况,中国的推进方式又表现出不同的侧重。

首先,针对东盟和欧盟这两个"一带一路"沿线最重要的贸易伙伴,中国在进一步加强双边本币互换、本币结算的同时,重在推进人民币跨境清算网络和离岸中心建设。

就东盟而言,自 2009 年以来,中国分别与马来西亚、新加坡、泰国、印度尼西亚签署或续签了规模达 6 500 亿元人民币的互换协议,而人民币也先后与马来西亚林吉特、泰国泰铢、新加坡元实现了直接交易。在人民币跨境结算方面,从 2009 年至 2013 年 6 月,中国与东盟的结算量达到 11 200多亿元人民币。[74]正是基于人民币在中国与包括东盟在内的东亚国家贸易中日益提升的地位,彼得森国际经济研究所高级研究员阿文德·萨勃拉曼尼安(Arvind Subramanian)和马丁·凯斯勒(Martin Kessler)指出,东亚如今已成为一个"人民币区",即包括韩国、印度尼西亚、中国台湾、马来西亚、新加坡和泰国在内的 7 个经济体的货币与人民币的关联度超过美元。[75]2013 年 2 月 8 日,继授权中国工商银行新加坡分行向越南、老挝提供人民币清算服务之后,中国人民银行进一步授权中国工商银行新加坡分行担任新加坡人民币业务清算行。此举对于打造新加坡成为东盟地区的人民币离岸中心具有重要意义。根据央行的统计,2013 年,中国与新加坡企业间全年跨境人民币实际收付总额 6 081.5 亿元,占同期跨境人民币实际收付总额的 9.8%,仅次于中国香港。其中,货物贸易人民币结算金额 2 759.4 亿元,约占同期中国与新加坡货物贸易总额的 59.6%。[76]2013 年 10 月 9 日,李克强总理在第 16 次中国—东盟(10+1)领导人会议上进一步建议,"扩大双边本币互换的规模和范围,扩大跨境贸易本币结算试点,以降低区内贸易和投资的汇率风险和结算成本"[77]。

10月11日，李克强总理在访问泰国期间表示，“中方愿积极考虑在泰设立人民币清算银行，鼓励两国企业更多使用本币进行双边贸易结算”[78]。10月15日，中越联合声明中提出，“在2003年两国央行签署边境贸易双边本币结算协定基础上，继续探讨扩大本币结算范围，促进双边贸易和投资”[79]。进入2014年以后，人民币在东盟的跨境结算量进一步上升。1—8月，中国与东盟10国的跨境人民币结算量约占全部人民币跨境结算量的13%。[80]同期，新加坡人民币清算总额已达到21万亿元人民币。经中国人民银行授权，自2014年10月28日起，人民币实现与新加坡元的直接交易，新加坡元成为2014年以来第三个实现与人民币直接交易的货币。11月10日，中国人民银行与马来西亚国家银行签署了在吉隆坡建立人民币清算安排的合作备忘录，为吉隆坡人民币业务清算行的运作奠定了基础。[81]

中欧之间的金融合作起步虽晚，进展却极其迅速。继2013年相继实现中国人民银行与英格兰银行、欧洲中央银行货币互换后，通过2014年上半年中国领导人的两次欧洲之行，欧洲的人民币清算网络布局全面展开。3月26日，根据习近平主席访问法国期间达成的中法联合声明，中方分配给法国800亿元人民币合格境外机构投资者(RQFII)额度，并欢迎双方银行与企业发展巴黎人民币离岸业务的努力和金融管理部门的合作，使巴黎金融市场成为中国对欧元区投资和欧洲对华投资的重要交易地。[82]3月28日，习近平主席访问德国期间，中国人民银行与德意志联邦银行签署了在法兰克福建立人民币清算和结算安排的合作备忘录。[83]作为欧洲重要的金融中心，法兰克福同时也是欧洲央行和德国央行所在地。6月19日，中国人民银行正式授权中国银行法兰克福分行担任法兰克福人民币业务清算行。[84]2014年6月中旬李克强总理访问英国期间，中英金融合作实现两大突破，一是继人民币对美元、澳元、新西兰元、日元、俄罗斯卢布和马来西亚林吉特等开展直接交易后，启动人民币与英镑直接交易。6月18日，经中国人民银行授权，中国外汇交易中心宣布在银行间外汇市场开展人民币对英镑直接交易。[85]二是指定中国建设银行作为亚洲以外首家人民币清算行在伦敦开展业务。此举有利于中英两国企业和金融机构使用人民币进行跨境交易，减少双方交易成本和汇率风险，进一步促进贸易、投资自由化和便利化，促进人民币在国际贸易和投资体系中发挥更大作用。据环球同业银行金融电讯协会(SWIFT)的统计，截至2013年10月，伦敦已超越新加坡成为仅次于香港和台湾的第三大境外人民币离岸市场，在未来建设成为欧洲人民币离岸中心的竞争中赢得了先机。[86]6月28日，中国人民银行分别与法兰西银行和卢森堡中央银行签署了在巴黎和卢森堡建立人民币清算安排的合作备忘录。[87]9月5日，中国人民银行分别授权中国银行和中国工商银行担任巴黎和卢森堡人民币业务清算行。[88]至此，伦敦、法兰克福、巴黎和卢森堡四地都有中国人民银行授权的人民币业务清算行。可以说，在2014年中国领导人两次欧洲之行的推动下，人民币国际化已经突破周边和亚洲范围，顺利延伸到了新丝绸之路西端的德英法这三个欧盟最核心的国家。同时，鉴于卢森堡是欧洲最大的债券市场、国际清算银行的总部、欧洲投资银行总部、欧洲货币基金组织总部，卢森堡清算行的建立同样具有十分重要的战略价值和象征意义。9月29日，继中英实现本币直接交易后，人民币与欧元实现直接交易，使中欧金融合作迈上新台阶。[89]10月14日，英国政府宣布已成功发行首只规模达30亿元人民币的主权债券，这是目前首只由西方国家发行的人民币主权债券，也是全球非中国发行的最大一笔人民币债券。[90]

其次，针对上合组织成员国，中国主要致力于继续推动双边本币互换，并以俄罗斯为突破口加强成员国之间的本币结算。早在2008年以前，中国即已与俄、吉、哈三国先后签署边境贸易本币结算协议，并在2011年分别与乌、哈签署了双边本币互换协议。但总体而言，受到成员国经济实力和贸易规模的限制，上合组织框架内的人民币结算进展远落后于中国与东盟。为了进一步推动成员国间的本币结算，2011年6月23日，中国人民银行与俄罗斯联邦中央银行签订新的双边本币结算协定，规定两国经济活动主体可自行决定用自由兑换货币、人民币和卢布进行商品和服务的结算与支付，中俄本币结算从边境贸易扩大到一般贸易，并扩大地域范围。2013 年 9 月，习近平主席在提出“丝绸之路经济带”倡议时表示，应推广中国和俄罗斯等国在本币结算方面的丰富经验，促进各国在经常项下和资本项下的本币兑换和结算，从而降低流通成本，增强抵御金融风险能力。[91] 11 月 29 日，李克强在出席上合组织成员国总理第十二次会议时进一步重申，“加快实现成员国之间的本币结算”[92]。2014 年 5 月“亚信会议”期间，俄罗斯第二大银行 VTB 与中国银行签署了直接使用人民币和卢布结算的合作协议，避免在投资银行、银行间贷款、贸易融资、资本市场交易方面使用美元。[93] 同时，中俄双方在共同发表的《联合声明》中提出，推进财经领域紧密协作，包括在中俄贸易、投资和借贷中扩大中俄本币直接结算规模。[94] 2014 年 10 月 13 日，中国人民银行与俄罗斯联邦中央银行签署了规模为 1 500 亿元人民币/8 150 亿卢布的双边本币互换协议，这是中俄之间首次签署货币互换协议。[95]

第三，针对中东和中东欧国家，中国促进货币流通的重点在于继续加强货币互换和本币结算的沟通。在中东方向，2012 年初，中国与阿联酋达成了规模为 350 亿元人民币/200 亿迪拉姆的双边本币互换协议，并提出“努力实现两国本币作为双边贸易结算货币”[96]。同期，卡塔尔也提出最好在贸易结算上实行本币结算，而且提出了具体比例。[97] 2014 年 11 月 3 日，中国人民银行与卡塔尔中央银行签署规模为 350 亿元人民币/208 亿里亚尔的双边本币互换协议。双方还于当天签署了在多哈建立人民币清算安排的合作备忘录，并同意将人民币合格境外机构投资者（RQFII）试点地区扩大到卡塔尔，初期投资额度为 300 亿元人民币。[98] 11 月 4 日，中国人民银行宣布授权中国工商银行多哈分行担任多哈人民币业务清算行，工行也成为中东首家人民币清算行。[99] 在中东欧方向，2013 年 11 月，李克强总理在第三届中国—中东欧国家经贸论坛上重申，“中方愿与更多中东欧国家签署本币互换和本币结算协议”[100]。在同期发布的《中国—中东欧国家合作布加勒斯特纲要》也提出，“支持中国人民银行与中东欧国家央行根据各自实际需要签署本币互换协议，推动本币结算成为促进贸易与投资的方式之一”[101]。

简言之，自2008年底以来，以货币互换和人民币跨境结算为主线的人民币国际化进程正在“一带一路”沿线全面展开。尽管距离真正意义上的人民币国际化尚有相当的差距，但货币互换版图的拓展、人民币跨境使用规模的稳步增长以及人民币跨境清算网络和离岸中心向亚洲以外延伸，皆有力地促进了中国与“一带一路”沿线地区的贸易和投资便利化。根据不同的对象，中国又进一步采取了不同的推进策略。可以预见，未来“一带一路”上的货币流通将形成以东盟和欧盟为核心，多点开花、全面扩展的局面。

（二）融资支持与开发性金融

《中共中央关于全面深化改革若干重大问题的决定》中提出：“建立开发性金融机构，加快同周边国家和区域基础设施互联互通建设，推进丝绸之路经济带、海上丝绸之路建设，形成全方位开放新格局。”[102]这是中央重要文件首次明确提出“开发性金融”的概念，并将之与“一带一路”建设相结合。开发性金融是以服务国家发展战略为宗旨，以中长期投融资为手段，把国家信用和市场化运作相结合的一种金融形式。[103]长期以来，以国家开发银行为代表的国有政策性银行不仅在国内“两基一支”（基础设施、基础产业、支柱产业）建设中发挥了关键作用，还通过“贷款换资源”“工程＋金融”“资源—信贷—基础设施”等特色业务为能源、资源、基建等国家重大对外合作项目提供了融资信贷支持。

目前，除欧盟以外，新丝绸之路沿线地区大多是资源能源丰富、基建需求旺盛的发展中国家，而中国则是目前全球外汇储备最多的国家，有能力为沿线国家提供必要的融资支持。在建设“一带一路”的进程中，中国正在各种合作框架内通过成立银行间联合体、提供专项信贷、设立投资合作基金、筹建开发性金融机构等形式大力推进中国与沿线国家的金融合作，其核心即在于实现中国巨额美元储备对沿线国家能源、资源、基础设施项目的融资支持。

1. 亚洲基础设施投资银行与丝路基金

基础设施条件的改善是贸易增长的前提。经济合作与发展组织(OECD)的研究表明，随着全球贸易的激增，到2030年，全球航空客运量将增长1倍，航空货运量增长2倍，港口集装箱吞吐量增长3倍，但目前的运输基础设施仅可以满足全球运输增长不足一半的需求。同时，2030年之前全球将至少需要约53万亿美元投资，相当于每年投入全球GDP的2.5%，其中的11万亿美元需要投入机场、港口、油气管道以及铁路建设，以提升运输能力。[104]就亚洲而言，根据亚洲开发银行的估计，2010—2020年，亚洲国家的基础设施投资总体需求约为8.22万亿美元，其中新增能力占68%，维护和更换现有基础设施占32%，年均基础设施投资需求超过8 000亿美元。按部门来看，电力的资金需求约占总需求的49%，交通（公路、铁路、机场、港口）占35%（公路占总需求的31%），电信占13%，供水和环卫设施则占3%。按国别和地区来看，90%以上需求来自东亚（中国）、东南亚和南亚（印度）国家[105]（参见表4.4）。

表4.4 按部门和地区统计的2010—2020年亚洲基础设施投资总需求

单位：亿美元（2008年）

部门	东亚和东南亚	南亚	中亚	太平洋岛国	合计
电力	31 825	6 537	1 672	—	40 033
电信	5 248	4 357	786	11	10 401
交通	15 936	11 961	1 045	44	28 989
机场	577	51	14	1	643
港口	2 152	361	54	—	2 567
铁路	161	128	60	0	350
公路	13 048	11 422	917	43	25 430
供水和环卫设施	1 713	851	234	5	2 802
合计	54 723	23 705	3 737	60	82 225

资料来源：Biswa N. Bhattacharyay, “Estimating Demand for Infrastructure, 2010—2020”, in Biswa N.Bhattacharyay, Masahiro Kawai and Rajat Nag, eds., *Infrastructure for Asian Connectivity* (Cheltenham, UK: Edward Elgar Publishing, 2012), p.35.

然而众所周知，基础设施建设项目普遍具有资金需求量大、投资风险高、时间周期长、流动性差的特点，融资困难是基建项目面临的最大困难之一。相较于掌握巨额石油美元资产的中东产油国而言，大多数亚洲发展中国家仍然存在着巨大的基础设施建设融资缺口。由于种种原因，区域基础设施投资、融资历来存在着诸多挑战。即便是在资金相对充裕的欧盟，跨国项目的开发和融资也是一个缓慢复杂的过程。从理论上讲，解决亚洲基础设施融资缺口的来源主要包括政府预算、商业银行信贷、债券市场、多边性开发银行、主权财富基金、伊斯兰金融和公私合作伙伴关系(PPP)等。[106]一般认为，亚洲国家和区域基础设施的巨大需求可以通过本地区的巨额国内储蓄和庞大外汇储备轻松解决融资问题，但实际情况远非如此简单。亚洲开发银行的研究表明，在亚洲(和大多数其他地区)的发展中国家，90%以上的国内投资都是通过国内金融市场或以本地税收为来源的政府预算筹集资金，外国直接投资、投资组合流和银行债务等国外资本流在融资总额中所占比例很小(或者最低)。[107]

为了加强开发性金融对"一带一路"互联互通支持力度，2013 年 10 月初，习近平主席和李克强总理在出访东南亚时先后提出了筹建亚洲基础设施投资银行(简称"亚投行")的倡议。[108] 10 月 24—25 日召开的周边外交工作座谈会进一步明确，"要不断深化区域金融合作，积极筹建亚洲基础设施投资银行"[109]。作为归口牵头单位，国家财政部成立了由前副部长金立群任组长的亚投行筹建工作组，以推进筹建工作。2014 年以来，中国逐渐加大了对共建亚投行的推进力度，与相关意向国举行了 5 次筹建亚投行多边磋商会议，就亚投行的宗旨、业务重点、资本金规模、治理结构等核心要素进行了深入探讨。[110]

10 月 24 日，中国、孟加拉国、文莱、柬埔寨、印度、哈萨克斯坦、科威特、老挝、马来西亚、蒙古国、缅甸、尼泊尔、阿曼、巴基斯坦、菲律宾、卡塔尔、新加坡、斯里兰卡、泰国、乌兹别克斯坦和越南 21 个首批意向创始成员国在北京签署《筹建亚投行备忘录》，共同决定成立亚洲基础设施投资银行。[111]由此标志着该新型多边开发机构的筹建工作进入了实质性阶段，从而为 2015 年底前正式成立奠定了基础。根据《筹建亚投行备忘录》，亚投行总部将设在北京，实行理事会、董事会和管理层的三层治理结构，法定资本为1 000亿美元（初始认缴资本目标为500亿美元左右，实缴资本则为认缴资本的20%），各意向创始成员同意将以GDP衡量的经济权重作为股份分配的基础。针对外界对中国在亚投行股份比重的担忧，财政部部长楼继伟表示，中国并不刻意寻求“一股独大”，也不一定非要占到50%，随着亚投行成员的增多，中国的占股比例会相应下降。[112]从性质上，亚投行将是一个政府间的开放性、区域性开发机构，按照多边开发银行的模式和原则运营。相较于世界银行、亚洲开发银行等侧重于减贫的多边开发机构，亚投行将重点支持亚洲地区基础设施建设。

2014年11月4日，中央财经领导小组第八次会议强调加快“一带一路”建设，在发起建立亚投行的基础上，会议还首次提出将设立丝路基金。习近平主席明确表示，亚投行的宗旨即在于为“一带一路”有关沿线国家的基础设施建设提供资金支持，而设立丝路基金则是要利用我国强大的资金实力直接支持“一带一路”建设。[113]11月8日，习近平主席在“加强互联互通伙伴关系”东道主伙伴对话会上正式宣布，中国将出资400亿美元成立丝路基金，为“一带一路”沿线国家基础设施、资源开发、产业合作和金融合作等与互联互通有关的项目提供投融资支持，并欢迎亚洲内外的投资者根据地区、行业或者项目类型积极参与设立子基金。[114]据悉，丝路基金的资金将来自中国的外汇储备、中国进出口银行、中国投资有限责任公司，以及国家开发银行，出资比例各为65%，15%，15%，5%。[115]随着亚洲基础设施投资银行和丝路基金的启动，“一带一路”沿线的基础设施建设将得到更多的融资支持。

2. 上海合作组织框架

为了加强上合组织成员国间的金融合作，尤其是强化开发性金融对本地区基础设施建设和资源能源合作，中国进行了积极的支持、协调与倡议。

首先，建立成员国国有政策性银行之间的合作机制。2005年10月，上合组织决定建立上合组织银行联合体（以下简称银联体），旨在构建适合本地区特点的多领域、多样化融资合作模式，共同为上合组织框架内的合作项目提供融资支持和金融服务。主要成员包括中国国家开发银行、哈萨克斯坦开发银行、吉尔吉斯斯坦结算储蓄银行、俄罗斯开发与外经银行、塔吉克斯坦国家储蓄银行和乌兹别克斯坦对外经济活动银行。作为银联体中资产规模最大的成员行和中国对外投融资主力银行，中国国家开发银行多年来一直在积极推动中国与欧亚地区的经济金融合作和银联体多边机制建设，开展银行间授信、货币互换、联合贷款、本币贷款等多种业务，支持了中俄石油贸易融资、中亚天然气管道、农业和中小企业等一批能源、基础设施和民生项目。据统计，截至 2013 年 9 月，中国国家开发银行在上合组织框架内开展授信和融资的额度规模已超过 500 亿美元，涉及能源、电力、交通、通讯等多个领域。[116]

其次，持续性地向成员国尤其是中亚国家提供信贷支持。2004 年和 2007 年，中国曾分别向成员国提供 9 亿美元和 12 亿美元信贷支持。2009 年 6 月，中国在上合组织成员国元首理事会第九次会议期间承诺提供 100 亿美元的信贷支持，帮助上合组织成员国应对国际金融危机。[117]作为中国政府向上合组织成员国提供“两优”的唯一承办行，中国进出口银行已全部落实 9 亿美元和 12 亿美元优惠出口买方信贷贷款，100 亿美元信贷落实工作也取得重要阶段性成果。根据进出口银行的信息，在这些贷款的支持下，一系列涉及交通、电力、通讯、水利等成员国优先发展领域的重大项目，如中吉乌公路、塔吉克斯坦南北输变电、吉尔吉斯斯坦南部电网改造等相继落实，对项目所在国完善工业体系和基础设施、优化投资环境、改善民生等具有积极意义。[118]在 2012 年 6 月的上合组织峰会上，中国政府承诺向中亚再提供 100 亿美元贷款，主要用于中亚地区铁路、公路、光缆、石油天然气管道等基础设施建设。[119] 2014 年 9 月，习近平主席在上合组织成员国元首理事会第十四次会议上宣布，中方决定向上合组织成员国提供 50 亿美元贷款用于合作项目融资。[120]

第三，积极促成中国与成员国之间的“贷款换石油”合作。自全球金融危机发生以来，凭借自身巨额的外汇储备，中国已与多个国家签订了一系列“贷款换石油”协议。仅在 2009 年和 2010 年，国家开发银行即分别向巴西、厄瓜多尔、俄罗斯、土库曼斯坦和委内瑞拉五国的石油公司与政府机构提供了总额约 650 亿美元的商业贷款。[121] 2009 年 2 月,中国与俄罗斯达成 250 亿美元的长期贷款协议,以换取未来 20 年来自俄罗斯的 3 亿吨原油;2009 年 4 月,中石油与哈萨克斯坦国有油气公司签署价值 50 亿美元的贷款换石油框架协议;2009 年 6 月,国家开发银行向土库曼斯坦提供 40 亿美元贷款,用于开发储量居世界第四位的南约罗坦天然气田。这些协议的共同特点是,中国以贷款、基金等资本要素换取产油国供油合同、联合开发等资源要素。此举不仅有利于确保中国长期稳定的石油天然气供应,缓解我国的石油进口和战略储备问题,也使中国得以把部分美元资产转换成油气等资源类资产,对于推动外汇储备的多元化、抵御金融风险具有积极意义。就石油生产国而言,中国的资金有助于其应对国际金融危机的冲击,保持本国油气产业的持续投资和经济稳定发展。近年来,受到这一模式的启发,“贷款换煤炭”“贷款换石油 2.0 版”也正在中国与上合组织成员国间悄然兴起。[122] 2010 年 8 月 31 日,中俄双方签署合作协议,规定中国向俄罗斯提供 60 亿美元贷款,换取俄罗斯未来 25 年增加对华的煤炭供应,在前 5 年,中国每年将从俄罗斯进口至少 1 500 万吨煤炭,之后 20 年,进口量将增至 2 000 万吨。[123]

第四,倡议建立上合组织发展基金、开发银行与合作基金。在 2009 年 10 月的上合组织成员国总理第八次会议上,中方建议“加快建立上海合作组织专门账户,解决大项目合作融资问题”[124]。2010 年 11 月,温家宝总理在上合组织成员国第九次总理会议上建议“研究成立上海合作组织开发银行,探讨共同出资、共同受益的新方式”[125]。如果说上合组织银联体是解决区域融资问题的协商机制,那么,正在酝酿的上合组织开发银行将与亚洲开发银行、世界银行等机构类似的金融实体,成员国按一定出资比例共同筹备资金,用于支持上合框架内的多边、双边项目发展,涉及领域包括能源与资源开发、基础设施建设和民生项目等。在 2013 年 9 月 13 日的上合组织成员国元首理事会第十三次会议上,习近平主席进一步强调:“加强金融领域合作,推动建立上海合作组织开发银行,为本组织基础设施建设和经贸合作项目提供融资保障和结算平台;同时,尽快设立上海合作组织专门账户，为本组织框架内项目研究和交流培训提供资金支持"[126]。据悉，筹建中的上合组织开发银行将由所有成员国共同出资100亿美元建立，其中，中方拟出资80亿美元，剩余的20亿美元由以俄罗斯为主的其他成员国共同出资。[127]2013年11月，在上合组织成员国总理第十二次会议上，各国总理批准通过了《关于成立上合组织开发银行和发展基金(专门账户)下一步工作的决议》，要求就成立上述机制涉及的相关问题继续加紧协商，为两者的早日成立注入了持续的动力。[128]2014年9月11—12日，在上合组织第十四次元首会议上再次强调："为研究成立上合组织发展基金(专门账户)和上合组织开发银行问题所做的工作十分重要，责成继续努力以尽快完成这项工作。"[129]2013年11月29日，继上合组织发展基金和开发银行倡议之后，中国领导人又在上合组织总理会议上提出设立面向本组织成员国、观察员国、对话伙伴国等欧亚国家的中国—欧亚经济合作基金。[130]2014年9月12日，习近平主席宣布，该基金的前期规模为10亿美元，最终规模将扩大至50亿美元。[131]这些举措都旨在为上合组织框架内的大型项目和成员国重点工程提供便捷高效的融资渠道。

3. 中国—东盟框架

中国—东盟银行联合体。2010年10月，由中国国家开发银行主发起的中国—东盟银行联合体在第十三次中国—东盟(10+1)领导人会议期间正式成立，旨在为中国与东盟成员国政府支持的基础设施等项目和重点合作领域提供融资及相关金融服务。首批成员行包括中国国家开发银行、文莱伊斯兰银行、柬埔寨加华银行、印度尼西亚曼迪利银行、老挝开发银行、马来西亚联昌国际银行、缅甸外贸银行、菲律宾BDO银行、新加坡星展银行、泰国泰华农民银行(大众)有限公司，以及越南投资发展银行。值得指出的是，银联体采取中方与东盟方轮流担任主席行的理事会工作机制，确保了中方对银联体长期的主导地位。截至2013年底，国开行在东盟地区贷款余额超过120亿美元，累计对老挝开发银行、柬埔寨加华银行、越南投资发展银行等东盟国家金融机构发放贷款9.1亿美元，有力地支持了东盟国家在能源、矿产、电信、农业、交通、电力等领域的投资建设，不仅助推了中国企业拓展海外工程承包和设备出口业务，也为东盟国家的基础设施建设和产业升级改造注入了强劲活力。[132]

中国—东盟专项信贷。2009 年，中方宣布向东盟国家提供 150 亿美元信贷，其中包括 67 亿美元优惠信贷，重点支持中国与东盟有关国家在公路、铁路、水路、能源管道、信息通信、电网等领域的基础设施建设。2011 年，温家宝总理在出席第十四次中国—东盟领导人会议时宣布，中方将追加 100 亿美元信贷，其中包括 40 亿美元优惠性质贷款。[133]截至 2014 年年初，由中国进出口银行执行的“两优”贷款累计支持东盟地区互联互通类项目 46 个，其中支持公路项目 24 个，新建、改建、修复公路里程约 2 705 公里；支持铁路及城市轨道交通项目 3 个，总里程约 99 公里；支持港口项目 1 个，建成后具备年吞吐集装箱 12 万标箱的能力。此外，还支持了机场项目 3 个、大型桥梁项目 9 个。在中方信贷支持下，柬埔寨国内公路网初步建成，极大地改变了其交通基础设施条件；马来西亚槟城二桥跨越槟城海峡的南部航道，是东南亚地区最长的跨海大桥；老挝琅勃拉邦机场顺利建成，有力助推老挝北部地区的旅游业和社会经济发展。[134]值得指出的是，在开发性金融支持东盟互联互通的过程中，中方注重推广中国标准，支持这些项目采用中国标准、中国规划设计和中国监理咨询。2014 年 11 月 13 日，李克强总理在出席东盟峰会和中国—东盟(10＋1)领导人会议时宣布，中方将向东盟国家提供 100 亿美元优惠性质贷款，国家开发银行还将设立 100 亿美元的中国—东盟基础设施专项贷款。[135]

中国—东盟投资合作基金。2009 年，中国国务院总理温家宝在博鳌亚洲论坛上宣布，中国决定设立一个总规模达 100 亿美元的“中国—东盟投资合作基金”。该基金由中国进出口银行主发起成立，于 2010 年 4 月正式成立并运营，一期规模为 10 亿美元，以东盟十国的基础设施和资源能源行业为主要投资目标。作为具有类主权基金性质的私募基金，中国—东盟投资合作基金是中国政府近年来推动海外投资的一种新尝试，与以往单纯向东盟提供援助相比，投资合作基金可带来资金回报。凭借高效率和专业化的运作，投资基金可以有效动员金融资源、联合各种产业力量，推动和引导中国的技术、设备、管理经验等综合出口，从而进一步推动中国在海外市场对新商业模式的探索。同时，由于投资项目须经中国和东盟国家双方共同协商，可加强中国企业对东盟投资的针对性，也有助于解决东盟国家最紧迫需要的基础建设融资需求。截至 2013 年 10 月，中国—东盟投资合作基金已向柬埔寨、老挝、马来西亚、菲律宾、新加坡、泰国、印度尼西亚等国的九大基础设施和资源能源项目投资 7 亿美元，涉及基建、交通、电信、媒体、矿业、医疗服务和能源等多个行业，资金投资比达 1∶4（即每投资 1 美元都能带动其他 4 美元投资），成功发挥了资金杠杆作用。[136]自从 2010 年进入东盟地区以来，中国—东盟投资合作基金一直积极寻找中国稀缺，具有产业价值的矿产资源项目。以印度尼西亚镍矿投资为例，与东盟投资基金合作的两家公司分别是，拥有成熟的镍铁加工技术的中国第一大镍铁生产商和拥有优质镍矿资源的印度尼西亚最大镍矿生产出口企业。这种投资结合方式充分利用资本优势整合了镍资源的上下游领域，一方面帮助中国打通了获取战略性资源的通道，另一方面也结合印度尼西亚本地资源优势，协助该国提高深加工技术、提升产业附加值，实现了双方的优势互补。[137]2014 年 11 月 13 日，李克强总理还同时宣布，中国—东盟投资合作基金二期 30 亿美元的募集正式启动。

中国—东盟海上合作基金。2011 年 11 月，温家宝总理在印度尼西亚巴厘岛出席第十四次中国与东盟领导人会议时宣布，中方将设立 30 亿元人民币的中国—东盟海上合作基金，“从海洋科研与环保、互联互通、航行安全与搜救、打击跨国犯罪等领域做起，逐步将合作延伸扩大到其他领域，形成中国—东盟多层次、全方位的海上合作格局”[138]。2013 年 9 月的第十届中国—东盟博览会上，李克强总理倡议建立“中国—东盟海洋伙伴关系”，呼吁东盟国家积极申请中国—东盟海上合作基金，重点用于渔业基地建设、海洋生态环保、海产品生产交易、航行安全与搜救以及海上运输便利化。[139]同时，2012 年 3 月，中国和印度尼西亚两国签署《海上合作谅解备忘录》，成立海上合作委员会并举行首次会议，中方出资 10 亿元人民币设立中印尼海上合作基金，旨在航行安全、海上安全、海洋科研与环保、航天测控等领域开展务实合作。

4. 中国—中东欧框架

中东欧国家自然资源丰富，工农业基础坚实，科技教育实力雄厚，在汽车、船舶、飞机制造、生物制药等许多行业都有优势。同时，中东欧国家位于欧陆心脏地带，交通四通八达，不仅是中欧合作的桥头堡，也是联系欧亚大市场的桥梁。中国企业到中东欧国家发展转口贸易和投资合作，不仅可以节约大量商务成本，也可以融入欧盟内部的产业分工体系，更有机会利用欧盟的优惠政策共同开拓西欧市场。

近年来，中东欧国家对铁路、公路、港口、机场、电力基础设施改造建设的需求很大，而中国不仅在交通基础设施方面技术领先、设备成套、建设经验丰富、工程造价经济实惠，在核电、水电、风电、光电等新能源领域也发展迅速，电力设备和技术均达到国际先进水平，双方合作前景广阔。然而，受国际金融危机和欧债问题影响，资金短缺成为影响中东欧国家经济复苏的瓶颈。

为拓展中东欧国家的融资渠道，中方于 2012 年 4 月第二届中国—中东欧国家经贸论坛期间正式设立中国—中东欧专项贷款和投资合作基金，通过金融手段切实加强中国—中东欧合作。[140] 总额 100 亿美元的专项信贷额度（配备一定比例的优惠性质贷款），重点用于支持双方在基础设施、高新技术、绿色经济等领域的合作项目，中东欧 16 国可向中国国家开发银行、中国进出口银行、中国工商银行、中国银行、中国建设银行和中信银行提出项目申请。目前，中国—中东欧投资合作基金在中国、波兰、匈牙利三国金融机构的努力下已完成首期 5 亿美元的资金募集，并于 2013 年 11 月第三届中国—中东欧领导人会晤期间正式启动。未来双方将鼓励更多金融机构、企业参与基金，欢迎中东欧各国政府、金融机构和企业向基金推荐具有潜力的优质项目。[141]

简言之，凭借着自身雄厚的外汇储备，近年来中国在各种多边合作架构下明显加强了对丝绸之路沿线地区在资源能源、基础设施等领域的融资支持。一系列专项信贷、国有政策性银行间合作、投资合作基金、开发性银行等举措或倡议，正在为构建中国的资金、技术、装备、劳务、商品与沿线国家的市场、资源、能源、基础设施之间的新型经济循环进行探索(参见表 4.5)。在此过程中，逐渐扩大人民币在开发性金融支持新丝绸之路建设中的比重，将是未来使这一循环具备重大战略意义的关键。

表 4.5　中国在“一带一路”沿线国家和地区的融资支持举措和倡议一览(截至 2014 年 11 月)

面向对象	名　　称	主要用途	设立时间	规　模
“一带一路”	亚洲基础设施投资银行	基础设施	2014.10	1 000 亿美元
	丝路基金	基础设施 资源能源 产业合作	2014.11	400 亿美元
上合组织	上合组织银行联合体		2005.11	/
	上合组织专门账户		筹建中	/
	上合组织开发银行	基础设施 资源能源 重大项目	筹建中	100 亿美元
	中国—欧亚经济合作基金		2013.11	前期 10 亿美元 最终规模 50 亿美元
	中国—中亚专项信贷		2004、2009	21 亿美元
			2012.6	100 亿美元
东　盟	中国—东盟银行联合体		2010.10	/
	中国—东盟投资合作基金	基础设施 资源能源	2010.4	100 亿美元
			2014.11	30 亿美元
	中国—东盟专项信贷		2009.4	150 亿美元
			2011.11	100 亿美元
			2014.11	100 亿美元
	中国—东盟基础设施专项贷款	基础设施	2014.11	100 亿美元
	中国—东盟海上合作基金	海上互联互通 科研环保 航行安全救援	2011.11	30 亿元人民币
	中印尼海上合作基金		2012.3	10 亿元人民币
中东欧	中国—中东欧投资合作基金	基础设施 高新技术 绿色经济	2012.4	首期 5 亿美元
	中国—中东欧专项信贷		2012.4	100 亿美元

资料来源：笔者根据公开资料整理。

三、“一带一路”上的互联互通

跨境基础设施的互联互通不仅是沿线各国融合发展的基本条件,也是新丝绸之路上人员、商品、资金得以顺畅流动的物质载体。随着欧亚大陆经济联系的强化,无论是通过区域内国家之间的优惠信贷、发展援助、合作基金的方式,还是借由联合国开发计划署、亚洲开发银行、世界银行、伊斯兰银行、欧洲复兴银行等国际组织融资的渠道,尽快完善跨境基础设施等区域性公共产品的供给,都已成为沿线各国的广泛共识。

对中国而言,欧盟取代美国成为最大的贸易伙伴、丝绸之路沿线新兴市场的快速发展、国内的产业转移和向西开放,以及能源进口通道多元化的迫切压力,使得跨境基础设施互联互通成为了中国推动海陆新丝绸之路建设的重中之重,以及目前中国在各种场合、各种合作平台中持续不懈的倡议。早在2012年6月举行的上合组织成员国元首理事会第十二次会议上,胡锦涛主席即指出,“各成员国要努力建成铁路、公路、航空、电信、电网、能源管道互联互通工程,为古老的‘丝绸之路’赋予新的内涵”[142]。2013年9月,习近平主席在提出“丝绸之路经济带”倡议时建议,“通畅从波罗的海到太平洋、从中亚到印度洋和波斯湾的交通运输走廊”[143],“逐步形成连接东亚、西亚、南亚的交通运输网络,为各国经济发展和人员往来提供便利”[144]。此后,中国领导人在访问中东欧和欧盟时,先后与该地区就加强欧亚基础设施互联互通、中国和欧洲之间海陆联动的运输新通道和物流新动脉达成共识。[145]2014年10月16日,李克强总理在第十次亚欧首脑会议上进一步表示:“中国提出建设丝绸之路经济带和21世纪海上丝绸之路,愿与地区国家一道构建亚欧大陆基础设施互联互通网络,深化区域合作,促进各国发展。”[146]2014年11月11日,在APEC第二十二次领导人非正式会议上,习近平主席强调,开展互联互通合作是中方“一带一路”倡议的核心,中方欢迎各方共同将“一带一路”建设成为大家的合作之路、友好之路、共赢之路。[147]目前,在共建“一带一路”的倡议下,凭借中国自身雄厚的资金、技术和基建实力,欧亚之间既有的互联互通进程得到进一步的推动和强化。

(一) 跨境铁路

在陆上交通中,铁路(尤其是高速铁路)具有高效、安全、便捷等优点。目前,各条战略性铁路运输通道成为了中国推动陆上新丝绸之路互联互通的重中之重。从全景上看,这些铁路项目或倡议旨在从北、中、南三线全面贯通整个欧亚大陆的贸易和人员往来通道。

1. 新亚欧大陆桥

1990年9月12日,我国兰新铁路乌鲁木齐至阿拉山口段与哈萨克斯坦铁路正式接轨,一条横跨亚欧两大洲、连接太平洋和大西洋、实现"海—陆—海"统一运输的"新亚欧大陆桥"正式贯通。新亚欧大陆桥东起中国江苏连云港,西出新疆阿拉山口口岸,经过哈萨克斯坦、俄罗斯、白俄罗斯、波兰、德国,直抵荷兰北海边的鹿特丹港,全长10 880公里。在此之前,欧亚之间的铁路运输通道以俄罗斯东部的哈巴罗夫斯克和符拉迪沃斯托克为起点,通过西伯利亚大铁路到达荷兰的鹿特丹港。相较于取道西伯利亚大铁路,新亚欧大陆桥的开辟,无疑有利于中国东部尤其是东南沿海地区的货物出口,使东亚与欧洲之间的贸易路线进一步多元化。

近年来,随着新一轮的国际和国内的产业转移,尤其是国际电子产业纷纷在重庆、郑州等中西部地区落户,从中西部经新疆至欧洲的铁路运输线再次得到重视和拓展。2014年3月29日下午,习近平主席来到德国杜伊斯堡港参观,迎接从中国重庆始发的"渝新欧"(重庆—新疆—欧洲)国际铁路货运专列。[148]"渝新欧"并非一条全新的货运专线,而是中国铁路总公司(原铁道部)、国家海关总署及途经各国加强合作,在原新亚欧大陆桥的基础上进一步优化完善、提升沿线各国、各地海关通关效率的国际铁路联运大通道。2011年3月,"渝新欧"去程班列正式开通,运行路径从重庆始发,由新疆阿拉山口出境,经哈萨克斯坦、俄罗斯、白俄罗斯、波兰,抵达德国杜伊斯堡,全程11 179公里,历时16天。2013年3月18日,从德国的杜伊斯堡发出的首趟回程班列抵达重庆,这也是欧洲经阿拉山口到达中国的首趟回程专列。2012 年 1 月，哈萨克斯坦、俄罗斯和白俄罗斯的海关联盟全面生效，取消了穿越三国边境时冗长的海关检查。同时，经过各方多轮谈判磋商，“渝新欧”班列得以在重庆一次报关查验，沿途各国海关不再重复查验，平均通关时间仅 12 小时，货物在口岸的滞留时间只占全程运输时间的 17%。[149]

作为全球最大的笔记本电脑生产基地，目前全世界每 4 台笔记本电脑中就有 1 台是重庆制造，因此，出口欧洲的信息技术产品是“渝新欧”专列常态稳定开行的保障。长期以来，尽管从重庆出发沿着西北方向直线距离不过 1 万公里就是欧洲，但按照向东出海惯例，重庆货物却只能东运上海，装船后再南下穿越马六甲海峡，而后转向西北前往欧洲。通过“渝新欧”，中国商品仅 16 天就可以到达欧洲，运行时间比从铁海联运（经渝深铁路出海至欧洲）或江海联运（经长江水运至上海，再出海至欧洲）节约了 20 天左右，运行路程比北线铁路通道（经满洲里出境，途经俄罗斯、白俄罗斯、波兰到德国）减少 1 000 公里以上，辐射区域相较于欧亚第二大陆桥（连云港经新疆阿拉山口至荷兰鹿特丹）以中国西部及长江以南区域为主。与空运比，价格仅相当于其 1/4 至 1/5；随着“渝新欧”班列的频次增多和双向开行，每个标准集装箱每公里的运价有望降至 0.6 美元以内，综合运输成本与海运价格基本持平。[150] 2014 年 4 月 8 日，首趟“渝新欧”公共班列开通，打破了专列限制。据悉，该班列 90% 的货物都来自重庆以外，除本地货物外，九成以上的货源来自上海、江西、浙江、深圳等地企业，货物类别涉及电子产品、汽车用品、家具、服装等。[151] 地处内陆腹地的重庆，一跃成为中国面向欧洲出口商品的重要中转站和“桥头堡”。

在“渝新欧”的示范效应下，成都、武汉、郑州、西安乃至东部沿海地区的连云港、苏州、义乌、青岛、广州等多个城市已经开始运营“X 新欧”铁路。在“一带一路”成为国家发展战略的背景下，“X 新欧”已成为中国地方政府新一轮竞争的“新战场”。[152] 据预测，到 2020 年，从中国西部到欧洲的铁路货运量将增长至 750 万个 40 英尺集装箱，而 2013 年的数字则为 2 500 个。[153] 2012 年 10 月，从武汉始发至捷克梅林克帕尔杜比采的“汉新欧”铁路货运专列开通，到 2014 年 4 月又实现了至波兰罗兹的“汉新欧”铁路国际货运班列常态化运营；[154] 2013 年 4 月，从成都始发至波兰罗兹的“蓉欧快铁”货运班列开通；2013 年 7 月，从郑州始发前往德国汉堡的“郑新欧”货运班列开通，承运着武汉富士康生产并出口到欧洲的消费电子产品；2014 年 1 月 20 日，首趟“义新欧”国际集装箱专列从义乌出发，经新疆阿拉山口边境口岸转关后开往哈萨克斯坦的阿拉木图，再分拨至中亚诸国。[155] 2014 年 11 月 18 日，得到升级的“义新欧”国际铁路货运班列正式开行，途经哈萨克斯坦、俄罗斯、白俄罗斯、波兰、德国、法国、西班牙，于 12 月 9 日到达马德里。与其他“中欧班列”相比，“义新欧”的运输线路最长(13 052 公里)、途经国家最多(7 个)、境外铁路换轨次数最多(3 次)。[156] 未来，义乌的各种商品既可以“借海出洋”，也可以“借陆出境”。

随着“渝新欧”等新亚欧大陆桥的日益活跃，中国传统以东部沿海城市为中心的对外贸易格局被逐渐打破，新的经济地理格局正在酝酿。[157]

2. 中吉乌铁路和中巴铁路

中吉乌铁路和中巴铁路作为中国从南疆向西经由中亚、巴基斯坦进入波斯湾、中东、里海、欧洲的战略性互联互通工程，历来受到中国政府的大力支持。2011 年 9 月发布的《国务院关于支持喀什霍尔果斯经济开发区建设若干意见》明确提出，中央政府将“积极推动中吉乌、中巴铁路建设”[158]。

按照规划，中吉乌铁路的中方起点在新疆喀什，通过中吉(吉尔吉斯斯坦)边境的吐尔尕特山口到达乌兹别克斯坦的安集延，大致路线是喀什(中)—吐尔尕特(中)—安帕(吉)—卡拉苏(吉)—卡拉苏(乌)—安集延(乌)，精确地重现了古代陆上丝绸之路。线路全长 466 公里，其中中国境内需新建自喀什至中吉边境的线路长度约 168 公里，吉尔吉斯斯坦境内需新建线路长度为 248 公里，其余部分(卡拉苏至安集延)为既有铁路，长 50 公里。在此基础上，有两个通往欧洲的方向：一是通过土库曼斯坦、伊朗、土耳其，通过伊斯坦布尔海峡，可直接抵达巴尔干半岛，直至中欧、南欧和西欧。目前，中吉乌铁路以西部分已经贯通，未来将形成伊斯坦布尔—德黑兰—马什哈德—萨拉赫斯—土库曼纳巴特—安集延—吐尔尕特—喀什—连云港的亚洲铁路干线，将东亚、中亚、中东和近东联结起来。二是经过土库曼斯坦到里海，由轮渡至阿塞拜疆的巴库，向西经格鲁吉亚再过黑海轮渡，可直达中欧、南欧和西欧。相较于新亚欧大陆桥，经中吉乌铁路至吉、乌、塔、土等中亚国家和阿富汗、伊朗等国的运输距离将缩短900公里以上，过境货物可提前一周左右抵达目的地，节省约10%的运费。[159]对于新疆而言，中吉乌铁路贯通后，乌鲁木齐经由大陆桥到莫斯科、汉堡、伦敦的距离比到北京、上海、广州分别短3 340公里、4 100公里、4 680公里；从喀什到德黑兰的距离为2 850公里，比到兰州的距离还短340公里；从喀什到安卡拉的距离为5 050公里，比到上海的距离还短330公里。[160]

从长远来看，中吉乌铁路的建设将使中亚内陆国家获得便捷、快速、可靠的出海通道，加速中亚、里海石油的开发和利用，进一步促进我国能源进口取道和路线的多元化。同时，在新旧亚欧大陆桥之外，中国/东亚地区可获得通往中东、南欧等地的新通道，中国/东亚的工业制成品与中亚、中东的矿产、石油和原料将实现更多的交换。正是基于这样的战略前景，尽管中吉乌铁路因吉尔吉斯斯坦国内政局的影响暂时搁浅，但仍具有极大的重启可能。

在中巴铁路方案提出以前，两国间陆地联系只有喀喇昆仑公路，由于红其拉甫山口前后方公路在每年11月至次年4月的冬季难以通行，大大限制了中巴之间日益增长的贸易、人员往来和运输需要。[161]据悉，2008年4月，巴基斯坦总统穆沙拉夫访问中国时提出修建中巴铁路的设想，形成连接新疆喀什与瓜达尔港的铁路和一条与之并行的输油管道。[162]2013年6月5日，巴基斯坦总理谢里夫表示，巴方已同意修建瓜达尔至中国新疆喀什的公路和铁路，此举获得中方赞赏，中巴经济走廊建设获得重要进展。[163]中巴铁路北接南疆铁路喀什站，通过兰新、陇海等铁路干线可向东延伸至我国内地和沿海各大港口，向南穿越喀喇昆仑山和帕米尔高原，最终抵达巴基斯坦的瓜达尔港。中巴铁路建成后，红其拉甫铁路口岸将不再受季节的影响而常年开放，并扩大客货运输能力，缩短客货运输时间。

未来，我国可以从喀什沿中巴铁路经瓜达尔港直通中东、非洲和欧洲，既开辟了能源和原料进口的通道，也打通了我国产品出口的渠道。同时，中巴铁路还可为巴基斯坦、阿富汗和印度开辟经北疆铁路通向俄罗斯和欧洲的陆上通道；而巴基斯坦、塔吉克斯坦、阿富汗、印度、伊朗和东北亚地区之间的货物经中巴铁路比海运可缩短一半的运输距离，节省一半的运输时间。值得指出的是，中巴铁路的修建也将为中国进一步参与阿富汗战后重建创造条件，中国的商品可以经中巴铁路转公路通过边境直接运抵阿富汗境内，或经中巴铁路到伊斯兰堡转公路运抵阿富汗境内。[164]

3. *泛亚铁路*

长期以来，除了海路之外，中国和东盟国家的交通主要以水运和公路为主，比如到缅甸和老挝的货物都通过公路运输，而到泰国则依赖“澜沧江—湄公河”的航运通道。随着贸易、人员、资金往来的日益频繁，使得修建连接中国西南地区与东盟的铁路网络逐渐成了地区各国的共识。1995年12月，马来西亚总理马哈蒂尔提出修建从新加坡经马来西亚、泰国、越南、缅甸、柬埔寨到中国昆明的“泛亚铁路”的倡议，得到各国政府的认同。[165]自此以后，中国领导人始终在各种场合重申对建设贯通中国与东南亚陆上战略通道的“泛亚铁路”的大力支持。随着“一带一路”重大战略的提出，泛亚铁路建设再次被中方提为重要议程。2013年10月，李克强总理在出席第十六次中国—东盟(10+1)领导人会议时再次建议“共同推进泛亚铁路这个‘旗舰项目’建设，争取早日开工”[166]。

根据中国与东盟的总体规划，被称为“东南亚走廊”的泛亚铁路，起于中国昆明，分东、中、西三线经越南、老挝、缅甸、柬埔寨、泰国、马来西亚等国，终于新加坡，全长1.4万公里(参见图4.2)。目前，东盟颁布的《东盟互联互通总体规划》已经将昆明—新加坡铁路列为优先项目，计划于2020年全部建成。为了与东盟的泛亚铁路计划相呼应，东、中、西三个方案中国境内段的建设也被纳入了中国的《国家中长期铁路网规划(2008年调整)》。

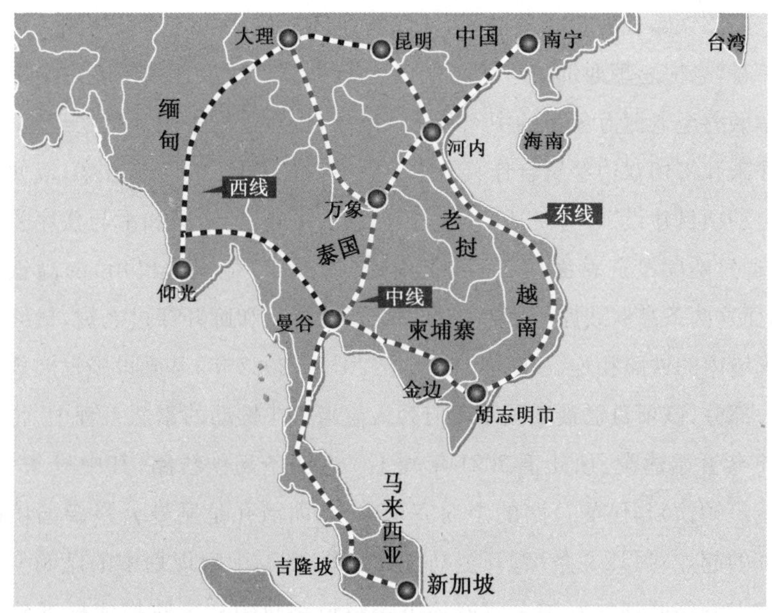

图 4.2　泛亚铁路规划示意图

资料来源:根据中国地图出版社的《世界地图集》(范毅、周敏主编,2011 年版),中国地图出版社所属网站(http://www.map1000.com/mapworld/worldmap-new.aspx.)上的资料,以及其他公开信息制作。

东线由昆明经既有昆玉铁路,在中越边境河口口岸与越南铁路网相连,并经柬埔寨、泰国、马来西亚铁路网后抵达新加坡,全长 5 445 公里。中国境内段新建玉溪—蒙自—河口铁路长度 288 公里,国外段新建长度 431 公里,分别位于柬埔寨和越南境内。玉溪至蒙自铁路于 2005 年开工,并在 2013 年 2 月 23 日正式开通运营。[167] 2009 年 7 月,作为国家西部大开发战略和云南省桥头堡建设重点工程的蒙(自)河(口)铁路动工建设。2014 年 9 月 16 日,经过 5 年的施工建设,作为泛亚铁路东线国内部分最后一段在建铁路的蒙河铁路全线铺通,为年底开通运营奠定了良好的基础。[168]

中线由昆明经既有昆玉铁路,从中老边境磨憨口岸进入老挝,经泰国、马来西亚后抵达新加坡,全长 3 894 公里。中国境内段新建玉溪—景洪—磨憨铁路长度599公里,国外段新建老挝境内580公里铁路。2014年4月,老挝总理通邢访华期间,中老达成共识,"建设连接中老边境中方口岸磨憨至老挝万象市的中老跨境铁路项目,对于增进两国货物运输、人员往来和密切双边经贸合作具有重要意义,将抓紧研究实施方案,以便尽快启动项目建设"[169]。2014年7月底,泰国军政府"全国和平与秩序委员会"通过两项投资总额达7 414亿泰铢(约1 426亿元人民币)的高铁规划,而这两条高铁线路分别经过泰国北部的清孔和廊开穿过老挝,最终与中国境内的铁路相连。作为泰国八年(2015—2022年)基础设施发展规划的一部分,该项目已被泰国军政府列入应当尽快推动的紧急工程中,将从2015年开始建设,预计于2021年竣工。这两条高铁线路,其中一条(清孔至班帕钦)与昆曼公路的走向完全吻合,而清孔是昆曼公路泰国境内北部的起点;另外一条(廊开至马普达普港)则与中国规划中的昆明—万象中老铁路联通。泰国军政府还下令将铁路轨距从窄轨换成标准轨间距(从1米调整至1.435米),未来中国铁路从云南延伸至老挝并最终同泰国铁路连接将不存在换轨的问题,有利于推进中国西南与东南亚的互联互通。[170]2014年12月19日,中泰两国总理在曼谷共同见证了《中泰铁路合作谅解备忘录》和《中泰农产品贸易合作谅解备忘录》的签署,双方正式决定建设从廊开至马普达普的高铁。这条总长800多公里的铁路是泰国首条标准轨铁路,将全部使用中国的技术、标准和装备建设。[171]按照计划,该项目将在2016年开工,争取在2022年完工。

西线方案由昆明经既有成昆铁路、广大铁路,从中缅边境口岸瑞丽进入缅甸,经泰国、马来西亚后抵达新加坡,全长4 758公里。中国境内新建大理至瑞丽铁路长339公里,并于2008年正式开工,境外新建缅甸腊戌至瑞丽等两段长495公里铁路。

就目前泛亚铁路的总体建设情况来看,中国境内段建设进度相对较快,东线已经基本建成。中、西两线虽然进程相对较缓,预计2017年亦可基本建成。与之相对照,受到资金的制约,泛亚铁路境外段尤其是大湄公河次区域国家的进程较为缓慢。基于此,在稳步推进泛亚铁路东、中、西三个方案境内段建设的同时，近年来中国也依据东盟各国的愿望，采用多种方式为东盟国家建设铁路提供协助。[172] 2012 年 10 月 18 日，老挝第七届国会特别会议审议通过了政府向中国全额贷款 70 亿美元的计划，用于修建磨憨至万象的铁路项目。[173] 同时，中国设立了总规模 100 亿美元的中国—东盟投资合作基金，并提供 250 亿美元信贷，发起建立亚洲基础设施投资银行和设立丝路基金，全方位搭建支持东盟基础设施建设项目的投融资平台。

（二）跨境公路

跨境（高速）公路建设是新丝绸之路互联互通的重要组成部分，尽管通行速度无法与铁路相比，但更少受到政治因素的掣肘。目前，中国在国内大力修建公路网的同时，也积极将西北、西南和东北边境省区的公路网经由 16 个边境口岸与周边 12 个国家的公路网相连接，以各种区域合作机制和融资平台为依托，推动欧亚大陆尤其是“亚洲公路网”的贯通，实现整个区域的交通运输便利化。[174]

1. 中国—中亚—欧洲运输通道

在 2006 年的上海合作组织交通部长会议上，中方提出了加快建设贯通中国—中亚—欧洲的北、中、南三条欧亚洲际运输通道的构想。分别是中国—哈萨克斯坦—俄罗斯—欧洲（欧亚洲际运输通道之北通道）；中国—哈萨克斯坦—里海—欧洲（欧亚洲际运输通道之中通道），大致和亚洲公路网第 5 号公路路线相同；中国—中亚—伊朗—土耳其—欧洲（欧亚洲际运输通道之南通道）。[175] 从规划路线上看，这些洲际公路与中方致力贯通的欧亚铁路北、中、南三大干线基本相同，可形成公路与铁路相互补充的运输格局。近年来，各成员国充分利用上合组织这一重要平台，通过中方无偿援助、优惠买方信贷、国际金融组织贷款、“资源换项目”等多种融资合作模式，推进一系列项目。

欧亚洲际运输通道之北通道即“欧洲西部—中国西部”交通走廊（即“双西公路”），东起中国连云港，西至俄罗斯圣彼得堡，途经中国郑州、兰州、乌鲁木齐,出霍尔果斯口岸进入哈萨克斯坦,从北部边境出境进入俄罗斯,经奥伦堡、喀山、莫斯科抵达圣彼得堡,与欧洲公路网相连,全长8 445公里。中国境内部分为2004年10月全线贯通的连霍高速公路(G30,东起江苏连云港,西至新疆霍尔果斯),全长4 395公里的连霍路,横贯我国东、中、西部,穿越江苏、安徽、河南、陕西、甘肃和新疆6省、区,辐射山东、山西、宁夏、青海等8个省、区,全长4 395公里,涉及全国人口30%、国土面积37%以上。连霍公路既是陆上“新丝绸之路”的关键之路,又是我国国道主干线“五纵七横”中最长的国道主干线,全线整体通行能力提高了15—20倍,大大缩短了东西部的时空距离。哈萨克斯坦境内线路于2009年9月10日正式动工,全长2 787公里,沿线总人口460万,占其人口总数的三分之一。该工程总造价预算约合60多亿美元(按2009年的汇率),其中,国家财政预算拨款约为9.2亿美元,修建298公里路段;国际融资(亚洲开发银行、欧洲复兴银行、世界银行、伊斯兰银行、日本协力机构)约合28.6亿美元,修建1 644公里路段;“特许经营权”引资约合18.1亿美元,修建510公里路段。据估算,经过哈萨克斯坦领土的公路货运量将由目前的每年90万吨增至350万吨;中国输向欧洲的货物在途时间将由目前(海运)的45天缩短为(陆运)10—11天。[176]“双西公路”交通走廊全线开通后,将成为中亚地区最重要的货物运输大干线,并将与目前运行良好的新亚欧大陆桥铁路运输干线一起,推动中国东西部地区的产业转移和欧亚大陆的货物流通。

欧亚洲际运输通道之南通道东起连云港,途经西安,西抵新疆乌鲁木齐、阿克苏、喀什,通过吐尔尕特和伊尔克什坦口岸至吉尔吉斯斯坦,穿过乌兹别克斯坦、塔吉克斯坦和土库曼斯坦,经伊朗和土耳其,再由博斯普鲁斯海峡到达欧洲。沿线经过比什凯克、杜尚别、塔什干、霍罗格、胡詹等中亚国家的首都和重要城市,是经过中亚国家最多、沿线人口最密集的通道。在这一路线的建设中,最关键的部分即中国—吉尔吉斯斯坦—乌兹别克斯坦公路。中吉乌公路东起伊尔克什坦口岸,穿过吉尔吉斯斯坦南部主要城市奥什,最终到达乌兹别克斯坦首都塔什干,全长959公里。为了解决吉尔吉斯斯坦南部交通走廊奥什—萨瑞塔什—伊尔克什坦公路的KM190—KM240路段项目（简称50公里项目）的资金缺口问题，中国路桥工程建设有限责任公司创造性地提出了“资源换项目”的修建模式。具体实施方式为：由中国国家开发银行为“富金矿业有限责任公司”（由灵宝黄金股份有限公司、中国路桥工程有限责任公司、新疆灵玺投资有限公司于2007年6月共同在当地注册成立）提供融资2 530万美元，而吉方提供伊斯坦贝尔德金矿供中方开采，利用矿山开采的预期利润修复上述50公里路段。[177]目前，在中国政府和相关金融机构的支持下，中塔公路已经开通，中吉乌公路吉尔吉斯斯坦境内各路段依次得以修复，中国与中亚国家连接的主要干线公路均加入了亚洲公路网。

2. 中巴喀喇昆仑公路

中巴喀喇昆仑公路（Karakoram Highway），又称中巴友谊公路或帕米尔公路，是世界上海拔最高的国际公路。北起中国新疆喀什，经疏附、乌帕、托海、布仑口、塔什库尔干、达不达、红其拉甫、水不浪沟，翻越喀喇昆仑山红其拉甫达坂进入巴基斯坦控制区，再经过巴勒提特、吉尔吉特、齐拉斯、巴丹、比沙姆到达巴基斯坦北部城市塔科特。公路全长1 032公里，其中中国境内416公里，巴基斯坦境内616公里。全线海拔最低点为460米的塔科特，最高点为4 733米的红其拉甫山口。喀喇昆仑公路是通往巴基斯坦首都伊斯兰堡及南部沿海地区的交通要道，对于巴基斯坦的国家安全具有重要的战略和军事意义。同时，这条公路还是亚洲公路网的组成部分，是中国通往巴基斯坦地区及南亚次大陆的交通要道。1966—1978年，中国援助巴基斯坦，沿着“古丝绸之路”修筑了中巴公路。1986年，中巴双方决定在公路上互设口岸，并对第三国开放。中方的红其拉甫口岸在塔什库尔干塔吉克自治县县城，巴方的口岸在苏斯特。2006年2月，时任巴基斯坦总统穆沙拉夫访华期间，中巴发表联合声明，“双方重视利用喀喇昆仑公路促进两国陆路贸易，并愿采取措施提供便利”，同时，“双方原则同意合作改扩建中巴喀喇昆仑公路”。[178]2006年11月25日，中国国家主席胡锦涛访问巴基斯坦期间，双方签署《喀喇昆仑公路修复改造项目融资备忘录》和《喀喇昆仑公路雷科特至红其拉甫段改造项目合同协议书》,为实质性扩建喀喇昆仑公路奠定了基础。[179]据悉,喀喇昆仑公路改建项目始于巴基斯坦雷科特桥,终点为中巴边境的红其拉甫口岸,道路全长335公里,扩建项目合同金额4.9亿美元,采用中国现行的公路工程技术标准。[180]该项目于2008年2月16日在伊斯兰堡正式启动,届时将由现在的10米宽扩为30米宽,车辆时速可达80公里,运输能力提高3倍,同时适合大型载重车辆通行。[181]喀喇昆仑公路的扩建,无疑将极大地促进中巴经济走廊的建设与畅通。为了推进中巴经济走廊建设,在2014年2月侯赛因总统访华期间,中巴两国就喀喇昆仑公路升级改造二期工程项目达成协议。据悉,这仅是预计投资320亿美元的"中巴经济走廊"中的一个项目。届时,新的喀喇昆仑公路将延伸至印度洋畔的瓜达尔港,而沿线各种能源、基础设施、农业水利、信息通讯、工业园区等项目的陆续实施则将使喀喇昆仑公路成为名副其实的"经济走廊"[182]。

3. 中国—东盟公路网络

中国与东盟之间的公路网络是亚洲公路网的重要组成部分。中国境内从广西和云南两省区出发,分别取道与之接壤的越南、老挝与缅甸,通向泰国、柬埔寨、新加坡、马来西亚等国,再通过与其他国家境内公路网的连接,贯通东北亚、东南亚、南亚和西亚乃至欧洲之间的陆上通道。

从广西南宁出发,可与亚洲公路网框架下的第1号公路相连接。该路线北起日本东京,跨越韩朝,从广西南宁经中越边境友谊关口岸,取道河内、金边、曼谷后,由新德里、伊斯兰堡、喀布尔、马什哈德、德黑兰、安卡拉、伊斯坦布尔一直延伸至保加利亚边境。2005年12月28日,广西率先建成中国通往越南的南(宁)友(谊关)高速公路,这是我国首个连接东盟国家的高速公路;2012年8月22日,中国南宁—越南河内的高速公路正式开通,中越"两廊一圈"合作中的"南宁—谅山—河内—海防—广宁"经济走廊交通干线取得重要进展。

从云南昆明出发,可分别通往越南河内、缅甸皎漂、印度雷多和泰国曼谷,而这也是未来云南省"一带一路"规划中的四条主要出境公路。[183]

目前，昆明至河内通道云南境内段（昆明—河口）的400公里高速已全线贯通。越南境内段方面，2007年12月，亚洲开发银行向越南提供11亿美元贷款，用于修建从河内至老街的高速公路；2013年12月27日，河（内）老（街）高速公路首条路段正式通车。待全线建成通车后，昆明至河内的664公里公路可实现全程高速，汽车从昆明出发6—7个小时可达河内。根据云南省交通厅的信息，中国正在与缅甸政府进行协商会谈，基本沿着中缅原油管道和天然气管道的相同路线，修建昆明—瑞丽—腊戌—曼德勒—皎漂的铁路、公路大通道。昆皎公路规划1 753公里，至2014年年底，云南境内段的731公里将全部建成高速公路。[184]此外，昆明至腾冲通往缅甸密支那，并连接印度雷多的公路目前正在建设过程中，规划全长1 249公里，其中云南境内段（昆明—猴桥）里程长698公里。2013年2月6日，有"极边第一路"之称的云南保（山）腾（冲）高速公路（除龙江特大桥）建成通行。未来全线贯通后，昆明至印度雷多1 200余公里的路程一天便可通达，成为目前中国通往南亚最为便捷的国际大通道，使孟中印缅经济走廊进一步实现互联互通。[185]

昆曼公路是第3号亚洲公路的重要路段，起于云南昆明，经中老边境磨憨口岸进入老挝，止于泰国首都曼谷，全长约1 800公里，向南可延伸至马来西亚和新加坡。该公路是大湄公河次区域合作中最重要的南北通道，也是贯通中国与东南亚的大动脉，曾被联合国亚洲及太平洋经济社会委员会交通运输司司长巴里·凯布尔（Barry Cable）称赞为"亚洲公路网中最激动人心的一个路段"[186]。从1993—2000年，中老泰三国就该项目的可行性和资金问题进行了数次探讨。为解决老挝的资金困难，2001年11月，中老泰和亚洲开发银行在曼谷达成三国四方协议。由中老泰共同出资建设昆曼公路老挝段，亚行向老挝政府提供贷款解决老挝负责路段的资金来源，中方则提供2.49亿元人民币（其中无偿援助5 000万元，无息贷款1.99亿元）支援老挝境内1/3路段的修建、改建任务。[187]2008年3月21日，昆曼公路中国境内段全线贯通。[188]当年3月31日，昆曼公路老挝段在中国、老挝、缅甸、柬埔寨、泰国、越南领导人的见证下正式通车。

由于湄公河在泰老边境的清孔会晒口岸把昆曼公路拦腰切断，每天上千人员和近百车辆物资的过河必须依靠摆渡。2009 年，中泰老三国政府签署老挝会晒—泰国清孔跨湄公河大桥项目融资协议，由泰老两国各承担 50%的建设资金，其中老方资金由中国政府提供援助。2010 年 6 月，由中国中铁五局与泰国昆通公司共同负责承建的跨湄公河大桥开工，并于 2012 年 12 月 12 日顺利合龙。[189] 2013 年 12 月 11 日，清孔—会晒大桥通车，意味着全长约 1 750 公里的昆曼公路全线贯通，联通中国昆明至泰国曼谷的“大湄公河次区域南北经济走廊”真正成为现实，中国—东盟自贸区实现了水陆联运无缝对接。[190] 在不考虑通关等因素的情况下，从昆明到曼谷所需时间由过去的 48 小时缩短为现在的 24 小时。

（三）油气管道

21 世纪以来，中国逐渐加强了能源进口的多元化部署。中哈原油管道、中国—中亚天然气管道、中俄原油天然气管道和中缅原油天然气管道的相继投产或规划在进一步维护国家能源安全的同时，也使新丝绸之路成为了中国重要的能源生命线。

1. 中哈原油管道

中国—哈萨克斯坦原油管道是我国第一条陆上跨境战略输油管线，途经肯基亚克、阿克纠宾[191]、库姆科尔和阿塔苏，从中哈边界的阿拉山口进入新疆境内，横穿哈萨克斯坦全境至阿拉山口岸，最后到达中石油独山子石化分公司。2004 年 7 月，中国石油天然气集团公司与哈萨克斯坦国家石油天然气股份公司各自参股 50%成立“中哈管道有限责任公司”，负责中哈原油管道的项目投资、工程建设、管道运营管理等业务。工程分三期完成，全长 2 798 公里，设计年输油量 2 000 万吨。2004 年 9 月 28 日中哈管道一期工程（阿塔苏—阿拉山口管道）开工建设，2005 年 12 月开始输油，2006 年 7 月 20 日正式投入商业运行。2008 年 4 月 28 日中哈管道二期一阶段（肯基亚克—库姆科尔管道）开工建设，2009 年 10 月 9 日投入商业运行。[192] 据统计，2006—2013 年，中哈原油管道累积输送原油达 6 362

万吨,其中2013年中哈石油管道管输原油达1 185万吨。[193] 2013年9月,习近平主席访问哈萨克斯坦期间,中石油以50亿美元收购哈萨克斯坦国家石油天然气公司所持卡沙甘油田8.33%的股权,双方将合作开发里海油气田。卡沙甘油田发现于2000年,被认为是近50年来世界上发现的最大油田,分别拥有480亿吨的石油储量和1万多亿立方米的天然气储量。这一收购不仅使中石油获得了相关油气田的权益,更使中国得以由此涉足里海油气开发,里海石油可以通过中哈原油管线直接输送到中国,具有重要的战略意义。未来,甚至有可能通过里海将油气管道延伸到阿塞拜疆、伊朗、伊拉克、叙利亚,甚至沙特等国,从而使得我国更加容易获得中亚、中东和里海的石油。

2. 中国—中亚天然气管道

中国—中亚天然气管道是目前世界上线路最长、工程量最大的天然气管道,也是迄今为止我国与中亚国家最大的合作项目。目前,中国与中亚五国之间共设计有4条天然气管道线路,其中A、B、C三线已建成投产,且均由土库曼斯坦途经哈萨克斯坦进入中国新疆(参见图4.3)。2006年4月,中国和土库曼斯坦两国分别签署《关于实施中土天然气管道项目和土库曼斯坦向中国出售天然气总协议》和《关于建设中土两国天然气管道基本原则协议》。根据这些框架性协议,土方承诺自2009年起30年内向中国出口天然气300亿立方米/年。目前,中国已成为土库曼斯坦最大的天然气进口国家,而中国—中亚天然气管道则是土库曼斯坦天然气最安全、最稳定的出口通道。仔细观察可发现,其走向恰好沿着古丝绸之路,从气源地附近的土库曼斯坦古城马雷起,经过撒马尔罕、布哈拉等古丝绸之路上的历史名城,越过戈壁大漠和雪山草原,被誉为新时期的“能源丝绸之路”[194]。

具体而言,A、B两线基本为同期双线敷设,起自土库曼斯坦东北部地区阿姆河天然气项目,途经乌兹别克斯坦中部和哈萨克斯坦南部后,从新疆霍尔果斯口岸进入中国境内,与西气东输二线相连接。[195]境外全长约1 833公里,境内全长8 704公里,途经全国15个省区市,止于香港。

2009 年 12 月和 2010 年 10 月中亚天然气管道 A、B 线相继建成投运，两线设计输气量为 300 亿立方米/年，可保证 4 亿居民的生活燃料供应。[196]

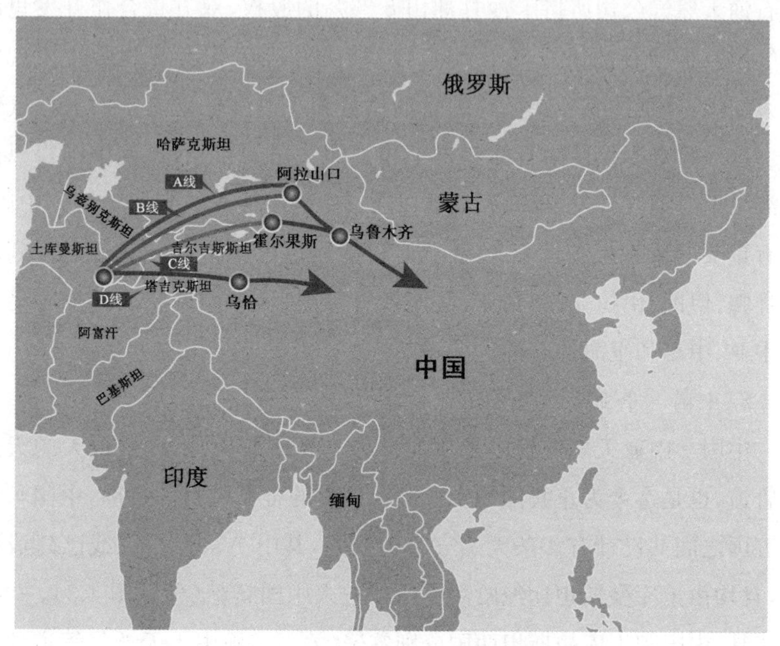

图 4.3　中国—中亚天然气管道线路图

资料来源：根据中国地图出版社的《世界地图集》(范毅、周敏主编，2011 年版)，中国地图出版社所属网站(http://www.map1000.com/mapworld/worldmap-new.aspx.)上的资料，以及其他公开信息制作。

C 线主要是为了保证乌兹别克斯坦对中国的天然气出口，于 2012 年 9 月全面启动建设。2014 年 6 月 15 日，与 A、B 线并行敷设的中国—中亚天然气管道 C 线正式向国内输气。线路总长度 1 830 公里，起始于土乌边境的格达依姆，经乌兹别克斯坦、哈萨克斯坦，从霍尔果斯口岸入境后与西气东输三线管道衔接。气源分别来自土库曼斯坦(100 亿立方米/年)、乌兹别克斯坦(100 亿立方米/年)和哈萨克斯坦(50 亿立方米/年)。目前，C 线输气能力为 70 亿立方米/年，2015 年底将达到 250 亿立方米/年的设计输气能力。[197] 中石油的数据显示，截至 2014 年 11 月 13 日，中亚天然气管道 A、B、C 三线累计向国内输送来自中亚的天然气突破 1 000 亿立方米。[198]

D线起始于土、乌边境，途经乌兹别克斯坦、塔吉克斯坦、吉尔吉斯斯坦三国，最终从新疆南部的乌恰县入境。2013 年 9 月，在习近平主席访问土库曼斯坦期间，中石油与土库曼斯坦天然气康采恩签署年增供 250 亿立方米的天然气购销协议，国家开发银行为此提供了融资支持。同时，中土双方一致同意，“启动D线建设，确保 2016 年建成并通气，实现每年通过天然气管道运送土库曼斯坦天然气达到 650 亿立方米的目标”[199]。D线设计全长约 1 000 公里，其中在塔吉克斯坦境内为 410 公里，从西到东横穿塔吉克斯坦。相较于 A、B、C线都经哈萨克斯坦由北疆霍尔果斯进入中国，D线取道塔、吉由南疆入境，从而使中国—中亚天然气管道实现了对五国的全覆盖。这不仅有助于促进中亚国家经济发展，进一步保障中国的陆上能源通道安全，也有助于带动南疆地区的基础设施建设。[200] 2014 年 9 月 13 日，习近平在访问塔吉克斯坦期间出席了中亚天然气管道D线塔吉克斯坦境内段的开工仪式。[201] D线设计输气量为 300 亿立方米/年，与西气东输五线相接，预计将于 2016 年建成投产。届时，中国—中亚天然气管道 A、B、C、D四条管线的总设计输送能力将达到 850 亿立方米/年。[202]

3. 中俄原油天然气管道

长期以来，中俄原油贸易主要通过铁路运输，存在运量小、运费高、风险大等劣势。2009 年 2 月 17 日，中俄签署每年 1 500 万吨、期限 20 年(2011—2030 年)的原油管道输油合同。作为交换，中国国家开发银行向俄罗斯提供 250 亿美元的贷款，这也是中外“贷款换石油”合作模式的首次成功实践。2011 年 1 月 1 日，中俄原油管道(即东西伯利亚—太平洋石油管道中国支线)正式投产输油，标志着中国东北方向的原油进口战略要道正式贯通。管道起自俄远东原油管道斯科沃罗季诺分输站，穿越中俄边境后途经黑龙江省和内蒙古自治区，止于大庆。全长约 1 000 公里，其中俄罗斯境内 72 公里，中国境内约 930 公里，设计年输油量 1 500 万吨，最大年输油量 3 000 万吨。根据黑龙江出入境检验检疫局漠河办事处的统计，截至 2013 年 12 月 31 日 24 时，中俄原油管道累计输送原油 4 584 万吨，其中 2013 年全年输油 1 575 万吨。[203] 2013 年 6 月 24 日，中国石油天然气集团公司公布了总价值 2 700 亿美元的中俄增供原油长期贸易合同的细节,这是目前为止中国签署的对外原油贸易最大单笔合同。根据增供合同,俄罗斯将在目前中俄原油管道(东线)1 500 万吨/年输油量的基础上逐年向中国增供原油,到 2018 年达到 3 000 万吨/年,合同期 25 年,可延长 5 年;中哈原油管道(西线)于 2014 年 1 月 1 日开始增供原油 700 万吨/年,合同期 5 年,可延长 5 年。同时,为了形成上下游产业链条,俄方还承诺在中俄合资天津炼油厂建成投运后,每年向其供应 910 万吨原油。[204]这就意味着,未来俄罗斯每年对华出口原油最高可达 4 610 万吨,相当于 2013 年中俄原油贸易总量的两倍。2014 年 6 月,哈萨克斯坦议会上下两院相继批准关于俄罗斯通过哈萨克斯坦境内向中国出口石油的合作协议,这条从鄂木斯克(俄罗斯)经阿塔苏(哈萨克斯坦)至阿拉山口(中国)的原油管道年输油能力为 700 万吨,今后俄方有可能增供至每年1 000万吨。[205]据统计,仅 2014 年 1—9 月,俄罗斯过境哈萨克斯坦向中国出口石油近 400 万吨。[206]

在中俄石油合作顺利进行的同时,持续了 10 年的中俄天然气谈判也取得突破性成果。作为中俄能源伙伴关系的重要组成部分,在 2014 年 5 月 21 日"亚信"会议期间,中俄双方在上海签署《中俄东线天然气合作项目备忘录》和《中俄东线供气购销合同》。按照协议,俄罗斯将从 2018 年起通过中俄天然气管道东线向中国供气,输气量逐年增长并最终达到每年 380 亿立方米,累计合同期 30 年。[207]从路线上,被命名为"西伯利亚力量"(Power of Siberia)的东线管道西起俄罗斯伊尔库茨克州的科维克金气田,经萨哈共和国恰扬金斯克气田,从别洛戈尔斯克经黑河进入中国,俄方境内段全长约 2 680 公里。根据俄方披露的消息,中俄天然气价格按石油及其副产品市场价的标准公示来计算,每立方千米单价高于 350 美元,合同总价达 4 000 亿美元(约合 2.5 万亿元人民币)。[208]2014 年 9 月 1 日,中俄东线天然气管道俄罗斯境内段"西伯利亚力量"管道正式开工。10 月 8 日,中俄东线天然气管道项目获得国家发展和改革委员会关于设计路线等问题的批复。根据初步设计,中国境内段起自黑龙江黑河市,途经吉林、内蒙古、辽宁、河北、天津、山东、江苏、上海 8 个省、自治区、直辖市，止于上海市，境内总长约 4 000 公里。为合理安排项目建设周期，分为北段(黑龙江黑河—长岭吉林干线及长岭—长春支线)、中段(吉林长岭—河北永清)、南段(河北永清—上海)，并分别核准和建设。工程于 2015 年施工，预计在 2018 年交付使用。[209]同时，为落实两国天然气合作，俄中两国将分别投资 550 亿美元和约 220 亿美元用于气田基础设施和管道建设，而这也很有可能将促进并带动我国能源装备的出口。10 月 15 日，中石油与俄罗斯天然气工业股份公司签署《关于中俄东线天然气管道建设和运营的技术协议》，从而为中俄东线天然气管道跨境段和各自境内管道的建设奠定重要的法律基础。[210]值得指出的是，2014 年 6 月 26 日，俄罗斯天然气工业股份公司(Gazprom)表示正考虑发行以亚洲货币计价的债券，并“原则上准备好”接受中国客户的人民币付款。[211]10 月 11 日，俄罗斯政府在公告中进一步透露，中俄东线天然气协议中包含了鼓励双方以本国货币进行能源交易付款的内容。[212]11 月 10 日，俄罗斯总统普京在北京 APEC 会议上表示，俄罗斯计划通过能源出口扩大卢布和人民币的结算贸易。[213]这些表态对于中国以中俄天然气合作为突破口减少美元本位制的风险，从而实现能源进口的本币乃至人民币计价结算而言，无疑是个值得期待的新进展。

伴随着中俄东线天然气价格协议的达成，持续多年的中俄西线天然气管道谈判也取得重要进展。2014 年 6 月 27 日，俄罗斯天然气工业股份公司表示，近期可望与中方就西线对华供气谈判达成共识，并签署每年沿西线对华增供 300 亿立方米天然气合同。[214]2014 年 11 月 9 日 APEC 会议期间，中俄两国在北京签署《关于通过中俄西线管道自俄罗斯联邦向中华人民共和国供应天然气领域合作的备忘录》《中国石油天然气集团公司与俄罗斯天然气工业股份公司关于经中俄西线自俄罗斯向中国供应天然气的框架协议》。[215]据悉，该框架协议的内容包含了供气量和供应期限以及照付不议的条款，且交货地点是两国边境。这条名为“阿尔泰”(Altai)的输气管道从俄罗斯西西伯利亚气田出发，经阿尔泰共和国由新疆入境，与我国“西气东输”管道连接，每年对华供应 300 亿立方米天然气。[216]东西两线全面贯通后，俄罗斯每年向中国输送的天然气将达到 680 亿立方米/年。届时，中国将成为俄罗斯最大的天然气进口国，超过了德国每年 400 亿立方米的进口规模[217]（参见图 4.4）。

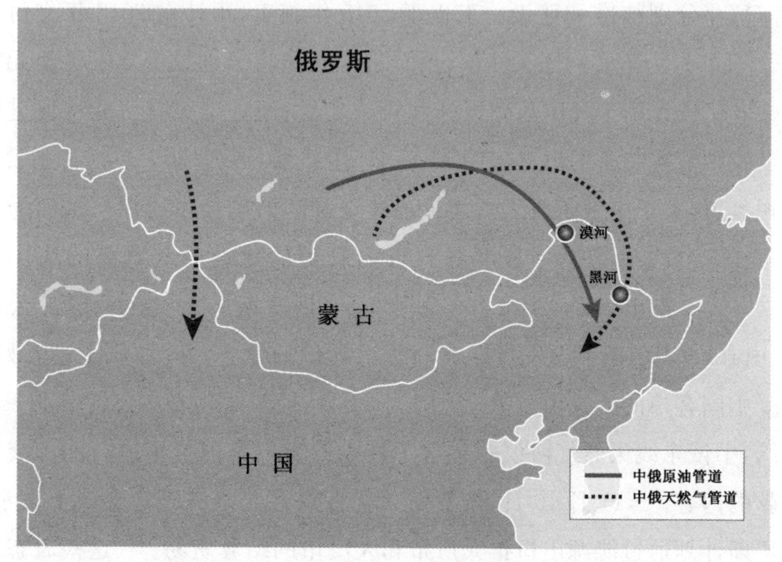

图 4.4 中俄原油天然气管道路线图

资料来源：根据中国地图出版社的《世界地图集》（范毅、周敏主编，2011 年版），中国地图出版社所属网站（http://www.map1000.com/mapworld/worldmap-new.aspx.）上的资料，以及其他公开信息制作。

4. 中缅原油天然气管道

中缅原油天然气管道的建设计划早在 2004 年即已提出，经过 6 年的谈判和磨合，中缅双方于 2009 年 6 月达成合作协议。中缅原油管道缅甸境内段长 771 公里，起点位于若开邦马德岛，原油主要来自中东和非洲，设计输油能力为 2 200 万吨/年，投资额为 15 亿美元，由中石油作为控股方的东南亚原油管道有限公司承担管道及附属设施的设计、建设、运营和管理。中缅天然气管道缅甸境内段长 793 公里，起点为若开邦皎漂市，天然气主要来自缅甸近海油气田，设计输气能力为 120 亿立方米/年，投资额为 10.4 亿美元，是一个由中国、缅甸、印度和韩国共同投资建设的"四国六方"合作项目。[218]2013 年 6 月 3 日，中缅油气管道正式开工建设，两条管道采取并线铺设,在缅甸境内途经若开邦、马圭省、曼德勒省和掸邦等地进入中国瑞丽。两线在贵州安顺实现油气管道分离,原油管道最终到达重庆,而天然气管道则南下到达广西。2013 年 10 月 20 日,中缅天然气管道干线建成投产。通过中贵线,中缅天然气管道和西气东输系统连接在一起,同时也沟通了新疆气区、长庆气区和四川气区联络的通道,使我国油气管网格局基本形成。[219]中缅原油管道正式投产建成后,中国进口自中东和非洲的原油可直接从面向印度洋安达曼海的缅甸若开邦马德岛上岸,比经过马六甲海峡运输,可以缩短 1 200 公里[220](参见图 4.5)。正是鉴于中缅油气管道的战略性,2014 年 6 月 28 日,李克强总理在北京会见缅甸总统吴登盛时强调,“双方要确保油气管道、矿业开发、港口建设等重大合作项目顺利实施和安全运营”[221]。根据中石油的统计,截至 2014 年 11 月 11 日,中缅天然气管理已累计向中国输送天然气超过 30 亿立方米,达 30.03 亿立方米。[222]

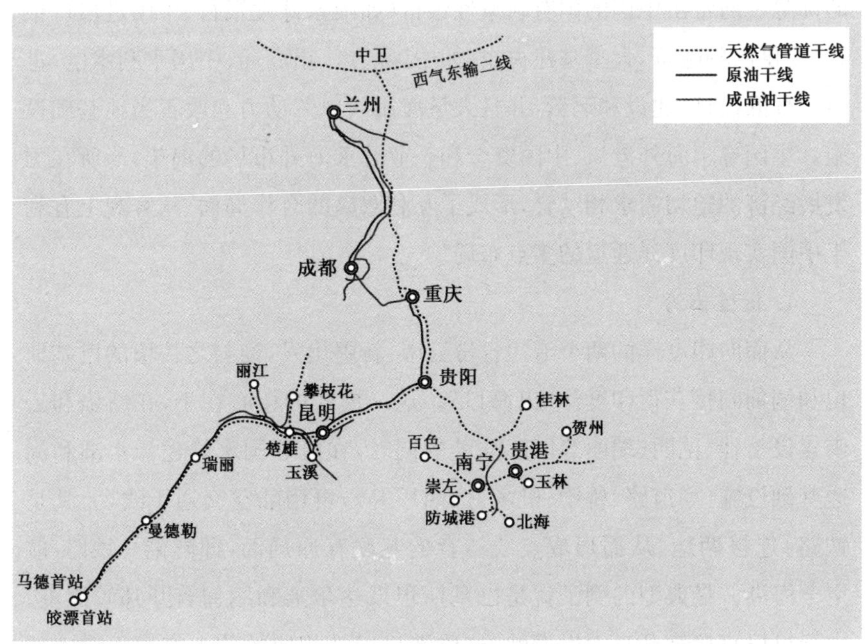

图 4.5　中缅原油天然气管道路线图

资料来源:冉永平等:《中缅天然气管道干线建成投产　每年 120 亿立方米天然气惠及上亿人》,载《人民日报》2013 年 10 月 21 日,第 9 版。

随着中哈原油管道、中国—中亚天然气管道、中俄原油天然气管道、中缅原油天然气管道的相继投产运营或规划建设，中国的西北、东北、西南和海上（经过马六甲海峡的海上通道）四大油气进口通道的战略格局已初步成形。这对中国实现能源进口多地区、进口方式多元化，保障国家能源安全具有重要意义。

（四）港口建设

在新丝绸之路的互联互通中，海外港口建设有着不可替代的重要性。这不仅关乎中国能否突破“马六甲困局”，更好地保障能源进口和海上运输安全，也直接影响到海上新丝绸之路的运行畅通。

21世纪以来，中国加快了在海外港口的建设布局。总体来看，存在着两种模式，而两者都有赖于中国在资金、技术、人员素质和建设经验上的优势。通常由中国的国有政策性银行（如国家开发银行、中国进出口银行）提供巨额融资，大型基建央企（如中国港湾、招商局、中国水利水电）进行工程的设计、建设和运营，并且大量雇用当地劳动力和改善当地基础设施。中国寻求海外港口、中国资金和企业寻求海外市场的渴望，与所在国发展经济的迫切需求相结合，形成了互利双赢的合作局面，从客观上有利于中国实现印度洋通道的多点布局。

1. 借道出海

从面向印度洋的两个沿边省份云南、新疆出发，经与之接壤的巴基斯坦和缅甸间接获得印度洋“出海口”。这一模式的核心在于，在新疆和云南建设喀什、昆明、瑞丽等国际陆港的同时，在毗邻国家修建深水港和周边基础设施（如道路、桥梁、机场、炼油厂等），再用陆空交通干线（尤其是铁路）连接两地，从而形成点线结合的互联互通局面，即陆港—铁路/航空—海港。最典型的例子就是巴基斯坦瓜达尔港和缅甸若开邦皎漂港。由于可以直接绕开马六甲海峡，这些港口以及相应的陆上交通干线也就成为了中国从非洲、中东进口能源时理想的海陆联运枢纽和通道。

瓜达尔港位于巴基斯坦西南部俾路支省，毗邻巴基斯坦和伊朗边界，距离霍尔木兹海峡约400公里,堪称印度洋上的咽喉要地,亦是中东、南亚与中亚三大地带的交会点。2001年,时任巴基斯坦总统穆沙拉夫向中国提出合作建设瓜达尔港的建议,当年8月10日,两国政府签署瓜达尔港项目一期工程融资协议。根据协议,瓜达尔深水港项目分两个阶段完成:一期工程总投资2.48亿美元,其中中方出资1.98亿美元,以赠款、无息贷款、优惠贷款和买方信贷等进行融资,主要用于港口基础设施建设。2007年3月20日,由中国港湾建设(集团)总公司承包、建设的瓜达尔港工程正式竣工,而新加坡港务局则接手港口的运营与管理。[223] 2013年2月18日,巴基斯坦总统扎尔达里宣布,巴方将瓜达尔港的经营管理权正式转交给中国海外集团有限公司。[224] 随着中巴经济走廊建设的推进,尤其是从新疆喀什至瓜达尔港的中巴铁路、中巴原油管道纳入规划,未来中东与非洲的原油、中国的各类商品可经由瓜达尔港进行中转。

2. 海外建港

依托双方良好的政治关系,通过对在印度洋乃至地中海上不接壤国家投资修建或扩建港口尤其是集装箱码头的方式,寻求海上补给停靠和贸易中转。同时,以港口建设为基础,在周边修建机场、铁路等基础设施乃至产业园区,带动所在国国内发展。近年来中国在马来西亚、斯里兰卡、坦桑尼亚、希腊等国的港口建设运营即属于这种模式。

关丹港是马来西亚东海岸上的最大港口。2013年9月,马来西亚营建商怡保工程将关丹港口财团40%股权出售给中国广西北部湾国际港务集团,作价1.015 3亿美元。[225] 与此同时,马来西亚政府宣布,将耗资40亿林吉特(约12.284亿美元)扩建关丹港,由政府与怡保工程、广西北部湾国际港务集团等联手投资执行。扩建计划完成后,关丹港处理货柜总量将从目前1 600万个提升至5 200万个,成为西马东岸规模最大的港口。[226] 值得指出的是,距关丹港5公里附近,坐落着马来西亚—中国关丹产业园,与位于中国广西钦州的中国—马来西亚钦州产业园区属于姊妹园区,在两国政府总理直接推动下于2012年同时建立。关丹产业园区由中马双方组建的合资公司负责开发建设和运营,园区合资公司总股比按照马方51%、中方

49%构成,中方参股企业为广西北部湾国际港务集团和钦州市开发投资有限公司。[227] 2014 年 2 月 25 日,中马钦州产业园区和马中关丹产业园区联合合作理事会第一次会议在北京召开,这标志着中马"两国双园"联合协调机制正式建立。[228]随着中国—东盟港口城市合作网络建设的全面展开,即将开通的广西钦州港至马来西亚关丹港的集装箱班轮航线已成为海上互联互通的重点工程。[229]未来,马来西亚丰富的铁矿石可从关丹港出口至钦州港,而关丹港也将成为海上新丝绸之路上的集装箱枢纽和集散中心。

斯里兰卡是古代海上丝绸之路的必经之地,也是新丝绸之路上的重要枢纽,汉班托特港和科伦坡港则是这一枢纽的钥匙。汉班托特港是斯里兰卡南部重要港口城市,距阿拉伯海和孟加拉湾之间的主要海上航线仅 6 海里。不论是由印度洋出入太平洋,还是进出孟加拉湾,汉班托特都是中国油轮最佳的中间补给和停靠点。2007 年 10 月 31 日,由中国进出口银行提供 3.6 亿美元贷款、中国港湾工程有限责任公司和中国水利水电建设集团公司负责具体承建的斯里兰卡汉班托特港正式开工。[230] 2010 年 11 月 18 日,汉班托特港举行启用仪式。2011 年底,该港一期工程完工。[231]根据斯方规划,汉班托特港将分期建设,全部三期工程建设需 15 年时间,届时该港将成为世界上最大的港口之一,每年的集装箱吞吐能力将由目前的 600 万个增加到 2 300 万个。[232]科伦坡港则是印度洋航道上的老牌港口和南亚地区迄今为止最大的深水港,途经这里前往霍尔木兹海峡和欧洲的运输量占全球海上航运的一半。2013 年 8 月 5 日,科伦坡南港集装箱码头正式开港,使中国在世界最繁忙的国际航道上获得新的立足点。该项目投资额为 5 亿美元,是迄今为止斯里兰卡最大的外资投资项目,也是中国对斯里兰卡最大的投资项目,由招商局国际有限公司主导融资、设计、建造、运营及管理,特许经营期为 35 年。按照规划,该码头共建设 4 个泊位,码头岸线总长 1 200 米,年设计吞吐能力 240 万标准集装箱。[233]该项目一期工程于 2014 年 4 月竣工,截至 8 月已作业 450 多艘次船舶,处理 47.33 万个标准箱。2014 年 9 月 17 日,习近平主席在斯里兰卡总统拉贾帕克萨陪同下考察科伦坡南港集装箱码头,并出席了港口城开工仪式,要求中方建设者“同斯方一起建设好这个21世纪海上丝绸之路重要枢纽”。科伦坡港口城由中国港湾公司与斯里兰卡国家港务局共同开发,项目直接投资14亿美元,带动二级开发投资130亿美元,预计在2017年9月完成约276万平方米填海造地和道路、管线等基础设施建设,剩余设施建设将于2022年完工。[234]

非洲东海岸作为古代海上丝绸之路和郑和下西洋的重要目的地,同样出现了中国寻求海外港口的足迹。2014年1月10日,由香港招商局国际有限公司投资建设的坦桑尼亚巴加莫约港口和临港工业区开发项目执行协议签约仪式在达累斯萨拉姆举行,项目预算资金达100亿美元。这标志着巴加莫约港综合开发项目正式进入执行阶段。据估计,建成以后,这个连接坦桑尼亚与中国、中东、欧洲市场的港口年处理能力将达到2 000万个集装箱。[235]

希腊是中国通往欧洲的门户,而比雷埃夫斯港则是希腊第一大码头和东地中海重要港口,其内陆可延伸至巴尔干地区,海运辐射可至地中海、黑海、北非等周边地区,地理位置极其优越。目前,欧盟已成为中国的最大贸易伙伴,其中约80%以上的中国货物经海运抵达欧洲。从中国的沿海通过苏伊士运河经地中海到达比雷埃夫斯港,可以比传统航线缩短7—11天的运输时间,是中国到欧洲最短的海运航线。2008年6月12日,中远集团中标比雷埃夫斯港集装箱第2、3号码头35年特许经营权,并于2009年10月1日起正式接手经营,成为中远在欧洲全资控股的第一例。自中希港口合作以来,比雷埃夫斯港已成为世界上吞吐量增长最快的码头之一,2013年实现吞吐量252万标箱,相当于2007年时吞吐量的两倍。[236]2014年6月20日,李克强总理访问希腊期间,在两国总理的见证下,一列满载华为和中兴货物的列车发车,从比雷埃夫斯港开往中东欧的“海铁联运”正式开通。[237]在此之前,传统的物流路径是货物从汉堡或鹿特丹上岸后再通过海铁联运到达中东欧;现在,中远比雷埃夫斯集装箱码头有限公司码头“海铁联运”所提供的新物流路径是在该码头的铁路站装载货物,再通过马其顿、塞尔维亚、匈牙利到达奥地利或者斯洛文尼亚、捷克,使货物从中国到中东欧的全程运输时间缩短 7—10 天。根据中希两国领导人达成的共识,未来双方将规划围绕比雷埃夫斯港发展修船业、船舶制造业,并从该港开始逐步改造从希腊通向欧洲腹地的铁路干线,将其打造成中国同中东欧以及东南欧之间的物流中心,使之成为中国通往欧洲的重要门户。[238] 2014 年 12 月 17 日,李克强总理在第三次中国—中东欧国家合作论坛期间进一步宣布,中国、匈牙利、塞尔维亚同意将匈塞铁路延伸至比雷埃夫斯港,共同打造"中欧陆海快线",并争取在两年内建成。[239] 12 月 20 日,《中远比港友好协商协议》获得希腊议会批准,中远集团将投资 2.3 亿欧元用于扩建比港 3 号码头西侧,每年集装箱吞吐量将从 316.4 万标箱增长为 475 万标箱。[240] 这些举措都将对比雷埃夫斯港成为中欧之间的贸易物流枢纽产生积极推动作用。

综上所述,从中国的东海之滨至欧洲的波罗的海,从太平洋至印度洋和地中海,包括铁路、公路、管道、港口、航空、河运、电力、通信在内的各种跨境基础设施互联互通正在蓬勃开展,成为新丝绸之路上最具象征性(同时也是最具实质意义)的物质载体。在此过程中,中国强大的资金优势和基建能力与沿线国家资源、能源实现了良性的结合,为进一步推动沿线地区的互联互通、构筑互利共赢的经济合作新局面奠定了基础。

四、"一带一路"上的次区域合作

作为新时期中国的重大国家发展战略,海陆"丝绸之路"建设不仅取决于国家层面的总体部署和外交协调,还有赖于各相关省份和地方政府的积极参与和主动对接。新的国家战略赋予了相关省份新的对外开放和次区域合作契机,成为了地方政府竞相获取的新一轮政策红利。在此过程中,地方政府能否有效发挥战略支点和"桥头堡"作用,不仅将直接关系到未来中国与"新丝绸之路"沿线地区的合作前景,更将在很大程度上影响国家总体战略的实施成效。本节将以新疆与中亚地区、宁夏与阿拉伯世界、广西与东盟的互动为例,分别展现近年来尤其是"新丝绸之路"战略框架下沿边、内陆和沿海省份参与次区域合作的新进展。

(一) 新疆与中亚地区

地处我国西北的新疆，拥有全国 1/6 的国土面积、5 700 多公里的边境线，与蒙古、俄罗斯、哈萨克斯坦、吉尔吉斯斯坦、塔吉克斯坦、巴基斯坦、印度、阿富汗八国接壤，是我国面积最大、陆地边境线最长、交界邻国最多的省区。

长期以来，由于地理位置、民族宗教以及历史传统等天然优势，新疆与中亚地区在经济上的往来是中国所有省区市中最密切的，而面向广大中亚地区的边境贸易始终占据新疆对外贸易半壁江山。据统计，2011—2012 年，新疆排名前三位的进出口外贸伙伴分别是哈萨克斯坦、吉尔吉斯斯坦和塔吉克斯坦。2011 年，新疆进出口总额为 228.2 亿美元，其中哈、吉、塔三国分别占 46.5%、16.7%和 7.5%；2012 年，新疆进出口总额为 251.7 亿美元，其中哈、吉、塔三国分别占 44.4%、16.1%、5.6%。值得指出的是，除乌兹别克斯坦之外，新疆几乎与所有的主要贸易伙伴都维持了较大的贸易顺差，出口额约占新疆外贸总额的 75%左右(参见表 4.6)。

表 4.6　2011—2012 年新疆与主要贸易伙伴进出口额一览表

单位：亿美元

贸易伙伴	2011 年			2012 年		
	总　额	出口额	进口额	总　额	出口额	进口额
全　　部	228.2	168.3	59.9	251.7	193.5	58.2
哈萨克斯坦	106	66.6	39.3	111.7	71.4	40.3
吉尔吉斯斯坦	38.1	37.2	0.9	40.4	39.9	0.5
塔吉克斯坦	17.2	16.8	0.4	14.1	13.7	0.4
乌兹别克斯坦	7.4	3.2	4.2	8.3	3.8	4.5
俄罗斯	9.3	5.2	4.1	6.4	3.8	2.6

资料来源：新疆维吾尔自治区统计局：《新疆统计年鉴 2013》，中国统计出版社 2013 年版，第 197—200 页。

作为中亚地区领土面积最大、经济实力最强的国家，哈萨克斯坦自 1991 年独立后就是中国在中亚地区的第一大贸易伙伴，中哈贸易占到中国与中亚国家贸易总额的一半以上，而新疆与哈萨克斯坦的边境贸易则在此过程中起到了极其重要的作用。以2012年为例，当年中国与哈萨克斯坦的双边贸易额为256.8亿美元，新疆以111.7亿美元的份额占43.5%；其中，中国对哈出口额为110亿美元，新疆则以71.4亿美元的份额占65%。[241]正是鉴于新疆在中哈两国贸易中的特殊地位，在中哈全面战略伙伴关系框架下，两国进一步确认“双方愿扩大两国边境及内地的直接经济交往，支持中国新疆维吾尔自治区等省区同哈萨克斯坦开展合作与交流”[242]。因此，未来中国与中亚地区进一步深化经济整合的关键在于新疆。

近几年来，为了促进新疆的长治久安和向西开放，中央政府明显加强了对新疆的战略投入。2010年召开的中央新疆工作座谈会启动了为期十年的新一轮对口支援，此举创下了新中国历史上多个之最，即支援地域最广、涉及人口最多、资金投入最大、援助领域最全。[243]随着丝绸之路经济带倡议的提出，新疆在向西开放中的战略地位进一步得到强化，而这也从客观上为新疆与中亚地区的次区域合作注入新的动力。习近平主席在考察新疆时强调，“新疆在建设丝绸之路经济带中具有不可替代的地位和作用，要抓住这个历史机遇，把自身的区域性对外开放战略融入国家丝绸之路经济带建设、向西开放的总体布局中去”[244]。为了对接国家战略，新疆在2014年1月的《政府工作报告》中专设一节阐述了建设丝绸之路经济带核心区的规划与设想。[245]2014年5月26日，中共中央政治局召开会议研究进一步推进新疆社会稳定和长治久安工作，提出“坚持开放战略，着力打造新疆丝绸之路经济带核心区”，首次从中央层面明确了对新疆在丝绸之路经济带战略中的定位。[246]6月26日，国务院新闻办公室主办的丝绸之路经济带国际研讨会在乌鲁木齐召开，新疆维吾尔自治区党委书记张春贤系统提出新疆将致力于打造丝绸之路经济带上的“五中心三基地一通道”，尤其是完善北、中、南三条大通道，构建联通中国与中亚、西亚、南亚以及欧洲、非洲的综合交通运输体系。[247]

鉴于新疆自身经济发展与对外开放能力的限度，新丝绸之路上新疆与中亚次区域合作的升级在很大程度上借助于国家政策的推动。包括搭建对外开放合作平台、扩大现有口岸功能和增设新的口岸，加速跨境基础设施互联互通,建立边境合作中心、设立经济特区、实行人民币跨境结算等。2011 年,中央政府将原先的乌鲁木齐对外经济贸易洽谈会(简称乌洽会)升格为中国—亚欧博览会,使新疆与包括中亚各国在内的亚欧国家合作获得了制度化的平台。2011 年 9 月,国务院同意在新疆设立喀什和霍尔果斯南北两个经济特区。此举借鉴了改革开放初期国家在东南沿海地区设立若干经济特区的经验,标志着中国的对外开放进入了一个新的历史阶段。为了支持两个经济特区建设,国家在辅以各种政策优惠措施的同时,还动员东部省市实行对口支援,旨在从长远意义上将其打造成中国“向西开放”的重要窗口,推动形成我国“陆上开放”与“海上开放”并重的对外开放新格局。[248]如果说新疆是丝绸之路经济带建设进程中的核心区,那么,在此过程中,喀什和霍尔果斯则无疑是撬动整片核心区的两个战略支点。

喀什位于新疆南部,作为古代丝绸之路的重镇,是一个以维吾尔族为主体民族、伊斯兰教为主要信仰的少数民族聚居区,具有“五口通八国、一路连欧亚”的地缘优势。[249]从喀什出发,向西可以经中亚、伊朗和土耳其到欧洲;向南既可以走巴基斯坦的白沙瓦到卡拉奇,再经阿拉伯海到中东和欧洲,也可以通过巴基斯坦到伊朗,再到其他中东国家和欧洲。喀什与周边各国具有趋同的社会人文渊源,经济互补性强,具有开展城市间、区域间经济合作得天独厚的优势。作为未来中巴铁路、中吉乌铁路乃至中巴原油管道等战略性通道的中国境内段起点,喀什将成为从南疆通往中亚、南亚的枢纽。2013 年出台的《喀什经济开发区总体规划方案》提出,未来将推进喀什铁路通道建设,“打通我国第二条亚欧大通道”[250]。根据新疆发改委的消息,中吉乌铁路和中巴铁路即将全面开工,预计“十三五”期间建成。[251]

霍尔果斯,蒙古语意为“放牧的好地方”,早在隋唐时期就是“古丝绸之路”北道上的一个重要驿站,与哈萨克斯坦接壤。2011 年 12 月 2 日,中国与哈萨克斯坦共建的霍尔果斯国际边境合作中心启动,这是亚欧大陆第一座跨境的国际合作中心,成为未来深化中哈乃至整个中亚地区经济合作的重要枢纽。同时,随着中哈第二条铁路成功接轨和霍尔果斯铁路站通车、"连(云港)—霍(尔果斯)"集装箱公铁联运成功试运营、启动综合保税区建设等等一系列进展,集公路、铁路和管道三位一体的霍尔果斯将成为新疆面向中亚地区经济合作的窗口。据海关统计,2013 年霍尔果斯口岸总进出口运量首次突破 2 000 万吨,占新疆关区货运总量的 42.2%。其中,进口 1 985.66 万吨,主要是天然气、甘草、动物皮毛等;出口 110.07 万吨,主要以机电产品、纺织服装和鞋类为主,基本符合中国与中亚地区的商品贸易结构。[252] 2013 年 10 月 20 日,总投资 19 亿元的霍尔果斯铁路口岸站"一关两检、边检站、调车场"等扩能改造工程全面竣工,扩能改造后的霍尔果斯铁路口岸站,预计到 2020 年过货量将达到 2 000 万吨,2030 年达到 3 500 万吨。[253] 未来,霍尔果斯铁路口岸站将成为我国出口中亚商品的集散地。2014 年 7 月 10 日,国务院批复新疆维吾尔自治区设立县级霍尔果斯市,成为丝绸之路经济带沿线最年轻的一座城市。[254]

除了搭建中国—亚欧博览会平台、设立喀什、霍尔果斯两个经济特区之外,近年来新疆与中亚地区次区域合作中最引人注目的进展,就是包括人民币跨境结算在内的一系列金融合作举措。尽管中国与中亚各国边境贸易的规模逐年上升,但受到包括美元结算方式在内的种种限制,始终未能有突破性的进展。[255] 因此,在美元持续疲软而人民币保持相对稳定、中国与中亚各国经贸往来日益频繁、新疆"向西开放"日益深入的背景下,实行以双方本币或人民币结算的方式开展边境贸易和投资,已日益成为了中国与中亚国家之间的重要共识。[256] 2009 年 5 月,作为人民币国际化的局部尝试,在新疆与巴基斯坦的边境贸易中使用人民币结算得到中国人民银行总行的正式批准。[257] 2010 年 10 月,为贯彻落实中央新疆工作座谈会工作部署,新疆正式启动跨境贸易与投资人民币结算试点工作,成为首个开展跨境直接投资人民币结算试点的省区。[258] 2012 年 6 月 5 日,国内首笔人民币兑哈萨克斯坦货币坚戈交易的国际贸易结算在中国银行新疆阿拉山口支行实现,这是自 2011 年 6 月人民币兑坚戈现汇挂牌后发生的首笔跨境本币支付业务,标志着坚戈对人民币直接汇率项下的坚戈现汇交易迈出了第一步，对促进双边本币结算和贸易投资便利化具有重要意义。[259]自2010年开展跨境贸易与投资人民币结算试点以来，新疆以周边中亚各国为突破口，业务规模和服务区域不断扩大。据中国人民银行乌鲁木齐中心支行统计，截至2013年年底，新疆已与哈萨克斯坦、吉尔吉斯斯坦、塔吉克斯坦、乌兹别克斯坦、巴基斯坦等53个国家和地区开展跨境人民币结算，实现了15个地州市全覆盖，参与企业超过1 100家，累计结算量突破千亿元大关，达1 206亿元。[260]尽管依然存有不小的进步空间，但人民币跨境结算的推行已为新疆与中亚地区的贸易和投资便利化注入了新的活力。[261]

目前，新疆建设丝绸之路经济带金融中心的构想已在自治区内部酝酿。[262]从国家层面的实际推动来看，仍然是以喀什和霍尔果斯两个经济特区作为支点加以撬动。在《国务院关于支持喀什霍尔果斯经济开发区建设的若干意见》中，赋予喀什建设“金融贸易区”的布局定位，这是全国继上海陆家嘴金融贸易区之后的第二个金融贸易区，也是首个位于沿边地区的金融贸易区，有助于将喀什打造为丝绸之路经济带上的的金融中心。2012年9月，由“一行三会”联合出台的《关于金融支持喀什霍尔果斯经济开发区建设的意见》中明确提出，大力推动开发区尤其是中哈霍尔果斯国际边境合作中心跨境人民币业务创新，进一步提升贸易投资便利化程度，鼓励开发区积极参与上合组织框架下金融合作。[263]2013年8月，中国人民银行下发《关于中哈霍尔果斯国际边境合作中心跨境人民币创新业务试点的批复》，使边境合作中心成为我国首个“关外”（即“边境之内、海关之外”）离岸人民币金融业务试点区，进一步吸引资本、技术等向中哈霍尔果斯国际边境合作中心集聚。[264]

简言之，伴随着丝绸之路经济带战略的提出以及一系列的国家政策扶持和资源输入，新疆与中亚地区的次区域合作获得了新的契机，而以霍尔果斯、喀什的战略支点作用将成为新疆与中亚实现从边境贸易向更全方位合作升级的关键。

（二）宁夏与阿拉伯世界

宁夏位于中国西北地区东部，毗邻陕西省、甘肃省和内蒙古自治区，总面积6.64万平方公里，辖5个地级市，人口630余万，其中回族人口约220万，占全区人口近36%，占全国回族人口近20%。[265]相较于东部沿海发达地区和云南、新疆等西部沿边省区，宁夏不靠海、不沿边，在“向西开放”的发展格局中亦不占有地缘经济上的优势。然而，与此同时，以“中国的穆斯林之乡”著称的宁夏却与阿拉伯世界存在着天然的宗教文化联系。

阿拉伯世界地处国际战略与交通要冲，资源优势独特，是一个拥有22个国家、1 426万平方公里土地和3亿多人口的发展中国家群体，已探明石油储量约占世界石油总储量的2/3，是世界上最大的能源市场。近几年来，阿拉伯国家作为一个整体，经济增长率为5%左右。[266]从世界范围来看，全球有57个伊斯兰国家，15亿穆斯林，出产世界2/3的石油、70%的橡胶，每年的国际贸易额超2万亿美元。[267]与此同时，据估计，截至2010年，中国国内的穆斯林人口约为2 300万，其中约1 769万分布于新疆、宁夏、甘肃、青海西北四省区，约占全国穆斯林总人口的3/4。作为古代丝绸之路伊斯兰化的历史遗产，中国西北的穆斯林聚居区处于现代中国的政治版图与伊斯兰世界信仰版图的交集地带。正是基于这种双重属性，借由宗教文化纽带和资源，打造中国与阿拉伯—伊斯兰世界的“宁夏通道”，就成为了复兴丝绸之路的重要思路。在此过程中，中央的顶层设计与宁夏的发展需求之间达成了充分的利益均衡，西部开发、向西开放、建设丝绸之路经济带等一系列重大战略的出台实施，使宁夏在国家发展战略的宏观框架下快速地获取政策和资源的倾斜。

2012年2月，《西部大开发“十二五”规划》明确指出，“积极推动宁夏形成我国面向阿拉伯、穆斯林国家开放的重要窗口”。2012年9月，国务院正式批准设立宁夏内陆开放型经济试验区和银川综合保税区，赋予宁夏中阿合作的桥头堡的定位。[268]作为我国内陆地区首个也是唯一覆盖整个省级区域的试验区，宁夏内陆开放型经济试验区的设立是全面深化我国同阿拉伯国家及穆斯林地区交流合作的重大战略决策。2013年9月，国务院同意建立由国家发改委牵头的宁夏内陆开放型经济试验区建设部际联席会议制度，统筹协调宁夏内陆开放型经济试验区建设工作，研究和协调规划实施过程中的重大政策和重大问题，特别是对外开放的重大政策。[269]与此同时，中国银监会已批准宁夏开办伊斯兰银行；国家民族事务委员会、中国伊斯兰教协会批准宁夏设立"清真认证中心"；国家质监局在宁夏成立了"中国清真产品质监中心"；中国贸促会与自治区政府签订了战略合作备忘录，从各方面支持宁夏发展内陆开放型经济，打造中国面向阿拉伯—伊斯兰世界对外开放的综合平台。凡此种种，都旨在通过以点带面、重点突破的方式塑造宁夏在向西开放和新丝绸之路中的战略支点作用。

中国—阿拉伯博览会（前身为中阿经贸合作论坛）作为目前由宁夏承办的多边经济合作机制，充分体现了国家总体外交与地方政府发展的协同性。2010 年 10 月，国务院批准宁夏永久承办"中阿经贸论坛"。据统计，在 2010—2012 年的三届中阿经贸论坛过程中，共有 18 位中外国家领导人、195 位中外部长级官员及 93 位驻华使节莅临大会；76 个国家、地区和国际机构，5 000 多家国内外企业，3 万多名客商参会参展；共签订合同项目 201 个，合同金额 2 547.56 亿元。[270]2013 年 9 月，中阿经贸论坛进一步升格为"中阿博览会"，并在此框架下开展了中阿农业合作论坛、中阿清真食品及穆斯林用品展、中阿能源合作论坛、中阿金融合作论坛、中国—海合会国家经贸合作论坛、中阿基础设施投融资论坛、中国—伊斯兰国家商会合作论坛等一系列活动，博览会逐渐走向综合和深入。[271]2011 年 5 月，银川至迪拜的国际航线开通；2014 年 1 月，银川至哈萨克斯坦货运航线正式开通，这使得宁夏得以进一步打通面向中东和中亚国家的空中走廊。[272]

2014 年 6 月，中国—阿拉伯国家合作论坛第六届部长级会议在北京召开，双方就未来共建"一带一路"达成共识。作为推进"一带一路"建设的重点内容之一，涵盖货物贸易、服务贸易和技术经济合作等领域的中国—海合会自贸区谈判有望加速推进，宁夏与阿拉伯世界的天然联系无疑有助于其争取成为中海自贸区的先行区。

作为我国唯一的省级回族聚居区，宁夏在发展面向广大伊斯兰世界的“清真产业”上具有得天独厚的优势，而中阿博览会则为此提供了极好的平台。[273]目前，全球每年清真食品的贸易额超过2万亿美元，国际“清真产业”具有十分巨大的市场潜力。2009年4月，宁夏商务厅与隶属于阿联酋政府的中东地区最大在线交易平台特佳易公司签署战略合作协议，宁夏的穆斯林用品、清真食品可通过这个中东地区最大的电子商务平台源源不断输入中东市场。[274]2011年中阿经贸论坛期间，宁夏清真食品国际认证中心成功地与沙特阿拉伯、埃及、卡塔尔的清真食品认证机构签订了清真食品标准互认合作协议。这一协议的签订，意味着中国清真食品向伊斯兰世界尤其是阿拉伯国家的出口迈出了重要的一大步。2014年9月19日，经国家认监委批准，宁夏清真食品国际贸易认证中心成为国内首家清真食品认证机构，这是宁夏继中阿博览会后又一个面向伊斯兰世界的向西开放窗口。[275]据悉，新加坡淡马锡、马来西亚清真食品集团、阿联酋主权财富基金都拟在宁夏吴忠规划建设清真食品工业园项目，为宁夏清真产业进一步“走出去”奠定了基础。

以伊斯兰教的宗教纽带为依托，宁夏在新丝绸之路上的契机远不止于此。中东产油国尤其是海合会国家所积累的巨额石油美元(包括主权财富基金、伊斯兰金融等各种形式)，也是未来宁夏“向西开放”过程中颇具潜力的吸引对象。据科威特金融公司(Kuwait Finance House)发布的报告称，到2014年底，伊斯兰金融资产将从2013年的1.8万亿美元增长至2.1万亿美元。[276]国际货币基金组织则预测，到2017年海合会境外资产将达3万亿美元。[277]然而，必须指出，一方面，相较于欧美国家，目前中东石油美元流入中国的数量仍然极其有限，在中阿货物、人员快速流动的同时，双向投资和金融合作仍然极为有限；另一方面，绝大部分来自中东的投资都集中在东部沿海地区，而很少进入西部地区。

在此背景下，利用中阿博览会搭建投资和金融服务平台，大力发展面向阿拉伯国家的石油美元离岸金融业务，并进而建设国际伊斯兰金融中心，已成为宁夏内陆“向西开放”的重要方向。[278] 20 世纪 70 年代初期，财大气粗的海湾国家悄然兴起了伊斯兰金融业，并迅速在整个伊斯兰国家中推广，成为独立于欧、美、日等发达国家金融体系之外的、具有较强投资能力的金融产业。近几年来，在国际金融危机的背景下，伊斯兰金融体系却以其高度的稳定性备受关注。据安永会计师事务所（Ernst&Young）发布的《2012—2013 年世界伊斯兰银行竞争力报告》称，2013 年全球伊斯兰银行业资产将由 2011 年的 1.3 万亿美元增至 1.8 万亿美元，来自沙特阿拉伯、科威特、阿联酋、巴林、卡塔尔、马来西亚和土耳其 7 个国家的 20 家银行资产占全球伊斯兰银行总资产的超过 57%，其中沙特的伊斯兰银行资产以 2 070 亿美元居全球首位，马来西亚以 1 060 亿美元资产位列第二，而阿联酋以 750 亿美元位居第三。[279] 到 2017 年，伊斯兰金融资产预计将达到 9 万亿美元。[280] 目前，英国渣打银行和汇丰银行、法国东方汇理银行等跨国金融机构纷纷扩大旗下的伊斯兰金融业务，而香港、新加坡、吉隆坡、东京等亚洲金融重镇也在极力角逐成为“国际伊斯兰金融中心”。2010 年初，宁夏银行在宁夏开展了伊斯兰金融试点，为中国和阿拉伯国家之间的金融合作开创了新的空间。2013 年首届中阿博览会期间，中阿产业投资基金在宁夏正式设立。这是第一家依托中阿博览会设立的国际投融资平台，未来将为引入阿拉伯国家金融资本提供全方位服务，为宁夏乃至中国企业实施“走出去、引进来”战略提供投融资支持，成为中阿金融合作史上的破冰之举。

可以说，在国家战略的推动下，共同的宗教文化纽带正在推动开启新的经济合作空间。以中阿博览会（经贸论坛）为平台，依托自身在新丝绸之路上独特的宗教文化优势，宁夏以广大阿拉伯国家为重点对象的“向西开放”呈现出巨大的发展潜力。

（三）广西与东盟

自古以来，东南亚地区都是海上丝绸之路的枢纽。从地理位置看，我国的云南、海南和广西三省区分别与东盟国家陆上接壤、海上相连或海陆同时相通,具有开展次区域合作的先天优势。从现实运行看,由于自身的经济社会发展水平所限,且直接处于中国与相关国家领海争端的最前线,海南与东盟之间的海上合作空间尚未开启。云南与缅甸、老挝、越南三国接壤,依托"大湄公河次区域经济合作"机制参与中国和澜沧江—湄公河流域国家合作,而沿线的缅甸、老挝、越南、柬埔寨、泰国则是东盟内部经济相对落后的国家。同时,从国家交由特定省份的省会承办对外合作平台的惯例来看,作为中国—南亚博览会承办地的云南在当前的国家总体布局中更多地被赋予了面向南亚地区开放桥头堡的定位。相较之下,在与东盟国家的次区域合作中,广西的地缘优势和所获得的国家政策支持更为明显。

广西是我国唯一与东盟海陆同时相连的省区。在陆上,广西与越南接壤,可取道越南通往中南半岛各国,中越"南宁—谅山—河内—海防"经济走廊和"南宁—新加坡经济走廊"是目前建设中的由广西出发的两条主要陆上次区域合作通道。[281] 在海上,广西南靠北部湾,海岸线长 1 595 公里,拥有防城港、钦州港、北海港等良港,是我国西南地区最便捷的出海通道,可沿北部湾通往南海沿岸各国。早在西汉时期,广西的合浦就是海上丝绸之路的始发港之一。目前,防城港、钦州港、北海港经合三为一后已成为中国西部规模最大的沿海大港,拥有泊位 240 多个,吞吐能力 2 亿吨,拥有至东盟国家集装箱班轮航线 30 多条,每周 50 多个班次,在中国与东盟的商品和人员往来中发挥着举足轻重的作用。[282] 自 2006 年起,中国、东盟国家与亚洲开发银行共同启动泛北部湾经济合作,使广西临海的地缘优势得到进一步发挥。较于"大湄公河次区域经济合作"机制,"泛北部湾经济合作"涵盖文莱、印尼、马来西亚、菲律宾、新加坡、越南等国,它们大多是东盟中经济较为发达的国家,这是广西相较于云南所具有的独特优势。

为了推动广西在中国与东盟合作中发挥积极作用,21 世纪以来,国家采取了一系列的政策支持措施,使广西与东盟的次区域合作逐渐得以超越边境贸易的范畴,逐渐向产业、港口、物流、投资、金融、海上、人文、农业等各层面拓展。事实上，正是中央政府的这些举措，构成了当前广西参与海上新丝绸之路建设的重要基础。

首先，陆续搭建中国—东盟博览会、中国—东盟商务与投资峰会、泛北部湾经济合作论坛、中国—东盟自由贸易区论坛等以广西为主办地的区域性合作平台，形成了中国与东盟合作的“南宁渠道”。据统计，中国—东盟博览会举办10年(2004—2013年)来，贸易成交额达154.78亿美元，国际合作项目签约投资额664.36亿美元，国内合作项目签约投资额6 461.97亿美元。[283]借助这些重要合作平台，广西得以更为紧密地融入到国家与东盟的合作全局中，且有助于吸引集聚来自中央政府、周边省份和东盟国家的政治经济资源。

其次，从国家层面出台支持广西对外开放的指导性发展规划，为进一步的资源投入和政策倾斜奠定了基础。2008年1月，《广西北部湾经济区发展规划》获国务院批复，北部湾开放开发被纳入国家发展战略，进一步强化了广西在“泛北部湾经济合作”中的桥头堡地位。[284]2009年，国务院出台《关于进一步促进广西经济社会发展的若干意见》，从推进保税区建设、扩大口岸开放范围、推进跨境运输和通关便利化、试点人民币跨境结算、发展面向东盟的总部经济、深化各类合作框架等方面做出部署，以进一步强化广西重点面向东盟地区的对外开放能力。[285]

第三，在广西启动运营中国—马来西亚“两国双园”、中国—印尼经贸合作区、中泰(崇左)产业园、中国—东盟现代农业科技合作园区、中国—柬埔寨现代农业示范中心、中国东兴—越南芒街和中国龙邦—越南茶岭跨境经济合作区等一批中外重大产业和经贸合作园区项目。值得指出的是，2012年，在两国总理的直接推动下，中马钦州产业园区和马中关丹产业园区成立，实现了港口与产业园区的良性对接，开创了中国与东盟国家经贸合作的新模式，为建设海上新丝绸之路提供了新的思路。

目前，东盟已稳居广西的第一大贸易伙伴、第一大出口市场和第一大进口来源地。2002—2013年，广西与东盟的贸易额从6.28亿美元升至159.1亿美元，增长了约24倍，而东盟也连续14年成为广西的头号贸易伙伴。[286]同时，受到与东盟双边贸易的推动，广西的跨境人民币结算迅猛发展。据统计，自2010年6月跨境人民币结算试点启动至2013年12月末，广西跨境人民币结算金额已达2 023.5亿元，在西部12省区、全国8个边境省区位居第一，而服务于东盟的结算量占八成以上。[287]

伴随着21世纪海上丝绸之路战略的提出，在既有政策措施与合作框架的基础上，广西与东盟的次区域合作被注入了新的动力。为了最大程度地分享国家新战略所带来的政策红利，广西从一开始就积极谋划参与21世纪海上丝绸之路建设，并借助中国—东盟既有合作框架下的多边平台进行动员和意见整合。[288]从实际进展来看，海上互联互通与金融合作成为了当前海上新丝绸之路框架下广西与东盟次区域合作的两个优先方向，而来自国家层面的政策安排仍是此过程中最重要的推动力。

在海上互联互通方面，2013年9月，中国启动了以广西钦州为基地、覆盖东盟国家47个港口城市的中国—东盟港口城市合作网络机制，旨在通过一系列措施推进广西北部湾与东盟各港口之间的海洋伙伴关系。具体包括：以港口网络为平台，推动港口城市建设；以港口物流中心为载体，加强港口基础设施建设，完善运输体系和通关能力；以中马“两国双园”为范本，构建临港产业带等。2014年1月，广西壮族自治区政府在《政府工作报告》中提出，打造中国—东盟港口城市合作网络和临港产业带，推进港口航运和产业合作，规划建设中国—东盟港口物流公共信息平台。[289]同时，2014年1月由中国—东盟泛北部湾经济合作高官会通过的《泛北部湾经济合作路线图(战略框架)》决定，在第一个五年(2014—2019年)中将港口物流作为重点优先合作领域。可以说，以港口合作网络为核心，推动港口城市、基础设施、物流中心、临港产业等建设已逐渐成为广西参与海上新丝绸之路互联互通的主要思路。

在金融合作方面，目前，北部湾银行、中国农业银行、中国建设银行已先后在南宁设立中国—东盟跨境货币业务中心，向东盟国家提供跨境人民币清算以及投融资等服务。2013年11月，中国人民银行等11个部委联合印发了《云南省广西壮族自治区建设沿边金融综合改革试验区总体方案》。这是国家继上海自由贸易试验区之后批复的第二个区域性综合改革试验区方案,也是十八届三中全会之后首个获批的专项金融综合改革方案。该方案试图通过一系列跨境金融业务创新,探索实现人民币资本项目可兑换的多种途径,逐步增强人民币在东盟和南亚地区的影响力和辐射力,提高贸易投资便利化程度,促进与周边国家建立更紧密的经贸金融合作关系。根据规划,广西沿边金融综合改革试验区范围包括南宁市、钦州市、北海市、防城港市、百色市、崇左市,面积占广西全区国土总面积的40.51%。[290] 2014年1月,广西出台了促进沿边金融综合改革的53条实施意见,试图在国家总体改革方案的基础上,进一步争取来自国家部委的政策支持,强化广西在中国与东盟国家金融合作中的优势地位。这些具体的实施意见包括:加强人民币在跨境计价、结算、兑换、清算、借贷、融资、投资等方面的一系列功能,完善试验区内金融组织体系,进一步促进贸易投资便利化以及加强金融基础设施建设跨境合作等。[291] 同时,目前广西还试图通过推动组建中国—东盟开发银行、争取成为亚洲基础设施投资银行注册地等方式,更加积极深入地对接国家总体战略。可以说,凭借自身独特的地缘优势,依托21世纪以来中央政府持续性的政策推动,广西与东盟的各方面交往得以持续深化。在21世纪海上丝绸之路的国家战略框架下,广西正在获得越来越多现实或潜在的政策红利,而这也将从客观上有助于推动广西与东盟次区域合作的进一步升级。

简言之,新疆、宁夏和广西的次区域合作清晰地表明,国家层面的战略布局、政策支持与资源投入始终是推进相关省区与周边国家(地区)次区域合作的最大动力,而地方政府的积极参与也是国家总体战略得以顺利推行的重要支点。目前,在“一带一路”战略的宏观框架下,国家战略与地方利益之间暂时达成了双赢的格局。下一阶段,在赋予相关省区更多政策红利和自主权限的同时,如何避免地方积极性的过度膨胀和省际间的无序竞争,从而使国家的国内区域布局与周边外交布局实现良性互动,是未来次区域合作在助推“一带一路”建设中发挥更大作用的关键。

本章小结

自2013年"一带一路"倡议提出以来，中国以坚定的战略决心和持续的战略投入推动着这一新时期重大国家发展战略的贯彻落实。围绕"一带一路"战略，中国政府分别在国内和国际两个层面进行了大范围、密集性的部署安排和动员沟通，尽管仍处于起始阶段，但为后续的各项推进工作奠定了初步的政治基础。同时，在"一带一路"战略的宏观框架下，近年来中国与沿线国家和地区所开展的以货币流通（人民币）和融资支持（美元）为主线的金融合作，以跨境铁路、跨境公路、油气管道和港口建设为主体的基础设施互联互通，以及沿边、内陆和沿海省区与周边国家地区的次区域合作纷纷迎来了新的发展契机，呈现出多头并进、多点开花的局面。

综观目前为止中国推进新丝绸之路建设的种种举措，既包含了围绕"一带一路"战略所形成的全新布局和谋划，在更大程度上也体现为对近年来中国与沿线国家和地区现有各种合作机制、网络、进程的整合与升级。因此，尽管"一带一路"建设蕴含着塑造国际政治经济新格局的潜力，但在未来的推行过程中，仍将按照循序渐进的原则，在权宜之计与长远谋划之间实现协调。

从实际运作来看，中国采取了点面结合、支点撬动的推进方式。无论是外交动员中以战略位置重要、政治关系良好的国家（如哈萨克斯坦、俄罗斯、巴基斯坦、马来西亚、斯里兰卡、科威特和希腊）为切入点进行深度的政策沟通，金融合作中以新加坡、伦敦、法兰克福、巴黎、卢森堡为重点进行的人民币跨境清算网络和离岸中心建设，互联互通进程中以瓜达尔港、关丹港、比雷埃夫斯港为重点展开的海外港口建设，还是以中俄天然气合作为突破口尝试能源进口的人民币结算，都采取了支点撬动、重点突破、点面结合的方式。在地方政府的次区域合作中，更体现为双重的支点撬动，即一方面是以某个省区撬动中国与周边地区的合作，另一方面则是以特定的合作平台（如中国—亚欧博览会、中国—阿拉伯国家博览会、中国一东盟博览会等）或政策区域（如喀什和霍尔果斯经济特区、银川综合保税区、广西沿边金融改革试验区等）来提升地方政府的次区域合作能力。可以说，“以点带面，从线到片”将成为“一带一路”建设的长期推进原则。

注　释

1. 钱彤：《为我国发展争取良好周边环境　推动我国发展更多惠及周边国家》，载《人民日报》2013 年 10 月 26 日，第 1 版。
2. 中国共产党中央委员会：《中共中央关于全面深化改革若干重大问题的决定》（二〇一三年十一月十二日中国共产党第十八届中央委员会第三次全体会议通过），载《人民日报》2013 年 11 月 16 日，第 1 版。
3. 《中央经济工作会议在北京举行》，载《人民日报》2013 年 12 月 14 日，第 1 版。
4. 李克强：《政府工作报告——二〇一四年三月五日在第十二届全国人民代表大会第二次会议上》，载《人民日报》2014 年 3 月 15 日，第 2 版。
5. 国家发改委西部开发司：《国家发展改革委与外交部联合召开推进丝绸之路经济带和海上丝绸之路建设座谈会》（2013 年 12 月 16 日），http://xbkfs.ndrc.gov.cn/gzdt/201312/t20131216_570614.html（登录时间：2014 年 3 月 12 日）。
6. 国务院：《国务院关于落实〈政府工作报告〉重点工作部门分工的意见》（国发〔2014〕15 号），2014 年 3 月 23 日。
7. 商务部：《全国商务工作会议明确 2014 年商务工作主要任务》（2013 年 12 月 27 日），http://www.mofcom.gov.cn/article/ae/ai/201312/20131200441348.shtml（登录时间：2014 年 3 月 11 日）。
8. 四方面的重点工作包括：一、推动双边贸易，进一步推进在货物运输、人员往来等方面的贸易投资便利化进程，推动人民币在与中亚各国结算中的运用，通过在中亚国家开展投资和经济技术合作带动我国机械设备、高新技术产品出口，扩大自中亚国家进口农产品等当地优势产品。二、扩大双向投资，在条件成熟地区设立跨境经济合作区，吸引包括沿线国家资本在内的各类投资，鼓励企业到沿线国家开展投资合作，支持在沿线国家设立境外经贸合作区。三、积极推进互联互通，加强与中亚国家的物流合作。四、支持西部省区参与丝绸之路经济带建设。商务部：《商务部新闻发言人姚坚就丝绸之路经济带建设有关情况答记者问》(2014 年 2 月 13 日),http://www.mofcom.gov.cn/article/ae/ag/201402/20140200486310.shtml(登录时间:2014 年 3 月 11 日)。

9. 吴新雄:《转方式调结构促改革　强监管保供给惠民生　扎实做好 2014 年能源工作——在 2014 年全国能源工作会议上的讲话》(2014 年 1 月 13 日),http://www.nea.gov.cn/2014-02/11/c_133105714.htm(登录时间:2014 年 6 月 20 日)。

10. 交通运输部:《中共交通运输部党组召开会议　学习领会中央"一带一路"战略决策重大意义》(2014 年 3 月 21 日),http://www.moc.gov.cn/zhuzhan/jiaotongxinwen/xinwenredian/201403xinwen/201403/t20140321_1594677.html(登录时间:2014 年 6 月 20 日)。

11. 六方面的重点工作包括:一、做好陆路、水上和陆水联运通道的布局研究;二、开展区域交通合作,积极推进一些优先项目的建设;三、推进国际便利运输,包括大湄公河次区域便利化协定、上海合作组织成员国政府间国际道路运输便利化协定、与周边国家双边汽车运输协定的相关工作;四、积极推进国际物流,鼓励物流企业开展国际合作,推进国际物流节点建设,发展国际集装箱多式联运等;五、完善支持保障系统,加强与周边国家或区域在信息系统、交通安全、海事搜救等方面的合作;六、充分发挥国际合作机制的作用。参阅新华网:《交通运输部将从六个方面推进"丝绸之路"交通建设》(2014 年 3 月 27 日),http://news.xinhuanet.com/politics/2014-03/27/c_119981612.htm(登录时间:2014 年 6 月 20 日)。

12. 农业部:《部省市三方共建连云港农业国际合作示范区》(2014 年 4 月 24 日),http://www.moa.gov.cn/fwllm/qgxxlb/js/201404/t20140424_3883939.htm(登录时间:2014 年 6 月 20 日)。

13. 农业部:《农业部副部长牛盾会见伊朗伊斯兰议会农业委员会主任诺瑞》(2014 年 6 月 5 日),http://www.moa.gov.cn/zwllm/zwdt/201406/t20140604_3926692.htm;《韩长赋会见罗马尼亚总理维克多·蓬塔》(2014 年 6 月 9 日),http://www.moa.gov.cn/zwllm/zwdt/201406/t20140609_3932926.htm;《韩长赋会见以色列农业与农村发展部部长沙米尔》(2014 年 6 月 13 日),http://www.moa.gov.cn/zwllm/zwdt/201406/t20140613_3938842.htm(登录时间:

2014 年 6 月 20 日)。

14. 国家开发银行:《国开行大力支持国家重点领域》(2014 年 1 月 26 日),http://www.cdb.com.cn/web/NewsInfo.asp?NewsId=4931(登录时间:2014 年 6 月 20 日)。

15. 杨洋:《进出口银行:贯彻“一带一路”战略构想　大力支持中国与东盟互联互通》(2014 年 4 月 11 日,中国金融新闻网),http://www.financialnews.com.cn/yh/xw/201404/t20140411_53485.html(登录时间:2014 年 4 月 20 日)。

16. 雷敏:《中国信保支持“一带一路”战略实施》(2014 年 5 月 24 日,新华网),http://news.xinhuanet.com/fortune/2014-05/24/c_1110840203.htm(登录时间:2014 年 6 月 10 日)。

17.《当好全国改革开放排头兵　不断提高城市核心竞争力》,载《人民日报》2014 年 5 月 25 日,第 1 版。

18. 林治波、银燕:《甘肃:向西开放　建设丝绸之路经济带黄金段》,载《人民日报》2014 年 5 月 28 日,第 14 版。

19. 车玉明:《扎实实施“一带一路”重大战略　努力打造全方位对外开放新格局》,载《人民日报》2014 年 10 月 11 日,第 1 版。

20.《加快推进丝绸之路经济带和二十一世纪海上丝绸之路建设》,载《人民日报》2014 年 11 月 7 日,第 1 版。

21.《中央外事工作会议在京举行》,载《人民日报》2014 年 11 月 30 日,第 1 版。

22.《中央经济工作会议在北京举行》,载《人民日报》2014 年 12 月 12 日,第 1 版。

23. 德国和缅甸未作出回应,而沙特的态度则是“表示赞赏,并愿就此与中方保持联系”,距离“积极支持并参与”尚有较大距离。参阅《中华人民共和国和沙特阿拉伯王国联合公报》,载《人民日报》2014 年 3 月 17 日,第 3 版;杜尚泽:《习近平同德国总理默克尔举行会谈宣布建立中德全方位战略伙伴关系》,载《人民日报》2014 年 3 月 29 日,第 4 版;赵明昊:《李源潮会见缅甸副总统年吞》,载《人民日报》2014 年 4 月 9 日,第 3 版。

24. 黄文帝:《哈愿积极参与丝绸之路经济带建设》,载《人民日报》2014 年 1 月 11 日,第 3 版。

25. 杜尚泽、陈效卫:《习近平会见俄罗斯总统普京》,载《人民日报》2014 年 2 月 7

日,第1版。

26. 中国外交部:《王毅与斯里兰卡总统特使佩里斯外长举行会谈》(2014年2月11日),http://www.fmprc.gov.cn/mfa_chn/zyxw_602251/t1127400.shtml(登录时间:2014年3月11日)。

27. 中国外交部:《印度总理辛格会见杨洁篪》(2014年2月11日),http://www.fmprc.gov.cn/mfa_chn/zyxw_602251/t1127457.shtml(登录时间:2014年3月11日)。

28. 中国外交部:《王毅与伊拉克外长兹巴里举行会谈》(2014年2月24日),http://www.fmprc.gov.cn/mfa_chn/zyxw_602251/t1131305.shtml(登录时间:2014年3月11日)。

29.《关于深化互利共赢的中欧全面战略伙伴关系的联合声明》(2014年3月31日,布鲁塞尔),载《人民日报》2014年4月1日,第2版。

30. 郝亚琳、傅勇涛:《“一带一路” 博鳌热词——记“丝绸之路的复兴:对话亚洲领导人”分论坛》,载《人民日报》2014年4月11日,第3版。

31. 杜尚泽、张梦旭:《习近平会见阿富汗总统》,载《人民日报》2014年5月20日,第1版。

32.《中华人民共和国与俄罗斯联邦关于全面战略协作伙伴关系新阶段的联合声明》(2014年5月20日,北京),载《人民日报》2014年5月21日,第2版。

33. 杜尚泽、赵成:《习近平会见巴基斯坦总统》,载《人民日报》2014年5月23日,第1版。

34. 习近平:《弘扬丝路精神 深化中阿合作——在中阿合作论坛第六届部长级会议开幕式上的讲话》(2014年6月5日,北京),载《人民日报》2014年6月6日,第2版。

35. 吴乐珺:《习近平会见科威特首相贾比尔》,载《人民日报》2014年6月5日,第1版;中国外交部:《王毅会见埃及外长法赫米》(2014年6月6日),http://www.fmprc.gov.cn/mfa_chn/zyxw_602251/t116292(登录时间:2014年6月7日)。

36.《中国—中东欧国家经贸促进部长级会议共同文件》,2014年6月9日,浙江宁波。

37. 2014年5月13日,王毅外长在第三次中国—中东欧国家合作国家协调员会议期间首次提出，将双方合作与各自的发展战略和进程结合起来，同中欧关系的整体发展结合起来，同"丝绸之路经济带"和"21世纪海上丝绸之路"等重大国际合作倡议结合起来，推动合作取得更多务实成果。《王毅会见出席中国—中东欧国家合作第三次国家协调员会议的中东欧代表》，载《人民日报》2014年5月14日，第21版。

38. 李伟红：《习近平会见马来西亚总理纳吉布》，载《人民日报》2014年5月31日，第1版；《中华人民共和国和马来西亚建立外交关系四十周年联合公报》，载《人民日报》2014年6月1日，第2版。

39. 吴乐珺、韩秉宸：《提升中希关系水平　推动中欧合作双赢》，载《人民日报》2014年6月20日，第1版；吴乐珺、韩秉宸：《李克强与希腊总理萨马拉斯共同会见记者》，载《人民日报》2014年6月20日，第2版。

40. 刘咏秋、陈占杰：《李克强总理访希将为两国全面战略伙伴关系注入新动力——访希腊副总理兼外长韦尼泽洛斯》（2014年6月19日，新华网），http://news.xinhuanet.com/world/2014-06/19/c_1111220643.htm（登录时间：2014年6月20日）。

41. 根据双方发表的联合宣言，蒙方愿参与"丝绸之路经济带"倡议下合作，将以创始成员国身份参与"亚洲基础设施投资银行"建设。参阅《中华人民共和国和蒙古国关于建立和发展全面战略伙伴关系的联合宣言》（2014年8月21日，乌兰巴托），《人民日报》2014年8月22日，第2版。

42. 商务部：《中国和东盟经贸合作站上新起点——访中国商务部长高虎城》（2014年8月27日），http://www.mofcom.gov.cn/article/ae/ai/201408/20140800712416.shtml（登录时间：2014年8月27日）。

43. 杜尚泽、林雪丹：《习近平出席中俄蒙三国元首会晤》，载《人民日报》2014年9月12日，第1版。

44. 徐剑梅、李斌：《高山见证　携手前行——记国家主席习近平出席上海合作组织杜尚别峰会》，载《人民日报》2014年9月15日，第2版。

45. 杜尚泽、黄文帝：《习近平同塔吉克斯坦总统拉赫蒙会谈》，载《人民日报》2014年9月14日，第1版。

46.《中华人民共和国和塔吉克斯坦共和国关于进一步发展和深化战略伙伴关系

的联合宣言》(2014 年 9 月 13 日,杜尚别),载《人民日报》2014 年 9 月 14 日,第 2 版;杜尚泽、黄文帝:《习近平和拉赫蒙总统共同出席中塔电力和中国—中亚天然气管道合作项目开工仪式》,载《人民日报》2014 年 9 月 14 日,第 1 版。

47.《中华人民共和国和马尔代夫共和国联合新闻公报》(2014 年 9 月 15 日,马累),载《人民日报》2014 年 9 月 16 日,第 2 版。

48. 杜尚泽、杨讴:《习近平同斯里兰卡总统拉贾帕克萨会谈》,载《人民日报》2014 年 9 月 17 日,第 1 版。

49.《中华人民共和国和斯里兰卡民主社会主义共和国关于深化战略合作伙伴关系的行动计划》(2014 年 9 月 16 日,科伦坡),载《人民日报》2014 年 9 月 17 日,第 2 版。

50. 根据中方规划,争取在未来 5 年将中国与南亚国家贸易额提升至 1 500 亿美元,将中国对南亚投资提升到 300 亿美元,并为南亚国家提供 200 亿美元优惠性质贷款。参阅习近平:《携手追寻民族复兴之梦——在印度世界事务委员会的演讲》(2014 年 9 月 18 日,新德里),载《人民日报》2014 年 9 月 19 日,第 3 版。

51. 吴乐珺等:《李克强同默克尔共同主持第三轮中德政府磋商》,载《人民日报》2014 年 10 月 11 日,第 1 版。

52.《中德合作行动纲要:共塑创新》(2014 年 10 月 10 日,柏林),载《人民日报》2014 年 10 月 11 日,第 2 版。

53.《中华人民共和国与阿富汗伊斯兰共和国关于深化战略合作伙伴关系的联合声明》(2014 年 10 月 28 日,北京),载《人民日报》2014 年 10 月 29 日,第 5 版。

54. 李克强:《携手促进阿富汗及地区的安全与繁荣——在阿富汗问题伊斯坦布尔进程第四次外长会开幕式上的讲话》(2014 年 10 月 31 日,北京),载《人民日报》2014 年 11 月 1 日,第 2 版。

55.《中华人民共和国和卡塔尔国关于建立战略伙伴关系的联合声明》(2014 年 11 月 3 日,北京),载《人民日报》2014 年 11 月 4 日,第 3 版。

56. 习近平:《联通引领发展　伙伴聚焦合作——在“加强互联互通伙伴关系”东道主伙伴对话会上的讲话》(2014 年 11 月 8 日,北京),载《人民日报》2014 年 11 月 9 日,第 2 版。

57.《加强互联互通伙伴关系对话会联合新闻公报》(2014 年 11 月 8 日,北京),载

《人民日报》2014 年 11 月 9 日,第 2 版。

58. 赵成:《习近平分别会见印度尼西亚总统、加拿大总理、泰国总理和新加坡总理》,载《人民日报》2014 年 11 月 10 日,第 1 版;杜尚泽:《习近平分别会见韩国总统、越南国家主席、文莱苏丹、马来西亚总理、巴布亚新几内亚总理和日本首相》,载《人民日报》2014 年 11 月 11 日,第 2 版。

59. 习近平:《携手追寻中澳发展梦想　并肩实现地区繁荣稳定——在澳大利亚联邦议会的演讲》,载《人民日报》2014 年 11 月 18 日,第 2 版。

60. 杜尚泽、杨迅:《习近平同新西兰总理约翰·基会谈》,载《人民日报》2014 年 11 月 21 日,第 1 版。

61. 杜尚泽、颜欢:《习近平同太平洋岛国领导人举行集体会晤并发表主旨讲话》,载《人民日报》2014 年 11 月 23 日,第 1 版。

62. 商务部:《中国和东盟经贸合作站上新起点——访中国商务部长高虎城》(2014 年 8 月 27 日),http://www.mofcom.gov.cn/article/ae/ai/201408/20140800712416.shtml(登录时间:2014 年 8 月 27 日)。

63.《关于深化互利共赢的中欧全面战略伙伴关系的联合声明》(2014 年 3 月 31 日,布鲁塞尔),载《人民日报》2014 年 4 月 1 日,第 2 版。

64.《中华人民共和国与俄罗斯联邦关于全面战略协作伙伴关系新阶段的联合声明》(2014 年 5 月 20 日,上海),载《人民日报》2014 年 5 月 21 日,第 2 版。

65. 人民网:《王毅:中方愿选择韩国作为今后更重要的合作伙伴》(2014 年 5 月 27 日),http://world.people.com.cn/n/2014/0527/c1002-25071124.html(登录时间:2014 年 6 月 1 日)。

66. 杜尚泽:《一带一路,千年的时空穿越——记习近平主席访问塔吉克斯坦、马尔代夫、斯里兰卡、印度》,载《人民日报》2014 年 9 月 24 日,第 2 版。

67. 中国外交部:《习近平会见印度尼西亚总统佐科》(2014 年 11 月 9 日),http://www.fmprc.gov.cn/mfa_chn/zyxw_602251/t1208844.shtml(登录时间:2014 年 11 月 10 日)。

68. 张明:《全球货币互换:现状、功能及国际货币体系改革的潜在方向》,载《国际经济评论》2012 年第 6 期,第 66—76 页。

69. 中国人民银行货币政策分析小组:《2014 年第三季度中国货币政策执行报

告》,2014 年 11 月 6 日,第 12—13 页。

70. 同上。

71. 中国人民银行:《中国人民银行年报 2013》,2014 年 6 月 11 日,第 45 页。

72. 中国人民银行货币政策分析小组:《2014 年第二季度中国货币政策执行报告》,2014 年 8 月 1 日,第 9 页;中国人民银行货币政策分析小组:《2014 年第三季度中国货币政策执行报告》,第 10—11 页。

73. 韩洁:《中行董事长田国立:人民币活跃给亚太经贸带来红利》(2014 年 11 月 9 日,新华网),http://news.xinhuanet.com/2014-11/09/c_1113175749.htm(登录时间:2014 年 11 月 10 日)。

74. 罗宇凡等:《从"地摊银行"到区域性货币——人民币国际化的东盟视角》(2013 年 9 月 5 日,新华网),http://news.xinhuanet.com/fortune/2013-09/05/c_117240722_2.htm(登录时间:2014 年 6 月 20 日)。

75. Arvind Subramanian and Martin Kessler, "China's Currency Rises in the US Backyard," *Financial Times*, October 21, 2012.

76. 中国人民银行:《中国人民银行年报 2013》,2014 年 6 月 11 日,第 47 页。

77. 李克强:《在第 16 次中国—东盟(10+1)领导人会议上的讲话》(2013 年 10 月 9 日,文莱斯里巴加湾市),载《人民日报》2013 年 10 月 10 日,第 2 版。

78. 李克强:《让中泰友好之花结出新硕果——在泰国国会的演讲》(2013 年 10 月 11 日,泰国曼谷),载《人民日报》2013 年 10 月 12 日,第 3 版。

79.《新时期深化中越全面战略合作的联合声明》(2013 年 10 月 15 日,河内),载《人民日报》2013 年 10 月 16 日,第 2 版。

80. 吴小康:《业内人士呼吁人民币在东盟结算"通道"更加畅通》(2014 年 9 月 17 日,新华网),http://news.xinhuanet.com/2014-09/17/c_1112522597.htm(登录时间:2014 年 9 月 20 日)。

81. 中国人民银行:《中国人民银行与马来西亚国家银行签署在吉隆坡建立人民币清算安排的合作备忘录》(2014 年 11 月 10 日),http://www.pbc.gov.cn/publish/goutongjiaoliu/524/2014/20141106164834856650888/20141106164834856650888_.html(登录时间:2014 年 11 月 10 日)。

82.《中华人民共和国和法兰西共和国联合声明——开创紧密持久的中法全面战

略伙伴关系新时代》(2014 年 3 月 26 日，巴黎)，载《人民日报》2014 年 3 月 28 日，第 2 版。

83.《建立中德全方位战略伙伴关系的联合声明》(2014 年 3 月 28 日，柏林)，载《人民日报》2014 年 3 月 29 日，第 2 版。

84. 2014 年 8 月 26 日，法兰克福人民币清算银行正式启动，职能包括为其他银行和企业开设人民币账户，并办理欧元和人民币业务。《法兰克福人民币清算银行正式启动》，载《人民日报》2014 年 8 月 27 日，第 2 版。

85. 中国人民银行：《中国人民银行欢迎中国外汇交易中心开展人民币对英镑直接交易》(2014 年 6 月 18 日)，http://www.pbc.gov.cn/publish/goutongjiaoliu/524/2014/20140618143352756599801/20140618143352756599801_.html(登录时间：2014 年 6 月 29 日)。

86. SWIFT, *SWIFT Watch*, November 2013, p.4.

87. 中国人民银行：《中国人民银行与法兰西银行签署在巴黎建立人民币清算安排的合作备忘录》(2014 年 6 月 29 日)，http://www.pbc.gov.cn/publish/goutongjiaoliu/524/2014/20140629173809823746266/20140629173809823746266_.html；中国人民银行：《中国人民银行与卢森堡中央银行签署在卢森堡建立人民币清算安排的合作备忘录》(2014 年 6 月 29 日)，http://www.pbc.gov.cn/publish/goutongjiaoliu/524/2014/20140629172338636565587/20140629172338636565587_.html(登录时间：2014 年 6 月 29 日)。

88. 中国人民银行：《中国人民银行公告〔2014〕第 19 号》(2014 年 9 月 5 日)，http://www.pbc.gov.cn/publish/goutongjiaoliu/524/2014/20140915152655098920478/20140915152655098920478_.html；中国人民银行：《中国人民银行公告〔2014〕第 20 号》(2014 年 9 月 5 日)，http://www.pbc.gov.cn/publish/goutongjiaoliu/524/2014/20140916141337156184415/20140916141337156184415_.html(登录时间：2014 年 9 月 20 日)。

89. 中国人民银行：《中国人民银行欢迎中国外汇交易中心开展人民币对欧元直接交易》(2014 年 9 月 29 日)，http://www.pbc.gov.cn/publish/goutongjiaoliu/524/2014/20140929144847971383923/20140929144847971383923_.html(登录时间：2014 年 10 月 5 日)。

90. 黄培昭:《英国政府成功发行 30 亿元人民币主权债券》,载《人民日报》2014 年 10 月 16 日,第 1 版。

91. 习近平:《弘扬人民友谊　共创美好未来——在纳扎尔巴耶夫大学的演讲》(2013 年 9 月 7 日,阿斯塔纳),载《人民日报》2013 年 9 月 8 日,第 3 版。

92. 李克强:《在上海合作组织成员国总理第十二次会议上的讲话》(2013 年 11 月 29 日,塔什干),载《人民日报》2013 年 11 月 30 日,第 2 版。

93. 谷云:《中行与俄第二大银行签署非美元清算协议》(2014 年 5 月 20 日,新浪网),http://finance.sina.com.cn/stock/usstock/c/20140520/224319170272.shtml(登录时间:2014 年 6 月 20 日)。

94.《中华人民共和国与俄罗斯联邦关于全面战略协作伙伴关系新阶段的联合声明》,载《人民日报》2014 年 5 月 21 日,第 2 版。

95. 中国人民银行:《中俄两国央行签署双边本币互换协议》(2014 年 10 月 13 日),http://www.pbc.gov.cn/publish/goutongjiaoliu/524/2014/20141013174258952892194/20141013174258952892194_.html(登录时间:2014 年 10 月 20 日)。

96.《中华人民共和国和阿拉伯联合酋长国关于建立战略伙伴关系的联合声明》,载《人民日报》2012 年 1 月 18 日,第 3 版。

97.《温家宝举行中外记者招待会实录》,载《人民日报》2012 年 1 月 20 日,第 1 版。

98. 中国人民银行:《中卡两国金融合作迈出新步伐》(2014 年 11 月 3 日),http://www.pbc.gov.cn/publish/goutongjiaoliu/524/2014/201411030907473525551009/20141103090747352555109_.html(登录时间:2014 年 11 月 6 日)。

99. 中国人民银行:《中国人民银行公告〔2014〕第 25 号》(2014 年 11 月 2 日),http://www.pbc.gov.cn/publish/goutongjiaoliu/524/2014/201411040811516454944426/20141104081151645494426_.html(登录时间:2014 年 11 月 6 日)。

100. 李克强:《让互利共赢之路越走越宽广——在第三届中国—中东欧国家经贸论坛上的致辞》(2013 年 11 月 26 日,布加勒斯特),载《人民日报》2013 年 11 月 28 日,第 3 版。

101. 中国外交部:《中国—中东欧国家合作布加勒斯特纲要》(2013 年 11 月 26

日），http://www.fmprc.gov.cn/mfa_chn/zyxw_602251/t1102713.shtml（登录时间：2014年3月11日）。

102. 中国共产党中央委员会：《中共中央关于全面深化改革若干重大问题的决定》（二〇一三年十一月十二日中国共产党第十八届中央委员会第三次全体会议通过），载《人民日报》2013年11月16日，第2版。

103. 参阅陈元：《政府与市场之间——开发性金融的中国探索》，中信出版社2012年版；李志辉、黎维彬：《中国开发性金融理论、政策与实践》，中国金融出版社2010年版；国家开发银行、中国人民大学联合课题组：《开发性金融论纲》，中国人民大学出版社2006年版。

104. OECD, *Infrastructure to 2030: Telecom, Land Transport, Water and Electricity* (Paris: OECD Publishing, 2006), p. 29; OECD, *Strategic Transport Infrastructure Needs to 2030* (Paris: OECD Publishing, 2012), p.56.

105. 按照亚洲开发银行此项评估的分类，东亚和东南亚国家分别是中国、柬埔寨、印度尼西亚、老挝、马来西亚、蒙古、缅甸、菲律宾、泰国和越南；南亚国家分别是孟加拉国、不丹、印度、尼泊尔、斯里兰卡；中亚国家分别是阿富汗、亚美尼亚、阿塞拜疆、格鲁吉亚、哈萨克斯坦、吉尔吉斯斯坦、巴基斯坦、塔吉克斯坦和乌兹别克斯坦；太平洋岛国分别是斐济、基里巴斯、巴布亚新几内亚、萨摩亚群岛、东帝汶、汤加和瓦努阿图。

106. Biswa N. Bhattacharyay, "Modes of Asian Financial Integration: Financing Infrastructure," in Biswa N.Bhattacharyay, Masahiro Kawai and Rajat Nag, eds., *Infrastructure for Asian Connectivity* (Cheltenham, UK: Edward Elgar Publishing, 2012), pp. 366—390; Sanchita Basu Das and Catherine Rose James, "Addressing Infrastructure Financing in Asia," *ISEAS Perspective* (Singapore), No.27 (May 2013), pp.1—15.

107. Asian Development Bank Institute, *Infrastructure for a Seamless Asia* (Tokyo: Asian Development Bank Institute, 2009).

108. 习近平：《携手建设中国—东盟命运共同体——在印度尼西亚国会的演讲》（2013年10月3日，雅加达），载《人民日报》2013年10月4日，第2版；李克强:《李克强总理在第16次中国—东盟(10+1)领导人会议上的讲话》(2013年10月9日,文莱斯里巴加湾市),载《人民日报》2013年10月10日,第2版。

109. 钱彤:《为我国发展争取良好周边环境　推动我国发展更多惠及周边国家》,载《人民日报》2013年10月26日,第1版。

110. 财政部国际司:《筹建亚洲基础设施投资银行第三次多边磋商会在沪举行》(2014年6月10日),http://gjs.mof.gov.cn/pindaoliebiao/gongzuodongtai/201406/t20140610_1097093.html(登录时间:2014年6月11日)。

111. 韩洁、何雨欣:《21国在京签约决定成立亚洲基础设施投资银行》(2014年10月24日,新华网),http://news.xinhuanet.com/fortune/2014-10/24/c_1112965880.htm(登录时间:2014年10月25日)。

112. 夏祖军:《为亚洲地区经济发展注入持久动力——财政部部长楼继伟就筹建亚投行相关问题接受中央媒体专访》,载《中国财经报》2014年10月25日,第1版。

113. 新华社:《加快推进丝绸之路经济带和二十一世纪海上丝绸之路建设》,载《人民日报》2014年11月7日,第1版。

114. 习近平:《联通引领发展　伙伴聚焦合作——在“加强互联互通伙伴关系”东道主伙伴对话会上的讲话》(2014年11月8日,北京),载《人民日报》2014年11月9日,第2版。

115. 倪铭娅:《“一带一路”暖风频吹　“中”字头盛宴未散场》(2015年1月7日,中国证券网),http://www.cs.com.cn/xwzx/hg/201501/t20150107-4610069.html(登录时间:2015年1月9日)。

116. 徐惠喜:《新丝绸之路经济带在舞动》,载《经济日报》2013年9月3日,第13版。

117. 胡锦涛:《携手应对国际金融危机　共同创造和谐美好未来——在上海合作组织成员国元首理事会第九次会议上的讲话》(2009年6月16日,叶卡捷琳堡),载《人民日报》2009年6月17日,第2版。

118. 刘兵等:《中国对上合组织成员国信贷支持取得重要阶段性成果》(2011年9月3日,新华网),http://news.xinhuanet.com/fortune/2011-09/03/c_

121962720.htm（登录时间：2014 年 4 月 20 日）。

119. 胡锦涛：《维护持久和平　促进共同繁荣——在上海合作组织成员国元首理事会第十二次会议上的讲话》（2012 年 6 月 7 日，北京），载《人民日报》2012 年 6 月 8 日，第 2 版。

120. 习近平：《凝心聚力　精诚协作　推动上海合作组织再上新台阶——在上海合作组织成员国元首理事会第十四次会议上的讲话》（2014 年 9 月 12 日，杜尚别），载《人民日报》2014 年 9 月 13 日，第 3 版。

121. Erica S. Downs, *Inside China, Inc: China Development Bank's Cross-Border Energy Deals* (Washington, D.C.: John L. Thornton China Center at Brookings Institute, March 2011), p.1.

122. 李东超、陈晓晨：《“贷款换石油”2.0 版》（2010 年 11 月 15 日，一财网），http://www.yicai.com/news/2010/11/599807.html（登录时间：2014 年 4 月 20 日）。

123. 一财网：《中俄签署能源协议　以贷款换取煤炭进口》（2010 年 9 月 7 日），http://www.yicai.com/news/2010/09/405292.html（登录时间：2014 年 4 月 20 日）。

124. 马剑：《上海合作组织成员国总理第八次会议在京举行》，载《人民日报》2009 年 10 月 15 日，第 2 版。

125. 蒋安全、陈志新：《上海合作组织成员国第九次总理会议举行》，载《人民日报》2010 年 11 月 26 日，第 1 版。

126. 习近平：《弘扬“上海精神”　促进共同发展——在上海合作组织成员国元首理事会第十三次会议上的讲话》（2013 年 9 月 13 日，比什凯克），载《人民日报》2013 年 9 月 14 日，第 2 版。

127. 王晓明、王潺潺：《中国拟出资 80 亿美元　上合开发行呼之欲出》（2010 年 12 月 1 日，21 世纪网），http://www.21cbh.com/HTML/2010-12-2/zNMDAwMDIwODczNg.html（登录时间：2014 年 4 月 20 日）。

128. 《上海合作组织成员国政府首脑（总理）理事会第十二次会议联合公报》（2013 年 11 月 29 日，塔什干），载《人民日报》2013 年 11 月 30 日，第 2 版。

129. 《上海合作组织成员国元首杜尚别宣言》（2014 年 9 月 12 日，杜尚别），载《人民日报》2014 年 9 月 13 日，第 3 版。

130. 李克强：《在上海合作组织成员国总理第十二次会议上的讲话》(2013 年 11 月 29 日，塔什干)，载《人民日报》2013 年 11 月 30 日，第 2 版。

131. 习近平：《凝心聚力　精诚协作　推动上海合作组织再上新台阶——在上海合作组织成员国元首理事会第十四次会议上的讲话》(2014 年 9 月 12 日，杜尚别)，载《人民日报》2014 年 9 月 13 日，第 3 版。

132. 裴玥：《开发性金融助力开放型经济》，载《国际商报》2014 年 3 月 10 日，第 A4 版。

133. 温家宝：《在第十四次中国—东盟领导人会议暨中国—东盟建立对话关系 20 周年纪念峰会上的讲话》(2011 年 11 月 18 日，印尼巴厘岛)，载《人民日报》2011 年 11 月 19 日，第 2 版。

134. 杨洋：《进出口银行：贯彻“一带一路”战略构想　大力支持中国与东盟互联互通》(2014 年 4 月 11 日，中国金融新闻网)，http://www.financialnews.com.cn/yh/xw/201404/t20140411_53485.html(登录时间：2014 年 4 月 20 日)；刘溟：《进出口行支持与东盟互联互通》，载《经济日报》2014 年 4 月 16 日，第 10 版。

135. 李克强：《在第九届东亚峰会上的发言》(2014 年 11 月 13 日，缅甸内比都)，载《人民日报》2014 年 11 月 14 日，第 2 版；李克强：《在第十七次中国—东盟(10+1)领导人会议上的讲话》(2014 年 11 月 13 日，缅甸内比都)，载《人民日报》2014 年 11 月 14 日，第 3 版。

136. 魏晞：《中国—东盟投资合作基金投资额已达 7 亿美元》(2013 年 10 月 21 日，中国新闻网)，http://finance.chinanews.com/cj/2013/10-21/5406234.shtml(登录时间：2014 年 3 月 11 日)。

137. 栾鹤：《解码中国—东盟投资合作基金》，载《中国贸易报》2013 年 12 月 19 日，第 8 版。

138. 温家宝：《在第十四次中国—东盟领导人会议暨中国—东盟建立对话关系 20 周年纪念峰会上的讲话》(2011 年 11 月 18 日，印尼巴厘岛)，载《人民日报》2011 年 11 月 19 日，第 2 版。

139. 李克强：《推动中国—东盟长期友好互利合作战略伙伴关系迈上新台阶——

在第十届中国—东盟博览会和中国—东盟商务与投资峰会上的致辞》(2013年9月3日,广西南宁),载《人民日报》2013年9月4日,第3版。

140.《中国关于促进与中东欧国家友好合作的十二项举措》,《人民日报》2012年4月27日,第2版。

141. 中国外交部:《中国—中东欧国家合作布加勒斯特纲要》(2013年11月26日,布加勒斯特),http://www.fmprc.gov.cn/mfa_chn/zyxw_602251/t1102713.shtml(登录时间:2014年3月11日)。

142. 胡锦涛:《维护持久和平　促进共同繁荣——在上海合作组织成员国元首理事会第十二次会议上的讲话》,载《人民日报》2012年6月8日,第2版。

143. 习近平:《弘扬"上海精神"　促进共同发展——在上海合作组织成员国元首理事会第十三次会议上的讲话》(2013年9月13日,比什凯克),载《人民日报》2013年9月14日,第2版。

144. 习近平:《弘扬人民友谊　共创美好未来——在纳扎尔巴耶夫大学的演讲》(2013年9月7日,阿斯塔纳),载《人民日报》2013年9月8日,第3版。

145. 中国外交部:《中国—中东欧国家合作布加勒斯特纲要》(2013年11月26日,布加勒斯特),http://www.fmprc.gov.cn/mfa_chn/zyxw_602251/t1102713.shtml(登录时间:2014年3月11日);《关于深化互利共赢的中欧全面战略伙伴关系的联合声明》,载《人民日报》2014年4月1日,第2版。

146. 李克强:《在第十届亚欧首脑会议第一次全会上的发言》(2014年10月16日,米兰),载《人民日报》2014年10月17日,第2版。

147. 朱竞若等:《亚太经合组织第二十二次领导人非正式会议在北京举行》,载《人民日报》2014年11月12日,第1版。

148. 杜尚泽、管克江:《习近平参观德国杜伊斯堡港》,载《人民日报》2014年3月31日,第2版。

149. 胡勇:《"渝新欧"铁路贯通　重庆再添招商王牌》,载《重庆日报》2011年10月28日,第11版。

150. 刘政宁:《"渝新欧",亚欧经贸新桥梁》,载《人民日报》2013年9月15日,第3版。

151. 郭晓静:《渝新欧首趟公共班列昨日发出》,载《重庆日报》2014年4月9日,第1版。

152. 李秀中、周芳:《中国区域经济新战场:通往欧洲的货运列车》,载《第一财经日报》2014年4月10日,第3版;齐慧:《中欧铁路架起开放"大陆桥"》,载《经济日报》2014年4月16日,第7版。

153. Keith Bradsher, "Hauling New Treasure Along the Silk Road," *The New York Times*, July 20, 2013.

154. 付文:《"汉新欧"国际铁路货运班列常态化》,载《人民日报》2014年4月24日,第10版。

155. 黄平:《"义新欧"国际集装箱专列开通》,载《经济日报》2014年1月23日,第7版。

156. 杨亚东:《长1.3万公里义乌至马德里货运班列首发》(2014年11月18日,澎湃新闻),http://m.thepaper.cn/newsDetail_forward_1278949(登录时间:2014年11月20日)。

157. 根据国家规划,未来将推进长江经济带与丝绸之路经济带的战略互动,"优化整合向西国际物流资源,提高连云港陆桥通道桥头堡水平,提升'渝新欧'、'蓉新欧'、'义新欧'等中欧班列国际运输功能,建立中欧铁路通道协调机制,增强对中亚、欧洲等地区进出口货物的吸引能力,着力解决双向运输不平衡问题"。参阅国务院:《国务院关于依托黄金水道推动长江经济带发展的指导意见》(国发〔2014〕39号,2014年09月25日。

158. 国务院:《国务院关于支持喀什霍尔果斯经济开发区建设的若干意见》(国发〔2011〕33号),2011年9月30日。

159. 刘岩:《中吉乌铁路建设的必要性分析》,载《铁道货运》2005年第8期,第5页。

160. 吐热尼古丽·阿木提、阿里木江·阿不来提:《中吉乌铁路建设对新疆经济的影响》,载《经济地理》2009年第8期,第1273页。

161. 陈继东:《关于建设中国—巴基斯坦铁路连接线的几点思考》,载《南亚研究季刊》2012年第3期,第58页。

162. 陈龙:《"中巴铁路走廊"加速"西出"战略》,载《大陆桥视野》2010年第8期,第86页。

163. 中国外交部:《2013 年 6 月 6 日外交部发言人洪磊主持例行记者会》,http://www.fmprc.gov.cn/mfa_chn/fyrbt_602243/jzhsl_602247/t1048073.shtml(登录时间:2014 年 3 月 11 日)。

164. 陈龙:《"中巴铁路走廊"加速"西出"战略》,第 86 页。

165. 刘稚:《泛亚铁路建设的由来与发展》,载《当代亚太》2002 年第 11 期,第 45—46 页。

166. 李克强:《在第 16 次中国—东盟(10+1)领导人会议上的讲话》(2013 年 10 月 9 日,文莱斯里巴加湾市),载《人民日报》2013 年 10 月 10 日,第 2 版。

167. 张帆、胡洪江:《玉蒙铁路开通运营》,载《人民日报》2013 年 2 月 24 日,第 2 版。

168. 潘洁:《泛亚铁路东线蒙河铁路全线铺通　年内将通车运营》(2014 年 9 月 16 日,新华网),http://news.xinhuanet.com/fortune/2014-09/16/c_1112504078.htm(登录时间:2014 年 9 月 20 日)。

169.《中华人民共和国和老挝人民民主共和国联合新闻公报》,载《人民日报》2014 年 4 月 12 日,第 3 版。

170. 于景浩:《泰国筹建高铁与中国联通　路线同"泛亚铁路"吻合》(2014 年 7 月 31 日,环球网),http://world.huanqiu.com/exclusive/2014-07/5091425.html?qq-pf-to=pcqq.c2c(登录时间:2014 年 8 月 1 日)。

171. 赵明昊:《以铁路合作为契机　推动中泰关系取得新进展》,载《人民日报》2014 年 12 月 23 日,第 1 版。

172.《中国—东盟合作:1991—2011》,载《人民日报》2011 年 11 月 16 日,第 22 版。

173. 尹鸿伟:《中国提供全额贷款 70 亿美元　"泛亚铁路"从老挝起步》(2012 年 11 月 1 日,时代在线),http://www.time-weekly.com/index.php?m=content&c=index&a=show&catid=8&id=19393(2014 年 3 月 11 日)。

174. 亚洲公路网是联合国亚太经社会自 1959 年开始倡导规划的一个连接亚洲地区各国重要城市的国际公路交通运输网。2004 年 4 月 26 日在中国上海举行的亚太经社会第 60 届会议上,包括日本、韩国、印度尼西亚、泰国、哈萨克斯坦、越南、土耳其等 23 个成员国正式签署该协议。亚洲公路网的路线绵延 14 万公里,横跨 32 个国家,是连接亚洲各国首都、工业中心、重要港口、旅游及商业重镇的交通运输网，覆盖除西亚以外的几乎整个亚洲地区，竣工后将实现亚洲与欧洲的"无缝连接"。

175. 冯正霖：《建设公路运输通道、实现便利运输、促进经贸发展——交通部副部长冯正霖在上海合作组织工商论坛的讲话》（2006 年 6 月 15 日），http://www.gov.cn/gzdt/2006-06/19/content_314328.htm（登录时间：2013 年 3 月 1 日）。

176. 中国驻哈萨克斯坦大使馆经商参处：《"欧洲西部—中国西部"交通走廊》，http://kz.mofcom.gov.cn/aarticle/i/m/201009/20100907151169.html?1248920548=1315823914（登录时间：2013 年 3 月 1 日）。

177. 张军武、田恬：《海外工程承包经营模式的成功实践》（2012 年 3 月 30 日，国际商报网），http://ibd.shangbao.net.cn/a/89615.html；中国网：《中吉合作共赢新模式》（2013 年 9 月 15 日），http://finance.china.com.cn/roll/20130915/1814599.shtml（登录时间：2014 年 3 月 11 日）。

178.《中华人民共和国与巴基斯坦伊斯兰共和国联合声明》（2006 年 2 月 21 日，北京），载《人民日报》2006 年 2 月 22 日，第 3 版。

179.《中华人民共和国与巴基斯坦伊斯兰共和国联合声明》（2006 年 11 月 25 日，伊斯兰堡），载《人民日报》2006 年 11 月 25 日，第 3 版。

180. 孟祥麟：《为中巴友谊筑就新的里程碑——喀喇昆仑公路改建工程启动仪式侧记》，载《人民日报》2008 年 2 月 19 日，第 6 版。

181. 任芳：《中巴喀喇昆仑公路改扩建项目取得实质进展》（2006 年 7 月 8 日，新华网），http://news.xinhuanet.com/newscenter/2006-07/08/content_4808065.htm；中国公路网：《喀喇昆仑公路改扩建工程纪实》（2012 年 6 月 19 日），http://www.chinahighway.com/news/2012/672983.php（登录时间：2013 年 3 月 1 日）。

182. 徐颖：《中巴经济走廊的繁荣预期》，载《瞭望东方周刊》2014 年第 47 期，第 16—17 页。

183. 乔长红：《融入"一带一路" 云南确定五大功能定位》（2014 年 3 月 29 日，云南网），http://yn.yunnan.cn/html/2014-03/29/content_3149806.htm（登录时间：2014 年 4 月 20 日）。

184. 中国新闻网：《云南“四出境”陆路提速　助力构造国际大通道》(2014 年 3 月 11 日)，http://www.chinanews.com/shipin/cnstv/2014/03-11/news392126.shtml(登录时间：2014 年 4 月 20 日)。

185. 杨颖融：《云南“极边第一路”贯通放行　昆明一天可达印度雷多》(2013 年 2 月 6 日，中国新闻网)，http://www.chinanews.com/df/2013/02-06/4553697.shtml(2014 年 4 月 20 日)。

186. 任建民、刘歌：《亚洲公路网在延伸——踏访昆曼公路(下)》，载《人民日报》2006 年 8 月 5 日，第 3 版。

187. 孙广勇、吴成良：《踏访昆曼公路》，载《人民日报》2011 年 1 月 27 日，第 23 版。

188. 陈娟：《昆曼国际大通道中国路段全线通车》，载《人民日报》2008 年 3 月 23 日，第 1 版。

189. 孙广勇：《湄公河大桥合龙　昆曼公路贯通》，载《人民日报》2012 年 12 月 13 日，第 22 版。

190. 施晓慧、于景浩：《大湄公河次区域经济增添新动力》，载《人民日报》2013 年 12 月 12 日，第 3 版。

191. 阿克纠宾是哈萨克斯坦重要的石油工业基地之一，近年来，我国的中石油、中石化等国有大型石油企业已在该州进行了广泛投资，在当地开发油气资源。中石油阿克纠宾油气公司为阿克纠宾州最大的油气公司，是哈萨克斯坦第五大石油公司，拥有“扎那若尔”和“肯基亚克”两大油田。1997 年中石油从哈萨克斯坦“阿克托别油气公司”购入 60.2%的股份，后改名为“中石油阿克纠宾油气公司”。

192. 中国石油新闻中心：《中哈原油管道合作双赢开辟能源通道》(2010 年 12 月 17 日)，http://news.cnpc.com.cn/system/2010/12/17/001317076.shtml(登录时间：2014 年 3 月 11 日)。

193. 蔡国栋：《中哈原油管道进口原油突破 6 000 万吨大关》(2014 年 1 月 21 日，新华网)，http://news.xinhuanet.com/fortune/2014-01/21/c_119064584.htm(2014 年 3 月 11 日)。

194. 吴虹滨：《亚洲大陆上的蓝丝带》，载《人民日报》2010 年 1 月 15 日，第 23 版。

195. 西气东输二线西起霍尔果斯口岸，东至浙江、上海，南抵广东、广西，途经 14

个省份，是连接中亚进口气源以及国内塔里木、准噶尔、长庆等气源地与华东用气市场的主要能源通道。2012 年 12 月 30 日，随着中石油西气东输二线广州—南宁支干线天然气正式到达南宁，西气东输二线工程 1 条干线、8 条支干线全部建成投产，实现我国已建在建 20 条管道连接贯通，形成近 4 万公里天然气管网。参阅冉永平等：《我国形成近 4 万公里天然气管网》，载《人民日报》2012 年 12 月 31 日，第 10 版。

196. 张国宝：《古老丝绸之路上架起新的友谊桥梁——中亚天然气管道决策建设纪实》，载《人民日报》2009 年 6 月 25 日，第 6 版。

197. 安蓓、朱诸：《中亚天然气管道 C 线开始向国内输气》（2014 年 6 月 15 日，新华网），http://news.xinhuanet.com/fortune/2014-06/15/c_1111150657.htm（登录时间：2014 年 7 月 4 日）。

198. 冉永平：《中亚天然气管道输气破 1 000 亿方》，载《人民日报》2014 年 11 月 16 日，第 3 版。

199. 《中华人民共和国和土库曼斯坦关于建立战略伙伴关系的联合宣言》（2013 年 9 月 3 日，阿什哈巴德），载《人民日报》2013 年 9 月 4 日，第 2 版。

200. 中国石油新闻中心：《中亚天然气管道 D 线将成“新丝路”》（2014 年 9 月 24 日），http://news.cnpc.com.cn/system/2014/09/24/001508732.shtml（登录时间：2014 年 10 月 22 日）。

201. 杜尚泽、黄文帝：《习近平和拉赫蒙总统共同出席中塔电力和中国—中亚天然气管道合作项目开工仪式》，载《人民日报》2014 年 9 月 14 日，第 1 版。

202. 李德华、孙亭文：《中国—中亚天然气管道 D 线投产后年输气规模将达 850 亿立方》（2014 年 7 月 3 日，中国新闻网），http://finance.chinanews.com/ny/2014/07-03/6348994.shtml（登录时间：2014 年 7 月 4 日）。

203. 刘锡菊：《中俄原油管道 2013 年进口原油 1 575 万吨》（2014 年 1 月 6 日，中国新闻网），http://finance.chinanews.com/ny/2014/01-06/5703346.shtml（登录时间：2014 年 3 月 11 日）。

204. 冉永平：《我国油气输入渠道日益多元化》，载《人民日报》2013 年 6 月 25 日，第 2 版。

205. 周良：《哈萨克斯坦议会批准俄罗斯过境向中国出口石油协议》（2014 年 6 月

27 日,新华网),http://news.xinhuanet.com/2014-06/12/c_1111097943.htm(登录时间:2014 年 6 月 29 日)。

206. 中华人民共和国驻哈萨克斯坦共和国大使馆经济商务参赞处:《2014 年俄已经过境哈向中国出口石油近 400 万吨》(2014 年 10 月 17 日),http://kz.mofcom.gov.cn/article/jmxw/201410/20141000763262.shtml(登录时间:2014 年 10 月 22 日)。

207. 杜尚泽、裴广江:《习近平和普京共同见证中俄东线天然气合作协议签署》,载《人民日报》2014 年 5 月 22 日,第 1 版。

208. 观察者网:《俄罗斯披露中俄天然气交易价格:单价高于 350 美元》(2014 年 5 月 26 日,观察者网),http://www.guancha.cn/economy/2014_05_26_232524.shtml(登陆时间:2014 年 6 月 10 日)。

209. 孙兆光:《中俄东线前期准备稳步推进》(2014 年 10 月 9 日,中国石油网),http://news.cnpc.com.cn/system/2014/10/09/001509943.shtml(登录时间:2014 年 10 月 22 日)。

210. 安蓓:《中俄东线天然气管道签署建设运营技术协议》(2014 年 10 月 15 日,新华网),http://news.xinhuanet.com/2014-10/15/c_1112839719.htm(登录时间:2014 年 10 月 22 日)。

211. Jack Farchy, “Gazprom looks to sidestep dollar,” *Financial Times*, June 26, 2014.

212. 孔军:《中俄天然气协议将鼓励用本国货币结算》(2014 年 10 月 11 日,腾讯网),http://finance.qq.com/a/20141011/007943.htm(登录时间:2014 年 10 月 22 日)。

213. 翟潞曼:《普京:俄计划通过能源出口扩大中俄本币结算贸易》(2014 年 11 月 10 日,环球网),http://world.huanqiu.com/exclusive/2014-11/5197468.html(登录时间:2014 年 11 月 10 日)。

214. 刘怡然:《俄气称近期可望与中方签署西线对华供气协议》(2014 年 6 月 28 日,新华网),http://news.xinhuanet.com/world/2014-06/28/c_1111358915.htm(登录时间:2014 年 6 月 29 日)。

215. 杜尚泽:《习近平会见俄罗斯总统普京》,载《人民日报》2014 年 11 月 10 日,第1版。

216. 俄罗斯新闻网:《俄气公司:西线供气框架协议注明照付不议条款》(2014年11月9日),http://www.rusnews.cn/ezhongguanxi/ezhong_jingmao/20141110/44196699.html(登录时间:2014年11月10日)。

217. 王心馨:《中俄达成第二轮天然气合作,中国成俄天然气最大买家》(2014年11月10日,澎湃新闻网),http://www.thepaper.cn/newsDetail_forward_1276589(登录时间:2014年11月10日)。

218. 六方是指中石油、韩国大宇国际、印度石油海外公司、缅甸油气公司、韩国燃气及印度燃气。在股权分配上,中方占股50.9%,缅方占股7.4%,韩国占股29.2%,印度占股12.5%。

219. 冉永平等:《中缅天然气管道干线建成投产　每年120亿立方米天然气惠及上亿人》,载《人民日报》2013年10月21日,第9版。

220. 仝晓波:《中缅油气管道助解"马六甲困局"》,载《中国能源报》2013年6月10日,第3版。

221. 赵明昊:《李克强分别会见缅甸总统和印度副总统》,载《人民日报》2014年6月29日,第1版。

222. 安蓓:《中缅天然气管道向国内供气超30亿立方米》(2014年11月13日,新华网),http://news.xinhuanet.com/energy/2014-11/13/c_127207551.htm(登录时间:2014年11月20日)。

223. 张云龙:《中国援建的巴基斯坦瓜达尔港工程竣工》,载《人民日报》2007年3月22日,第7版。

224. 杨迅:《中国企业签署瓜达尔港运营协议》,载《人民日报》2013年2月19日,第21版。

225. 国际海事信息网:《广西北部湾港务集团购马来西亚关丹港40%股权》(2013年9月12日),http://www.simic.net.cn/news_show.php?id=132633(登录时间:2014年3月11日)。

226. 李强:《马来西亚扩建关丹港》,载《中国水运报》2013年9月18日,第6版。

227.《两国双园新模式　东盟投资最佳选》,载《人民日报·海外版》2013年9月2日,第5版。

228. 王新红、林浩：《中国—马来西亚建立“两国双园”联合协调机制》(2014 年 2 月 25 日，中国新闻网)，http://www.chinanews.com/gn/2014/02-25/5881727.shtml(登录时间：2014 年 3 月 11 日)。

229. 王新红、林浩：《中国—东盟港口城市共同发布合作宣言》(2013 年 9 月 4 日，新华网)，http://www.gx.xinhuanet.com/newscenter/2013-09/04/c_117223313.htm(2014 年 3 月 11 日)。

230. 陈占杰：《斯里兰卡汉班托特港正式开工》，载《人民日报》2007 年 11 月 1 日，第 3 版。

231. 吴成良：《中国动力注入斯里兰卡建设进程》，载《人民日报》2011 年 12 月 7 日，第 3 版。

232. 陈占杰：《在印度洋边树起中国品牌——记斯里兰卡汉班托特港建设工程》(2009 年 2 月 13 日，新华网)，http://news.xinhuanet.com/newscenter/2009-02/13/content_10816869.htm；刘咏秋：《中国公司承建的斯里兰卡汉班托特港举行注水仪式》(2010 年 8 月 16 日，新华网)，http://news.xinhuanet.com/2010-08/16/c_12448218.htm(登录时间：2014 年 3 月 11 日)。

233. 邵晓天：《科伦坡国际集装箱码头开港　由招商局国际投建》(2013 年 8 月 7 日，一财网)，http://www.yicai.com/news/2013/08/2921516.html(登录时间：2014 年 3 月 11 日)。

234. 杜尚泽、于景浩：《习近平和斯里兰卡总统拉贾帕克萨共同考察中斯港口合作项目》，载《人民日报》2014 年 9 月 18 日，第 1 版。

235. 张平：《中坦签署巴加莫约港开发协议》(2014 年 1 月 11 日，新华网)，http://news.xinhuanet.com/overseas/2014-01/11/c_118926094.htm(登录时间：2014 年 3 月 11 日)。

236. 中华人民共和国驻希腊共和国大使馆：《驻希腊大使邹肖力参观中远比雷埃夫斯港码头》(2014 年 1 月 12 日)，http://www.fmprc.gov.cn/ce/cegr/chn/zxgx/t1118027.htm(登录时间：2014 年 3 月 11 日)；梁业倩：《中远集团接手希腊比雷埃夫斯港集装箱码头》(2009 年 10 月 1 日，新华网)，http://news.xinhuanet.com/fortune/2009-10/01/content_12153389.htm(登录时间：2014 年 3 月 11 日)。

237. 吴乐珺、韩秉宸:《把比港打造成中希、中欧合作的明珠》,载《人民日报》2014年6月21日,第2版。

238. 吴乐珺、韩秉宸:《李克强会见希腊总统帕普利亚斯》,载《人民日报》2014年6月21日,第1版;李克强:《努力建设和平合作和谐之海——在中希海洋合作论坛上的讲话》(2014年6月20日,雅典),载《人民日报》2014年6月21日,第3版。

239. 吴乐珺、韩秉宸:《李克强与塞尔维亚总理武契奇共同会见记者》,载《人民日报》2014年12月19日,第3版。

240. 中国驻希腊共和国大使馆:《希腊议会通过修订后的中远比港〈友好协商协议〉》(2014年12月21日),http://www.fmprc.gov.cn/ce/cegr/chn/mbtd/t1222123.htm(登录时间:2014年1月10日)。

241. 中华人民共和国国家统计局:《中国统计年鉴2013》,中国统计出版社2013年版,第233页;新疆维吾尔自治区统计局:《新疆统计年鉴2013》,中国统计出版社2013年版,第197页。

242.《中华人民共和国和哈萨克斯坦共和国关于发展全面战略伙伴关系的联合声明》,载《人民日报》2011年6月14日,第3版。

243. 具体而言,参与援疆的省市,由此前的8个扩大到19个,受援方由过去的新疆10个地州、56个县市和新疆生产建设兵团3个师,扩大到新疆12个地州、82个县市和兵团12个师。“十二五”期间,19个省市援疆地方资金546.6亿元(不含生产建设兵团)。据统计,截至2013年底,19个省市累计实施援疆项目3 223个,拨付援助资金359.2亿元,占五年规划总量的63.6%,累计完工2 510个,完工率77.9%。截至2014年一季度末;53家中央企业在疆计划投资项目685个,计划投资总额1.85万亿元,已完成投资5 903.86亿元。参阅杨明方等:《对口援疆:真情唱响天山南北》,载《人民日报》2014年5月27日,第1版。

244. 李斌、霍小光:《把祖国的新疆建设得越来越美好——习近平总书记新疆考察纪实》,载《人民日报》2014年5月4日,第1版。

245. 努尔·白克力:《政府工作报告——2014年1月16日在自治区十二届人大二次会议上》,载《新疆日报》2014年1月22日,第3版。

246.《研究进一步推进新疆社会稳定和长治久安工作》,载《人民日报》2014 年 5 月 27 日,第 1 版。

247.“五中心”是指区域性交通枢纽中心、区域性商贸物流中心、区域性金融中心、区域性文化科教中心、区域性医疗服务中心。“三基地一通道”则是指国家大型油气生产加工和储备基地、大型煤炭煤电煤化工基地、大型风电基地和国家能源资源陆上大通道。参阅张春贤:《在丝绸之路经济带国际研讨会上的致辞》(2014 年 6 月 26 日,乌鲁木齐),http://www.scio.gov.cn/zxbd/tt/jd/Document/1373831/1373831.htm(登录时间:2014 年 6 月 27 日)。

248. 国务院办公厅:《国务院关于支持喀什霍尔果斯经济开发区建设的若干意见》(国发〔2011〕33 号),2011 年 9 月 30 日。目前,中央已安排苏州市、连云港市、绍兴市、满洲里市援建霍尔果斯。其中,苏州市主要支持工业园区建设,连云港市和满洲里市主要支持口岸建设,绍兴市则着力支持城市规划建设。尤其值得指出的是,喀什经济开发区,由深圳对口援建;霍尔果斯经济开发区,由被誉为“中外经济技术合作的典范”的苏州工业园区对口援建。这些地区都拥有丰富的沿边、沿海开放经验。

249.“五口”是指喀什境内有红其拉甫、吐尔尕特、伊尔克什坦、卡拉苏、喀什国际航空港等五个国家一类口岸,可达中亚、南亚、东欧,与第三国通商;“八国”是指喀什与巴基斯坦、塔吉克斯坦、阿富汗、吉尔吉斯斯坦、印度等 8 个国家接壤或相邻;“一路”是指“丝绸之路”,古代丝绸之路的南线、中线和北线都要经过这里。

250. 国家发改委:《喀什经济开发区总体发展规划(2011—2020 年)》,2013 年 5 月。

251. 观察者网:《新疆今年投资基建超 8 000 亿建设新丝绸之路经济带交通体系》(2014 年 6 月 27 日),http://www.guancha.cn/economy/2014_06_27_241440_2.shtml(登录时间:2014 年 6 月 27 日)。

252. 大陆桥网:《2013 年霍尔果斯口岸进出口货运量首破两千万吨》(2014 年 1 月 30 日),http://www.landbridgenet.com/yaowen/2014-01-23/11276.html(登录时间:2014 年 3 月 11 日)。

253. 乔文汇:《霍尔果斯铁路口岸完成扩能改造》,载《经济日报》2013 年 10 月 28

日，第10版。

254. 石鑫：《国务院批准新疆设立霍尔果斯市》，载《新疆日报》2014年7月11日，第1版。

255. 据悉，虽然2003年巴基斯坦政府已同意在与中国的双边贸易中可以用人民币进行结算，但中巴双方的商人在边贸活动中，还是以美元结算。国家外汇管理局喀什地区中心支局课题组：《喀什与中亚南亚国家边贸结算问题研究》，载《金融视野》2007年第4期，第28页。

256. 例如，在2011年6月13日《中华人民共和国和哈萨克斯坦共和国关于发展全面战略伙伴关系的联合声明》中提出，“双方将推动双边贸易本币结算，欢迎两国银行建立合作伙伴关系并开展代理业务，鼓励双方企业使用本币贷款和投资，支持两国金融机构与企业积极互动与合作”。参阅《中华人民共和国和哈萨克斯坦共和国关于发展全面战略伙伴关系的联合声明》，载《人民日报》2011年6月14日，第3版。

257. 新疆外经贸厅：《中巴边贸人民币结算获批准》（2009年5月27日），http://www.xjftec.gov.cn/Family/bianmaoxinxi1/bianmaoxx/4028c28421756dbe0121803103870f64.html（登录时间：2013年3月1日）。

258. 中国人民银行货币政策分析小组：《2010年第三季度中国货币政策执行报告》，2010年11月2日，第14页。

259. 中国人民银行乌鲁木齐支行：《新疆完成国内首笔人民币兑坚戈现汇交易》（2012年6月11日），http://wulumuqi.pbc.gov.cn/publish/wulumuqi/1313/2012/20120611180930170435252/20120611180930170435252_.html（登录时间：2013年3月1日）。

260. 谷姗：《去年新疆跨境人民币结算1 206亿元》（2014年1月24日，新疆网），http://www.xinjiangnet.com.cn/xj/corps/201401/t20140124_3706637.shtml（登录时间：2014年3月11日）。

261. 关于新疆跨境贸易和投资人民币结算所面临的问题，参阅李明：《新疆跨境贸易和投资人民币结算：现状、问题及对策》，载《新疆财经大学学报》2011年第4期，第31—34页。

262. 朱苏荣：《建设“丝绸之路经济带”金融中心的战略构想》，载《新疆日报》2013年

12月5日,第12版。按:该文作者系中国人民银行乌鲁木齐中心支行行长。

263. 中国人民银行等:《关于金融支持喀什霍尔果斯经济开发区建设的意见》(银发〔2012〕239号),2012年9月28日。

264. 乔文汇:《霍尔果斯谋划向西开放》,载《经济日报》2014年1月7日,第7版。

265. 笔者根据2010年第六次全国人口普查统计数据计算。参阅国务院人口普查办公室、国家统计局人口和就业统计司:《中国2010年人口普查资料》(上册),中国统计出版社2012年版,第36页。

266. 刘水明:《打造中阿经贸合作新平台》,载《人民日报》2010年9月6日,第22版。

267. 苏晓升:《创建内陆"向西开放"的试验区》,载《人民日报》2012年3月11日,第15版。

268. 国家发改委:《宁夏内陆开放型经济试验区规划》(发改西部〔2012〕2970号),2012年9月14日。

269. 该联席会议由外交部、发展改革委、教育部、科技部、工业和信息化部、国家民委、公安部、民政部、人力资源社会保障部、国土资源部、环境保护部、住房城乡建设部、交通运输部、水利部、农业部、商务部、文化部、卫生计生委、中国人民银行、国资委、海关总署、税务总局、工商总局、质检总局、食品药品监管总局、林业局、知识产权局、旅游局、宗教局、银监会、证监会、保监会、能源局、外专局、铁路局、民航局、中医药局、扶贫办、开发银行和宁夏回族自治区人民政府组成。国务院办公厅:《国务院办公厅关于同意建立宁夏内陆开放型经济试验区建设部级联席会议制度的函》(国办函〔2013〕89号),2013年9月18日。

270. 朱磊:《搭建中阿"彩虹桥"——写在二〇一三中阿博览会开幕之际》,载《人民日报》2013年9月16日,第2版。

271. 许凌:《中国和阿拉伯国家开启"新丝绸之路"》,载《经济日报》2013年9月20日,第1版。

272. 洪琦:《银川—哈萨克斯坦货运直航包机首航》,载《宁夏日报》2014年1月12日,第1版。

273. 根据宁夏回族自治区的思路,未来宁夏将致力于打造具有国际影响力的清真食品和穆斯林用品设计、生产、集散、物流、展览、认证中心，着力发展面向广大伊斯兰世界的“清真产业”。参阅《构建中阿经贸合作交流“先行区”——宁夏发展内陆开放型经济独具优势》，载《人民日报》2011 年 9 月 19 日，第 14 版。

274. 张晓博：《宁夏产品登上阿联酋皇家采购平台》，载《银川晚报》2009 年 5 月 5 日，第 7 版。

275. 国家发改委西部开发司：《清真食品认证　向西开放再启一扇窗》，http://xbkfs.ndrc.gov.cn/mzfz/201410/t20141014_629344.html（登录时间：2014 年 10 月 10 日）。

276. 吉达经商室：《伊斯兰金融资产今年底有望达到 2.1 万（亿）美元》（2014 年 2 月 16 日），http://jedda.mofcom.gov.cn/article/jmxw/201402/20140200488847.shtml（登录时间：2014 年 3 月 11 日）。

277. 中国驻巴林经商处：《到 2017 年海合会国家的境外资产将达 3 万亿美元》（2012 年 11 月 14 日），http://www.mofcom.gov.cn/article/i/jyjl/k/201211/20121108435237.shtml（登录时间：2013 年 3 月 1 日）。

278. 许凌、拓兆兵：《构筑向西开放战略支点——写在首届中阿博览会召开之际》，载《经济日报》2013 年 9 月 15 日，第 1 版。

279. Ernst & Young, “*World Islamic Banking Competitiveness Report 2012—2013*,” December, 2012.

280. Ernst & Young, “Global Demand for Sukuk to Reach US$900bn by 2017,” September 12, 2012, http://www.ey.com/GL/en/Newsroom/News-releases/News_Global-demand-for-Sukuk-to-reach-US-Dollar-900bn-by-2017 (Accessed: March 1, 2013).

281. 中越“两廊一圈”合作中的“两廊”是指昆明—老街—河内—海防和南宁—谅山—河内—海防两条经济走廊，“一圈”则是指环北部湾经济圈。南宁—新加坡经济走廊是指以南宁—河内—金边—曼谷—吉隆坡—新加坡铁路和高等级公路为依托形成的经济走廊。

282. 王明浩：《广西：泛北合作　先行先赢》，载《人民日报》2014 年 5 月 14 日，第 1 版。

283.《携手推进泛北合作　共建海上丝绸之路》，载《广西日报》2014 年 5 月 17 日，第 4 版。

284. 国家发改委：《广西北部湾经济区发展规划》（发改地区〔2008〕144 号），2008 年 1 月 16 日。

285. 国务院：《关于进一步促进广西经济社会发展的若干意见》（国发〔2009〕42 号），2009 年 12 月 7 日。

286. 程群：《东盟连续 14 年成为广西最大贸易伙伴》（2014 年 1 月 14 日，新华网），http://news.xinhuanet.com/fortune/2014-01/14/c_118956427.htm（登录时间：2014 年 5 月 20 日）。

287. 骆万丽：《广西可在人民币跨境结算发挥独有作用——中国工商银行原行长杨凯生谈金融改革》，载《广西日报》2014 年 4 月 23 日，第 3 版。

288. 例如，2014 年 5 月，第八届泛北部湾经济合作论坛在广西南宁举行，会议主题为“携手推进泛北合作　共建海上丝绸之路”。借助论坛，广西表达了通过对接新丝绸之路战略获取国家资源投入和政策支持的考量，包括将广西建设成为中国—东盟海洋经济合作试验区、将南宁建设成为区域性国际金融中心等。

289. 陈武：《政府工作报告——2014 年 1 月 16 日在广西壮族自治区第十二届人民代表大会第三次会议上》，载《广西日报》2014 年 1 月 22 日，第 3 版。

290. 中国人民银行等：《云南省广西壮族自治区建设沿边金融综合改革试验区总体方案》（银发〔2013〕276 号），2013 年 11 月 20 日。

291. 广西壮族自治区人民政府：《广西壮族自治区人民政府关于建设沿边金融综合改革试验区的实施意见》（桂政发〔2014〕3 号），2014 年 1 月 8 日。

第五章　任重道远：中国在“一带一路”上的风险与因应

随着中国的“一带一路”倡议逐渐走向实施阶段，各种固有和新生、一国内部和跨国流动的政治安全风险相互交织，成为中国正在或即将面临的重要挑战。若无法妥善应对，“一带一路”的建设进程将受到严重干扰而难以为继，乃至逐渐被边缘化。因此，亟须从学理的角度对各种主要风险进行深入剖析，并在此基础上提出可能的对策建议。

基于此，本章将分成四个部分。首先，揭示“一带一路”沿线重要节点国家在国家建设或重建进程中所面临的内部结构性政治风险；其次，介绍“一带一路”沿线地区共同面临的跨国性安全威胁，尤其侧重分析它们自身的运作方式、不同威胁之间的循环机制，以及与特定国家和地区局势的联动关系；第三，透视中国与美国、俄罗斯等全球和地区主要大国在“一带一路”沿线地区现实或潜在的竞争态势；第四，从原则和策略两个层面，尝试性地提出中国面对以上风险的因应方略。

一、节点国家的内部风险

作为一项覆盖整个欧亚大陆的大规模经济合作倡议，“一带一路”的建设有赖于良好的政治、安全环境，尤其是沿线国家国内局势的相对稳定，而这却绝非易事。一方面，沿线的重要节点国家长期面临着结构性的政治失序与国家危机；另一方面，美军撤出以后伊拉克、阿富汗深陷政治和解与国家重建的泥潭。

(一) 政治失序与国家危机

尽管"一带一路"是中国面向沿线所有国家发起的普遍性战略合作倡议，但在实际推进中，一些战略地位重要、政治关系总体良好的节点性枢纽国家无疑更具有优先性。从目前来看，马来西亚、斯里兰卡、希腊等国成为了中国在21世纪海上丝绸之路建设中的主要依托对象，而泰国、缅甸、巴基斯坦、中亚国家、阿富汗、伊朗、俄罗斯、乌克兰等国则对丝绸之路经济带建设至关重要。根据"从点到面、由线到片"的建设思路，节点国家的战略支撑和撬动作用将在很大程度上影响到"一带一路"战略的成败，而这又往往与其国内的政局走向息息相关。

除了西欧以外，"一带一路"沿线国家基本都是发展中和转型中国家，长期面临着国家建设的结构性困境，存在着国家治理能力低下、民族认同淡薄、族群宗教对立严重、政治危机频发等一系列问题。与政治体系相对成熟的西方发达国家相比，这些国家内部的各种政治力量往往以族群、宗教、阶级、地域、派系等标准画线进行组合和对抗，而名义上代表普遍和整体利益的"国家"则在相互撕扯中更显脆弱。在此过程中，民主政治非但未能缓解冲突，反而使本已根深蒂固的社会分裂以公开对决的方式呈现。[1]近年来某些国家的动荡局势表明，以多党制和竞争性选举为主要形式的现代民主制度已无法完全承载近乎零和式的政治对立，在外部大国力量的竞逐和介入下，"街头政治""颜色革命""军事政变"等非常规的政治参与方式越来越多地成为这些国家的政治解决途径，在客观上使国家陷入了政治瘫痪和反复革命的恶性循环中。

对于节点国家而言，由于其特殊的战略地位，内部的政治对立和外部的大国博弈往往相互交织，使得国内政局呈现出长期性、结构性的动荡态势。从"一带一路"的南线到北线，以泰国、缅甸、巴基斯坦、中亚国家(尤其是吉尔吉斯斯坦)、乌克兰等国尤为明显。

泰国是中南半岛和东盟的核心国家，处于泛亚铁路网的枢纽性位置，是中国推进"一带一路"建设的重要合作对象。然而，泰国国内长期以来存在着不同阶层和地域的政治力量之间的尖锐对立，以城市中产阶级为主体的“黄衫军”和以广大乡村地区农民为主体的“红衫军”，循环性地以大规模街头抗议的激进方式寻求政治变革，使国家政治和社会秩序处于持续的瘫痪状态。截然对立的阶层利益和政治诉求，加上彼此互不妥协的零和博弈，将整个国家推向了无解的政治僵局，民主政治不得不通过司法政变和军事政变作出最终的仲裁。2013 年 10 月，中国与泰国发布《中泰关系发展远景规划》提出，中方有意参与廊开至帕栖高速铁路系统项目建设，并以泰国农产品抵偿部分项目费用，而泰方将在《中泰政府关于泰国铁路基础设施发展与泰国农产品交换的政府间合作项目的谅解备忘录》的基础上与中方探讨相关事宜。[2]这一合作方式被形象地形容为“大米换高铁”。对于中国而言，“大米换高铁”不仅有可能成为中国与东盟国家实现互联互通的示范性举措，也是将中国的技术、装备、劳务与东盟国家的基础设施、资源、能源相结合的重要尝试。同时，廊开至帕栖高速铁路贯通泰国北部地区，在线路上与中国提出的泛亚铁路相重合，有助于中国通过分段修建的方式逐步实现铁路干线覆盖中南半岛并延伸到印度洋沿岸的目标。然而，随着 2013 年 11 月以来泰国局势的持续动荡，原先力主此项合作的总理英拉黯然下台。2014 年 3 月 12 日，泰国宪法法院判决已获国会通过的一项 2.2 万亿泰铢(约合 678 亿美元)基础设施建设项目违宪，这意味着该项目的核心部分——中泰“大米换高铁”项目也随之流产。尽管通过军事政变上台的“全国和平与秩序委员会”于 2014 年 7 月批准了两条连接中国的高铁项目计划，使中泰高铁合作峰回路转，但由泰国国内政治的两极对立和循环政变所引发的长期风险，仍然使后续的合作充满了变数。

作为“一带一路”交会处的重要节点国家，缅甸国内的政治局势不仅关乎中国西南方向陆上能源战略通道的安全稳定，也将在很大程度上影响中国能否顺利经由西南陆路直接通往印度洋。长期以来，缅甸国内军政府与民主派、中央政府与少数民族地方武装、佛教徒与穆斯林之间始终陷于旷日持久的政治或军事对抗中。[3]伴随着缅甸民主化进程的开启，新一轮的利益博弈与旧有的历史恩怨相互交织，国内外各种势力之间的斗争更趋激烈,而转型过程中日益多元和宽松的政治社会生态恰恰为此提供了空间。在政治领导权方面,昂山素季及其领导的全国民主联盟、现任总统、执政党巩发党(缅甸联邦巩固与发展党)和军人四方之间围绕着总统候选人资格展开了修宪博弈。在宗教关系方面,2012 年以来缅甸先后发生了伊斯兰教徒和佛教徒的暴力冲突,并由西部地区逐渐扩大到中部城镇。在中央和民族地方武装关系(简称“民地武”)方面,缅甸新政府与克钦独立军之间分歧巨大使得和谈成功遥遥无期,而中央政府与缅北“民地武”签署的新和平协议并未能解决后者的最终地位、领导人和武装力量的安置等核心问题,民族地方武装问题最终实现一揽子解决的前景仍不明朗。少数民族控制区是缅甸水力、矿产等资源富集的地区,也是近年来中国投资项目的重点区域,而中缅油气管道缅甸境内段需经过四个地方势力控制的区域,这使得中国的重大战略投资项目已经很难避开缅甸政府与地方民族武装的利益矛盾。在外部力量方面,近年来,美国、欧盟、英国、日本等国纷纷加大了对缅甸事务的政治介入和资源投入,对中国影响、利益的排挤势头上升。对于中国而言,尽管与缅甸各主要政治力量都大体保持着友好或接触的状态,但受到该国国内政治斗争的负面影响也正日益显著。2011 年 9 月的密松水电站事件和 2012 年 11 月的莱比塘铜矿抗议事件都表明,目前中国在缅甸的战略投资项目已在相当程度上成为了当前缅甸政治进程的牺牲品,在部分政党和民众的民粹式抗议背后,是执政党与反对党、中国与美国、日本等外部大国之间的利益较量。[4]可以预见,从现在至 2015 年大选期间,缅甸国内各种力量间的斗争将更趋激烈和复杂,从而使该国的国家建设和政治转型充满不确定性和危险性。

作为中国的全天候战略伙伴,巴基斯坦在新丝绸之路战略中具有举足轻重的地位。随着瓜达尔港投入运营和中巴铁路规划建设,未来中国有可能从新疆喀什直接经由巴基斯坦通向中东地区,从而有利于进一步维护国家能源进口安全。然而,巴基斯坦国内复杂的民族宗教生态和不断恶化的政治安全形势却使得这一前景具有极大的不确定性。事实上,自1947年独立以来，巴基斯坦的国家建设进程就始终面临部族、教派、地方、军队等各种力量的相互撕扯。据观察，自2004年以来，巴基斯坦又开始出现部落地区的“塔利班化”和“基地”组织的“巴基斯坦化”。[5]巴基斯坦塔利班（以下简称“巴塔”）的崛起助长了国内的激进宗教势力，进一步强化了巴基斯坦政治的伊斯兰化倾向，严重削弱了中央政府对国内局势的掌控力。随着“巴塔”渐成气候，其势力和影响已逐步从最初的部落地区扩大到部落以外的内地和沿海城市，日益形成与中央政府分庭抗礼的局面。巴基斯坦国内局势的动荡为“基地”组织等极端恐怖组织的活动、蔓延提供了土壤和空间，而这又反过来对其政局造成冲击，使之成为了反恐战争的前沿阵地。在此背景下，巴基斯坦本已脆弱的政治体系愈发分崩离析，而“失败国家”“巴尔干化”也逐渐成为外界对巴基斯坦黯淡政治现状的描述。[6]对于中国而言，巴基斯坦安全形势的持续恶化不仅将威胁在巴中国公民的人身安全，同时还会助长“东伊运”等“三股势力”的活动，给中巴铁路、瓜达尔港等重大战略项目的建设或运营造成严重挑战。

中亚国家是丝绸之路经济带建设的核心区域，其国内政治局势不仅影响到中国的西部边疆安全和能源安全，还将直接关乎新丝绸之路北线和中线能否顺利推进，从而实现亚欧市场大联动的长远目标。目前，从双边关系上，中国与中亚国家保持了高度的政治互信与良好的合作势头。然而，中亚国家国内政局的不稳定因素仍使该地区爆发“颜色革命”并进而引发地区性动荡的可能。作为该地区的大国，哈萨克斯坦和乌兹别克斯坦总体局势稳定，但未来数年中两国都将面临权力交接的问题，能否实现顺利过渡值得关注。作为中吉乌铁路重要当事国的吉尔吉斯斯坦长期以来陷于国内严重的政治对立中，是目前中亚地区最大的风险国。自20世纪90年代初期独立并开启政治转型以来，吉尔吉斯斯坦的国家建设进程就始终陷入循环式的政权更迭中，除了2005年的“郁金香革命”和2010年4月和6月的政治骚乱外，20年间已14次更换政府总理、8次进行宪法重大修改。[7]2012年至今，其国内反对派的政治抗议活动仍然非常活跃。[8]从本质上看，造成吉尔吉斯斯坦国内结构性政治困境的根源即在于其南北政治分裂难以弥合。吉尔吉斯斯坦在地理上以天山为界分为南北两部分,北部地区的吉尔吉斯人传统上多以游牧为业,社会面貌和文化特点呈现出较强的欧洲化和世俗化倾向,而南部地区以费尔干纳为中心的中亚农耕区自古以来就是中亚伊斯兰文化的中心,乌兹别克人的影响广泛而深刻。长期以来,地理、人口、宗教文化和经济发展水平上的差异导致了南北之间长期的政治角力。[9]同时,南北矛盾的载体不是笼统的地方而是具体的部族,部族之间围绕着国家政权的争夺已成为国家政治生活中的常态,如被“郁金香革命”推翻的总统阿卡耶夫是公认的北方部族的代表,而2010年被推翻的总统巴基耶夫则被认为是南方部族的代表。可以说,在相当长时期内,吉尔吉斯斯坦国内的南北对立僵局将继续存在,国家建设的结构性困境使得该国未来仍有爆发“颜色革命”的潜在风险,而这也必然将对中国的丝绸之路经济带建设造成冲击。

作为丝绸之路经济带北线的节点国家,乌克兰是中国在中东欧地区的重要合作伙伴,也有可能是未来连接中国与欧盟之间陆上贸易通道的枢纽之一。冷战结束以后,中乌在军工领域进行了深入的合作,而乌方丰富的农业资源又使其在近年来逐渐成为中国最大的海外农田租赁来源。据统计,在2013年11月中国—中东欧领导人会议期间达成的约190亿美元投资和贷款协议中,有80亿美元是与乌克兰签署的,而在此之前中方就已经向乌提供了约100亿美元的贷款。[10]2013年12月,乌克兰总统亚努科维奇访华期间,乌方曾主动提出,“赞赏并支持中方提出的打造‘丝绸之路经济带’倡议,愿积极参与相关基础设施建设”[11]。在此期间,中乌双方还签署了总投资100亿美元的乌克兰克里米亚深水港及经济开发区项目,该港口建成以后年吞吐量将达到1.5亿吨,直接缩短中国和欧洲之间贸易运输距离近6 000公里。[12]然而,随着2013年11月亚努科维奇政府突然宣布暂停签署欧盟联系国协定,乌克兰政局始终处于动荡之中,持续数月的大规模抗议示威活动最终在欧美的推波助澜下演变成反对派“夺权改制”的二次“颜色革命”。[13]尽管此次乌克兰危机的直接导火索是暂停签署欧盟联系国协定,但深层次原因却是乌克兰独立以来政治转型的困局和东西部之间根深蒂固的隔阂。20多年来,乌克兰的国家宪法数度被修改,其政体在总统制、议会制、议会总统制间不停转换。同时,由于人口、地理、历史和文化等因素,乌克兰约三分之一毗邻俄罗斯的东部地区居民希望发展与俄罗斯的传统关系,西部地区则更倾向于加入欧盟,而美国、欧盟与俄罗斯之间的激烈博弈又进一步加深了东西部地区之间固有的矛盾。2014年5月和11月,亲西方的波罗申科和"人民阵线"分别赢得总统和议会选举。然而,新的大选结果非但未能结束本已尖锐的东西部对立,反而使局势进一步往内战方向发展。可以预见,随着美欧俄的持续角力,乌克兰实质性的国家分裂态势已然形成。对中国的中东欧战略以及"一带一路"北线建设的推进而言,这种结构性危机无疑将增加很大的不确定性。

可以说,新丝绸之路沿线节点国家国内根深蒂固、盘根错节的族群、宗教、阶级、地域、派系对立成为了困扰它们进行国家建设的结构性和深层次障碍,弱国—强宗教/部族/地方成为了普遍性的政治生态。同时,外部大国力量的竞逐又在很大程度上加深了本已尖锐的政治对立,使政治失序往往演变为深刻的国家危机,最终不得不通过政变、革命等形式打破政治僵局。对于中国的"一带一路"战略而言,沿线国家尤其是重要节点国家内部的结构性政治困境已然成为了长期或经常面临的严重挑战,某些外部大国完全可以通过操纵节点国家国内政争的方式轻易破坏中国重大战略合作项目和重点工程的实施,从而打断中国在该国和该地区的整体战略部署。

(二)美军撤出与国家重建

作为欧亚大陆的要冲枢纽,伊拉克和阿富汗是新丝绸之路战略中线和南线的重要节点。随着2011年和2014年美国军队的撤出,两国的国家重建成为了当前和未来相当长时期内中东、中亚地缘政治和大国关系的核心议题。鉴于其特殊的战略地位,伊、阿两国能否顺利实现政治、安全、经济的平稳过渡,不仅将对地区和国际局势产生直接的溢出效应,也将在很大程度上影响中国新丝绸之路战略的推进。

伊拉克是中国在中东的重要能源合作伙伴。据估计，目前伊拉克国内总人口中约75%为阿拉伯人，库尔德人约占20%，其余人口占5%。同时，99%的伊拉克人信仰伊斯兰教，其中约60%—65%为什叶派，逊尼派则约占32%—37%。[14]千百年来，民族（阿拉伯人与库尔德人）和教派（什叶派与逊尼派）间根深蒂固的对立、冲突构成了伊拉克的政治和社会生活的主线。在萨达姆政府时期，民族和教派矛盾被政治强力所压制，占人口少数的逊尼派掌握了国家政权。2003年伊拉克战争后，美国一度试图在伊拉克构建一个由南部什叶派、中部逊尼派和北部库尔德人共同参与的包容性政治体系和权力架构。然而，现实的政治进展却与最初的美好愿望背道而驰，其背后所反映的恰恰是伊拉克战后重建中的结构性政治困境。伊拉克尖锐的民族和教派冲突决定了唯有在三大势力之间形成各方均能接受的权力分配，才有可能建立起具有广泛代表性的国民政府，使伊拉克统一的民族国家版图得以继续存在。然而，由于民族和宗教矛盾往往具有不易妥协、零和博弈的特征，使得什叶派、逊尼派和库尔德人之间的政治妥协和利益交换难以达成。同时，按照“一人一票”的民主选举原则，又很自然地形成了什叶派一家独大的局面。对于逊尼派而言，中央政府是什叶派主导的政府；对于库尔德人而言，中央政府是阿拉伯人主导的政府。由此造成的结果是，尽管什叶派以人数优势掌握了国家权力，却无法得到逊尼派和库尔德人的认同，而后两者在被“边缘化”后也日益形成了对什叶派中央政府的对抗和独立倾向。

可以说，战后由美国所设计的民主政治体制与伊拉克实际的民族宗教结构之间出现了严重的脱节，民族版图和信仰版图按照自身的逻辑重构了战后政治秩序，对伊拉克多民族国家的政治版图造成了强烈的冲击。

在此过程中，美国和马利基政府的错误政策又大大强化了本已矛盾重重的民族和教派关系。为了防范前萨达姆政权势力卷土重来，美国在伊拉克战后重建中更多地倚重什叶派和库尔德人，削弱了逊尼派的积极性，甚至一度出现了逊尼派抵制大选的局面，而顺势坐大的库尔德人离心倾向更为强烈。同时,什叶派主导的马利基政府除了实行"去复兴社会党化"政策之外,还大力推动伊拉克安全部队"什叶派化"。随着2007—2010年打击"基地"组织时期立下汗马功劳的逊尼派武装组织"伊拉克之子"被边缘化,伊拉克安全部队控制逊尼派占多数地区的难度不断加大,而库尔德地方民兵与安全部队更是互不买账。由此,中央政府和军队成为了名副其实的什叶派政府和军队,逊尼派和库尔德人的武装割据成为了威胁伊拉克安全的巨大隐患,伊拉克本已逐渐浮现的"三分天下"局面更为明显。[15]

作为战后伊拉克的重建主导方,美军曾是伊拉克国内权力结构中的重要组成部分,一度发挥着在三大势力之间进行平衡的作用。2011年,美国完成撤军,伊拉克进入到了由伊拉克人主导的战后重建新阶段。然而,随着外国占领者的离开和叙利亚内战的爆发,伊拉克国内三大势力之间的矛盾更趋紧张。同时,伊朗、沙特、土耳其等地区大国也纷纷加强了对各自扶植势力的支持力度,而"基地"组织和逊尼派极端势力则进一步谋求填补权力真空,从而使伊拉克出现了各方势力竞逐的紧张局面。[16]

首先是逊尼派与什叶派的矛盾日趋激烈。2012年以来逊尼派针对什叶派的恐怖暴力袭击不断发生,成为了伊拉克恐怖袭击事件的主要来源,使得自2008年以后已大为改善的安全形势出现严重恶化。据统计,2008年伊拉克的平民遇袭死亡人数为10 136人,相较于2007年的25 891人骤降了60%。到2009年又进一步减少至5 153人,并在2010年、2011年连续稳定在4 100人左右。然而,2012年死亡人数再次攀升至4 587人,2013年则达到2008年以来的最高峰9 571人。[17]在此过程中,伊拉克的安全事件也从2011年的每月300起激增至2013年的每月超过1 200起。[18]进入2014年以来,安全形势进一步恶化,仅1—6月就已有7 665名平民在各类袭击中身亡。[19]

其次是逊尼派极端组织"伊拉克和沙姆伊斯兰国"(Islamic State in Iraq and the Levant,简称ISIS)的强势崛起。ISIS原是"基地"组织在伊拉克的分支力量,经过多次的重组,已成为具有比"基地"组织更强大的综合实力的恐怖主义极端组织的松散联盟。它以宗教为旗帜,旨在推翻一战后形成的现代中东国家边界和政教分离原则，建立起包括伊拉克、叙利亚、约旦、黎巴嫩、巴勒斯坦、土耳其南部等地在内的政教合一的逊尼派伊斯兰国。2011年叙利亚内战的爆发和持续混乱的局势为ISIS崛起创造了绝好的条件，而沙特、科威特、卡塔尔等海湾逊尼派君主国为了推翻叙利亚巴沙尔政权，也一度充当了ISIS的幕后金主。到2014年初，ISIS已占领叙利亚北部重镇阿勒颇的大片区域以及东北部的部分省份。[20] 2014年6月5日，ISIS向伊拉克北部萨拉赫丁省的萨迈拉发动武装攻势。据估计，ISIS武装分子在叙利亚境内可能有6 000到7 000人，在伊拉克境内则有5 000—6 000人，除去预备队、城镇守军和后勤单位，其一线作战部队可能只有数千人。[21]尽管人数有限，但ISIS非但没有在逊尼派占多数地区遭遇多少抵抗，反而还得到大批反对马利基政府的逊尼派部族和萨达姆旧部的支持，而占有明显人数优势的伊拉克政府军则经常出现“不战而逃”的集体性溃败。6月10日，ISIS攻占伊拉克第二大城市摩苏尔，并截获4.29亿美元巨款和大量金块；6月11日，又夺取萨达姆家乡、萨拉赫丁省首府提克里特。6月24日，ISIS完全控制了伊拉克最大炼油厂——拜吉炼油厂。6月29日，ISIS宣布建立“伊斯兰国”（Islamic State），叛军领袖巴格达迪则被奉为“哈里发”（即所谓的全球穆斯林最高统治者）。目前，“伊斯兰国”已经实际控制或宣称控制了包括拉卡、伊德利卜和阿勒颇在内的叙利亚北部和东部的广大区域，以及包括安巴尔省全省、萨拉赫丁大部分区域、迪亚拉和巴格达部分区域等在内的伊拉克西北部广大领土。在控制多个产油区并能够对外出口原油后，“伊斯兰国”已成为世界上最富有的恐怖组织，不仅拥有包括装甲车、悍马、M198重炮、重型机关枪、飞毛腿导弹在内的各种先进武器装备，还利用宗教上的号召力不断吸引来自世界各地的精锐恐怖分子加入。可以说，“伊斯兰国”已取代“基地”组织成为伊拉克国家重建中的头号恐怖主义威胁。

第三是库尔德人的独立倾向更加强烈。从美军撤出伊始，阿拉伯人主导的中央政府与库尔德人地方政府之间围绕集权和自治展开的权力冲突即已凸显。一方试图削减库尔德人在美国主导的战后重建时期获得的过多的自治权利,另一方则坚持维护已经获得的高度自治,并要求实现2005年宪法赋予其对石油重镇基尔库克的管辖权。基尔库克不仅拥有全球6%的惊人石油储量,更被视作"库尔德人的耶路撒冷"[22]。2014年6月初,趁着ISIS崛起的乱局,库尔德人一举占领基尔库克。随着ISIS在伊拉克境内建立"伊斯兰国",库尔德人长期被压制的独立渴求再次被激发,并拥有了比以往更为有利的客观条件。库尔德领导人巴尔扎尼对外界表示,"伊拉克正在解体,这是明摆着的"[23]。

可以说,在美军撤出以后,根深蒂固的教派和民族矛盾正在加速撕裂伊拉克的政治版图。由于教派冲突和库尔德人问题牵涉到伊朗、土耳其、叙利亚、沙特、约旦等地区各主要国家,伊拉克的混乱现状势必将使这些国家主动或被动卷入,从而使伊拉克国内和地区局势更趋复杂。一旦作为民族国家的伊拉克在事实上解体,有可能对整个中东地区的政治版图产生连锁式的冲击,而这对地区和国际社会而言都是难以承受的巨大灾难。

作为丝绸之路经济带上的要冲枢纽,阿富汗历来是大国势力东进西出、南下北上的必经之地,该国的和平稳定"事关中国西部的安全,更事关整个地区的安宁和发展"[24]。2001年由美国主导的阿富汗战争深刻地改变了阿富汗国内的政治与安全局势,也对地区的地缘政治格局产生了深远的影响。伴随着美国的全球战略收缩和布局调整,2011年6月,奥巴马总统明确宣布了在2014年底前从阿富汗撤出全部作战部队的计划和时间表,2012年5月的北约芝加哥峰会再次确认届时将把安全职责全部移交给阿富汗安全部队。尽管2014年9月30日美国政府与阿富汗新政府通过签署《双边安全协议》,为2015年1月1日以后9 800名美军继续留驻阿富汗提供了法律地位,但协议将美军的职责限定为执行训练和特殊反恐任务。[25]可以说,历时13年、耗资数万亿美元、付出惨重人员伤亡代价的阿富汗战争,终于以美军和国际安全援助部队(ISAF)的基本撤出宣告结束,阿富汗也将从国际社会主导过渡到阿富汗人主导的国家重建新阶段。

自推翻塔利班政权后，美国和北约的军事存在成为了战后阿富汗国内权力结构的重要组成部分。因此，随着美国和北约军队的基本撤出，阿富汗国内的权力结构面临着新一轮的变动重组，而这势必将对 2014 年及此后该国的安全形势、经济发展、族群关系以及整个地区的政治局势产生全面影响和连锁反应。

除了撤军之外，阿富汗还于 2014 年迎来了战后的第三次总统选举，各政治派别围绕后卡尔扎伊时代的权力和利益分配展开了激烈竞逐。自 2001 年以后，阿富汗政坛逐渐形成了两大松散的政治联盟，一方是以总统卡尔扎伊为中心的政治力量，另一方则是从原北方联盟分裂而来的政治派别。两者的社会基础分别是普什图族和北方少数民族，总统职位竞争在很大程度上成为了民族和部落之间的对决，而这正是阿富汗长期以来弱国家—强民族/部落结构的鲜明写照。据估计，目前阿富汗全国有 30 多个民族，分属于 400 多个部落和家族，其中主体民族普什图族占总人口的 42%，最大的北方少数民族塔吉克族占总人口的 27%。[26]在 2014 年的选举中，来自普什图族的加尼和来自塔吉克族的阿卜杜拉进入到了第二轮投票，而随之爆发的选举舞弊争议一度给后卡尔扎伊时代的阿富汗权力过渡造成了深刻危机。由于两者分别拥有所属民族和部落势力支持，而阿富汗民族和部落认同又高于国家认同，未来加尼和阿卜杜拉的联合政府仍存在着很大的不确定性。这势必将造成阿富汗国内政局的持续动荡，原先因共同推翻塔利班政权而临时结成的联盟也将面临解体。

如果说总统选举反映的是阿富汗现行政治体制内部权力精英的竞争，那么，美国、阿富汗政府与塔利班之间的政治和解进程无疑是体制内和体制外力量之间的博弈。10 余年的对抗结果表明，美国和卡尔扎伊政府无法彻底消灭塔利班势力，后者继续在阿富汗东部和南部等普什图人地区保持着强大的影响力和动员能力；[27]同时，尽管塔利班屡屡对喀布尔政权发动袭击，却仍不具有卷土重来武力夺权的实力。因此，在彼此都无法在战场上取得彻底胜利的背景下，各方通过谈判实现政治和解的意愿不断增强。对于美国而言，实现与塔利班的和解有助于维护撤军以后阿富汗的稳定。为此，美国逐步将原定与塔利班谈判的前提(“弃武”“遵宪”“断交”)[28]转变为谈判的目标，并与塔利班代表进行了接触。对于卡尔扎伊政府而言，鉴于塔利班在普什图族的影响力、中央政府自身的脆弱性以及美军撤出后的力量对比，组建民族团结政府有助于维护其所在政治势力的利益。对于塔利班而言，实现与美国的直接谈判等同于其政治地位得到承认，有助于提升政治影响力。2014 年 5 月 31 日，美国与塔利班进行了俘虏互换，双方媾和取得一定进展。

然而，由于各方在诸多核心问题上分歧严重，阿富汗政治和解的前景仍极不明朗。一是塔利班能否实现与“基地”组织的关系切割。目前塔利班仍坚持按照“部族法则”与“基地”组织保持盟友关系，但对于华盛顿和喀布尔而言，打击恐怖主义是无法妥协的政治底线。[29]二是塔利班能否接受现行的国家体制。阿富汗现行宪法和政治制度是在美国主导下确立的，其实施得到了国际社会的广泛认可，然而，塔利班内部的宗教原教旨主义者仍试图在阿富汗建立政教合一的“伊斯兰国”，两者之间存在不可调和的矛盾。三是北方联盟能否实现与塔利班的和解。北方联盟主要由塔吉克、哈扎拉和乌兹别克等北方少数民族联合而成，而塔利班主要由普什图族构成，两者之间的矛盾由来已久。由于担心塔利班势力进入政府将强化普什图族的政治影响，进而威胁到自身的权力和利益，北方联盟历来反对美国和卡尔扎伊政府与塔利班进行和谈。四是各方能否就未来塔利班的政治地位、参政方式、武装编制等问题作出恰当安排。对于塔利班而言，放弃武力对抗并将武装人员编入阿富汗政府军即意味着失去了最大的政治筹码，政治地位难以获得保障；然而，对于阿富汗政府而言，如无法将塔利班武装力量纳入现行体制内，则反政府的叛乱威胁将始终存在。因此，围绕“弃武”问题展开的博弈将成为政治和解进程的最大难点，即便达成短暂的协议，也随时有可能出现反复。这些问题关乎阿富汗未来的国家发展道路和政治主导权归属，加上各种盘根错节的民族部落利益、历史恩怨、外部力量纠缠，各方能在多大程度上达成妥协难以预料。

值得指出的是，伴随着美国和北约军队的基本撤出，阿富汗国内原有的安全格局正在发生重组，这就使得阿富汗面临着较过往更为艰巨的政治和解任务。究其根源而言，战场上的较量往往决定了谈判桌前的力量对比。为了在政治谈判中占得更多的主动权，双方将在相当长时期内保持边打边谈、谈谈打打的局面。一方面，美国和阿富汗政府试图在撤军前尽可能削弱塔利班，从而使塔利班接受由华盛顿和喀布尔所主导的政治和解；另一方面，塔利班也试图在美国和北约撤军过程中发起更多攻击，从而为谈判赢得更大的政治筹码。据联合国统计，2013 年阿富汗的平民伤亡达到 8 615 人，其中死亡 2 959 人、受伤 5 656 人，分别较 2012 年增长了 7%和 17%。74%的人员伤亡（死亡 2 311 人、受伤 4 063 人）由包括塔利班在内的反政府力量制造，而塔利班公开宣称负责的袭击事件高达 153 起，较 2012 年上升了 292%。[30]进入 2014 年以后，阿富汗的安全形势继续恶化。仅 1—6 月，各类冲突共造成 1 564 名平民死亡和 3 289 名平民受伤，比 2013 年同期分别增长了 28%和 24%。其中由反政府力量造成的死亡人数较 2009 年更是增长了一倍（从 599 人增至 1 208 人），仅塔利班公开宣称负责的袭击即达到 147 起，数量相当于 2013 年全年的水平。[31]

可以预见，围绕撤军以后政治主导权的竞争，阿富汗国内的安全局势将进一步恶化。在此过程中，喀布尔政权、北方联盟、普什图族、塔利班、地方军阀、“基地”组织等各派势力内部和相互关系将更趋复杂，新一轮的权力分化重组正在展开。从 2014 年以后的阿富汗形势来看，极有可能出现的局面是喀布尔政权控制北部和西部地区，而塔利班则实际控制东部和南部地区，双方都将在维持既有势力范围的基础上寻求对外突破。同时，随着美国和北约军队的基本撤出，外部国家在阿富汗的战略竞争态势逐渐强化，美国、俄罗斯、印度、巴基斯坦、伊朗等国都试图争取对自身有利的地缘布局。因此，一方面，各国都加大了对阿富汗的资源投入，在客观上促进了其经济重建；另一方面，各国在阿富汗的利益诉求往往具有排他性，战略上的对冲使各方（例如印度和巴基斯坦）选择在阿富汗培植代理人，而这又反过来导致其国内各派分歧进一步加大，从而形成国内政治斗争和外部博弈相互交织、相互强化的恶性循环。[32]有学者甚至认为，为了防止阿富汗塔利班势力介入本国的国内政治，巴基斯坦更倾向于寻求在阿富汗内部维持低烈度的冲突。[33]

简言之，绝大部分美国和北约军队的撤出使阿富汗的国家重建进入了新阶段，在相当长时期内，国内外各种势力都将围绕政治权力分配和主导权归属展开激烈的竞争，阿富汗的政治、安全与经济过渡前景仍然充满了不确定性。无论是对于丝绸之路经济带中线和南线建设，还是对于中国的西部边疆安全而言，这都将是不得不审慎面对的艰难挑战。

二、沿线地区的跨境威胁

除了沿线节点国家的国内动荡之外，"一带一路"建设还面临着一些跨国性、非传统且相互交织的安全威胁。尤其值得警惕的是，"一带一路"建设在加速沿线地区商品、人员、资金流动和跨境基础设施互联互通的同时，却也有可能让"三股势力"、海盗、毒品走私等跨境安全威胁有机可乘。

（一）"三股势力"

从历史来看，古代丝绸之路的衰落与沿途地区长年战乱动荡、缺乏持续稳定的安全环境密不可分。21 世纪以来，尽管沿线地区国家间大规模军事冲突的可能性已大大降低，但以"三股势力"为代表的跨境政治动员与行动网络强有力地冲击着该地区多民族国家的政治体制，对中国西北边疆的安全稳定造成持续性挑战，成为了推进新丝绸之路建设的严重挑战。

对于中国而言，"三股势力"威胁到中国的国家主权、安全与领土完整。研究表明，近年来南疆地区（主要是喀什与和田）已成为了"东突"恐怖活动的集中分布地，并在此基础上逐渐辐射到东疆、北疆乃至全国其他地区。[34]新疆乌鲁木齐"7・5"事件、北京金水桥"10・28"事件、云南昆明"3・1"事件、新疆莎车县"7・28"事件等一系列严重暴力恐怖袭击的接连发生，标志着中国境内正进入恐怖主义多发、频发的新阶段，其背后都有着"东突厥斯坦伊斯兰运动"（简称"东伊运"）等恐怖组织的身影。正如中国外交部所阐述的，“东伊运”恐怖组织长期盘踞在南亚、中亚和西亚等地区，与多个国际恐怖极端组织勾联，不断通过各种方式在中国境内传播暴力恐怖思想，煽动、策划和实施恐怖活动，已构成中国最直接和最现实的安全威胁。[35]由于南疆（尤其是喀什地区）是中国通往中亚、南亚的必经之地，在丝绸之路经济带建设中具有极其重要的战略地位，因此，该地区的安全稳定将直接关系到新丝绸之路战略能否顺利推进。正如新疆维吾尔自治区党委书记张春贤所说，“三股势力”是破坏新疆社会稳定和长治久安的总根源，新疆已成为“反恐前沿阵地和主战场”，“正处于暴力恐怖活动活跃期、反分裂斗争激烈期、干预治疗阵痛期”，而南疆地区则是“反恐维稳的重点地区”。[36]这意味着，尽管近年来中央政府已通过各种方式持续加大了对新疆尤其是南疆地区的政策扶持，但是“三股势力”的活动依旧猖獗，治疆政策亟须超越单纯依靠经济发展和资源输入的思路。

对于依然处于政治转型中的中亚国家、美国撤出以后的阿富汗，以及国内局势长期动荡的巴基斯坦而言，“三股势力”对其国家政治和社会秩序的冲击则更为强烈，而国家能力的相对低下也使得这些国家在面对“三股势力”时常常面临着力不从心的窘境，并在很大程度上成为各种恐怖组织的藏身之地和过境跳板。同时，由于陆上贸易往往涉及频繁的人员、货物往来和跨境基础设施建设，而爆炸、暗杀、绑架等“三股势力”常用的极端手段很容易恶化丝绸之路经济带上的安全环境，尤其是动摇过往人员和外来投资者的信心，给跨境互联互通造成严重威胁。

相较于沿线国家内部政治动荡所引发的安全挑战，“三股势力”的活动具有鲜明的跨国性或国际化色彩，而这不仅加大了各国打击“三股势力”的难度，也凸显了各国合作开展跨境治理的必要性。

首先，从思想上而言，各种政治背景和利益诉求的“三股势力”几乎都不承认本地区当前的多民族国家体系和边界，要求以特定的民族分布或信仰版图来重构既有的政治版图。“三股势力”的根源是民族分裂主义，思想基础是宗教极端主义，活动方式是暴力恐怖活动。在这三者中，民族分裂主义以“殖民汉化”“资源掠夺”“突厥认同”“民族自决”等各种说辞强化分离意识，宗教极端主义则发挥着动员串联、人员培训的作用，而暴力恐怖活动则是以上两者的具体实施方式。在此意义上，深层次打击“三股势力”的重点应落实在粉碎“民族分裂主义”和“宗教极端主义”上。[37]

对于“东突”恐怖组织而言，其思想根源是“泛伊斯兰主义”和“泛突厥主义”，简称“双泛”。“泛伊斯兰主义”主张将所有信仰伊斯兰教的国家和民族联合起来，推翻现有的世俗政权，建立政教合一的哈里发国家或“伊斯兰帝国”，阿富汗塔利班和伊拉克ISIS的活动正是对这一理念的直接实践。事实上，不仅“东突”恐怖组织如此，几乎所有的中亚宗教极端组织都把建立哈里发国家作为终极目标，诸如早期的“正义党”、“塔吉克斯坦伊斯兰复兴党”，以及后来的“乌兹别克斯坦伊斯兰运动”和“伊斯兰解放党”（即“伊扎布特”）。[38]古代丝绸之路作为一条名副其实的信仰之路，在其逐渐伊斯兰化的整个进程中，在某些国家和地区存在着以“圣战”的名义强行对外传播信仰或进行政治扩张的历史记录。尽管所谓“圣战”在当今的国际体系中已彻底失去正当性，但其口号却仍然被“三股势力”作为其极端行为的“合法性”依据，“政治伊斯兰”的复兴成为民族国家所面临的重要挑战。相应的，“泛突厥主义”产生于19世纪末20世纪初，宣扬全世界突厥人是同一个民族，鼓吹亚洲西部和中部地区所有突厥语民族联合起来，建立一个以土耳其为核心的“大突厥帝国”。有学者于2010年、2012年、2013年对新疆的三次实地考察和问卷调研显示，新疆一些地区在对土耳其的评价中出现了“奥斯曼帝国”“民族亲近感”等字眼，表明“泛突厥主义”思潮在当地具有一定的政治吸引力。[39]值得指出的是，作为跨国性的意识形态，“泛伊斯兰主义”和“泛突厥主义”所建构的信仰版图或民族版图亦存在着中心地带与边缘地带。作为“三股势力”重灾区的中亚和南亚地区无疑处于伊斯兰世界和“泛突厥”世界的边缘地带，常常受到处于中心地带的中东地区（尤其是沙特和土耳其）特定局势的影响。事实上，后者不仅为前者提供了思想上的指引和武器，亦在很多时候成为了前者背后的资金来源，中东的石油美元与中亚、南亚的“三股势力”之间存在着隐秘的联系。

其次，在活动范围上，“三股势力”的存在绝非只限于一国国内，而往往分布在本地区的多国交界地带，从而具有相当灵活的活动空间。例如，从20世纪90年代起，乌、塔、吉三国交界处的费尔干纳盆地便成为中亚宗教极端主义的主要活动基地，而阿富汗局势的持续动荡又进一步为“乌兹别克斯坦伊斯兰运动”、“东突厥斯坦伊斯兰党”、“伊斯兰圣战联盟”、“伊扎布特”等极端组织的跨境活动提供了土壤。[40] 2011年以来，“虔诚首领之军”和“哈里发战士”等“萨拉菲派”“圣战”组织在吉尔吉斯斯坦、哈萨克斯坦等国接连发动恐怖袭击，对地区秩序造成严重威胁。其活动在整个中亚地区表现出越过边界向邻国和第三国（主要在哈萨克斯坦、吉尔吉斯斯坦和塔吉克斯坦之间）扩散的态势，而濒临里海的哈萨克斯坦西部和费尔干纳盆地成为“萨拉菲派”“圣战”组织盘踞渗透的主要区域。[41]对中国而言，由于新疆的边境线漫长，且与巴基斯坦、阿富汗等恐怖主义活动猖獗的国家毗邻，盘踞于两国的“东突”组织与国内的“东突”恐怖势力之间联系紧密。同时，受到吉尔吉斯斯坦政局不稳的影响，该国已成为“东突”组织向新疆派遣恐怖活动人员、培训组织成员的重要基地，毗邻的地理位置和频繁的人员交往为“东突”势力破坏新疆的稳定活动提供了便利。[42]

第三，在运作方式上，为了适应当前的国际反恐形势，具体诉求各异的“三股势力”常常能够在特定的政治和宗教观念下结成一系列或松散或紧密、既相对独立又相互支援的动员与合作网络，从而在客观上进一步造成了“三股势力”的复杂化和国际化，由此产生的威胁性和攻击性也在放大。例如，在共同的生存需要下，目前巴基斯坦塔利班和“基地”组织、“乌伊运”等恐怖组织相互支援，共同分享资金、炸弹专家和武装人员。“基地”组织依靠“巴塔”获得在巴境内的活动空间，“巴塔”则从“基地”组织获得意识形态和恐怖主义经验的指导。两者的合流使“基地”组织愈来愈有地方特色，而“巴塔”越来越具有“基地”组织的色彩，成为了“基地”组织全球恐怖网络的重要组成部分，这进一步加剧了巴基斯坦、阿富汗的政治动荡和中国西北边疆的安全风险。同时，根据现有的资料可以判断，目前“东突”恐怖主义已经形成了境内外联动的行为模式。例如境外的“三股势力”在互联网上用维吾尔语发布暴恐行动的指导录像，传授爆炸物制作方法或售卖违禁物品，并在中国境内招募中国籍恐怖分子赴国外受训，向其提供资金和武器，再伺机派其潜回中国实施暴恐行动。随着国际恐怖主义势力之间的信息交流和现代网络传播的便捷化，“东突”势力将会更加注重传统恐怖手段与现代高新技术的结合。

值得指出的是，地区和国际局势的最新发展正在加速“三股势力”运作方式和人员构成、作案方式的跨国化程度。以往，“东突”恐怖分子主要在阿富汗、巴基斯坦和俄罗斯车臣等地接受恐怖主义训练，然而伴随着 2011 年以来中东、北非局势的持续动荡，尤其是 2012 年叙利亚内战爆发和 2014 年伊拉克 ISIS 崛起，“东伊运”、“伊斯兰圣战联盟”等恐怖组织得到了更多的境外恐怖主义实战训练机会，叙利亚和伊拉克正在成为世界各地恐怖分子积累经验的“训练营”。2014 年 4 月 17 日，在上海合作组织成员国安全会议秘书第九次会议上，公安部部长郭声琨特别强调，“东伊运”、“伊斯兰圣战联盟”等恐怖组织正加速向上合地区回流，部分恐怖极端分子甚至前往西亚、北非参加“圣战”，利用所谓实战经验再返回中亚地区组织实施新的恐怖破坏活动。[43]现有的证据还表明，在泰国南部的一些穆斯林武装军事训练营里，早已出现了不少中国籍宗教极端分子。他们由云南出境，分别途经缅甸、老挝或者越南，最后到达泰国南部，大多数人训练结束后经海路和巴基斯坦潜回国内。[44]

同时，近年来，受到中东、北非和阿富汗局势溢出效应的影响，中亚地区的宗教极端思潮和势力出现了明显的回升势头，包括哈萨克斯坦、塔阿边境、吉尔吉斯斯坦等地的恐怖暴力活动日益增多。据观察，阿富汗塔利班除了继续保持在阿富汗东部和南部的强势存在，还进一步向西扩展至法拉省，更联手“乌伊运”、“伊斯兰圣战联盟”等中亚“三股势力”进入北部昆都士等省份，形成了“南守、西突、北进”的进攻性态势。[45]因此一度偃旗息鼓、盘踞在阿富汗境内的“乌伊运”经过重组后，进一步融合了塔利班、车臣、中东等地的极端分子和“东突”恐怖分子，南下吉尔吉斯斯坦、塔吉克斯坦与阿富汗边境地区，与阿富汗塔利班形成了南北呼应的态势，而乌、吉、塔三国交界的费尔干纳盆地成为其重点活动地区。

简言之，在国家间大规模军事冲突可能性大大降低的同时，“三股势力”的威胁正在上升，已然成为丝绸之路经济带建设的严重挑战。在此过程中，全球“政治伊斯兰”的复兴、阿富汗和巴基斯坦持续的局势动荡、沙特和土耳其等中东国家的资金支持和理念输出、美欧等西方国家的双重标准和“祸水东引”，乃至在叙利亚和伊拉克的实战经历，都使得“三股势力”不断发展壮大，使中国等受害国面临着长期的威胁。值得指出的是，丝绸之路经济带建设所带来的贸易路线拓展和基础设施互联互通，也有可能在某种程度上为“三股势力”向新疆地区（尤其是南疆）的蔓延、渗透提供便利，而这正是中国应当尽量避免出现的前景。

（二）跨国犯罪

除了“三股势力”之外，跨国犯罪也是中国与沿线各国在新丝绸之路上所共同面临的跨境威胁，其中，尤以海盗和毒品走私最为典型。一般而言，海盗和毒品走私等活动通常不包含政治诉求，经济利益是其主要活动目标。但事实上，它与“三股势力”的关系正日益密切，从而造成了“一带一路”沿线更为复杂的安全挑战。

根据权威统计，目前中国外贸进出口货物近90％由海运完成，每年外派的海员近12万人次，规模居全球第二。同时，每年95％的原油、99％的铁矿石进口都由海运承担，其中50％的煤炭、35％的矿石、74％％的原油进口都是经由南海—马六甲海峡—印度洋航线实现，是名副其实的中国贸易和能源的战略通道和“生命线”。[46]事实上，南海—马六甲海峡—印度洋航线也正是21世纪海上丝绸之路的核心路段。然而，作为一项古老的犯罪行为，当代海盗活动已明显呈现出“现代化”、“网络化”和“产业化”的发展态势。[47]在中国海外军事投射力量存在明显限度的背景下，以海盗为代表的跨国犯罪是21世纪海上丝绸之路建设必须正视的问题。

近年来，随着一整套打击该地区海盗的有效机制的建立（包括现有17个国家参与的亚洲反海盗机制、沿岸4国的反海盗机制等），长期以来海盗活动猖獗地带的马六甲海峡又成为比较安全的航道。[48]相较之下，2005年以后，印度洋西部的索马里海域和亚丁湾海域海盗案件却急剧上升，严重威胁到国际海运安全。作为中国外贸船舶西行航线的必经路段，每年航经亚丁湾的中国货船约有 1 000 多艘，其中 20％受到过海盗袭击。[49]同时，目前南中国海已成为全球受到海盗与武装劫掠威胁最严重的海域。根据国际海事组织（International Maritime Organization）的统计，2013 年南海海域共实际发生海盗案件 132 件，占同期全球案件总数（245 件）的 54％，远高于同期阿拉伯海（2 件）、东非（8 件）、印度洋（30 件）、马六甲海峡（16 件）的案件数。[50]简言之，在马六甲海峡安全性上升的同时，南海与印度洋成为了海上丝绸之路上海盗活动的风险区。

跨国毒品走私同样构成了新丝绸之路沿线国家的重要威胁。从具体区域分布来看，位于中国西南的“金三角”地区和西北的“金新月”地区成为了全球毒品流动的主要源头（参见图 5.1）。

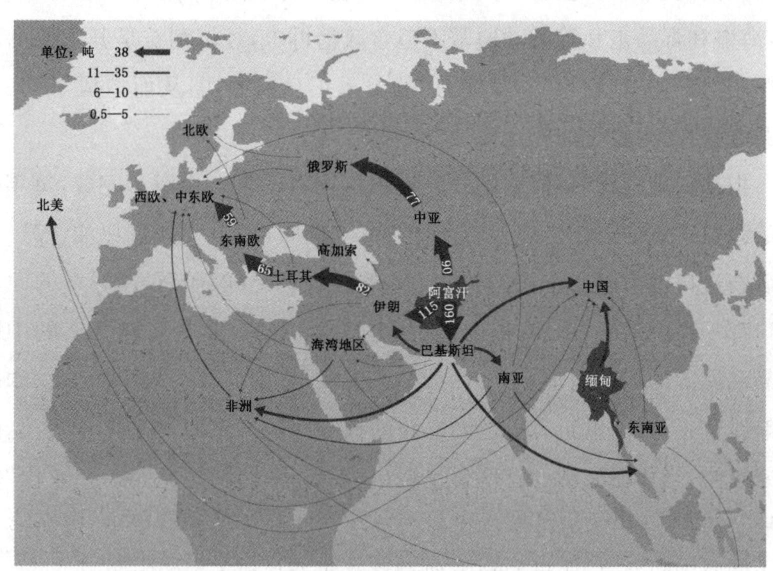

图 5.1 “金三角”和“金新月”海洛因全球对外流向图

资料来源：United Nations Office on Drugs and Crime, *The Global Afghan Opium Trade*: *A Threat Assessment 2011* (New York: United Nations, 2011), p.8.

“金三角”位于缅甸、泰国和老挝三国边境地区的三角地带,面积约20万平方公里,拥有150多年罂粟种植、毒品加工及走私的历史。由于气候炎热、雨量充沛、土壤肥沃,极适宜罂粟的生长,加之丛林密布、道路崎岖,“金三角”因而成为了全球毒品泛滥的主要基地之一。值得指出的是,罂粟并非“金三角”地区的原生植物,而“金三角”的毒品问题与该地区特定的政治、经济,以及国际形势息息相关,国内外政治势力联动共同促成了毒品经济的长期存在。从20世纪末至今,“金三角”地区罂粟种植大致以2006年为分界线。在此之前,在地区各国的共同打击和替代种植等努力下呈现出急速锐减的态势,而在此之后又出现了逐步复苏的迹象(参见图5.2)。事实上,根深蒂固的毒品经济决定了“金三角”的罂粟种植很难彻底消除,而这也将给地区各国带来持久的挑战,“10·5”湄公河惨案即是明显的例证。从地理分布来看,“金三角”的罂粟种植和生产主要分布在缅甸。根据联合国毒品与犯罪办公室(United Nations Office on Drugs and Crime)的统计,2012年缅甸、老挝和泰国的种植面积分别为5.1万公顷、6 800公顷和209公顷,而潜在产量则分别为690吨、41吨和3吨。[51]目前,缅甸的毒品种植主要集中于我国云南边境的缅甸北部地区,而云南省也成为境外毒品并向中国渗透的重灾区。根据国家禁毒委员会的报

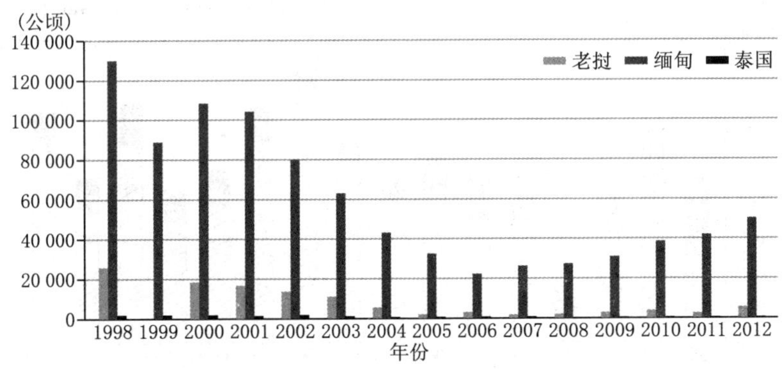

图5.2 1998—2012年“金三角”罂粟种植面积变化图

资料来源:United Nations Office on Drugs and Crime, *South-East Asia Opium Survey 2012*, p.7.

告，目前缅北冰毒片剂已取代海洛因成为对我国渗透的头号毒品，2013年，云南缴获缅北海洛因 6.4 吨、冰毒片剂 9.7 吨，分别占当年我国缴获海洛因和冰毒片剂总量的 92.2%和 95.2%。[52]

“金新月”位于阿富汗、巴基斯坦和伊朗三国的交界地带，面积约 20 万平方公里，其中阿富汗占 70%以上，因地域形状近似新月且盛产毒品而得名。2001 年阿富汗战争以后，罂粟的种植、生产与出口在阿富汗渐成燎原之势，“金新月”取代“金三角”成为全球最重要的毒品产地（参见图 5.3）。据统计，2013 年阿富汗的罂粟种植面积达 20.9 万公顷，较 2012 年扩大了 36%，创历史新高，占当年全球罂粟种植面积（29.67 万公顷）的 70%。同年，阿富汗的鸦片潜在产量达 5 500 吨，较 2012 年（3 700 吨）增长了 49%，占全球总产量（6 883 吨）的 80%。[53]从 2001 年北约进驻以来，10 余年间阿富汗的罂粟种植面积和鸦片产量分别激增了 25 倍和 29 倍（参见图 5.4、图 5.5）。[54]可以说，阿富汗政府和北约军队在控制阿富汗毒品扩张上基本失效。

作为目前世界上最大的鸦片生产国和海洛因流出国，“毒品经济”也日益扎根于阿富汗社会。事实上，早在苏联入侵时期，鸦片生产与贸易即是阿富汗抵抗组织筹集战争经费的重要手段，而美国也默许了阿富汗

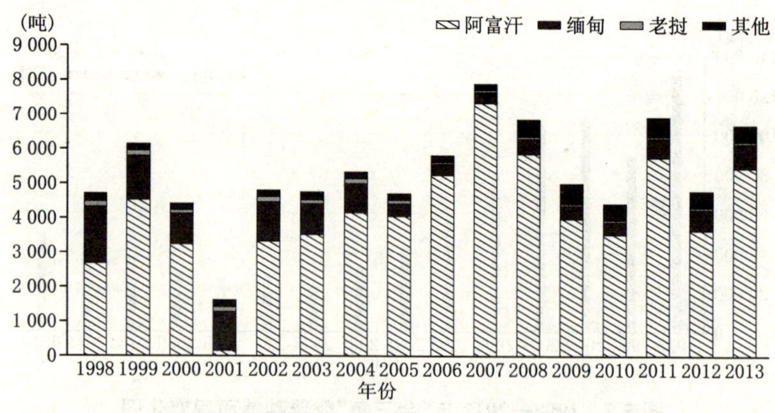

图 5.3　1998—2013 年全球鸦片潜在产量分布

资料来源：United Nations Office on Drugs and Crime, *World Drug Report 2014*, p.22.

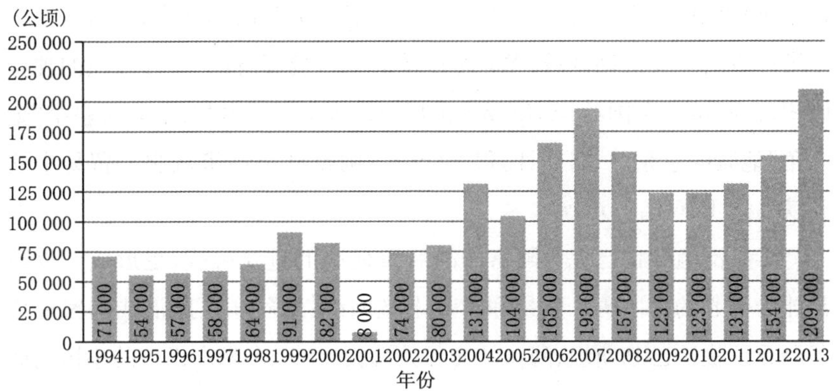

图 5.4　1994—2013 年阿富汗罂粟种植量

资料来源:United Nations Office on Drugs and Crime, *Afghanistan Opium Survey 2013*, p.18.

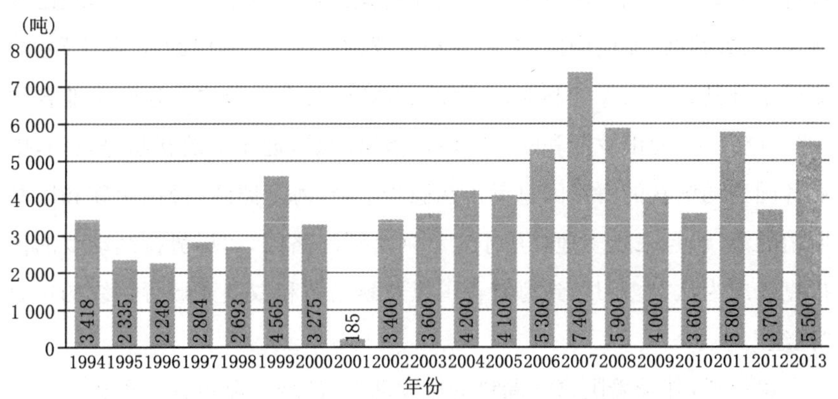

图 5.5　1994—2013 年阿富汗鸦片潜在产量

资料来源:United Nations Office on Drugs and Crime, *Afghanistan Opium Survey 2013*, p.42.

“毒品换军火”的畸形贸易模式。在塔利班统治期间,鸦片贸易成为了政权重要的经济来源。据联合国统计,2013 年阿富汗的国内生产总值约为 210.4 亿美元,而全年鸦片制品净出口收入则高达 29.9 亿美元,约占 GDP 总量的 14%。[55]同时,阿富汗有 19.15 万家农户的收入依赖罂粟和大麻种植,毒品为农民带来了比合法农产品大得多的利润。[56]从目前阿富汗国内罂粟种植区域分布来看，89%的生产区位于南部和西部 9 个省，而这里正是塔利班的主要活动区域，尤其是南部的赫尔曼德省以 10 万公顷的种植面积(占阿富汗全国的 48%)成为世界上最大的罂粟种植地，超过整个“金三角”地区的总量。[57]据估计，仅 2009 年，阿富汗塔利班从鸦片贸易中获利就高达 1.55 亿美元。[58]

毒品泛滥不仅已成为阿富汗战后重建中的重要挑战，更形成了以阿富汗为中心的跨国鸦片贸易和毒品走私网络，给丝绸之路沿线国家造成了严重困扰。巴基斯坦、阿富汗交界处海拔 4 000 多米高山中的小镇兰迪高图，几乎是“金新月”毒品流向全世界的“始发站”。据统计，目前每年约有 430—450 吨海洛因流入全球市场，其中 380 吨海洛因和吗啡全部来自阿富汗的鸦片，除了大约 5 吨在阿富汗内部消化之外，剩下的 375 吨都通过毒品线路运送到全球各国。从具体的运送路线来看，有 44%途经巴基斯坦(南方路线)流向中国、东南亚和非洲，约 32%途经伊朗(巴尔干路线)流向土耳其、希腊、保加利亚、东南欧和西欧，其余四分之一途经中亚各国(北方路线)流向俄罗斯和欧洲。值得指出的是，近年来的新趋势表明，中亚各国当局缉获的海洛因总量正在稳步下降，海上路线(经由伊朗和巴基斯坦的港口)越来越多地被用于走私阿富汗海洛因，而局势持续动荡的伊拉克已成为从“金新月”到海湾各国以及黎巴嫩和叙利亚贩毒路线的重要“枢纽”。[59]

可以说，伴随着阿富汗局势的持续动荡，丝绸之路也在某种程度上成为了毒品走私的通道。更具危害性的是，毒品贸易已成为“三股势力”重要的资金来源，贩毒集团与“三股势力”互相利用、共生共荣，形成了“以毒援恐”“以恐保毒”的“毒品恐怖主义”态势，而中亚的毒品贩运活动也日益呈现出国际化、集团化、网络化、军事化的特征。

例如，“乌兹别克斯坦伊斯兰运动”不仅是宗教极端组织和恐怖主义组织，同时也是贩毒和走私集团，而早在 20 世纪 90 年代中期，“乌伊运”就沿着阿富汗—塔吉克斯坦—吉尔吉斯斯坦—乌兹别克斯坦的路线进行毒品贩运，获取了巨额的恐怖主义活动经费。据估计，仅 2009 年，阿富汗境外的国际犯罪组织至少从中获利70亿美元。[60]在2010年吉尔吉斯斯坦南部骚乱、2010年“乌伊运”越过喷赤河对塔吉克斯坦发动恐怖袭击，以及2012年塔吉克斯坦霍罗格冲突事件中，都有毒品武装集团参与的背景。[61]近年来，“金新月”地区毒品向中国的渗透活动日益加剧。仅2013年，国内共破获“金新月”海洛因案件148起，同比上升51%，共缴获海洛因173千克。[62]从目前破获的案件看，以巴基斯坦人为主体的跨国贩毒集团以在新疆设立的各类贸易公司为掩护，通过新疆的出入境口岸（尤其是中巴边境的红其拉甫口岸）直接参与了“金新月”地区的毒品走私，形成了“贩、运、销”为一体的网络和一定的毒品消费市场，其运毒路线空、陆并进，通过涉外车队从新疆部分口岸入境或采用航空托运渠道渗透。[63]

值得指出的是，跨国贩毒集团与“东突”恐怖组织之间相互勾结的趋势日益明显，形成了“毒”与“恐”的联动。可以说，受到阿富汗和巴基斯坦局势的影响，以“金新月”为中心的“鸦片贸易—武器军火—恐怖主义”的恶性循环和跨国犯罪网络已然形成。

简言之，“三股势力”和跨国犯罪（以海盗和毒品走私为典型）是目前新丝绸之路沿线各国所共同面临的主要跨国性安全挑战，在特定政治局势（尤其是阿富汗局势）的直接影响下，两者的相互交织和循环流动无疑加大了打击的难度。事实上，随着“一带一路”建设所带来的商品、资金、人员快速流动和基础设施互联互通，“三股势力”和跨国犯罪的活动也获得了便利性，“鸦片贸易—武器军火—恐怖主义”的流动路线有可能沿着贸易路线、跨境交通干线进行优化和重组，从而给“一带一路”建设造成极大的阻碍。

三、沿线地区的大国竞争

大国竞争是中国在“一带一路”建设中需要面对的重大课题。在大国间发生直接军事冲突的可能性大大降低的背景下，大国博弈往往在沿线特定地区和节点国家爆发。若中国无法与主要大国管控分歧和摩擦、达成战略谅解与合作，将在很大程度上制约“一带一路”倡议的顺利推进。

具体而言，中国在“一带一路”上可能面临的大国竞争主要包括两个层面，一是与全球大国（美国），二是与地区大国（俄罗斯、印度、日本等）。

（一）中国与全球大国

作为当今世界第二大经济体和第一大经济体、最大的发展中国家和最大的发达国家，中美之间力量的此消彼长正在加速塑造双边关系的国际化，两国日益面临在全球事务内进行分歧管控、战略协调的重大课题。因此，尽管美国在地理上并未位于“一带一路”沿线，但是鉴于美国的全球影响力，中国的“一带一路”倡议必然涉及与美国之间可能的竞争。具体而言，一方面，中美将在金融领域展开激烈的竞争；另一方面，亚太、中东和中亚将是未来中美开展战略互动的三大重点地区。

美国是现有国际金融体系的主导者。第二次世界大战以后，美国借助世界银行、国际货币基金组织等机构实现了对国际金融事务的控制，而与石油、粮食等国际大宗商品相捆绑的美元本位制则构成了美国全球霸权的基础。在向全球提供公共产品的同时，美国也给世界各国带来了巨大的金融风险。然而近年来，中国通过各种方式加强了与世界各国的金融合作，几乎涵盖了除美国以外的全球所有主要国家。第一，中国正在稳步推进与各国之间的双边本币互换、本币结算与本币直接交易，加速在全球（尤其是东盟和欧盟）的人民币跨境清算体系布局。人民币在东盟地区影响力的快速上升，正在悄然改变美元、日元在该地区的传统优势地位。尤其值得指出的是，2013 年以来中国先后实现了与英格兰银行、欧洲中央银行的货币互换，与英镑的直接交易，以及在伦敦、法兰克福、巴黎、卢森堡的人民币跨境清算行建设。这些举措使得中国的全球货币合作拓展到作为西方世界核心之一的欧盟，无疑具有高度的象征和实质意义。除了双边贸易本币结算之外，以天然气贸易为契机，中俄两国之间的能源贸易本币结算也出现了积极的兆头。第二，中国通过参与多边性货币互换安排，为发展中国家在面临国际收支压力时提供短期流动性支持。为了维护国际金融稳定，中国不仅与东盟国家在“10＋3”合作框架下继续推进清迈倡议多边化,共同参与设立总规模为2 400亿美元的亚洲区域外汇储备库,还与金砖国家共同设立初始规模达1 000亿美元的应急储备安排。[64]这些金融安排为发展中国家提供了国际货币基金组织之外新的金融稳定选项,有利于完善现有的国际金融治理体系。第三,依托雄厚的外汇储备,中国正与相关新兴市场国家加速开发性金融机构建设。无论是已设立的金砖国家开发银行,还是筹备中的亚洲基础设施投资银行、上合组织开发银行等,都旨在为沿线发展中国家提供除世界银行、亚洲开发银行之外的融资新渠道。可以说,近年来中国与相关国家(尤其是“一带一路”沿线国家)在金融领域的种种合作,正在给美国主导的国际金融体系带来冲击。

亚太被认为是中美利益交织最密集、互动最频繁、发生冲突的风险也最大的地区。[65]随着美国实施“亚太再平衡”战略,一系列针对中国的政治、军事和经济举措相继推出,使中美在该地区的战略竞争态势凸显,客观上给21世纪海上丝绸之路建设造成了冲击。在政治上,美国除了在钓鱼岛问题上偏袒日本,以及加大对缅甸的资源投入之外,还越来越多地介入中国与越南、菲律宾的领土争端中。在军事上,美国不仅在日本本土、冲绳、韩国、关岛、澳大利亚、菲律宾、新加坡等地进行了军事调整和部署,还与亚洲盟国频繁举行军事演习,以提高两栖作战和协同作战能力,更试图通过“空海一体”战略应对所谓中国的反介入/区域拒止。[66]在经济上,美国高调加入TPP谈判,试图以重构亚太经贸规则的方式获取亚太经济合作主导权,削弱中国在地区经济整合中的影响力和竞争力。TPP与美国的政治、军事部署相互配合,使中国在东海、南海方向面临越来越大的战略压力。[67]因此,尽管迄今为止美国尚未对中国的“一带一路”倡议做出正式的官方表态,但正是出于避免在中美之间选边站的考虑,当前东盟国家大多对中国的“一带一路”倡议反应谨慎。

中东是第二次世界大战以后除西欧、东亚以外美国投入资源最多、付出代价最大的地区,确保没有任何大国能够控制波斯湾是战后历任美国政府外交政策的核心目标。对于美国而言,中东地区的战略性在于石油供给以及与此相捆绑的石油美元体制，后者的长期存在正是确保美国全球霸权的关键。因此，近年来中国在中东影响力的上升已引起了美国相当程度的焦虑感，一些智库学者开始鼓吹中国在中东对美构成了威胁，甚至断言两国从竞争走向冲突的前景。[68]例如，布鲁金斯学会（The Brookings Institute）高级研究员弗林特·莱弗里特（Flynt Leverett）和杰弗里·巴德（Jeffrey Bader）指出，中国的能源需求正使其成为美国在中东地区影响力的新兴挑战者，若不审慎地进行管控，这种竞争关系将在多个层面引发中美双边摩擦乃至损害美国在中东的战略利益。[69]美国保卫民主基金会（the Foundation for the Defense of Democracies）高级研究员彼得·法姆（J.Peter Pham）认为，尽管目前为止中国在中东地区建立的伙伴网络并不对美国的优势地位构成直接威胁，但毋庸置疑的是，中国在该地区影响力上升的部分原因就是其被视作美国力量的替代者。[70]针对21世纪以来中国与全球最大产油国沙特阿拉伯之间能源贸易的快速增长，对于中沙关系损害美国利益的担忧也在兴起。例如，美国国防大学近东和南亚问题战略研究中心教授理查德·拉塞尔（Richard L.Russell）甚至认为，中国和沙特之间的战略性关系正在逐渐形成，而这种新型关系将直接威胁到美国在中东的战略利益。[71]鉴于中东产油国在石油美元体制中的核心地位，美国国际战略研究界一度出现过所谓“利雅得—北京战略轴心”的夸张提法，其主要关切即在于中国与沙特之间关系的深化将发展到以人民币实现石油计价和结算的地步，而这将对石油美元体制造成严重冲击。[72]美国战略界的这些焦虑都表明，尽管能源自主、战略东移、从伊拉克撤军等一系列因素似乎使得中东在美国的全球战略考量中地位有所下降，但是美国绝不会真正放弃这一地区。与此同时，随着近年来中国与中东地区经济合作的深化，政治、安全、军事领域的合作也正日益进入中国政府的战略考量中。例如，2014年1月，外交部部长王毅在出访中东时表示：“中国对中东地区、特别是对阿拉伯国家不光是经济领域，在政治、安全、军事领域，我们都愿同各国开展互利合作。当然这其中有一个轻重缓急的安排，也有一个根据中国能力不断提高而持续扩大合作的过程。今后，我们在中东地区发挥的政治作用只会越来越多，而不会相反。”[73]因此，伴随着中美在中东的影响与利益的相对消长，未来两国在中东地区的战略互动和利益协调将成为中国推进“一带一路”建设过程中必须面对的重要课题。

中亚是21世纪以来美国投入大量战略资源重点经营的地区。2001年阿富汗战争以后，阿富汗成为塑造美国中亚政策的主要因素，而美国也相继通过在阿富汗驻军和在中亚国家建立军事基地等方式加强了在该地区的影响力，在客观上对中俄造成了战略压力。为了应对2014年美军撤出阿富汗后的地区秩序，经过较长时间的酝酿，美国国务卿希拉里于2011年7月访问印度金奈时，正式提出了美国版本的“新丝绸之路”计划。[74]该计划旨在构筑以阿富汗为核心，修建连接中亚和南亚的铁路、公路、电网、油气管道等基础设施，实现“能源南下”“商品北上”的目标。[75]借助中亚区域经济合作（CAREC）等地区机制，作为“新丝绸之路”骨架的土库曼斯坦—阿富汗—巴基斯坦—印度天然气管道（TAPI）和中亚—阿富汗—南亚电力网（CASA-1000）两大重点项目正在稳步推进。作为撤军后对阿富汗和该地区的主要政治经济安排，美国版“新丝绸之路”尤其倚重印度的作用，而对中国、俄罗斯和伊朗明显抱有警惕。尽管中亚并非美国传统的核心利益所在，但是对于近年来中国与阿富汗等中亚国家之间快速增长的经贸、投资、能源、矿产和基础设施合作，一些美国观察家同样表达了深深的焦虑感。例如，美联社的评论指出，近年来中国与阿富汗的合作表明，中国不费一兵一卒却成为阿富汗战争的终极赢家。[76]有政策研究者甚至夸张地认为，“尽管中国未必要在中亚谋求一个帝国，但它却是唯一以一种综合的、长远的方式行事的大国。如果其他外部力量不参与进来，中国对中亚的锁定（同时也是对美国的驱逐）就不仅是无意为之的，也是不可避免的”[77]。随着“丝绸之路经济带”倡议的提出，中国将在与中亚的经济合作尤其是阿富汗国家重建中发挥更为积极的作用，未来中美如何协调彼此在该地区的利益将成为两国关系的新课题，而中美两个版本的“新丝绸之路”之间的竞争与合作，将在一定程度上影响到该地区的经济整合前景。

简言之，在当前和未来相当长时期内，中美将在金融领域展开激烈的竞争，而亚太、中东和中亚(尤其是阿富汗)将是两国在“一带一路”上开展战略协调的三大主要区域。由于金融霸权是美国世界霸权的根基，因此，中国在金融领域的种种合作举措势必将引起美国的反制。同时，由于中美在亚太地区(尤其是东海、南海)战略竞争态势凸显，中国与东盟国家之间的海上新丝绸之路建设已遇到了较大阻力，而未来中美能否在中东和中亚实现协调，将对丝绸之路经济带建设产生直接的影响。

（二）中国与地区大国

除了与作为全球大国的美国进行战略协调之外，“一带一路”建设还需处理与沿线地区大国的利益协调与战略沟通。

俄罗斯是中国在“一带一路”上面对的主要地区大国，而中亚则是两国可能发生战略竞争的主要地区。长期以来，由于俄罗斯视中亚地区为自身的“后院”和“势力范围”，任何其他大国试图强化在该地区影响力的举动都将被俄罗斯所高度警惕。冷战结束以后，尽管中俄关系不断深化，政治互信和战略协作持续升温，但是中国在中亚地区政治影响力的上升却仍非俄罗斯所乐见。

事实上，早在中国的“丝绸之路经济带”倡议提出以前，俄罗斯即已利用自身与中亚国家之间的天然联系稳步推进欧亚经济整合。2014 年 5 月 29 日，俄罗斯、哈萨克斯坦、白俄罗斯三国总统在哈萨克斯坦首都阿斯塔纳签署《欧亚经济联盟条约》，宣布欧亚经济联盟将于 2015 年 1 月 1 日正式启动。到 2025 年，俄、白、哈三国将实现商品、服务、资金和劳动力的自由流动，终极目标是建立类似于欧盟的经济联盟。欧亚经济联盟可以上溯到 1995 年俄罗斯、白俄罗斯、哈萨克斯坦(吉尔吉斯斯坦于 1996 年加入)所签订的《关税同盟协定》。1999 年 2 月，四国签署《关税同盟和统一经济空间条约》，塔吉克斯坦加入这一条约。2000 年 10 月，俄、白、哈、吉、塔五国签署条约，决定将“关税同盟”改组为“欧亚经济共同体”，其成员国公民可无需签证即可进出其他成员国，而亚美尼亚、乌克兰、摩尔多瓦三国则是观察员国。[78]随着独联体形同虚设，“欧亚经济共同体”逐渐成为了俄罗斯实现与原苏联地区（尤其是中亚国家）经济一体化的主要组织形式。在此基础上，俄罗斯又采取了“关税同盟—统一经济空间—欧亚经济联盟”的三步走推进措施。2010 年 1 月，俄、白、哈三国在欧亚经济共同体框架内正式实行统一关税税率；2011 年 7 月，三国取消相互之间的海关，统一关税空间成立，标志着关税同盟的实际运行。2012 年 1 月 1 日，三国启动“统一经济空间”，负责三国一体化进程的超国家机构——欧亚经济委员会同时投入运行。[79]随着 2015 年欧亚经济联盟的启动，俄、白、哈三国经济一体化将被提升至新的高度，届时将形成一个拥有 1.7 亿人口、2.2 万亿美元国内生产总值、世界 1/5 的天然气资源和 15％的世界石油储备的共同市场。[80]

然而，与其他一体化组织一样，欧亚经济联盟在促进内部成员国之间各种要素自由流动的同时，也给外部的非成员国带来各种制度性壁垒，产业、投资、贸易的保护主义倾向将提高中国商品、资金、劳动力的准入门槛。正如有研究者所指出的，欧亚经济联盟建立后，以往中国可以通过双边投资贸易协定输出的商品和资金将因联盟制度而难以进入对象国。[81]正是在此意义上，作为一个由俄罗斯主导的区域经济一体化组织，欧亚经济联盟与美国主导的 TPP 存在着一定程度的相似之处。前者位于丝绸之路经济带所处的欧亚大陆方向，后者则位于 21 世纪海上丝绸之路重点面向的亚太地区，两者都是新的区域经济一体化制度形式，且都不优先邀请中国参加。两者的不同之处在于，TPP 与美国的政治和军事举措相配合，而欧亚经济联盟则暂不具有遏制中国的政治意图。

同时，由于欧亚经济联盟与上合组织成员国存在高度重合，两者之间的战略竞争态势已然显现。2006 年 5 月，上合组织与欧亚经济共同体签署谅解备忘录，其目的即在于协调两个组织在推进地区经济整合方面的竞争关系。[82]事实上，10 余年来上合组织区域经济一体化之所以推进缓慢，多边投资和贸易便利化协定迟迟缺乏进展，正与俄罗斯着力推动由自身主导的欧亚经济共同体（联盟）建设密不可分。

值得指出的是，在具有高度战略意义的金融领域，中俄之间的合作与竞争关系也相当微妙。首先是货币流通。一方面，中俄双方对于打破美元霸权具有共同利益，近年来两国陆续通过本币结算、本币直接兑换、共同建立金砖国家开发银行和应急储备安排等合作举措，一步步削弱美元本位制的根基；另一方面，随着中国与上合组织成员国之间货币合作的深入，人民币和卢布的主导权之争也日益成为必须正视的问题。对于中国而言，资源能源丰富的中亚国家将是未来大力推进人民币国际化的重要地区。与此同时，俄罗斯也正在加速推进欧亚经济共同体(联盟)框架内的货币一体化。据欧亚经济委员会财政政策厅主任别姆比亚·胡尔哈奇耶夫表示，该委员会正试图在俄罗斯、白俄罗斯和哈萨克斯坦之间绝对用本国货币结算，而目前暂时的结算利用货币比例分别是50%用卢布，40%用美元，8%—9%用欧元，1%左右用其他货币。同时，委员会已开始就建立统一的支付体系进行工作，为向过渡到统一货币做准备。[83]可以预见，如果未来欧亚经济联盟拥有类似欧元的统一货币，卢布将在此过程中发挥德国马克之于欧元那样的核心作用。在此背景下，人民币在中亚地区影响力的扩大，势必将引起俄罗斯的警惕。

其次是融资支持。通过建立开发性金融机构，拓宽区域基础设施融资渠道并进而促进各国间互联互通，是中国在推进丝绸之路经济带和上合组织建设中的重要倡议。然而，围绕成立上合组织开发银行的磋商尽管已进行多年，但仍未获得实质进展。其主要障碍即来自各国对所持投票权的比重存在分歧，而中俄围绕银行主导权的竞争无疑是问题的核心。事实上，早在2006年，俄罗斯即已联合哈萨克斯坦、塔吉克斯坦、吉尔吉斯斯坦、亚美尼亚和白俄罗斯共同成立专门用于成员国基础设施项目融资的开发性银行——欧亚发展银行。该银行注册资本超过15亿美元，总部设在哈萨克斯坦阿拉木图，行长由俄罗斯人担任，副行长由哈萨克斯坦人担任。[84]很显然，正如未来亚洲基础设施投资银行将与美日主导的亚洲开发银行进行协调一样，未来上合组织开发银行也将面临如何与欧亚发展银行和平共处、相互合作的问题。

由此可见，以欧亚经济共同体（联盟）为核心，俄罗斯对于开展与中亚国家的贸易、投资、金融合作具有一整套清晰、明确、循序渐进的理念和举措。尽管目前中俄全面战略协作伙伴关系发展势头良好，两国围绕欧亚经济整合仍存在着一定程度的竞争关系。

印度作为南亚地区的大国，是中国在“一带一路”南线的重要协调对象。长期以来，受到领土争端、中巴关系、地区领导权等一系列因素的影响，印度一直将中国视为除巴基斯坦之外最主要的战略竞争对手，而西藏问题更成为制约两国关系深入发展的瓶颈。随着综合国力的快速上升，作为世界最大民主国家的印度在西方世界的行情一路看涨。优越的地理位置使得印度不仅对南亚地区的领导权志在必得，也对中亚（尤其是阿富汗）、东南亚（如缅甸）、中东、非洲等临近地区抱有浓厚的兴趣，日益加大的资源投入和经营力度正反映了印度的雄心。随着美军的撤出，在美国版的“新丝绸之路战略”设计中，印度在阿富汗的国家重建和区域经济整合中将发挥极为重要的核心作用。可以说，在西方尤其是美国的大力支持下，印度的大国雄心得到了极大的刺激。在此背景下，近年来中国在南亚、东南亚的合作项目，尤其是在巴基斯坦、缅甸、孟加拉国、斯里兰卡等国的港口建设，引起了印度对所谓“珍珠链战略”的高度警惕。事实上，若缺乏印度的谅解与合作，21 世纪海上丝绸之路在印度洋的建设前景将面临一定的阻碍。同时，正如中印围绕金砖国家开发银行总部所在地的激烈竞争所表明的，尽管两国在发挥新兴市场国家国际影响力上抱有共识，但对于领导权归属的竞争将长期存在。2013 年 5 月，在李克强总理访问印度期间，两国共同提出了建设“孟中印缅经济走廊”的倡议。此后，中国领导人进一步将其纳入了“一带一路”倡议的总体框架下。未来，随着印度对地区事务领导权的持续追求，中印在“孟中印缅经济走廊”和“一带一路”建设中的竞争性因素将始终存在。

日本是目前中国在地区和国际事务中最主要、最直接的战略竞争者。在此背景下，尽管中国尚未将日方纳入“一带一路”倡议的合作范围，但是鉴于中日之间的紧张关系，日本仍是中国在“一带一路”建设中面临的挑战者。自安倍晋三上台以来,日本除了在钓鱼岛和东海持续向中国挑衅之外,还通过拉拢越南、菲律宾介入南海事务,试图在东盟内部构筑"反华同盟",给中国的21世纪海上丝绸之路建设造成干扰。在基础设施互联互通领域,一方面,随着中国高铁加速"走出去"步伐,中国高铁和日本新干线已在泰国、缅甸、越南等东南亚多国的铁路建设规划中展开了激烈的竞争;另一方面,面对中国倡议筹备旨在提供融资支持的亚洲基础设施投资银行,日本以其与亚洲开发银行功能重合为由拒绝加入,而后者正是由日本所主导的开发性金融机构。同时,为了对冲中国在中亚地区的影响力,2014年7月,日本外相时隔10年首次访问吉尔吉斯斯坦,并在比什凯克举行"日本+中亚五国"外长会议。种种迹象表明,中日两国非但未能在东海缓和局势,反而在南海、东南亚、中亚等地区进一步加强了竞争态势。

简言之,随着"一带一路"建设的推进,中国与地区大国之间的竞争性因素有可能会加剧,能否顺利达成战略谅解乃至具体合作,将在很大程度上决定中国的"一带一路"倡议能否在各地区顺利实施。

四、中国的风险管控与因应

对于"一带一路"建设进程中现实或潜在面临的沿线国家内部风险、跨国安全威胁和大国竞争态势,中国亟须采取适当的风险管控和因应措施,而一项完整的应对方略通常包含基本原则和具体策略两个层面。

(一)基本原则

(1)审慎节制。目前,尽管中国已成功跃升为全球第二大经济体,但无论是从绝对量还是相对量(与美国相比)来看,实力的不足仍然相当明显。这就意味着,中国应当明确区分"一带一路"战略中的轻重缓急,根据目标的优先次序合理配置战略资源,力求使实力与目标相匹配。尤其应注意量力而行,避免浪漫主义、四面出击和急躁冒进,在战略价值有限的地区过多消耗自身的战略资源。对于一些国家口头上的支持表态,应察其言而观其行,避免产生战略误判。对于安全风险高、政局动荡频仍的地区,中国应实时追踪其内部的政局变化,做好政治风险评估和预警工作。在自身政治、军事实力难以实施有效保护的情况下,应当缓入、慎入这些地区,并在必要时做好撤出准备。随着美国从阿富汗撤军,中亚地区的安全风险急速上升。中国的首要目标应是维护国家西部安全,而绝非所谓填补权力真空,后者将使中国如苏联和美国般深陷阿富汗泥潭。因此,正如有观察者所指出的,在伊斯兰极端主义仍将持续膨胀的背景下,中国不应在西域尤其是阿富汗投入过多力量,避免被西方诱导陷入“伊斯兰陷阱”而透支国力。[85]同时,中国在特定地区推行重大战略倡议时不应刻意追求改变该地区的传统力量格局,尤其不应以削弱主要大国在该地区的传统影响力为代价。正是在此意义上,因其可能导致中俄关系恶化的后果,近年来以所谓“西进”应对美国“战略东移”、以“陆权”破解中国海洋困境的构想受到了一定的批评。[86]有学者则明确提醒到,东海是当前中国安全威胁的主要方面,应当警惕日本诱导西进中亚以离间中俄关系的企图。[87]相应的,在相当长时期内,中国在中东地区的首要目标应当是确保国家能源安全,而不是削弱美国在中东的影响力。从现有的政策执行来看,中国在中东的活动总体上遵循了审慎节制的原则,中国既无意在该地区与美国发生正面冲突,也正竭力避免造成中东国家在中美之间选边站的局面。[88]

(2) 有所作为。在力求审慎节制的同时,中国也应当加强对自身核心和重大利益的保护,确保“一带一路”能够在总体上顺利推进。针对美国、日本、越南、菲律宾等国在东海和南海方向的挑衅举动,中国应明确立场、划定红线,以坚定的决心和行动捍卫国家主权。加强与东盟绝大多数成员的沟通协调,维护南海局势稳定,为21世纪海上丝绸之路建设营造良好的环境。针对“三股势力”和跨国犯罪等跨国威胁,中国应进一步加强国际合作,尤其是反恐机制和能力建设,对“鸦片贸易—武器军火—恐怖主义”的跨国网络采取零容忍的坚决打击。鉴于沿线枢纽性节点国家在“一带一路”中的重要支点撬动作用,应该加大对这些国家的工作力度和战略支撑。尤其是针对部分国内族群、宗教、地域存在严重对立的重要国家，应该尽可能通过各种官方与民间、正式与非正式的方式，构筑起多层次、多渠道的海外利益保护机制。同时，随着中国综合国力的提升，应该逐步变被动应对挑战为主动塑造环境，为危机和冲突解决提供"中国方案"。

(3) 开放包容。中国推行"一带一路"建设的总体目标是实现沿线地区的共同发展，而不是谋求排他性的主导权。一方面，应当摒弃零和思维与狭隘的"中国中心主义"，以更加积极的心态看待他国的活动；另一方面，应当与主要大国加强战略沟通，以期达成战略谅解。对于美国，中国应当尊重其作为全球大国在亚太、中东和中亚的正当利益关切，这是中美构筑新型大国关系的基础。事实上，由于当前美国仍是国际和地区公共产品的主要提供者，维持美国在特定地区的影响力非但不是威胁，反而在客观上有利于中国的"一带一路"建设。以阿富汗为例，中国甚至应当鼓励美军基本撤出后继续在阿保持小规模军事力量，用于共同稳定阿富汗局势和打击恐怖主义。事实上，美国在中亚地区有限度的存在，也将在某种程度上成为中俄关系健康发展的"润滑剂"。尽管美国版的"新丝绸之路"计划并未将中国考虑在内且有可能削弱中国在该地区的经济影响力，但从长远来看，该计划在客观上对阿富汗、中亚和南亚地区经济合作的促进，也正是中国"丝绸之路经济带"倡议所致力于实现的目标。对于俄罗斯，中国应当充分尊重其在中亚的特殊利益，尤其是理解俄罗斯以欧亚经济联盟为核心所着力构筑的地区政治经济安排，甚至在某种程度上应强化俄罗斯在该地区的传统影响力。中俄若能在中亚地区形成战略谅解和良性互动，将有助于双方把更多的战略资源投入到应对本国的主要政治安全挑战中。同时，这也有利于消除相关国家必须在中俄之间选边站的疑虑，并防止某些国家利用中俄矛盾左右逢源和漫天要价。对于印度，中国应当理解其作为地区大国的地位和雄心，不宜简单地将印度旨在扩大影响力或是不符合中国目标的举措视作威胁。即便是暂不邀请中国参与的多国合作计划，只要不威胁中国国家安全、不以损害中国利益为代价，中国亦可以开放心态表示欢迎。

(4) 合作共赢。作为一项超大型的洲际经济合作倡议,“一带一路”建设有赖于主要大国和沿线国家的认可、支持、参与。在中国自身实力有限的情况下,他国的积极合作将在很大程度上减轻中国的战略投入成本,提升中国倡议的实现可能。因此,中国的倡议和举措应该尽可能与相关国家自身的发展战略实现协调,尽可能发掘彼此合作的契合点。尤其是根据不同国家的实际需求制定不同的共赢方略,使各方成为切实的利益相关者和共享者,避免“一带一路”倡议因难以落地而被边缘化、泡沫化。对于阿富汗和伊拉克,“一带一路”应尽可能与其国家重建进程相协调。对于缅甸、泰国、吉尔吉斯斯坦等局势动荡国家,“一带一路”应优先与其国内超越党派和集团利益的国家整体利益相协调。对于希腊、斯里兰卡、马来西亚、巴基斯坦、伊朗等沿线重要国家,“一带一路”应成为其新的经济发展和国力振兴增长点、驱动力。对于俄罗斯、印度等地区大国,“一带一路”应与它们对特定地区的战略构想和秩序安排相协调。对于全球大国美国,“一带一路”应成为两国构筑新型大国关系、开展良性互动、实现合作共赢的新空间。诚如习近平主席所指出的,“构建中美新型大国关系是一项前无古人、后启来者的事业,没有现成经验和模式可以照搬”,“新形势下,中美应该合作、能够合作的领域更加宽广”。[89] 在此过程中,中国应积极借助现有的双多边合作机制和平台,提升政策沟通与协调的效率,强化多边合作计划的合法性。同时,在涉及本地区多国间合作事务时,应充分尊重沿线中小国家的主体性,发挥其在大国间缓冲的作用。

(二) 具体策略

为了妥善应对“一带一路”建设中所面临的现实和潜在的风险,基于审慎节制、有所作为、开放包容与合作共赢的基本原则,可以尝试从以下诸方面优先加以具体落实。

(1) 发展与沿线重要节点国家国内各主要政治力量和派别的友好关系,力求使这些国家的对华政策与内部政治斗争脱钩,尤其是在涉及重大战略性合作项目的规划时应充分照顾各方利益关切，确保任何一派势力掌权都不至于严重影响“一带一路”建设的正常推进。事实上，沿线节点国家普遍存在的弱国家—强宗教/部族/地方的政教格局、央地关系意味着，中国海外利益的保护不仅要立足于双边关系的国家间和政府间层面，还要重视与对象国内部各族群、宗教、地方、阶层的互动。例如，在泰国，要尽可能与王室、军队两大政治派系相协调，使中泰高铁等重大项目成为泰国国内各方势力都能接受的国家整体利益和战略。目前，正如中泰高铁合作重启所表明的，中国已成功实现了与执政军方的战略沟通，这对保障后续合作的进行至关重要。在缅甸，中国的重大投资项目（如中缅油气管道、密松水电站）应尽量平衡中央政府和民地武的利益，使双方都能接受中方与其中一方签订的协议，从而确保项目实施不受内部冲突的影响。同时，正如缅甸莱比塘铜矿抗议事件、吉尔吉斯斯坦拒绝中吉乌铁路所揭示的，中国应当加强对项目或工程所在地民众的工作力度，将项目建设成果与当地经济社会发展相结合，加强普通民众对中方的认可度与接受度，避免部分党派或外国势力通过操纵民粹的方式破坏中国的重大战略项目。

（2）借助各种双多边机制建设性介入某些国内危机和地区冲突解决，为维护“一带一路”沿线国家和地区和平稳定提供“中国方案”。不干涉他国内政是中国处理对外关系的基本原则，但在一些特定政治冲突中，适度、灵活、节制的建设性介入政策并不违背不干涉内政原则。正如有学者以2010年吉尔吉斯斯坦动荡为例所指出的，地区性多边机制（如上合组织）、大国合作（如中俄）应是建设性介入的主要途径。[90]事实上，为了应对美军撤出后阿富汗的政治安全局势和国家重建，近年来中国正通过各种国际性、地区性和双多边机制加强与相关国家的协调。具体包括上合组织、中阿巴三方对话、中俄巴三方对话、中巴阿富汗问题磋商、中俄印阿富汗问题磋商、中伊（朗）阿富汗问题磋商、中美战略与经济对话等。2014年7月18日，中方决定设立外交部阿富汗事务特使，以加强与阿富汗及有关各方的密切沟通。[91]首任特使孙玉玺旋即在阿富汗和巴基斯坦进行了为期一周(7 月 22—28 日)的斡旋。2014 年 10 月 31 日,中方承办的阿富汗问题伊斯坦布尔进程第四次外长会议在北京举行,出席方包括该机制的 14 个成员国和 28 个“支持伙伴”,几乎涵盖了本地区和国际社会各主要相关方。[92]作为 2014 年中国“主场外交”的又一重头戏,伊斯坦布尔进程外长会议是中方承办的首次涉阿大型国际会议,也是阿富汗新政府成立之后举行的首个重要涉阿国际会议,是中国凝聚国际共识、协同各方政策、促进阿富汗国家重建和“三重过渡”的重要协调平台。[93]可以预见,在坚持不干涉他国内政原则的基础上,中国将在审慎节制的原则下适当有所作为,加强对建设性解决“一带一路”沿线节点国家政治危机和重大地区问题的参与力度。

(3) 加强国际合作,标本兼治,坚决打击“三股势力”和跨国犯罪。由于“三股势力”在指导思想、活动范围、运作方式等方面呈现出明显的跨国特征,使得中国与地区各国应当强化跨国合作力度。然而,目前上合组织地区反恐怖机构的主要职能停留在情报交流、干部培训、技术交流等层面,反恐军演在打击恐怖组织的效果上仍存在较大限度。由阿富汗局势所助长的“鸦片贸易—武器军火—恐怖主义”恶性循环和生产网络,又进一步加大了各国在打击时的难度。从长远来看,只有在本地区(尤其是阿富汗)建立起正向循环的政治经济秩序,才有可能彻底消除“三股势力”和跨国犯罪的生存土壤。在短期内,可以尝试借鉴中老缅泰大湄公河联合执法合作经验,由上合组织成员国和观察员国(主要是阿富汗、巴基斯坦和印度)共同建立联合反恐缉毒执法机制,在此框架下提升多边反恐能力。目前,对中国构成主要威胁的恐怖主义基地目前大多位于阿富汗和巴基斯坦交界处,尽管中巴合作关系非常良好,但反恐合作面临的实际困难却远大于期望通过合作达成的结果。巴基斯坦国内政局的持续动荡、各派势力矛盾重重、国家能力严重不足,种种制约因素使其难以发挥应有的作用。在此背景下,中国应进一步加强对巴基斯坦的战略支撑,支持其国家能力尤其是反恐能力建设。同时,加强与沙特、卡塔尔、土耳其等中东国家的协调,尽可能切断石油美元对“三股势力”的资金支持。值得强调的是,国内部分省份在吸引中东国家投资时,应保持高度的政治敏感性,坚决制止瓦哈比、泛伊斯兰主义、泛突厥主义等极端思想在中国境内的渗透。通过坚决贯彻平等的民族宗教政策,加速经济社会发展,消除"三股势力"赖以生存的社会土壤。

(4) 加强中国与大国间的政策沟通与战略协调,在特定地区开展务实合作。鉴于俄罗斯在中亚地区的传统影响力,俄罗斯的谅解与配合将是中国丝绸之路经济带倡议得以实施的重要前提。2014 年 5 月"亚信会议"期间,中俄双方发表的联合声明意味深长地指出:"俄方认为,中方提出的建设丝绸之路经济带倡议非常重要,高度评价中方愿在制定和实施过程中考虑俄方利益。双方将寻找丝绸之路经济带项目和将建立的欧亚经济联盟之间可行的契合点。为此,双方将继续深化两国主管部门的合作,包括在地区发展交通和基础设施方面实施共同项目。"[94] 此举表明,中俄之间已基本就丝绸之路经济带和欧亚经济联盟的共存协作达成了战略谅解。对于中俄在俄远东和西伯利亚地区的共同开发而言,这也将产生积极的示范作用。正如有学者所指出的,尽管中亚和远东被认为是中俄关系中最为复杂的两个地区,却也是中俄合作潜力最大的地区,完全有条件成为中俄关系的重大增长点。[95] 随着美欧持续加大对俄经济制裁,俄罗斯在政治、外交、经济上将更加倚重中国,中国应以此为契机进一步强化与俄罗斯在中亚和远东地区的合作。

对于中美而言,除了在亚太之外,两国在中亚和中东也面临着较为广阔的合作前景。随着美军的撤出,中美围绕阿富汗局势稳定和国家重建拥有了更多的共同利益。一方面,中国在经济建设(尤其是基础设施建设)领域的强大实力使得其他大国已难以将中国完全排除在外,而不得不越来越多地重视与中国的合作;另一方面,目前凭借中国自身的国力尚不足以单独应对阿富汗的动荡局势,有限度的参与(主要是经济领域)将在相当长时期内成为中国的阿富汗政策的主轴,这就使得开展与美国的合作成为中国的必然选择。正如中国首任阿富汗事务特使孙玉玺所说:"虽然中国和美国在很多问题上有不同想法和看法,但是在阿富汗问题上看法一直一致，而且一直进行了密切合作。所以，阿富汗问题在中美关系中始终是一个亮点，我们应该保持让它继续亮下去。”[96]在2014年7月举行的第六轮中美战略与经济对话成果清单中，双方决定在2014年美军撤军前加强协调，“探索进一步合作支持双方在阿富汗实现政治稳定和经济重建方面的共同利益，支持阿富汗和平与和解进程”[97]。在中东，尽管两国在伊朗核问题、叙利亚问题、巴以问题等一系列地区和国际重大问题上存在着不同程度的分歧，但也存在着广阔的合作空间。正如美国战略与国际问题研究中心中东部主任乔恩·B.奥尔特曼(Jon B. Alterman)所指出的，中国、美国和中东国家在确保地区安全上存在着共同利益，而这一共同利益无疑将有助于三方在该地区实现合作。[98]从2012年起，两国每年举行一次中东事务磋商，并取得了一定的进展。随着伊拉克局势的持续恶化，中美加强在该国的合作已变得日益迫切。

(5) 创新合作模式，与相关国家构筑互利共赢的开放型合作格局。例如，对于目前由俄罗斯所主导的欧亚发展银行，中国应当以积极的心态加以看待。中国在继续推进上合组织开发银行筹建的同时，可以考虑接受俄罗斯的邀请，注资加入欧亚发展银行。一旦达成，这将是一个多方共赢的局面。中国可以与欧亚经济联盟建立起实质性联系，从而避免被孤立在外；由于银行股东利用本币进行结算，欧亚发展银行客观上可以成为中国扩大人民币交易范围新的多方平台；中国的注资将使欧亚发展银行获得更高的信用评级，使中俄得以进一步改变由西方主导的国际金融体系；成员国将获得更大的基础设施融资支持。相应的，中国也应该积极邀请俄罗斯参与亚洲基础设施投资银行筹建，使俄切实参与到中国的合作倡议中。例如，在涉及中亚、南亚和东南亚的某些重大项目中，中国可以考虑借鉴中缅天然气管道建设中的“四国六方”投资模式，吸纳印度等地区大国共同参与，尽可能减少其疑虑。[99]

本章小结

在大国战争可能性大大降低的背景下，沿线国家内部动荡、跨境威胁和大国竞争正在成为制约中国“一带一路”倡议的现实和潜在风险。

作为发展中或转型中国家，“一带一路”沿线的重要节点国家普遍面临着长期性、结构性的国家建设困境，国内政治斗争与大国博弈的相互强化往往演变为深刻的国家危机和持续的政治动荡。随着美军的撤出，作为地区中心议题的伊拉克和阿富汗国家重建进程更加举步维艰，由此产生的溢出效应使地区安全局势急剧恶化。在这些因素的直接影响下，本已逐渐合流的“三股势力”和跨国犯罪(以海盗和毒品走私为典型)等跨国性、非传统安全威胁更加猖獗，不仅形成了“鸦片贸易—武器军火—恐怖主义”的恶性循环，更有可能利用“一带一路”建设的便利加剧渗透。同时，中国也逐渐面临着与全球大国(美国)、地区大国(俄罗斯、印度、日本等)在“一带一路”覆盖区域中现实或潜在的竞争态势，若中国无法与主要大国管控分歧和摩擦、达成战略谅解与合作，大国竞争将很有可能与沿线国家内部风险、跨境威胁相互叠加，产生一系列消极的连锁反应。

因此，为了避免“一带一路”建设进程被严重干扰、强行打断乃至边缘化，亟须制定有效的风险管控和因应。大体上，中国应遵循审慎节制、有所作为、开放包容与合作共赢的基本应对原则，并在此基础上形成一系列务实、清晰的具体应对策略。然而，鉴于各种风险的长期性和复杂性，中国的因应方略能否奏效，仍具有很大的不确定性。在此意义上，中国的“一带一路”建设将是一个危机并存、任重道远的长期历程。

注 释

1. 李文:《民主选举与社会分裂——东亚民主转型国家与地区的政治与政局》，载《当代亚太》2012 年第 2 期，第 85—106 页。

2. 《中泰关系发展远景规划》(曼谷，2013 年 10 月 12 日)，载《人民日报》2013 年 10 月 13 日，第 3 版。

3. 缅甸是一个民族组成相当复杂的国家，少数民族占全国人口的 1/3 强，其居住区域超过了国土面积的一半。自独立以后，缅甸国内 10 多个较大的少数民族都组建了地方民族武装，与以缅族为主的中央政府对抗。

4. 卢光盛、金珍：《缅甸政治经济转型背景下的中国对缅投资》，载《南亚研究》2013年第3期，第49页；王子昌：《2012年缅甸的政治发展》，载《东南亚研究》2013年第2期，第34—35页。
5. 王联：《论巴基斯坦部落地区的塔利班化》，载《国际政治研究》2009年第2期，第112—135页；陈涛：《巴基斯坦的塔利班化：特征、动力与进程》，载《南亚研究季刊》2013年第1期，第15—20页。
6. 王联：《评塔利班对巴基斯坦的渗透》，载《现代国际关系》2009年第8期，第28页。
7. 徐海燕：《国家治理与政治稳定——以吉尔吉斯斯坦转轨为视角》，载《当代世界社会主义问题》2011年第2期，第78页。
8. 2012年10月3日，大量抗议者聚集在比什凯克政府大楼外，要求库姆托尔金矿国有化、释放祖国党领袖塔什耶夫及其他该党成员，后向吉尔吉斯斯坦总统府和议会所在地发起冲击。2013年6月，反对派继续借此议题向政府发难，在北部举行有组织抗议活动，在南部占领了贾拉拉巴德州行政大楼，并且封锁了比什凯克和奥什之间的战略公路，迫使总统阿坦巴耶夫对北部地区实施军事管制，并威胁在南方实施戒严。
9. 王鸣野：《吉尔吉斯斯坦：“中间地带”的困境》，载《新疆社会科学》2011年第1期，第59—60页。
10. James Kynge, “Ukraine a setback in China's eastern Europe strategy,” *Financial Times*, February 27, 2014, http://blogs.ft.com/beyond-brics/2014/02/27/ukraine-a-setback-in-chinas-eastern-europe-strategy/(Accessed: March 11, 2014).
11. 《习近平同乌克兰总统亚努科维奇会谈》，载《人民日报》2013年12月6日，第1版。
12. 该项目由北京大洋新河投资管理有限公司与乌克兰基辅水利投资有限公司共同投资。一期投资30亿美元，包括新建克里米亚深水港，重建塞瓦斯托波尔等港口，以及建设电子、信息技术等高新技术产业园在内的经济开发区。项目二期计划投资不低于70亿美元，建设包括粮食储备区、黑海石油储备区、液化天然气生产基地等项目，并建设近海休闲海滩等配套社会项目。参阅中国经济网:《乌克兰克里米亚深水港项目正式签约》(2013 年 12 月 6 日),http://finance.ce.cn/rolling/201312/06/t20131206_1871619.shtml(登录时间:2014 年 3 月 11 日)。

13. 赵鸣文:《乌克兰政局突变原因及影响》,载《国际问题研究》2014 年第 2 期,第 68—78 页。

14. CIA, https://www.cia.gov/library/publications/the-world-factbook/geos/iz.html(Accessed: July 7, 2014).美国皮尤研究中心的研究认为,伊拉克什叶派占穆斯林人口的比例高达 67%左右。参阅 Pew Forum on Religion & Public Life, *The Future of the Global Muslim Population: Projections for 2010—2030*, January 2011, p.184。

15. 田文林、李荣:《浅析美国的伊拉克“退出战略”》,载《现代国际关系》2009 年第 10 期,第 15—16 页。

16. Anthony H. Cordesman and Sam Khazai, *Iraq in Crisis* (Washington D.C.: Center for Strategic and International Studies, 2014).

17. Iraq Body Count, “The Trenching of Faults: Iraq 2013,” January 1, 2014, http://www.iraqbodycount.org/analysis/beyond/2013 (Accessed: July 11, 2014).

18. Michael Knights, “Analysis: Iraq's never ending security crisis,” BBC, October 3, 2013, http://www.bbc.co.uk/news/world-middle-east-24370037 (Accessed: July 11, 2014).

19. Iraq Body Count, “The Casualties of Support,” June 14, 2014, https://www.iraqbodycount.org/analysis/beyond/casualties-of-support/(Accessed: July 11, 2014).

20. 刘中民:《伊拉克乱局将引发中东民族国家版图变更?》,载《中国社会科学报》2014 年 7 月 9 日,B03 版。

21. 付一枫:《美国还“救”得了伊拉克吗?》,载《新民周刊》2014 年 7 月 16 日,第 49 页。

22. 汪波:《伊拉克“后重建”时期的政治转型:中央集权抑或地方自治?》,载《外交评论》2011 年第 2 期,第 51—60 页。

23. 观察者网:《伊拉克叛军宣布“建国”　头目自称全球穆斯林领袖“哈里发”》(2014 年 6 月 30 日),http://www.guancha.cn/Third-World/2014_06_30_242116_s.shtml(登录时间:2014 年 7 月 11 日)。
24. 中国外交部:《王毅:共同协助阿富汗实现三重过渡》(2014 年 2 月 22 日),http://www.fmprc.gov.cn/mfa_chn/zyxw_602251/t1131232.shtml(登录时间:2014 年 3 月 12 日)。
25. 杨迅、徐伟:《阿富汗与美国签署双边安全协议》,载《人民日报》2014 年 10 月 2 日,第 3 版。
26. CIA, https://www.cia.gov/library/publications/the-world-factbook/geos/af.html(Accessed: July 7, 2014).
27. Abdulkader Sinno, "Explaining the Taliban's Ability to Mobilize the Pashtuns," in Robert D.Crews and Amin Tarzi, eds., *The Taliban and the Crisis of Afghanistan* (Cambridge, MA: Harvard University Press, 2008), pp.59—89.
28. “弃武”是指塔利班放弃武装对抗,“遵宪”是指塔利班承认阿富汗现行宪法和政治体制,“断交”是指塔利班断绝与“基地”组织的盟友关系。
29. 许涛:《驻阿美军撤离对中亚安全形势的影响》,载《现代国际关系》2013 年第 12 期,第 35 页。
30. United Nations Assistance Mission Afghanistan, *Afghanistan Annual Report 2013: Protection of Civilians in Armed Conflict*, Kabul, February 2014, pp.1—6.
31. United Nations Assistance Mission Afghanistan, *Afghanistan Annual Report 2014: Protection of Civilians in Armed Conflict*, Kabul, July 2014, pp.1—8.
32. 卢玲玲、闫伟:《美国撤军后阿富汗重建前景》,载《现代国际关系》2013 年第 11 期,第 46 页。
33. Frederic Grare, "Afghanistan Post-2014: Scenarios and Consequences," *Policy Brief*, The German Marshall Fund of the United States, February 2014, pp.3—4.

34. 古丽阿扎提·吐尔逊:《"东突"恐怖势力个体特征及其发展趋势评析》,载《现代国际关系》2014年第1期,第56—62页。
35. 中国外交部:《2013年11月1日外交部发言人华春莹主持例行记者会(2013年11月1日)》,http://www.fmprc.gov.cn/mfa_chn/fyrbt_602243/jzhsl_602247/t1095069.shtml(登录时间:2014年6月20日)。
36. 张春贤:《奋力谱写新疆社会稳定和长治久安新篇章——深入学习贯彻第二次中央新疆工作座谈会精神》,载《求是》2014年第15期,第7、9页。
37. 事实上,在当前中亚宗教极端势力问题中,宗教极端思想对地区安全和各国政局的威胁,已远超宗教极端组织所实施的恐怖袭击。参阅苏畅:《当前中亚宗教极端势力特点及发展趋势》,载《新疆师范大学学报(哲学社会科学版)》2014年第1期,第59页。
38. Rob Johnson, *Oil, Islam and Conflict: Central Asian Since 1945* (London: Reaktion Books, 2007), pp.63—137; Martha Brill Olcott, *Roots of Radical Islam In Central Asia* (Washington, D. C.: Carnegie Endowment for International Peace, 2007); Emmanuel Karagiannis, *Political Islam in Central Asia: The Challenge of Hizbut-Tahrir* (London and New York: Routledge, 2010);苏畅:《论中亚宗教极端势力的基本特征》,载《新疆师范大学学报(哲学社会科学版)》2011年第2期,第69、75页。
39. 徐平、张阳阳:《影响新疆对国家认同的因素探析》,载《新疆师范大学学报(哲学社会科学版)》2014年第2期,第67页。
40. 陈靖、王鸣野:《费尔干纳的伊斯兰极端主义:产生的原因与可能的影响》,载《新疆社会科学》2012年第6期,第80—87页;杨雷:《当前中亚五国安全形势评析》,载《现代国际关系》2012年第11期,第24—27页。
41. 杨恕、蒋海蛟:《"圣战派萨拉菲"在中亚的活动及其影响》,载《现代国际关系》2014年第5期,第39—46页。
42. 马媛:《"东突"组织在吉尔吉斯斯坦的活动特点》,载《新疆社会科学》2011年第3期,第59—64页。
43. 观察者网:《公安部长郭声琨出席上合组织安全会议 提醒警惕新一波颜色革命》(2014年4月18日),http://www.guancha.cn/politics/2014_04_18_

223200.shtml(登录时间:2014 年 6 月 20 日)。

44. 观察者网:《尹鸿伟:泰南或将成为穆斯林极端主义力量新热点》(2014 年 4 月 24 日),http://www.guancha.cn/YinHongWei/2014_04_24_224216.shtml(登录时间:2014 年 6 月 20 日)。

45. 余建华:《阿富汗问题与上海合作组织》,载《西亚非洲》2012 年第 4 期,第 67 页。

46. 赵文君、魏圣曜:《中国首次发布“航海日公告”》(2014 年 7 月 11 日,新华网),http://news.xinhuanet.com/politics/2014-07/11/c_1111578462.htm(登录时间:2014 年 7 月 12 日)。

47. 张家栋:《海盗问题及对策思考》,载《国际问题研究》2009 年第 2 期,第 52 页。

48. 薛力:《马六甲海峡海盗活动的趋势与特征——一项统计分析》,载《国际政治研究》2011 年第 2 期,第 135—157 页。

49. 王猛:《索马里海盗问题与国际社会的应对》,载《现代国际关系》2010 年第 8 期,第 23 页。

50. International Maritime Organization, “Repotrs on Acts of Piracy and Armed Robbery Against Ships (Annual Report-*2013*),” http://www.imo.org/OurWork/Security/PiracyArmedRobbery/Reports/Documents/208_Annual_2013.pdf(Accessed: July 11, 2014).

51. United Nations Office on Drugs and Crime, *South-East Asia Opium Survey 2012*(New York: United Nations, 2012), p.5.

52. 中国国家禁毒委员会办公室:《中国禁毒报告 2013 年》,2014 年 7 月,第 53 页。

53. United Nations Office on Drugs and Crime, *World Drug Report 2014*(New York: United Nations, June 2014), p.21.

54. United Nations Office on Drugs and Crime, *Afghanistan Opium Survey 2013*(New York: United Nations, November 2013), pp.18、44.在海洛因生产方面,仅 2009 年,阿富汗的份额就占全球市场的 84%,远超缅甸、墨西哥、印度、哥伦比亚和老挝。United Nations Office on Drugs and Crime, *The Global Afghan Opium Trade: A Threat Assessment 2011*, p.16.

55. United Nations Office on Drugs and Crime, *Afghanistan Opium Survey*

2013, p.10.

56. 国际麻醉品管制局:《2013 年报告》(中文版),第 73 页。
57. United Nations Office on Drugs and Crime, *Afghanistan Opium Survey 2013*, p.20.
58. United Nations Office on Drugs and Crime, *The Global Afghan Opium Trade: A Threat Assessment 2011*, p.21.
59. 国际麻醉品管制局:《2013 年报告》(中文版),第 71、74 页;United Nations Office on Drugs and Crime, *World Drug Report 2010* (New York: United Nations, 2010), pp.37—63; UNODC, "Drug trafficking," http://www.unodc.org/unodc/en/drug-trafficking/index.html(Accessed: March 20, 2014)。
60. United Nations Office on Drugs and Crime, *The Global Afghan Opium Trade: A Threat Assessment 2011*, p.21.
61. 吴大辉:《后反恐时代阿富汗的重建:关于中亚国家作用的探讨》,载《俄罗斯研究》2014 年第 2 期。
62. 中国国家禁毒委员会办公室:《中国禁毒报告 2013 年》,第 53 页。
63. 边振辉:《论阿富汗毒品问题对新疆安全环境的影响》,载《中国公共安全·学术版》2010 年第 2 期,第 18—21 页;张昆:《日益加剧的“金新月”地区毒品渗透态势及对策研究》,载《犯罪研究》2011 年第 3 期,第 74—80 页。
64. 金砖国家应急储备安排初始承诺互换规模 1 000 亿美元,其中,中方承诺出资 410 亿美元,巴西、俄罗斯、印度各 180 亿美元,南非 50 亿美元。各国投票权与承诺出资额挂钩,但为兼顾各方诉求,设 5%的基本票由五国均分。综合计算,中国投票权为 39.95%,巴西、俄罗斯、印度各为 18.10%,南非为 5.75%。
65. 崔天凯:《中美在亚太的良性互动》,载《国际问题研究》2012 年第 4 期,第 9 页;中国外交部:《外交部部长杨洁篪就中国外交政策和对外关系答中外记者问》(2013 年 3 月 9 日),http://www.fmprc.gov.cn/mfa_chn/zyxw_602251/t1019938.shtml(登录时间:2013 年 3 月 10 日);崔天凯:《推动构建中美新型大国关系》,载《求是》2014 年第 10 期,第 60 页。
66. 阮宗泽:《美国“亚太再平衡”战略前景论析》,载《世界经济与政治》2014 年第 4 期,第 8—9 页。

67. 吴涧生、曲凤杰：《跨太平洋伙伴关系协定(TPP)：趋势、影响及战略对策》，载《国际经济评论》2014 年第 1 期，第 73—74 页。
68. 对该问题的部分讨论，参阅唐志超：《中阿新型伙伴关系快速持续发展》，载《西亚非洲》2009 年第 10 期，第 34—35 页。
69. Flynt Leverett and Jeffrey Bader, "Managing China-U.S. Energy Competition in the Middle East," *The Washington Quarterly*, Vol. 29, No. 1, Winter 2005—2006, pp.187—201.
70. J.Peter Pham, "China's 'Surge' in the Middle East and Its Implications for U.S. Interests," *American Foreign Policy Interests*, Vol.31, 2009, p.190.
71. Richard L. Russell, "Oil For Missiles," *Wall Street Journal*, January 25, 2006.
72. 查道炯：《“能源独立”不会使美撤出中东》，载《中国能源报》2012 年 6 月 18 日，第 9 版。
73. 中国外交部：《王毅：中国在中东地区发挥的政治作用只会越来越多》(2014 年 1 月 9 日)，http://www.fmprc.gov.cn/mfa_chn/zyxw_602251/t1116241.shtml(登录时间：2014 年 2 月 10 日)。类似的，2014 年 3 月，王毅在接受沙特《中东报》专访时也表示：“今后，随着自身能力的逐步提高，中国愿意为中东地区提供更多的公共产品，为地区和平与发展做出更大贡献。”参阅中国外交部：《王毅接受沙特〈中东报〉专访》(2014 年 3 月 16 日)，http://www.fmprc.gov.cn/mfa_chn/zyxw_602251/t1137697.shtml(登录时间：2014 年 7 月 11 日)。
74. Hillary Rodham Clinton, "Remarks on India and the United States: A Vision for the 21st Century," Chennai, India, July 20, 2011, http://www.state.gov/secretary/rm/2011/07/168840.htm(Accessed: March 10, 2013).
75. 吴兆礼：《美国“新丝绸之路计划”探析》，载《现代国际关系》2012 年第 7 期，第 17—22 页。
76. Musadeq Sadeq, "China Could Prove Ultimate Winner in Afghanistan," *The Associated Press*, January 26, 2013, http://www.usatoday.com/story/news/world/2013/01/26/china-winner-afghanistan/1866571/(Accessed: March 10, 2013).

77. Raffaello Pantucci and Alexandros Petersen, “China's Inadvertent Empire,” *The National Interest*, November/December 2012, p.39.

78. 乌兹别克斯坦于2005年10月申请加入欧亚经济共同体,2006年加入,但随后又于2008年退出。

79. 关于俄罗斯推进欧亚经济整合的历程,参阅李新:《普京欧亚联盟设想:背景、目标及其可能性》,载《现代国际关系》2011年第11期,第6—7页;王郦久:《俄“欧亚联盟”战略及其对中俄关系的影响》,载《现代国际关系》2012年第4期,第33—37页。

80. 廖伟径:《欧亚经济一体化进入崭新阶段》,载《经济日报》2014年6月3日,第4版。

81. 唐朱昌:《中国与未来欧亚联盟国家的经济合作定位》,载《社会科学》2014年第5期,第21—22页。

82. 王树春、万青松:《上海合作组织与欧亚经济共同体的关系探析》,载《世界经济与政治》2012年第3期,第27—28页。

83. 俄罗斯之声:《媒体:欧亚经济联盟可拥有统一货币》(2014年8月4日),http://radiovr.com.cn/news/2014_08_04/275456234/(登录时间:2014年8月4日)。

84. 观察者网:《俄财长:中国加入欧亚发展银行将使其获更高评级》(2014年6月5日),http://www.guancha.cn/economy/2014_06_05_235142.shtml(登录时间:2014年7月11日)。

85. 梅新育:《丝绸之路谨防深陷“伊斯兰陷阱”》(2014年6月4日,凤凰网),http://city.ifeng.com/special/chinacity46/(登录时间:2014年7月25日)。

86. 吴征宇:《向“陆”还是向“洋”——对〈高铁与中国21世纪大战略〉的再思考》,载《二十一世纪》2013年2月号,第105—113页。

87. 张文木:《丝绸之路与中国西域安全——兼论中亚地区力量崛起的历史条件、规律及其因应战略》,载《世界经济与政治》2014年第3期,第19—27页。

88. Mao Yufeng, “China's Interests and Strategy in the Middle East and the Arab World,” in Joshua Eisenman, Eric Heginbotham and Derek Mitchell eds., *China and the Developing World: Beijing's Strategy for the Twenty-First*

Century(Armonk, New York: M. E. Sharpe, 2007), pp. 113—132; Jon B. Alterman, "China's Soft Power in the Middle East," in Carola McGiffer ed., *Chinese Soft Power and Its Implications for the United States: Competition and Cooperation in the Developing World* (Washington, D. C.: Center for Strategic and International Studies, 2009), pp. 63—76; Tim Niblock, "China's Growing Involvement in the Gulf, The Geopolitical Significance," in Simon Shen and Jean-Marc Blanchard eds., *Multidimensional Diplomacy of Contemporary China* (Lanham, M.D.: Lexington, 2010), pp.207—232.

89. 习近平:《努力构建中美新型大国关系——在第六轮中美战略与经济对话和第五轮中美人文交流高层磋商联合开幕式上的致辞》(2014 年 7 月 9 日,北京),载《人民日报》2014 年 7 月 10 日,第 2 版。

90. 赵华胜:《不干涉内政与建设性介入——吉尔吉斯斯坦动荡后对中国政策的思考》,载《新疆师范大学学报》(哲学社会科学版)2011 年第 1 期,第 23—29 页。

91.《外交部决定设立阿富汗事务特使》,载《人民日报》2014 年 7 月 19 日,第 4 版。

92. 伊斯坦布尔进程创立于 2011 年,是一个致力于推动阿富汗和其邻国在安全、经济和政治议题上的合作的区域性平台,也是目前唯一由地区国家主导的涉阿富汗地区合作机制。该进程包括 14 个区域国家(阿富汗、中国、俄罗斯、哈萨克斯坦、印度、巴基斯坦、伊朗和土耳其等)和 28 个"支持伙伴"(包括 16 个域外国家,比如美国和英国,以及联合国、上合组织等 12 个国际组织)。

93. 参阅李克强:《携手促进阿富汗及地区的安全与繁荣——在阿富汗问题伊斯坦布尔进程第四次外长会开幕式上的讲话》(2014 年 10 月 31 日,北京),载《人民日报》2014 年 11 月 1 日,第 2 版;《阿富汗问题伊斯坦布尔进程北京宣言》(2014 年 10 月 31 日,北京),载《人民日报》2014 年 11 月 2 日,第 3 版。

94.《中华人民共和国与俄罗斯联邦关于全面战略协作伙伴关系新阶段的联合声明》(2014 年 5 月 20 日,上海),载《人民日报》2014 年 5 月 21 日,第 2 版。

95. 赵华胜:《中国崛起对俄罗斯是威胁吗?》,载《国际问题研究》2013 年第 2 期,第 33 页。

96. 环球网:《我首任阿富汗事务特使孙玉玺独家做客环球网》(2014 年 7 月 31 日,环球网),http://opinion.huanqiu.com/dialogue/2014-07/5092579.html(登录时间:2014 年 8 月 1 日)。
97.《第六轮中美战略与经济对话框架下战略对话具体成果清单》,载《人民日报》2014 年 7 月 12 日,第 5 版。
98. Jon B. Alterman and John W. Garver, *The Vital Triangle: China, the United States, and the Middle East* (Washington, D. C.: Center for Strategic and International Studies, 2008), pp.107—130.
99. “六方”是指中石油、韩国大宇国际、印度石油海外公司、缅甸油气公司、韩国燃气及印度燃气。在股权分配上,中国占股 50.9%,缅甸占股 7.4%,韩国占股 29.2%,印度占股 12.5%。

结　论

作为新时期中国的重大国家发展战略,“丝绸之路经济带”和“21 世纪海上丝绸之路”是新一届中国政府借由古代海陆丝绸之路的历史概念所勾勒的中国与沿线各国之间平等互利、合作共赢的新图景。在与古代丝绸之路、21 世纪以来中国与中东“现代丝绸之路”的纵向和横向比较中,“一带一路”的战略性和时代性逐渐得以体现。

一、“一带一路”的战略意义与举措

通过对古代丝绸之路兴衰史的观照可以发现,“一带一路”倡议的提出与 21 世纪以来一系列历史条件的交织组合息息相关。具体而言,中国综合国力的复兴、欧亚政治安全环境的改善、沿线经济纽带的强化以及交通运输技术的革新,为“一带一路”战略倡议提供了充分的政治、经济、技术基础。其中,中国国力的提升无疑是首要因素。正如习近平主席在 2014 年 11 月 9 日的 APEC 工商领导人峰会开幕式上所指出的:“随着综合国力上升,中国有能力、有意愿向亚太和全球提供更多公共产品,特别是为促进区域合作深入发展提出新倡议新设想。”[1]

作为重大国家战略,“一带一路”分别体现或蕴含了中国在近期和远期两个层面的战略谋划。从近期的现实考量来看,“一带一路”倡议旨在进一步推进西部开发与向西开放,通过“走出去”的方式缓解国内产能和资本的过剩问题,通过能源进口(来源地、运输方式、计价结算货币)的多元化维护国家能源安全,通过推动基础设施互联互通和投资贸易便利化来贯通欧亚大陆间的贸易路线。这些考量既包含对中国与中东“现代丝绸之路"内在局限性(如石油进口中东化、过度依赖沿海贸易和海上运输、美元计价结算等)的超越,也体现为中国对一些国内外重大现实问题或进展的回应。

从中长期的理想图景来看,一方面,"一带一路"倡议旨在扭转长期以来经济重心沿海化、东西部发展和海陆开放严重失衡的现状,实现中国的区域协调发展和海陆地缘平衡,构筑东西互济、海陆统筹的全方位对外开放格局,形成中国国内市场和亚欧大市场的协同联动;另一方面,"一带一路"倡议旨在扭转当代国际政治经济体系中不平等的三角贸易结构,将中国的资金、商品、技术、装备、工程、劳务、人民币与沿线发展中国家的资源、能源、市场相结合,建立起中国与发展中国家之间平等、共享、共赢的新型经济循环,从而开创南南合作的新局面。因此,作为新时期中国的重大国家发展战略,"一带一路"不仅体现为对欧亚传统贸易路线的复兴或是本国能源进口的多元化,更在一定程度上包含了中国对于未来国内区域发展和对外开放格局、国际政治经济秩序的长远战略谋划。事实上,这也是"一带一路"有可能超越古代丝绸之路和中国—中东"现代丝绸之路",从而真正呈现出战略意义之关键所在。

自倡议提出以来,按照"以点带面,从线到片"的推进原则,以加强"五通"(政策沟通、道路联通、贸易畅通、货币流通和民心相通)为重点,中国陆续从内政、外交、贸易、金融、交通、能源、次区域合作等各个层面进行了一系列的动员、部署和推进,使"一带一路"得以逐渐从倡议进入到初步的执行落实阶段。

本书着重考察了中国为推动"一带一路"建设所开展的政治安排、金融合作、互联互通和次区域合作。围绕"一带一路",中国从中央到地方、从国内到国际等各个层面进行了大范围和密集性的政治动员和政策协调,使这一新兴倡议迅速成为当前中国内政外交中的核心议程与话语。尽管内外的政策调适仍在进行中,但已为后续的推进工作奠定了初步的政治基础。在金融合作领域,中国形成了货币流通(人民币)和融资支持(美元)两条主线并行的推进方式。一方面,在资本项目暂时不可兑换的背景下，中国通过本币互换、本币结算、本币直接交易、海外清算网络和离岸中心建设等举措积极稳妥地推进人民币国际化；另一方面，中国也积极依托自身雄厚的外汇储备进行一系列的开发性金融布局，为沿线尤其是亚洲周边国家的基础设施建设和资源、能源开发提供融资支持。正是依托中国强大的资金优势和工程基建能力，近年来中国与沿线国家的跨境铁路、跨境公路、油气管道和港口建设为主体的互联互通进程在“一带一路”框架下被注入了新的动力。这不仅有助于欧亚之间海陆贸易路线的贯通，促进中国贸易通道和能源通道的多元化，也将给沿线发展中国家的共同发展带来巨大的契机。在次区域合作领域，正如新疆、宁夏和广西的情况所显示的，中国越来越注重将国内区域发展、对外开放和外交布局相统筹协调。在此过程中，国家层面的战略布局、政策支持与资源投入始终是推进沿边、内陆和沿海省份与周边地区次区域合作的最大动力，而地方政府的积极参与也是国家总体战略得以顺利推行的重要支点。

综观目前为止中国在“一带一路”上的种种推进举措，既包含了全新的战略布局和谋划，也在很大程度上体现为对近年来中国与沿线国家和地区现有各种合作机制、网络、进程的整合与升级。在实际运作中，都采取了支点撬动、重点突破、点面结合的方式。在此意义上，尽管“一带一路”建设蕴含着塑造未来国内和国际政治经济新格局的潜力，但在当前和未来的建设进程中仍将按照循序渐进的原则，在局部利益与整体利益、近期考量与长远谋划、既有网络与全新构造之间实现平衡与协调。

二、历史与比较视野中的“一带一路”

（一）东西与海陆

东西与海陆关系是理解“一带一路”的关键。古代丝绸之路的发展大致以唐代中期“安史之乱”为分水岭，呈现出陆路衰落、海路发达的历史性兴替。在此之前，中国与波斯、大食、罗马-拜占庭等帝国主要藉由陆路交通往来，各种商品、民族、宗教在欧亚大陆广泛流通。然而，随着唐朝自身国力的衰落与吐蕃、大食的陆上扩张，西域政治局势持续动荡，陆路在东西方贸易交往中的重要性不断下降，海路则逐渐发展为中国与西亚之间主要的贸易通道。在此过程中，中国的经济重心逐渐南移，东南沿海省份成为了国家最主要的财政税收来源和商品生产基地。这一趋势与海洋贸易的发展相互促进，直接带动了泉州、广州、扬州、明州等重要港口城市的兴起。宋朝南渡以后，由于市舶收入及其在国家财政中的比重不断上升，政府对海洋贸易的态度更为积极。在元代，尽管西北陆路和东南海路始终并存，但是陆路丝绸之路的重要性和繁荣度已远不可与盛唐时代相比。相应的，海上丝绸之路在沟通中国与东南亚、西亚贸易、文化往来中的地位则持续得到强化，并在郑和下西洋时期达到巅峰，而这也体现了中国一度强大的海上实力。

随着近代西方的兴起，海上贸易成为了国际贸易的主要形式，欧亚大陆的陆上贸易通道彻底没落，而中国沿海和内陆之间固有的发展失衡也在新的世界体系下进一步扩大。新中国成立以后，国家一度有意识地通过各种制度安排和产业布局促进区域间协调发展。但随着改革开放以后中国重新加入由西方主导的国际贸易体系，东部沿海地区在外向型经济格局中的优势迅速凸显，经济重心沿海化成为中国经济地理的基本特征。在此过程中，中国的产业政策(出口导向型、劳动密集型的制造业)、区域政策(优先发展东部沿海地区)与对外开放战略(沿海开放)存在着高度的协同性。正如本书对于中国与中东“现代丝绸之路”的考察所表明的，尽管它在形式上表现为中国东部沿海地区与大食、波斯之间海上贸易通道的历史性复兴，但在根源上却是改革开放以后中国自身的国家发展战略和当代国际政治经济体系相互作用的产物。事实上，由国家战略与国际体系所引发的对沿海经济、海洋贸易和海上运输的过度依赖，以及其中所蕴含的局限与风险，正反映了当前中国所面临的一系列结构性困境。

在此背景下，“一带一路”倡议所着眼的正是对区域发展和对外开放进程中东快西慢、海强陆弱格局的调整。它既是中国与沿线国家之间的贸易路线，同时也是从海路和陆路分别将东西部地区与沿线国家相联系起来的新图景。相较于以往沿海或沿边省份与周边国家的次区域合作，新时期“一带一路”无疑有可能将国内东西部地区纳入到更为广阔的发展版图中，从而蕴含着更为巨大的发展潜力。“一带”与“一路”并非竞争性的替代关系，两者的同时提出正体现了新时期中国统筹经略东部和西部、海洋和陆地的战略意志。

目前，随着现实情势的发展，“一带一路”倡议所覆盖的地理范围已超越最初所面向的中亚和东南亚。综合中国官方在各种国内外场合的阐释，“丝绸之路经济带”将从中国西部地区出发，沿北、中、南三线横贯整个欧亚大陆，将东南亚、中亚、俄罗斯、蒙古、西亚、南欧、中东欧和西欧相连接。“21 世纪海上丝绸之路”则将从东部沿海各港口出发联通太平洋和印度洋，历经南海、马六甲海峡、孟加拉湾、阿拉伯海、波斯湾、亚丁湾直至地中海，覆盖东南亚、南亚、西亚、东北非、南欧等地区。相较于唐代的“安西通西域道”和“广州通海夷道”，或是郑和下西洋的路线，覆盖范围和涉及国家都得到了空前的扩大。

平心而论，在未来相当长时期内，东部沿海地区仍将是中国经济发展的引擎，沿海开放、海洋贸易和海上运输在固有国家战略和国际体系中的优势将继续存在。随着海上互联互通、港口合作网络和临港产业带建设的深入，海上丝绸之路巨大的经济价值和潜力将得到进一步体现。然而，作为中国与沿线国家资金、能源、人员、技术、商品乃至货币流通的陆上新通道，丝绸之路经济带不仅有助于重启没落已久的陆上贸易通道，弥补海上贸易路线的现实和潜在风险，更有助于实现对“重东轻西”和“重海轻陆”格局的内在局限性的超越。因此，相较于 21 世纪海上丝绸之路，丝绸之路经济带无疑更具有历史性的变革意义，更能体现中国在新时期主动、积极、长远的战略谋划。

（二）经贸关系

国际贸易与经济合作始终是古今丝绸之路的核心内容。通过对古代丝绸之路、中国与中东“现代丝绸之路”与“一带一路”上经济贸易关系的比较，可以发现不同时期国际政治经济秩序的深刻变化。

在古代丝绸之路的国际贸易往来中，中国与沿线国家之间属于平等的交换关系。从商品结构来看，中国主要出口制成品，而沿线国家则主要输出原材料。在此过程中，无论是中国的丝绸、瓷器，还是中东的香料、珠宝、犀象，主要消费对象仍是各自的社会上层。尽管海外贸易一度对南宋的国家财政具有较大影响，但贸易往来对于各自国内经济结构和社会民生的影响相当有限。从交易货币来看，中国的铜钱、丝绸，以及波斯、阿拉伯和拜占庭的金银都曾充当过丝绸之路国际贸易的计价结算货币，中国的国家实力和信用一度确保了作为贱金属的铜钱在海外的广泛需求和大量流通。然而，这些金属或实物货币的使用在很大程度上只是出于贸易便利，各方也从未试图将自身货币与主要商品之间进行捆绑。

近代西方兴起以后，国际贸易的性质发生了根本性的变化，原先松散、平等的国际贸易关系也被强制性地转换为“中心—边缘”的二元结构，欧美发达国家和亚非拉发展中国家之间的政治经济关系呈现出了明显的结构性和支配性。在此格局下，发达国家掌握着国际贸易的规则、货币、定价权与主导权，而发展中国家则充当发达国家的原料产地和工业品消费市场。伴随着 20 世纪 80 年代以来中国等东亚国家的经济腾飞，“中心—边缘”的二元结构逐渐演变为新的三角贸易结构，分别对应着以欧美发达国家为代表的消费国、以中国等东亚国家为代表的生产国和以中东产油国为代表的资源国。这种三角循环的运行机制体现为：生产国从资源国进口原材料并向资源国和消费国输出制成品，消费国向生产国和资源国提供资本、技术和服务，而生产国和资源国的贸易盈余和外汇储备则大量流向消费国。相较于“中心—边缘”二元结构，消费国与资源国的贸易联系变得相对间接，对资源国和生产国的剥削变得更加深刻而隐秘。正如本书研究所表明的，21 世纪以来中国与中东“现代丝绸之路”兴起的背后是美国主导的国际贸易规则、定价结算交易体系和政治安全秩序。相应的，石油、美元与中国制造的循环流动构成了当代新三角贸易结构中资源国(中东)、消费国(美国)与生产国(中国)之间不平等关系的生动写照。

“一带一路”沿线绝大多数都是发展中国家，随着这一战略的持续推进，中国与沿线发展中国家的经济合作有可能进入一个新阶段。具体而言，中国在资金、工业制造和工程基建等方面优势明显，而沿线国家则拥有丰富的资源能源和广阔的市场潜力，在交通、能源、通信、电力、农业等基础设施和社会民生领域资金缺口巨大。凭借“贷款换资源”“金融合作—资源能源开发—基础设施建设”等合作模式，有可能使中国的资金、商品、技术、装备、工程、劳务、人民币与沿线发展中国家的资源、能源、市场实现良性循环。一方面，有助于解决中国自身面临的资源短缺、产能过剩、资本过剩等问题，尤其是以重大工程建设带动中国的产能、装备和劳务输出。另一方面，有助于促进沿线国家的资源、能源开发和资金积累，并通过加强基础设施建设来改善工业环境、扩大就业和培育市场，进而为中国的产业转移和商品出口创造更有利的条件。在各种双多边开发性金融举措的支持下，各国间的海陆互联互通将有利于建立和健全亚欧供应链、产业链和价值链的深度合作，形成优势互补的产业网络和经济体系。值得指出的是，中国与“一带一路”沿线发展中国家的新型合作将为加速人民币的国际化进程注入强大动力。除了继续扩大人民币跨境贸易结算规模之外，中国可以将东盟、俄罗斯、中亚、蒙古、伊朗等国家和地区作为优先突破口，在资源、能源、粮食等大宗商品交易中部分以人民币计价结算，尤其是在能源装备出口中优先以人民币结算。同时，提升人民币在中国对外投资、贷款、援助中的比重，尤其是鼓励沿线国家优先使用人民币支付中国的货物、装备、工程和劳务。

可以预见，在未来相当长时期内，由美国主导的国际贸易三角结构的大循环仍将继续存在。然而，以共建“一带一路”为契机，中国有可能改变三角贸易结构下主要输出廉价的“中国制造”以及与发展中国家之间“商品换能源”的传统贸易模式，开创沿线发展中国家之间平等、互利、共赢的南南合作新局面。

（三）宗教因素

宗教与贸易、信仰版图与政治版图的互动关系是理解古今丝绸之路演变的重要线索。古代海陆丝绸之路的伊斯兰化深刻地改变了沿线既有的多元宗教生态,形成了自西向东的"伊斯兰走廊",奠定了当代伊斯兰世界信仰版图的基本格局。在此过程中,贸易往来和政治扩张成为了伊斯兰教传播的主要动力,而由伊斯兰教崛起引发的中亚政治动荡又在很大程度上加速了陆上丝绸之路贸易通道的衰落。进入21世纪以后,无论是中国与中东"现代丝绸之路"还是"一带一路"上,宗教、贸易与政治之间的互动关系既具有鲜明的时代特征,也存在着极强的历史延续性。

本书对义乌和宁夏的考察分别展现了宗教与贸易互动的两个面向。一方面,新的贸易契机促进了宗教的传播。伴随着中东穆斯林商人的东来和中国西北穆斯林的南下,义乌的宗教景观和社会生态都发生了很大的变化,而穆斯林人口的增长、清真寺的活跃和当代"蕃坊"的出现,也为感受古代丝绸之路繁荣时穆斯林商人在中国的生活提供了生动的现场画面。另一方面,天然的信仰纽带开启了经济合作的新空间。凭借与阿拉伯—伊斯兰世界之间的宗教文化联系,近年来宁夏以中阿博览会为平台,逐渐酝酿出了重点面向阿拉伯—伊斯兰世界的内陆向西开放的新思路,从而通过地缘宗教的优势弥补了地缘经济的劣势。

然而,正如本书对中国与中东"现代丝绸之路"的讨论所表明的,无论是义乌的穆斯林人口增长或清真寺建立,还是中国生产的伊斯兰用品在中东的风靡,其背后的主导性逻辑都是石油、美元与"中国制造"及其衍生形式(石油美元与商品美元)现实或潜在的循环交换。在此过程中,宗教因素固然是重要的媒介,在本质上却仍是这种三角循环的嵌入性和附属性因素。同时,对"一带一路"上宁夏与阿拉伯世界次区域合作的讨论则表明,宗教因素也嵌入在中国国家发展战略的宏观框架中。尽管早在20世纪90年代初期就已有媒体和学者提出利用宗教联系引进中东石油美元、发展西北地区经济的思路,但事实上只有在国家"向西开放"和建设丝绸之路经济带的宏观背景下才能真正成为现实的政策选项,而宗教纽带也被作为经济资源加以运用。由此可见,21世纪以来宗教与贸易的相互促进不只是历史的简单再现,宗教因素的双重嵌入意味着经济逻辑和政治版图仍是激活或制约信仰版图的主要力量。

与此同时,本书的研究也表明,就宗教扩张/复兴对贸易路线和政治版图的冲击破坏而言,古今丝绸之路存在着高度的延续性。在造成古代陆上贸易路线中断的诸多因素中,伊斯兰势力持续性的军事征服和宗教扩张无疑居于重要位置。今天,在国家间大规模军事冲突可能性大大降低的背景下,宗教扩张再次成为了中国在丝绸之路经济带建设进程中面临的重要挑战。

一方面,"政治伊斯兰"复兴和根深蒂固的教派冲突对沿线节点国家的内部稳定和国家建设造成强烈冲击,持续的政治动荡给中国的战略布局造成了很大的安全隐患。基于在地缘政治格局和油气资源版图中的显著位置,从中东到中亚地区的"伊斯兰走廊"历来是外部大国力量交汇最集中、各种族群和教派关系最错综复杂的地区。自 20 世纪 70 年代中后期以来,全球"政治伊斯兰"的复兴使得跨国信仰版图不断试图以自身的逻辑实现对现代主权国家政治版图的重构。在此背景下,跨国宗教动员网络的挑战、国内外教派的对立与外部大国力量的竞逐交互强化,使沿线许多国家面临着长期性、结构性的国家建设困境和政治安全危机,本已存在的弱国家—强宗教格局进一步凸显。

另一方面,宗教极端主义、民族分裂主义和恐怖主义相互交织,给沿线地区和中国西部边疆造成严重威胁,直接阻碍着陆上贸易路线的贯通。近年来新疆频繁发生的暴恐袭击表明,尽管历史上西北、西南地区多次出现的大规模宗教叛乱很难重演,但中国作为统一多民族国家的政治版图仍将不时面临"三股势力"的冲击和挑战。在阿富汗局势的影响下,以"金新月"为中心的"鸦片贸易—武器军火—恐怖主义"的生产网络和恶性循环已然形成。伴随着丝绸之路经济带建设带来的贸易路线拓展和基础设施互联互通,"三股势力"向新疆地区的渗透以及"毒"与"恐"之间的联动获得了更多的便利。同时,鉴于某些中东国家与"三股势力"在理念和资金上的暧昧关系,尤其是宗教极端主义在石油美元掩护下的对华渗透,中国应该保持足够的政治敏感和清醒。

三、“一带一路”的前景展望

作为一项地理覆盖范围空前广泛的超大型洲际经济合作倡议，“一带一路”沿线的地缘政治关系和民族宗教矛盾错综复杂，各国发展目标和利益诉求差异巨大，国内风险、跨境威胁和大国博弈相互交织。这就意味着，尽管“一带一路”蕴含着构建活跃的亚欧大市场乃至国际政治经济新秩序的战略潜力，但各种固有与新生、潜在与现实的挑战却仍有可能对其造成严重干扰。特别是就丝绸之路经济带而言，它涉及的国家众多，与领土、民族、宗教、人口的联系较海上丝绸之路更为紧密，相应的合作成本和内外风险也更为显著。

因此，中国应当避免对“一带一路”抱有过于浪漫主义的乐观期待，而应更为耐心且充分地估计未来可能面临的困难。在此基础上，中国需要尽量在审慎节制与积极有为之间保持适度的平衡。一方面，清醒地认识到自身国力的限度与边界，注意量力而行和循序渐进，不刻意追求改变特定地区的传统力量格局或削弱特定大国的传统影响力。另一方面，加强在金融、互联互通、资源能源、投资贸易便利化等领域的合作布局，积极构筑多层次、多渠道的海外利益保护网络，并借助各种双多边机制为沿线节点国家政治危机和重大地区问题（如阿富汗问题）的建设性解决提供“中国方案”。

历史上，中国从未追求或试图追求过丝绸之路的主导权，这是中国所拥有的巨大政治优势和道义优势。未来，“一带一路”建设仍应秉持开放、合作、共赢的精神，发掘中国与域内外不同国家的利益契合点，制定出具有针对性的共赢方略。很显然，仅凭中国一己之力，不可能带动沿线所有国家的共同发展。唯有使各方通过参与“一带一路”建设成为切实的利益相关者和共享者，才能减少相关国家的疑虑，从而避免“一带一路”倡议因难以落地而被逐渐边缘化。

在此意义上，如何与各沿线相关国家建立起有效的政治互信和利益协调机制，是未来中国在新丝绸之路上面临的核心课题。中国不仅需要与沿线中小国家形成不被其国内政治斗争所绑架的长期稳定关系，更要与沿线地区大国达成明确的战略谅解。对俄罗斯而言，“一带一路”不是要损害其在中亚的传统利益，而是要尽可能与其对该地区的秩序安排（如欧亚经济联盟）进行协调，实现中俄在中亚乃至远东的合作。对印度而言，“一带一路”也不是要与其争夺南亚和印度洋事务的主导权，反而是其扩大地区影响力的重要契机。同时，尽管“一带一路”倡议旨在实现中国与沿线国家经济上的优势互补，但应当充分尊重和顾及各国建立相对独立和完整经济体系的正当诉求，尤其是尽量避免固化现有的国际经济分工格局或重新形成新的不平等关系。

与古代丝绸之路相比，新时期的“一带一路”早已超越了欧亚大陆内部合作的范畴，作为全球性大国的美国尽管身处域外却是无法回避的重要相关方。随着中美关系的日益国际化，两国未来势必将围绕“一带一路”开展战略协调。在政治上，“一带一路”倡议既不是要以所谓“西进”对冲美国的“战略东移”，也不是要建立起“中国版门罗主义”，将美国的影响力排除出欧亚大陆。在经济上，“一带一路”倡议并非是要通过所谓“中国版马歇尔计划”抑或组建“中国版经互会”与美国分庭抗礼，更不是要最终建立一个以中国主导取代美国主导、以人民币本位取代美元本位的国际经济新体系。在中美之间的力量对比出现相对消长的大背景下，“一带一路”完全有可能成为两国构筑新型大国关系、开展良性互动、实现合作共赢的新空间。尽管目前中美在亚太地区的战略竞争态势凸显，但未来彼此在维护中亚和中东地区稳定上的合作可能却在上升。2014 年 10 月 12 日，全国人大外事委员会主任傅莹在亚洲协会对话（Asia Society Dialogue）上提出，“现代丝绸之路不是一种封闭性、排他性的安排，我们欢迎包括美国在内的各国参与进来”[2]。这一表态不仅具有象征性，其实质意义也将逐步得到体现。

“雄关漫道真如铁，而今迈步从头越。”在古代丝绸之路衰落数百年之后，中国的“一带一路”战略构想正在重新勾勒亚洲和欧亚合作的新图景。尽管仍然面临着诸多的风险与挑战，却也酝酿着塑造更为合理的国际政治经济新秩序的战略潜力，而本书侧重于政治经济的分析只是对这一重大战略构想极其初步的探讨。

注 释

1. 习近平:《谋求持久发展　共筑亚太梦想——在亚太经合组织工商领导人峰会开幕式上的演讲》(2014 年 11 月 9 日，北京)，载《人民日报》2014 年 11 月 10 日，第 2 版。
2. Fu Ying, "Answering Four Key Questions About China's Rise," *The Huffington Post*, October 12, 2014. http://www.huffingtonpost.com/fu-ying/china-rise-questions_b_6004658.html(Accessed: October 22, 2014).

参考文献

（按拼音首字母排序）

一、官方文献与统计资料

《阿富汗问题伊斯坦布尔进程北京宣言》(2014年10月31日，北京)

《第六轮中美战略与经济对话框架下战略对话具体成果清单》(2014年7月12日，北京)

《关于深化互利共赢的中欧全面战略伙伴关系的联合声明》(2014年3月31日，布鲁塞尔)

《关于新时期深化中巴战略合作伙伴关系的共同展望》(2013年7月5日，北京)

广西壮族自治区人民政府：《广西壮族自治区人民政府关于建设沿边金融综合改革试验区的实施意见》(桂政发〔2014〕3号)，2014年1月8日。

国家发改委：《广西北部湾经济区发展规划》(发改地区〔2008〕144号)，2008年1月16日。

国家发改委：《国家公路网规划(2013年—2030年)》(发改基础〔2013〕980号)，2013年5月24日。

国家发改委：《宁夏内陆开放型经济试验区规划》(发改西部〔2012〕2970号)，2012年9月14日。

国家发改委、外交部、财政部、科技部：《中国参与大湄公河次区域经济合作国家报告》，2011年12月16日。

国家发改委:《西部大开发“十二五”规划》(2012 年 2 月),载《人民日报》2012 年 2 月 23 日,第 10—11 版。

国家发改委:《中长期铁路网规划(2008 年调整)》(发改基础〔2008〕2901 号),2008 年 10 月 31 日。

国家能源局:《天然气发展“十二五”规划》(发改能源〔2012〕3383 号),2012 年 12 月 3 日。

国家统计局:《中国统计年鉴》(2003—2013 年),中国统计出版社 2003—2013 年版。

国家统计局:《中华人民共和国 2011 年国民经济和社会发展统计公报》,载《人民日报》2011 年 2 月 23 日,第 10—11 版。

国家统计局:《中华人民共和国 2012 年国民经济和社会发展统计公报》,载《人民日报》2013 年 2 月 23 日,第 5—6 版。

国家统计局:《中华人民共和国 2013 年国民经济和社会发展统计公报》,载《人民日报》2014 年 2 月 24 日,第 10—11 版。

国家外汇管理局:《2013 年中国国际收支报告》,2014 年 4 月 4 日。

国家外汇管理局:《国家外汇管理局年报》(2011—2012),2012—2013 年。

国土资源部:《中国国土资源公报》(2011—2012),2012—2013 年。

国土资源部:《中国矿产资源报告》(2011—2013),地质出版社 2011—2013 年版。

国务院办公厅:《国务院办公厅关于加强进口的若干意见》(国办发〔2014〕49 号),2014 年 11 月 6 日。

国务院办公厅:《国务院办公厅关于同意建立宁夏内陆开放型经济试验区建设部际联席会议制度的函》(国办函〔2013〕89 号),2013 年 9 月 8 日。

国务院办公厅:《国务院办公厅关于支持外贸稳定增长的若干意见》(国办发〔2014〕19 号),2014 年 5 月 4 日。

国务院:《关于进一步促进广西经济社会发展的若干意见》(国发〔2009〕42 号),2009 年 12 月 7 日。

国务院:《国务院关于化解产能严重过剩矛盾的指导意见》(国发〔2013〕41

号),2013 年 10 月 6 日。

国务院:《国务院关于进一步促进宁夏经济社会发展的若干意见》(国发〔2008〕29 号),2008 年 9 月 7 日。

国务院:《国务院关于落实〈政府工作报告〉重点工作部门分工的意见》(国发〔2014〕15 号),2014 年 3 月 23 日。

国务院:《国务院关于依托黄金水道推动长江经济带发展的指导意见》(国发〔2014〕39 号),2014 年 9 月 25 日。

国务院:《国务院关于印发能源发展“十二五”规划的通知》(国发〔2013〕2 号),2013 年 1 月 1 日。

国务院:《国务院关于支持喀什霍尔果斯经济开发区建设的若干意见》(国发〔2011〕33 号),2011 年 9 月 30 日。

国务院:《国务院关于中西部地区承接产业转移的指导意见》(国发〔2010〕28 号),2010 年 8 月 31 日。

国务院:《全国主体功能区规划》(国发〔2010〕46 号),2010 年 12 月 21 日。

国务院人口普查办公室、国家统计局人口和就业统计司编:《中国 2010 年人口普查资料》(上册),中国统计出版社 2012 年版。

国务院新闻办公室:《新疆的发展与进步》白皮书(2009 年 9 月 21 日),载《人民日报》2009 年 9 月 22 日,第 18—19 版。

国务院新闻办公室:《中国的对外贸易》白皮书(2011 年 12 月 7 日),载《人民日报》2011 年 12 月 8 日,第 14—15 版。

国务院新闻办公室:《中国的能源政策(2012)》白皮书(2012 年 10 月 24 日),载《人民日报》2012 年 10 月 25 日,第 14 版。

胡锦涛:《促进中东和平　建设和谐世界——在沙特阿拉伯王国协商会议的演讲》(2006 年 4 月 23 日,利雅得),载《人民日报》2006 年 4 月 24 日,第 1 版。

胡锦涛:《坚定不移沿着中国特色社会主义道路前进　为全面建成小康社会而奋斗——在中国共产党第十八次全国代表大会上的报告》(2012 年 11 月 8 日,北京),载《人民日报》2012 年 11 月 18 日,第 3 版。

胡锦涛:《维护持久和平　促进共同繁荣——在上海合作组织成员国元首理事会第十二次会议上的讲话》(2012 年 6 月 7 日,北京),载《人民日报》2012 年 6 月 8 日,第 2 版。

胡锦涛:《携手应对国际金融危机　共同创造和谐美好未来——在上海合作组织成员国元首理事会第九次会议上的讲话》(2009 年 6 月 16 日,叶卡捷琳堡),载《人民日报》2009 年 6 月 17 日,第 2 版。

《纪念中国—东盟建立战略伙伴关系 10 周年联合声明》(2013 年 10 月 9 日,文莱斯里巴加湾市)

《加强互联互通伙伴关系对话会联合新闻公报》(2014 年 11 月 8 日,北京)

《柬埔寨王国政府、中华人民共和国政府、老挝人民民主共和国政府、缅甸联邦政府、泰王国政府和越南社会主义共和国政府便利货物及人员跨境运输协定》第十七条修正案(2004 年 4 月 30 日,金边)

《建立中德全方位战略伙伴关系的联合声明》(2014 年 3 月 28 日,柏林)

《老挝人民民主共和国政府、泰王国政府和越南社会主义共和国政府便利货物及人员跨境运输协定》(1999 年 11 月 26 日,万象)

《老挝人民民主共和国政府、泰王国政府和越南社会主义共和国政府便利货物及人员跨境运输协定》修正案(2001 年 11 月 29 日,仰光)

李克强:《共同开创亚洲发展新未来——在博鳌亚洲论坛 2014 年年会开幕式上的演讲》(2014 年 4 月 10 日,海南博鳌),载《人民日报》2014 年 4 月 11 日,第 2 版。

李克强:《关于深化经济体制改革的若干问题》,载《求是》2014 年第 9 期,第 3—10 页。

李克强:《努力建设和平合作和谐之海——在中希海洋合作论坛上的讲话》(2014 年 6 月 20 日,雅典),载《人民日报》2014 年 6 月 21 日,第 3 版。

李克强:《让互利共赢之路越走越宽广——在第三届中国—中东欧国家经贸论坛上的致辞》(2013 年 11 月 26 日,布加勒斯特),载《人民日报》2013 年 11 月 28 日,第 3 版。

李克强:《让全天候友谊结出新硕果——在巴基斯坦参议院的演讲》(2013 年 5 月 23 日,伊斯兰堡),载《人民日报》2013 年 5 月 24 日,第 3 版。

李克强:《深化内陆开放开发　促进亚欧合作发展——在首届中国—亚欧经济发展合作论坛上的致辞》(2011 年 9 月 1 日,乌鲁木齐),载《人民日报》2011 年 9 月 3 日,第 2 版。

李克强:《树立互利共赢的新标杆——在中欧论坛汉堡峰会第六届会议上的主旨演讲》(2014 年 10 月 11 日,汉堡),载《人民日报》2014 年 10 月 12 日,第 2 版。

李克强:《推动中国—东盟长期友好互利合作战略伙伴关系迈上新台阶——在第十届中国—东盟博览会和中国—东盟商务与投资峰会上的致辞》(2013 年 9 月 3 日,广西南宁),载《人民日报》2013 年 9 月 4 日,第 3 版。

李克强:《携手促进阿富汗及地区的安全与繁荣——在阿富汗问题伊斯坦布尔进程第四次外长会开幕式上的讲话》(2014 年 10 月 31 日,北京),载《人民日报》2014 年 11 月 1 日,第 2 版。

李克强:《携手壮大新兴市场　促进全球共同发展——在 2012 中国(宁夏)国际投资贸易洽谈会暨第三届中阿经贸论坛开幕式上的演讲》(2012 年 9 月 12 日,银川),载《人民日报》2012 年 9 月 13 日,第 3 版。

李克强:《在第 16 次中国—东盟(10+1)领导人会议上的讲话》(2013 年 10 月 9 日,文莱斯里巴加湾市),载《人民日报》2013 年 10 月 10 日,第 2 版。

李克强:《在第九届东亚峰会上的发言》(2014 年 11 月 13 日,缅甸内比都),载《人民日报》2014 年 11 月 14 日,第 2 版。

李克强:《在第十届亚欧首脑会议第一次全会上的发言》(2014 年 10 月 16 日,米兰),载《人民日报》2014 年 10 月 17 日,第 2 版。

李克强:《在第十七次中国—东盟(10+1)领导人会议上的讲话》(2014 年 11 月 13 日,缅甸内比都),载《人民日报》2014 年 11 月 14 日,第 3 版。

李克强:《在上海合作组织成员国总理第十二次会议上的讲话》(2013 年

11月29日，塔什干)，载《人民日报》2013年11月30日，第2版。

李克强：《在中国—中东欧国家领导人会晤时的讲话》(2013年11月26日，罗马尼亚布加勒斯特)，载《人民日报》2013年11月27日，第3版。

李克强：《政府工作报告——在二〇一四年三月五日在第十二届全国人民代表大会第二次会议上》，载《人民日报》2014年3月15日，第1—3版。

宁夏自治区人民政府：《自治区人民政府关于进一步加快清真食品和穆斯林用品产业发展的意见》(宁政发〔2011〕112号)，2011年8月23日。

商务部、国家统计局、国家外汇管理局：《2011年度中国对外直接投资统计公报》，中国统计出版社2012年版。

商务部、国家统计局、国家外汇管理局：《2012年度中国对外直接投资统计公报》，中国统计出版社2013年版。

商务部新闻办公室：《十六大以来商务工作综述》《2013年商务工作年终述评》。

《上海合作组织阿富汗问题特别会议宣言》《上海合作组织成员国和阿富汗伊斯兰共和国打击恐怖主义、毒品走私和有组织犯罪行动计划》《上海合作组织成员国和阿富汗伊斯兰共和国关于打击恐怖主义、毒品走私和有组织犯罪的声明》(2009年3月27日，莫斯科)

《上海合作组织成员国长期睦邻友好合作条约》(2007年8月16日，比什凯克)

《上海合作组织成员国关于世界和上合组织地区经济形势的联合声明》《上海合作组织成员国政府首脑(总理)理事会会议联合公报》(2011年11月7日，圣彼得堡)

《上海合作组织成员国元首比什凯克宣言》《上海合作组织成员国元首理事会会议新闻公报》(2013年9月13日，比什凯克)

《上海合作组织成员国元首杜尚别宣言》(2014年9月12日，杜尚别)

《上海合作组织成员国元首关于构建持久和平、共同繁荣地区的宣言》《上海合作组织成员国元首理事会会议新闻公报》(2012年6月7日，北京)

《上海合作组织成员国元首理事会会议新闻公报》(2014 年 9 月 11—12 日,杜尚别)

《上海合作组织成员国元首叶卡捷琳堡宣言》(2009 年 6 月 16 日,叶卡捷琳堡)

《上海合作组织成员国政府首脑(总理)关于进一步开展交通领域合作的联合声明》《上海合作组织成员国政府首脑(总理)理事会第十二次会议联合公报》(2013 年 11 月 29 日,塔什干)

《上海合作组织第二次财长和央行行长会议联合声明》(2012 年 5 月 17 日,北京)

《上海合作组织十周年阿斯塔纳宣言》《上海合作组织十周年成员国元首理事会会议新闻公报》(2011 年 6 月 15 日,阿斯塔纳)

铁道部:《铁路"十二五"发展规划》(铁计〔2011〕80 号),2011 年 7 月 1 日。

汪洋:《传承丝路精神　促进共同繁荣——在 2013 欧亚经济论坛上的主旨演讲》(2013 年 9 月 26 日,西安),载《西安日报》2013 年 9 月 27 日,第 1 版。

温家宝:《巩固传统友谊　促进共同发展——在中国—中东欧国家经贸论坛上的致辞》(2011 年 6 月 25 日,布达佩斯),载《人民日报》2011 年 6 月 26 日,第 3 版。

温家宝:《共创中阿合作的美好未来——在中阿合作论坛第四届企业家大会暨投资研讨会开幕式上的讲话》(2012 年 1 月 18 日,阿联酋沙迦),载《人民日报》2012 年 1 月 19 日,第 3 版。

温家宝:《齐心协力　共创未来——在第二届中国—中东欧国家经贸论坛上的致辞》(2012 年 4 月 26 日,华沙),载《人民日报》2012 年 4 月 27 日,第 2 版。

温家宝:《全面提高中国西部地区开发开放水平——在第十届中国西部国际博览会暨第二届中国西部国际合作论坛上的致辞》(2009 年 10 月 16 日),载《人民日报》2009 年 10 月 17 日,第 2 版。

温家宝:《再创丝绸之路新辉煌——在第二届中国—亚欧博览会开幕式暨

中国—亚欧经济发展合作论坛上的演讲》(2012 年 9 月 2 日,乌鲁木齐),载《人民日报》2012 年 9 月 3 日,第 2 版。

温家宝:《在第十三次中国与东盟领导人会议上的讲话》(2010 年 10 月 29 日,越南河内),载《人民日报》2010 年 10 月 30 日,第 3 版。

温家宝:《在第十四次中国—东盟领导人会议暨中国—东盟建立对话关系 20 周年纪念峰会上的讲话》(2011 年 11 月 18 日,印尼巴厘岛),载《人民日报》2011 年 11 月 19 日,第 2 版。

吴邦国:《共享西部开发开放机遇　开创互利共赢美好明天——在第五届中国西部国际合作论坛上的演讲》(2012 年 9 月 26 日,成都),载《人民日报》2012 年 9 月 27 日,第 2 版。

吴邦国:《弘扬睦邻友好　实现共同发展——在乌兹别克斯坦最高会议立法院的演讲》(2011 年 9 月 22 日,塔什干),载《人民日报》2011 年 9 月 24 日,第 2 版。

习近平:《策马奔向中蒙关系更好的明天》,载《人民日报》2014 年 8 月 22 日,第 2 版。

习近平:《发展中沙友好推动互利合作——在中沙经贸研讨会上的讲话》(2008 年 6 月 23 日,利雅得),载《经济日报》2008 年 6 月 24 日,第 4 版。

习近平:《弘扬和平共处五项原则　建设合作共赢美好世界——在和平共处五项原则发表 60 周年纪念大会上的讲话》(2014 年 6 月 28 日,北京),载《人民日报》2014 年 6 月 29 日,第 2 版。

习近平:《弘扬人民友谊　共创美好未来——在纳扎尔巴耶夫大学的演讲》(2013 年 9 月 7 日,阿斯塔纳),载《人民日报》2013 年 9 月 8 日,第 3 版。

习近平:《弘扬"上海精神"　促进共同发展——在上海合作组织成员国元首理事会第十三次会议上的讲话》(2013 年 9 月 13 日,比什凯克),载《人民日报》2013 年 9 月 14 日,第 2 版。

习近平:《弘扬丝路精神　深化中阿合作——在中阿合作论坛第六届部长

级会议开幕式上的讲话》(2014 年 6 月 5 日,北京),载《人民日报》2014 年 6 月 6 日,第 2 版。

习近平:《积极树立亚洲安全观　共创安全合作新局面——在亚洲相互协作与信任措施会议第四次峰会上的讲话》(2014 年 5 月 21 日,上海),载《人民日报》2014 年 5 月 22 日,第 2 版。

习近平:《联通引领发展　伙伴聚焦合作——在“加强互联互通伙伴关系”东道主伙伴对话会上的讲话》(2014 年 11 月 8 日,北京),载《人民日报》2014 年 11 月 9 日,第 2 版。

习近平:《谋求持久发展　共筑亚太梦想——在亚太经合组织工商领导人峰会开幕式上的演讲》(2014 年 11 月 9 日,北京),载《人民日报》2014 年 11 月 10 日,第 2 版。

习近平:《凝心聚力　精诚协作　推动上海合作组织再上新台阶——在上海合作组织成员国元首理事会第十四次会议上的讲话》(2014 年 9 月 12 日,杜尚别),载《人民日报》2014 年 9 月 13 日,第 3 版。

习近平:《努力构建中美新型大国关系——在第六轮中美战略与经济对话和第五轮中美人文交流高层磋商联合开幕式上的致辞》(2014 年 7 月 9 日,北京),载《人民日报》2014 年 7 月 10 日,第 2 版。

习近平:《携手建设中国—东盟命运共同体——在印度尼西亚国会的演讲》(2013 年 10 月 3 日,雅加达),载《人民日报》2013 年 10 月 4 日,第 2 版。

习近平:《携手追寻民族复兴之梦——在印度世界事务委员会的演讲》(2014 年 9 月 18 日,新德里),载《人民日报》2014 年 9 月 19 日,第 3 版。

习近平:《在布鲁日欧洲学院的演讲》(2014 年 4 月 1 日,布鲁日),载《人民日报》2014 年 4 月 2 日,第 2 版。

习近平:《在中国国际友好大会暨中国人民对外友好协会成立 60 周年纪念活动上的讲话》(2014 年 5 月 15 日,北京),载《人民日报》2014 年 5 月 16 日,第 2 版。

新疆维吾尔自治区人民政府办公厅:《新疆维吾尔自治区人民政府办公厅

关于印发新疆维吾尔自治区公路建设第十一个五年规划的通知》(新政办发〔2006〕186号),2006年11月7日。

新疆维吾尔自治区统计局:《新疆统计年鉴》(2012—2013年),中国统计出版社2012—2013年版。

《新时期深化中越全面战略合作的联合声明》(2013年10月15日,河内)

《亚太经合组织互联互通蓝图(2015—2025)》(2014年11月11日,北京)

张高丽:《携手共建21世纪海上丝绸之路　共创中国—东盟友好合作美好未来——在第十一届中国—东盟博览会和中国—东盟商务与投资峰会上的致辞》(2014年9月16日,广西南宁),载《人民日报》2014年9月17日,第4版。

《中德合作行动纲要:共塑创新》(2014年10月10日,柏林)

《中俄总理第十九次定期会晤联合公报》(2014年10月13日,莫斯科)

中共中央、国务院:《国家新型城镇化规划(2014—2020年)》,载《人民日报》2014年3月17日,第9—11版。

中共中央、国务院:《中共中央国务院关于深入实施西部大开发战略的若干意见》(中发〔2010〕11号),2010年6月29日。

《中国—阿拉伯国家合作论坛第六届部长级会议北京宣言》(2014年6月5日,北京)

《中国—阿拉伯国家合作论坛第三届部长级会议公报》(2008年5月20日,麦纳麦)

《中国—阿拉伯国家合作论坛关于中阿双方建立战略合作关系的天津宣言》(发布于2010年5月14日,天津)

中国共产党中央委员会:《中共中央关于全面深化改革若干重大问题的决定》(2013年11月12日中国共产党十八届中央委员会第三次全体会议通过),载《人民日报》2013年11月16日,第1—3版。

中国国家禁毒委员会办公室:《中国禁毒报告》(2012—2013年),2013—2014年。

中国人民银行等:《关于金融支持喀什霍尔果斯经济开发区建设的意见》

(银发〔2012〕239号),2012年9月28日。

中国人民银行等:《关于扩大跨境贸易人民币结算试点有关问题的通知》(银发〔2010〕186号),2010年6月17日。

中国人民银行等:《跨境贸易人民币结算试点管理办法》(〔2009〕第10号),2009年7月1日。

中国人民银行等:《云南省广西壮族自治区建设沿边金融综合改革试验区总体方案》(银发〔2013〕276号),2013年11月20日。

中国人民银行:《货币政策执行报告》,2009年第1季度至2014年第3季度。

中国人民银行:《跨境贸易人民币结算试点管理办法实施细则》(银发〔2009〕212号),2009年7月3日。

《中国人民银行与俄罗斯联邦中央银行关于边境地区贸易的银行结算协定》(2002年8月22日,上海)

《中国人民银行与哈萨克斯坦国家银行关于边境地区贸易银行结算协议》(2005年12月14日,北京)

中国人民银行:《中国区域金融运行报告》,2006—2013年。

中国商务年鉴编辑委员会:《中国商务年鉴》(2011—2012年),中国商务出版社2011年、2012年版。

《中国与中东欧国家领导人会晤新闻公报》(2012年4月26日,华沙)

《中国—中东欧国家合作布加勒斯特纲要》(2013年11月26日,布加勒斯特)

《中国—中东欧国家经贸促进部长级会议共同文件》(2014年6月8日,浙江宁波)

《中华人民共和国、俄罗斯联邦和哈萨克斯坦共和国关于确定三国国界交界点的协定》(1999年5月5日签订于阿拉木图并于2000年1月15日生效)

《中华人民共和国国家发展和改革委员会与伊朗伊斯兰共和国石油部合作谅解备忘录》(2004年10月28日,北京)

《中华人民共和国和阿富汗伊斯兰共和国睦邻友好合作条约》《中华人民

共和国政府和阿富汗伊斯兰共和国政府贸易和经济合作协定》(2006年6月19日,北京)

《中华人民共和国和阿拉伯联合酋长国关于建立战略伙伴关系的联合声明》(2012年1月17日,迪拜)

《中华人民共和国和巴基斯坦伊斯兰共和国关于深化两国全面战略合作的联合声明》(2013年5月23日,伊斯兰堡)

《中华人民共和国和巴基斯坦伊斯兰共和国关于深化中巴战略与经济合作的联合声明》(2014年2月19日,北京)

《中华人民共和国和巴基斯坦伊斯兰共和国联合声明》(2011年5月20日,北京)

《中华人民共和国和保加利亚共和国建立全面友好合作伙伴关系的联合公报》(2014年1月13日,北京)

《中华人民共和国和比利时王国关于深化全方位友好合作伙伴关系的联合声明》(2014年3月31日,布鲁塞尔)

《中华人民共和国和东帝汶民主共和国关于建立睦邻友好、互信互利的全面合作伙伴关系联合声明》(2014年4月14日,北京)

《中华人民共和国和俄罗斯联邦关于打击恐怖主义、分裂主义和极端主义的合作协定》《中华人民共和国和俄罗斯联邦关于全面深化战略协作伙伴关系的联合声明》(2010年9月27日,北京)

《中华人民共和国和俄罗斯联邦关于当前国际形势和重大国际问题的联合声明》(2011年6月16日,莫斯科)

《中华人民共和国和俄罗斯联邦关于合作共赢、深化全面战略协作伙伴关系的联合声明》(2013年3月22日,莫斯科)

《中华人民共和国和俄罗斯联邦关于进一步深化平等信任的中俄全面战略协作伙伴关系的联合声明》(2012年6月5日,北京)

《中华人民共和国和法兰西共和国联合声明——开创紧密持久的中法全面战略伙伴关系新时代》《中法关系中长期规划》(2014年3月26日,巴黎)

《中华人民共和国和哈萨克斯坦共和国关于发展全面战略伙伴关系的联合声明》(2011 年 6 月 13 日,阿斯塔纳)

《中华人民共和国和哈萨克斯坦共和国关于建立和发展战略伙伴关系的联合声明》《中华人民共和国政府和哈萨克斯坦共和国政府关于霍尔果斯国际边境合作中心活动管理的协定》(2005 年 7 月 4 日,北京)

《中华人民共和国和哈萨克斯坦共和国关于进一步深化全面战略伙伴关系的联合宣言》(2013 年 9 月 7 日,阿斯塔纳)

《中华人民共和国和哈萨克斯坦共和国、吉尔吉斯共和国、俄罗斯联邦、塔吉克斯坦共和国关于在边境地区加强军事领域信任的协定》(1996 年 4 月 26 日签订于上海并于 1998 年 5 月 7 日生效)

《中华人民共和国和哈萨克斯坦共和国、吉尔吉斯共和国、俄罗斯联邦、塔吉克斯坦共和国关于在边境地区相互裁减军事力量的协定》(1997 年 4 月 24 日签订于莫斯科并于 1999 年 8 月 6 日生效)

《中华人民共和国和哈萨克斯坦共和国联合宣言》(2014 年 5 月 19 日,上海)

《中华人民共和国和哈萨克斯坦共和国睦邻友好合作条约》《中华人民共和国和哈萨克斯坦共和国关于打击恐怖主义、分裂主义和极端主义的合作协定》(2002 年 12 月 23 日,北京)

《中华人民共和国和海湾阿拉伯国家合作委员会第三轮战略对话新闻公报》(2014 年 1 月 17 日,北京)

《中华人民共和国和吉尔吉斯共和国关于建立战略伙伴关系的联合宣言》(2013 年 9 月 11 日,比什凯克)

《中华人民共和国和吉尔吉斯共和国关于进一步深化战略伙伴关系的联合宣言》(2014 年 5 月 18 日,上海)

《中华人民共和国和吉尔吉斯共和国联合宣言》(2012 年 6 月 5 日,北京)

《中华人民共和国和柬埔寨王国联合声明》(2012 年 4 月 2 日,金边)

《中华人民共和国和卡塔尔国关于建立战略伙伴关系的联合声明》(2014 年 11 月 3 日,北京)

《中华人民共和国和老挝人民民主共和国联合声明》(2013 年 9 月 30 日,北京)

《中华人民共和国和老挝人民民主共和国联合新闻公报》(2014 年 4 月 11 日,北京)

《中华人民共和国和马尔代夫共和国联合新闻公报》(2014 年 9 月 15 日,马累)

《中华人民共和国和马来西亚建立外交关系四十周年联合公报》(2014 年 5 月 31 日,北京)

《中华人民共和国和马来西亚联合新闻稿》(2013 年 10 月 5 日,吉隆坡)

《中华人民共和国和蒙古国关于建立和发展全面战略伙伴关系的联合宣言》《中蒙签署的合作文件》(2014 年 8 月 21 日,乌兰巴托)

《中华人民共和国和沙特阿拉伯王国联合公报》(2014 年 3 月 16 日,北京)

《中华人民共和国和沙特阿拉伯王国联合声明》(2012 年 1 月 15 日,利雅得)

《中华人民共和国和斯里兰卡民主社会主义共和国关于深化战略合作伙伴关系的行动计划》(2014 年 9 月 16 日,科伦坡)

《中华人民共和国和塔吉克斯坦共和国关于建立战略伙伴关系的联合宣言》(2013 年 5 月 20 日,北京)

《中华人民共和国和塔吉克斯坦共和国关于进一步发展和深化战略伙伴关系的联合宣言》(2014 年 9 月 13 日,杜尚别)

《中华人民共和国和塔吉克斯坦共和国关于进一步发展睦邻友好合作关系的联合声明》(2008 年 8 月 27 日,杜尚别)

《中华人民共和国和塔吉克斯坦共和国联合宣言》(2012 年 6 月 5 日,北京)

《中华人民共和国和泰王国关于建立全面战略合作伙伴关系的联合声明》(2012 年 4 月 19 日,北京)

《中华人民共和国和土库曼斯坦关于发展和深化战略伙伴关系的联合宣言》(2014 年 5 月 20 日,北京)

《中华人民共和国和土库曼斯坦关于建立战略伙伴关系的联合宣言》(2013 年 9 月 3 日,阿什哈巴德)

《中华人民共和国和土库曼斯坦关于进一步巩固和发展友好合作关系的联合声明》(2007 年 7 月 18 日,北京)

《中华人民共和国和土库曼斯坦关于全面深化中土友好合作关系的联合声明》(2011年11月23日,北京)

《中华人民共和国和乌克兰关于建立和发展战略伙伴关系的联合声明》(2011年6月20日,基辅)

《中华人民共和国和乌克兰关于进一步深化战略伙伴关系的联合声明》(2013年12月5日,北京)

《中华人民共和国和乌兹别克斯坦共和国关于打击恐怖主义、分裂主义和极端主义的合作协定》(2003年9月4日,塔什干)

《中华人民共和国和乌兹别克斯坦共和国关于建立战略伙伴关系的联合宣言》(2012年6月6日,北京)

《中华人民共和国和乌兹别克斯坦共和国关于进一步发展和深化战略伙伴关系的联合宣言》(2013年9月9日,塔什干)

《中华人民共和国和乌兹别克斯坦共和国关于全面深化和发展两国友好合作伙伴关系的联合声明》(2010年6月9日,塔什干)

《中华人民共和国和乌兹别克斯坦共和国联合声明》(2011年4月19日,北京)

《中华人民共和国和乌兹别克斯坦共和国联合宣言》(2014年8月19日)

《中华人民共和国和希腊共和国关于深化全面战略伙伴关系的联合声明》(2014年6月20日,雅典)

《中华人民共和国和印度共和国关于构建更加紧密的发展伙伴关系的联合声明》(2014年9月19日,新德里)

《中华人民共和国和印度共和国联合声明》(2013年5月20日,新德里)

《中华人民共和国、塔吉克斯坦共和国和阿富汗伊斯兰共和国关于确定三国国界交界点的协定(中文本)》(2012年6月5日签订于北京并于2012年10月26日经十一届全国人大常委会批准)

《中华人民共和国与阿富汗伊斯兰共和国关于建立战略合作伙伴关系的联合宣言》(2012年6月8日,北京)

《中华人民共和国与阿富汗伊斯兰共和国关于深化战略合作伙伴关系的

联合声明》(2013年9月27日,北京)

《中华人民共和国与阿富汗伊斯兰共和国关于深化战略合作伙伴关系的联合声明》(2014年10月28日,北京)

《中华人民共和国与阿富汗伊斯兰共和国联合声明》(2006年6月20日,北京)

《中华人民共和国与阿富汗伊斯兰共和国联合声明》(2013年3月25日,北京)

《中华人民共和国与俄罗斯联邦关于全面战略协作伙伴关系新阶段的联合声明》(2014年5月20日,上海)

《中华人民共和国与孟加拉人民共和国联合声明》(2010年3月19日,北京)

《中华人民共和国与沙特阿拉伯王国关于加强合作与战略性友好关系的联合声明》《中华人民共和国政府和沙特阿拉伯王国政府关于加强基础设施建设领域合作的协定》(2008年6月21日,沙特阿拉伯王国吉达市)

《中华人民共和国与斯里兰卡民主社会主义共和国联合公报》(2013年5月30日,北京)

《中华人民共和国与伊朗伊斯兰共和国原油贸易长期协议》(2002年3月17日,德黑兰)

《中华人民共和国政府、哈萨克斯坦共和国政府、吉尔吉斯共和国政府、巴基斯坦伊斯兰共和国政府过境运输协定》(1995年3月9日签订于伊斯兰堡并于1996年1月18日生效)

《中华人民共和国政府和巴基斯坦伊斯兰共和国政府关于打击恐怖主义、分裂主义和极端主义的合作协定》(2005年4月5日,伊斯兰堡)

《中华人民共和国政府和巴基斯坦伊斯兰共和国政府关于扩大和深化双边经济贸易合作的框架协定》(2006年2月20日,北京)

《中华人民共和国政府和俄罗斯联邦政府关于共同开展能源领域合作的协定》(1996年4月25日,北京)

《中华人民共和国政府和俄罗斯联邦政府关于石油领域合作的协议》

（2009 年 4 月 21 日，北京）

《中华人民共和国政府和哈萨克斯坦共和国政府关于建立“霍尔果斯国际边境合作中心”的框架协议》（2004 年 9 月 24 日，伊宁）

《中华人民共和国政府和哈萨克斯坦共和国政府关于利用连云港装卸和运输哈萨克斯坦过境货物的协定》（1995 年 9 月 11 日签订于北京并于同日生效）

《中华人民共和国政府和哈萨克斯坦共和国政府关于在石油天然气领域合作的协议》（1997 年 9 月 24 日，阿拉木图）

《中华人民共和国政府和哈萨克斯坦共和国政府关于中哈边境口岸及其管理制度的协定》《中华人民共和国和哈萨克斯坦共和国联合宣言》（2012 年 6 月 6 日，北京）

《中华人民共和国政府和吉尔吉斯共和国政府联合公报》（2009 年 10 月 15 日，北京）

《中华人民共和国政府和罗马尼亚政府关于新形势下深化双边合作的联合声明》（2013 年 11 月 25 日，布加勒斯特）

《中华人民共和国政府和沙特阿拉伯王国政府关于石油、天然气、矿产领域开展合作的议定书》（2006 年 1 月 23 日，北京）

《中华人民共和国政府和沙特阿拉伯王国政府关于石油、天然气、矿产领域开展合作的议定书的补充谅解备忘录》（2009 年 2 月 9 日，利雅得）

《中华人民共和国政府和塔吉克斯坦共和国政府关于中塔边境口岸及其管理制度的协定》《中华人民共和国和塔吉克斯坦共和国关于打击恐怖主义、分裂主义和极端主义的合作协定》（2003 年 9 月 2 日，杜尚别）

《中华人民共和国政府和土库曼斯坦政府关于实施中土天然气管道项目和土库曼斯坦向中国出售天然气的总协议》《中华人民共和国和土库曼斯坦关于打击恐怖主义、分裂主义和极端主义的合作协定》《中华人民共和国和土库曼斯坦联合声明》（2006 年 4 月 3 日，北京）

《中华人民共和国政府和土库曼斯坦政府关于中国向土库曼斯坦提供优惠贷款的框架协议》（2003 年 2 月 18 日，阿什哈巴德）

《中华人民共和国政府和乌克兰政府关于发展基础设施建设领域合作协定》(2009年10月26日,基辅)

《中华人民共和国政府和匈牙利政府关于在新形势下深化双边合作的联合声明》(2014年2月13日,北京)

《中华人民共和国政府和印度共和国政府关于解决中印边界问题政治指导原则的协定》(2005年4月11日,新德里)

《中华人民共和国政府和印度尼西亚共和国政府关于加强基础设施建设和自然资源开发领域合作谅解备忘录》《中华人民共和国政府与印度尼西亚共和国政府海上合作谅解备忘录》《中华人民共和国与印度尼西亚共和国关于建立战略伙伴关系的联合宣言》(2005年4月25日,雅加达)

《中华人民共和国政府和印度尼西亚共和国政府关于进一步加强战略伙伴关系的联合公报》(2011年4月29日,雅加达)

《中华人民共和国政府和越南社会主义共和国政府关于开展"两廊一圈"合作的谅解备忘录》《中华人民共和国政府和越南社会主义共和国政府关于扩大和深化双边经济贸易合作的协定》(2006年11月16日,河内)

《中华人民共和国政府与哈萨克斯坦共和国政府关于能源和贷款领域一揽子合作的备忘录》(2009年4月16日,北京)

《中华人民共和国政府与缅甸联邦政府关于中缅油气管道项目的合作协议》(2009年3月26日,内比都)

《中华人民共和国政府与乌兹别克斯坦共和国政府关于扩大油气领域合作的框架协议》(2007年6月27日,塔什干)

《中美在亚洲相关领域合作项目清单》(2014年1月22日,北京)

《中欧合作2020战略规划》(2013年11月21日,北京)

《中泰关系发展远景规划》(2013年10月11日,曼谷)

《中印战略合作伙伴关系未来发展愿景的联合声明》(2013年10月23日,北京)

Abu Dhabi Investment Authority. *ADIA Review* 2010—2012.

Asian Development Bank. *Asian Development Outlook 2014*. Manila, Philippines: Asian Development Bank, 2014.

Asian Development Bank. *Asian Infrastructure Financing Initiative*. Manila, Philippines: Asian Development Bank, 2008.

Asian Development Bank. *CAREC Transport and Trade Facilitation Strategy 2020*. Manila, Philippines: Asian Development Bank, 2014.

Bank for International Settlements. *Triennial Central Bank Survey 2013*, September 2013.

BP. *BP Energy Outlook 2030*, January 2012.

BP. *BP Statistical Review of World Energy*, 2010—2014.

BP. *60 Years BP Statistical Review of World Energy(1951—2011)*, 2013.

OPEC. *OPEC Annual Statistical Bulletin* 2012—2013.

Saudi Arabian Monetary Agency. 48th *Annual Report*, August 2012.

Saudi Arabian Monetary Agency. 49th *Annual Report*, July 2013.

Saudi Customs. *Annual Report* 2009—2013.

United Nations Assistance Mission in Afghanistan. *Afghanistan Annual Report 2013: Protection of Civilians in Armed Conflict*, Kabul, February 2014.

United Nations Assistance Mission in Afghanistan. *Afghanistan Annual Report 2014: Protection of Civilians in Armed Conflict*, Kabul, July 2014.

United Nations Office on Drugs and Crime. *Afghanistan Opium Survey 2013*, November 2013.

United Nations Office on Drugs and Crime. *South-East Asia Opium Survey*, 2010—2012.

United Nations Office on Drugs and Crime. *The Global Afghan Opium Trade: A Threat Assessment 2011*, July 2011.

United Nations Office on Drugs and Crime. *World Drug Report 2010—2014*.

World Bank. *Purchasing Power Parties and Real Expenditures of World Economies*, March 30, 2014.

二、中文著作

安惠侯:《丝路新韵:新中国和阿拉伯国家50年外交历程》,世界知识出版社2006年版。

白寿彝:《中国伊斯兰史存稿》,宁夏人民出版社1983年版。

才吾加甫:《新疆古代佛教研究》,社会科学文献出版社2011年版。

查道炯:《中国石油安全的国际政治经济学分析》,当代世界出版社2005年版。

晁中辰:《明代海禁与海外贸易》,人民出版社2005年版。

陈东林:《三线建设——备战时期的西部开发》,中共中央党校出版社2003年版。

陈高华、陈尚胜:《中国海外交通史》,台湾文津出版社1997年版。

陈高华:《海上丝绸之路》,海洋出版社1991年版。

陈高华、吴泰:《宋元时期的海外贸易》,天津人民出版社1984年版。

陈慧生:《中国新疆地区伊斯兰教史》,新疆人民出版社2000年版。

陈炎:《海上丝绸之路与中外文化交流》,北京大学出版社2002年版。

陈元:《政府与市场之间——开发性金融的中国探索》,中信出版社2012年版。

陈垣:《陈垣史学论著选》,上海人民出版社1981年版。

戴春宁:《中国对外投资项目案例分析:中国进出口银行海外投资项目精选》,清华大学出版社2009年版。

邓廷良:《丝路文化》西南卷,浙江人民出版社1995年版。

丁笃本:《中亚通史》现代卷,人民出版社2010年版。

段渝:《南方丝绸之路研究论集》,巴蜀书社2008年版。

范若兰:《伊斯兰教与东南亚现代化进程》,中国社会科学出版社2009年版。

方光华、任保平:《丝绸之路经济带:发展选择与陕西对策论文集》,中国经济出版社 2014 年版。

方豪:《中西交通史》,岳麓书社 1987 年版。

冯承钧:《西域南海史地考证译丛》,中华书局 1958 年版。

冯素俊:《中国西部百年口岸霍尔果斯》,新疆人民出版社 2007 年版。

冯先铭:《中国陶瓷》,上海古籍出版社 2001 年版。

高柏等:《高铁与中国 21 世纪大战略》,社会科学文献出版社 2012 年版。

高荣盛:《元代海外贸易研究》,四川人民出版社 1998 年版。

高永久:《西域古代伊斯兰教综论》,民族出版社 2001 年版。

高振刚等:《西部大开发之路:新亚欧大陆桥发展战略》,经济科学出版社 2000 年版。

葛承雍:《唐韵胡音与外来文明》,中华书局 2006 年版。

古丽阿扎提·吐尔逊、阿地方江·阿布来提:《中亚跨国犯罪问题研究》,中央民族大学出版社 2013 年版。

关履权:《宋代广州的海外贸易》,广东人民出版社 1994 年版。

郭新明:《经济互补的金融思考:中国(新疆)与中亚五国经济互补的领域、项目及金融配套支持的选项研究》,新疆人民出版社 2009 年版。

国家开发银行、中国人民大学联合课题组:《开发性金融论纲》,中国人民大学出版社 2006 年版。

韩香:《隋唐长安与中亚文明》,中国社会科学出版社 2006 年版。

何芳川:《中外文化交流史》,国际文化出版公司 2008 年版。

胡孝文、徐波:《永远的"西域":古代中国与世界的互动》,黄山书社 2011 年版。

胡伊:《中国新疆与中亚区域经济贸易》,新疆人民出版社 2006 年版。

黄纯艳:《宋代海外贸易》,社会科学文献出版社 2003 年版。

黄新亚:《丝路文化》沙漠卷,浙江人民出版社 1995 年版。

黄志刚:《丝绸之路货币研究》,新疆人民出版社 2010 年版。

江淳、郭应德:《中阿关系史》,经济日报出版社 2001 年版。

姜伯勤:《敦煌吐鲁番文书与丝绸之路》,文物出版社 1994 年版。

姜英梅:《中东金融体系发展研究:国际政治经济学的视角》,中国社会科学出版社 2011 年版。

蒋新卫:《冷战后中亚地缘政治格局变迁与新疆安全和发展》,社会科学文献出版社 2009 年版。

李范文、余振贵:《西北回民起义研究资料汇编》,宁夏人民出版社 1988 年版。

李桂芳:《中国企业对外直接投资分析报告(2013)》,中国人民大学出版社 2013 年版。

李桂芳:《中央企业对外直接投资报告》(2010—2011),中国经济出版社 2010 年、2011 年版。

李建平、李闽榕、高燕京:《“十一五”期间中国省域经济综合竞争力发展报告》,社会科学文献出版社 2012 年版。

李建平、李闽榕、高燕京:《中国省域经济综合竞争力发展报告 2011—2012》,社会科学文献出版社 2013 年版。

李金明、廖大珂:《中国古代海外贸易史》,广西人民出版社 1995 年版。

李金明:《明代海外贸易史》,中国社会科学出版社 1990 年版。

李进新:《丝绸之路宗教研究》,新疆人民出版社 2010 年版。

李进新:《新疆伊斯兰汗朝史略》,宗教文化出版社 1999 年版。

李明伟:《丝绸之路贸易史》,甘肃人民出版社 1997 年版。

李明伟:《丝绸之路贸易研究》,新疆人民出版社 2010 年版。

李庆新:《滨海之地:南海贸易与中外关系史研究》,中华书局 2010 年版。

李庆新:《明代海外贸易制度》,社会科学文献出版社 2007 年版。

李伟建:《伊斯兰文化与阿拉伯国家对外关系》,时事出版社 2007 年版。

李兴华:《中国伊斯兰教史》,中国社会科学出版社 1998 年版。

李豫新、王海燕:《中国新疆与周边国家区域经济合作发展研究》,新疆人民出版社 2010 年版。

李铮:《国际工程承包与海外投资业务融资》,中国人民大学出版社 2013 年版。

李志辉、黎维彬:《中国开发性金融理论、政策与实践》,中国金融出版社2010年版。

李志辉、黎维彬:《中国开发性金融理论、政策与实践》,中国金融出版社2010年版。

李智:《中央企业国际化报告(2012)》,中国经济出版社2013年版。

李忠杰:《西部大开发与东西联动》,中共中央党校出版社2001年版。

李忠民:《欧亚大陆桥发展报告》,社会科学文献出版社2012年版。

厉声:《中国新疆:多民族区域的历史发展》,新疆人民出版社2009年版。

联合国教科文组织海上丝绸之路综合考察泉州国际学术讨论会组织委员会:《中国与海上丝绸之路》,福建人民出版社1991年版。

联合国教科文组织海上丝绸之路综合考察泉州国际学术讨论会组织委员会:《中国与海上丝绸之路》续集,福建人民出版社1994年版。

林梅村:《汉唐西域与中国文明》,文物出版社1998年版。

林梅村:《丝绸之路十五讲》,北京大学出版社2006年版。

林天蔚:《宋代香药贸易史》,台湾中国文化大学出版部1986年版。

刘以雷:《西部大开发与新疆跨越式发展》,社会科学文献出版社2011年版。

刘迎胜:《察合台汗国史研究》,上海古籍出版社2011年版。

刘迎胜:《海路与陆路:中古时代东西交流研究》,北京大学出版社2011年版。

刘迎胜:《丝路文化》草原卷,浙江人民出版社1995年版。

刘迎胜:《丝路文化》海上卷,浙江人民出版社1995年版。

卢苇:《中外关系史研究》,兰州大学出版社2000年版。

马长寿:《同治年间陕西回民起义历史调查记录》,陕西人民出版社1993年版。

马大正、冯锡时:《中亚五国史纲》,新疆人民出版社2005年版。

马大正:《中国边疆经略史》,中州古籍出版社2000年版。

(明)马欢:《瀛涯胜览校注》,冯承钧校注,中华书局1955年版。

马建春:《大食、西域与中国》,上海古籍出版社 2008 年版。

马通:《丝绸之路上的穆斯林文化》,宁夏人民出版社 2000 年版。

马通:《中国西北伊斯兰教基本特征》,宁夏人民出版社 2000 年版。

梅新育:《中国制造业向何处去》,云南教育出版社 2013 年版。

苗普生、田卫疆:《新疆史纲》,新疆人民出版社 2004 年版。

敏贤麟:《蒙古游牧文明与伊斯兰文明的交汇》,宗教文化出版社 2010 年版。

那颖:《西部地区边境贸易研究》,甘肃人民出版社 2010 年版。

倪国良:《向西开放:中国西北地区与中亚五国关系研究》,甘肃人民出版社 1995 年版。

潘向明:《清代新疆和卓叛乱研究》,中国人民大学出版社 2011 年版。

秦放鸣等:《中国与中亚国家区域经济合作研究》,科学出版社 2010 年版。

秦惠彬:《中国的伊斯兰教》,商务印书馆 1997 年版。

全汉昇:《中国经济史研究.2》,中华书局 2011 年版。

任宗哲等:《丝绸之路经济带发展报告(2014)》,社会科学文献出版社 2014 年版。

上海博物馆:《丝绸之路古国钱币暨丝路文化国际学术研讨会论文集》,上海博物馆 2011 年版。

沈福伟:《丝绸之路:中国与西亚文化交流研究》,新疆人民出版社 2010 年版。

沈福伟:《中国与非洲——中非关系二千年》,中华书局 1990 年。

沈福伟:《中国与西亚非洲文化交流志》,上海人民出版社 1998 年版。

沈福伟:《中西文化交流史》第 2 版,上海人民出版社 2006 年版。

石云涛:《三至六世纪丝绸之路的变迁》,文化艺术出版社 2007 年版。

时延春:《丝路盛开友谊花》,世界知识出版社 2008 年版。

史丹:《中国能源安全的国际环境》,社会科学文献出版社 2013 年版。

司正家:《沿边开放和新疆边境民族地区开放型经济发展研究》,中国经济出版社 2011 年版。

宋岘:《中国阿拉伯文化交流史话》,社会科学文献出版社2011年版。

苏北海:《汉、唐时期我国北方的草原丝路》,新疆美术摄影出版社1994年版。

孙光圻:《中国古代航海史》,海洋出版社2005年版。

孙力、吴宏伟:《中亚国家发展报告(2012)》,社会科学文献出版社2012年版。

孙力、吴宏伟:《中亚国家发展报告(2013)》,社会科学文献出版社2013年版。

田卫疆:《丝绸之路与东察合台汗国史研究》,新疆人民出版社1997年版。

汪涛、冯鹏程、陈建勋:《中国企业欧亚国家投资报告2009—2011》,对外经济贸易大学出版社2011年版。

王炳华:《丝绸之路考古研究》,新疆人民出版社1993年版。

王炳华:《丝绸之路考古研究》,新疆人民出版社2009年版。

王海燕:《经济合作与发展:中亚五国与中国新疆》,新疆人民出版社2003年版。

王介南:《中外文化交流史》,书海出版社2004年版。

王金祥、姚中民:《西部大开发重大问题与重点项目研究》新疆卷、宁夏卷,中国计划出版社2006年版。

王联:《中东政治与社会》,北京大学出版社2009年版。

(清)王韬:《弢园文录外编》,上海书店出版社2002年版。

王小甫等:《古代中外文化交流史》,高等教育出版社2006年版。

王小甫:《唐、吐蕃、大食政治关系史》,北京大学出版社1992年版。

王永兴:《唐代经营西北研究》,兰州大学出版社2010年版。

王有勇:《现代中阿经贸合作研究》,上海外语教育出版社2004年版。

王正伟:《中国—阿拉伯国家经贸论坛理论研讨会文集》第1—2辑,宁夏人民出版社2010年、2011年版。

王治来:《中亚通史》古代卷,新疆人民出版社2007年版。

王治来:《中亚通史》近代卷,人民出版社2010年版。

王仲荦:《敦煌石室地志残卷考释》,上海古籍出版社 1993 年版。

魏良弢:《喀喇汗王朝史稿》,新疆人民出版社 1986 年版。

文云朝等:《中亚地缘政治与新疆开放开发》,地质出版社 2002 年版。

汶江:《古代中国与亚非地区的海上交通》,四川省社会科学院出版社 1989 年版。

巫新华:《驼铃悠悠:中国古代丝绸之路》,四川人民出版社 2004 年版。

吴玉贵:《突厥汗国与隋唐关系史研究》,中国社会科学出版社 1998 年版。

夏鼐:《夏鼐集》,中国社会科学出版社 2008 年版。

向达:《唐代长安与西域文明》,河北教育出版社 2007 年版。

向达:《中西交通史》,上海人民出版社 2008 年版。

谢玉杰等:《伊斯兰思想与回族社会的协调发展》,宁夏人民出版社 2002 年版。

新疆社会科学院考古研究所:《新疆考古三十年》,新疆人民出版社 1983 年版。

新疆维吾尔自治区科技厅:《中国新疆同中亚科技合作二十年(1988—2008)》,新疆人民出版社 2009 年版。

徐以骅等:《宗教与当代国际关系》,上海人民出版社 2012 年版。

徐以骅、邹磊:《宗教与中国对外战略》,上海人民出版社 2014 年版。

许利平:《当代东南亚伊斯兰:发展与挑战》,时事出版社 2008 年版。

薛君度、邢广程:《中国与中亚》,社会科学文献出版社 1999 年版。

杨光:《中东非洲发展报告:解析中东非洲国家的“向东看”现象》,社会科学文献出版社 2011 年版。

杨光:《中东非洲发展报告:中国与中东国家政治经济关系发展》,社会科学文献出版社 2013 年版。

杨桂萍、马晓英:《清真长明——中国伊斯兰教》,宗教文化出版社 2007 年版。

杨建新、卢苇:《丝绸之路》,甘肃人民出版社 1988 年版。

杨启辰:《中国伊斯兰教的历史发展和现状》,宁夏人民出版社 1999 年版。

殷晴:《丝绸之路经济史研究》,兰州大学出版社 2012 年版。

殷晴:《丝绸之路与西域经济:十二世纪前新疆开发史稿》,中华书局 2007 年版。

余太山:《两汉魏晋南北朝与西域关系史研究》,中国社会科学出版社 1995 年版。

余太山:《西域通史·大事记年》,中州古籍出版社 1996 年版。

余振贵、张永庆:《大西北对外开放的新思路》,宁夏人民出版社 1989 年版。

余振贵、张永庆:《中国西北地区开发与向西北开放》,宁夏人民出版社 1992 年版。

余振贵:《中国历代政权与伊斯兰教》,宁夏人民出版社 1996 年版。

岳峰、周玲华:《丝绸之路研究文献书目索引》,新疆人民出版社 1994 年版。

曾培炎:《西部大开发决策回顾》,中共党史出版社 2010 年版。

曾问吾:《中国经营西域史》,上海书店出版社 1989 年版。

张广达:《西域史地丛稿初编》,上海古籍出版社 1995 年版。

张锦鹏:《南宋交通史》,上海古籍出版社 2008 年版。

张进海:《新思维新视角——宁夏内陆开放型经济发展规划研究》,宁夏人民出版社 2011 年版。

张俊彦:《古代中国与西亚、非洲的海上往来》,海洋出版社 1986 年版。

张丽娟:《中亚地区民族问题与中国新疆民族关系》,社会科学文献出版社 2014 年版。

张维华:《中国古代对外关系史》,高等教育出版社 1993 年版。

张锡模:《圣战与文明:伊斯兰与西方的永恒冲突》,生活·读书·新知三联书店 2014 年版。

张星烺:《中西交通史料汇编》第 2—3 册,中华书局 2003 年版。

张绪山:《中国与拜占庭帝国关系研究》,中华书局 2012 年版。

张一平:《丝绸之路》,五洲传播出版社 2005 年版。

张永庆:《面向中亚:中国西北地区的向西开放》,宁夏人民出版社 1996 年版。
张志尧:《草原丝绸之路与中亚文明》,新疆美术摄影出版社 1994 年版。
张忠山:《中国丝绸之路货币》,兰州大学出版社 1999 年版。
章巽:《我国古代的海上交通》,商务印书馆 1986 年版。
赵常庆等:《中亚五国与中国西部大开发》,昆仑出版社 2004 年版。
赵常庆:《中国与中亚国家合作析论》,社会科学文献出版社 2012 年版。
赵丰:《唐代丝绸与丝绸之路》,三秦出版社 1992 年版。
赵华胜:《上海合作组织:评析与展望》,时事出版社 2012 年版。
赵华胜:《中国的中亚外交》,时事出版社 2008 年版。
(宋)赵汝适:《诸番志校释》,杨博文校释,中华书局 2000 年版。
郑羽:《中俄美在中亚:合作与竞争(1991—2007)》,社会科学文献出版社 2007 年版。
中国国际贸易促进委员会:《中国企业“走出去”发展报告(2011—2012)》,人民出版社 2013 年版。
中国人民大学国际货币研究所:《人民币国际化报告 2013:世界贸易格局变迁与人民币国际化》,中国人民大学出版社 2013 年版。
中国人民大学重阳金融研究院:《欧亚时代——丝绸之路经济带蓝皮 2014—2015》,中国经济出版社 2014 年版。
中国伊斯兰教协会:《中国伊斯兰教简志》,宗教文化出版社 2011 年版。
周飞舟:《以利为利:财政关系与地方政府行为》,上海三联书店 2012 年版。
周菁葆:《丝绸之路佛教文化研究》,新疆人民出版社 2010 年版。
(宋)周去非:《岭外代答校注》,杨武泉校注,中华书局 1999 年版。
周运中:《郑和下西洋新考》,中国社会科学出版社 2013 年版。
朱江:《海上丝绸之路的著名港口——扬州》,海洋出版社 1986 年版。
朱显平:《中国与中亚:国际区域能源及运输合作》,吉林人民出版社 2008 年版。
(宋)朱彧:《萍洲可谈》,中华书局 1985 年版。

三、中文期刊论文

安惠侯:《阿拉伯国家“向东看”政策评析》,载《阿拉伯世界研究》2011 年第 1 期,第 3—9 页。

陈沫:《中国与海湾合作委员会国家经济关系探析》,载《西亚非洲》2011 年第 8 期,第 24—37 页。

崔天凯:《推动建构中美新型大国关系》,载《求是》2014 年第 10 期,第 58—60 页。

崔天凯:《中美在亚太的良性互动》,载《国际问题研究》2012 年第 4 期,第 8—11 页。

戴志康:《“反剪刀差”时代的全球战略考量》,载《文化纵横》2013 年第 2 期,第 23—26 页。

邓浩:《中国与中亚国家关系:回眸与前瞻》,载《国际问题研究》2002 年第 3 期,第 7—12 页。

董小君:《中国下阶段产业转移的道路选择——基于产能国际转移日美两种模式的创新探索》,载《人民论坛·学术前沿》2013 年 12 月下,第 69—77 页。

冯璐璐:《21 世纪宁夏与海湾国家经贸关系研究》,载《阿拉伯世界研究》2010 年第 4 期,第 12—19 页。

高虎城:《从贸易大国迈向贸易强国》,载《人民日报》2014 年 3 月 2 日,第 7 版。

高虎城:《深化经贸合作　共创新的辉煌》,载《人民日报》2014 年 7 月 2 日,第 11 版。

葛壮:《义乌阿拉伯穆斯林的文化调适之剖析》,载《阿拉伯世界研究》2011 年第 6 期,第 60—66 页。

郭成美、沙宗平:《义乌阿拉伯商会的功能透视》,载《阿拉伯世界研究》2011 年第 6 期,第 67—71 页。

姜睿:《上海合作组织成员国金融合作:新进展与前景展望》,载《上海金融》2012 年第 8 期，第 35—39 页。

李金明：《唐代中国与阿拉伯海上交通航线考释》，载《广东社会科学》2011 年第 2 期，第 114—121 页。

李伟：《中国未来能源发展战略探析》，载《人民日报》2014 年 2 月 12 日，第 12 版。

李新：《人民币国际化：上海合作组织的金融合作》，载《学习与探索》2011 年第 1 期，第 158—161 页。

刘赐贵：《发展海洋合作伙伴关系推进 21 世纪海上丝绸之路建设的若干思考》，载《国际问题研究》2014 年第 4 期，第 1—8 页。

刘冬：《中国与海合会货物贸易的发展现状、问题及其应对》，载《阿拉伯世界研究》2012 年第 1 期，第 91—107 页。

刘欣如：《丝绸之路上佛教和伊斯兰教的传播》，载余太山、李锦绣：《丝瓷之路 I：古代中外关系史研究》，商务印书馆 2011 年版，第 67—91 页。

马文宽：《从考古资料看中国唐宋时期与伊斯兰世界的文化交流》，载中国社会科学院考古研究所《汉唐与边疆考古研究》编委会：《汉唐与边疆考古研究》（第一辑），科学出版社 1994 年版，第 231—249 页。

苗圩：《在全面深化改革中打造制造业强国》，载《求是》2014 年第 5 期，第 15—18 页。

牛军：《“告别冷战”：中国实现中苏关系正常化的历史含义》，载《历史研究》2008 年第 1 期，第 126—140 页。

盛光祖：《正在阔步前行的中国高铁》，载《求是》2014 年第 19 期，第 31—33 页。

施展：《世界历史视野下的非洲与中国》，载《文化纵横》2011 年第 4 期，第 24—30 页。

苏波：《向高端装备制造业强国登攀》，载《求是》2014 年第 13 期，第 51—53 页。

唐志超：《中阿新型伙伴关系持续快速发展》，载《西亚非洲》2009 年第 10 期，第 29—35 页。

田春荣:《2013 年中国石油和天然气进出口状况分析》,载《国际石油经济》2014 年第 3 期,第 29—41 页。

王承文:《论唐代岭南地区的金银生产及其影响》,载《中国史研究》2008 年第 3 期,第 45—66 页。

王湘穗:《倚陆向海:中国战略重心的再平衡》,载《现代国际关系》2010 年庆典特刊,第 54—64 页。

王毅:《加强论坛建设　打造中阿关系“升级版”》,载《人民日报》2014 年 6 月 4 日,第 21 版。

吴玉贵:《唐代西域羁縻府州建置年代及其与唐朝的关系》,载《新疆大学学报》1986 年第 1 期,第 55—61 页。

吴兆礼:《美国“新丝绸之路计划”探析》,载《现代国际关系》2012 年第 7 期,第 17—22 页。

吴征宇:《向“陆”还是向“洋”?——对〈高铁与中国 21 世纪大战略〉的再思考》,载《二十一世纪》2013 年 2 月号,第 106—113 页。

徐以骅、邹磊:《地缘宗教与中国对外战略》,载《国际问题研究》2013 年第 1 期,第 26—39 页。

叶德禄:《唐代胡商与珠宝》,载《辅仁学志》第 15 卷第 1、2 合期,1947 年。

于向东、施展:《全球贸易双循环结构与世界秩序—外交哲学对谈之四》,载《文化纵横》2013 年第 5 期,第 46—55 页。

余泳:《中国—海合会经贸合作的成果:挑战与前景》,载《阿拉伯世界研究》2011 年第 6 期,第 38—44 页。

张春贤:《奋力谱写新疆社会稳定和长治久安新篇章——深入学习贯彻第二次中央新疆工作座谈会精神》,载《求是》2014 年第 15 期,第 7—10 页。

张文木:《丝绸之路与中国西域安全——兼论中亚地区力量崛起的历史条件、规律及其因应战略》,载《世界政治与经济》2014 年第 3 期,第 4—27 页。

赵华胜:《后阿富汗战争时期的美国中亚外交展望》,载《国际问题研究》2014 年第 2 期,第 79—95 页。

赵华胜:《美国新丝绸之路战略探析》,载《新疆师范大学学报》(哲学社会科学版)2012 年第 6 期,第 15—24 页。

赵华胜:《浅评中俄美三大战略在中亚的共处》,载《国际观察》2014 年第 1 期,第 96—109 页。

赵华胜:《"丝绸之路经济带"的关注点及切入点》,载《新疆师范大学学报》(哲学社会科学版)2014 年第 3 期,第 27—35 页。

赵华胜:《中国崛起对俄罗斯是威胁吗?》,载《国际问题研究》2013 年第 2 期,第 20—36 页。

四、中文译著

[美]阿里吉、[日]滨下武志、[美]塞尔登:《东亚的复兴——以 500 年、150 年和 50 年为视角》,马援译,社会科学文献出版社 2006 年版。

[法]阿里·玛扎海里:《丝绸之路:中国—波斯文化交流史》,耿昇译,新疆人民出版社 2006 年版。

[美]爱德华·谢弗:《唐代的外来文明》,吴玉贵译,中国社会科学出版社 1995 年版。

[俄]巴托尔德:《蒙古入侵时期的突厥斯坦》,张锡彤、张广达译,上海古籍出版社 2007 年版。

[澳]贝哲民:《新丝绸之路:阿拉伯世界如何重新发现中国》,程仁桃译,东方出版社 2011 年版。

[美]彼得·伯格等:《世界的非世俗化:复兴的宗教及全球政治》,李骏康译,上海古籍出版社 2005 年版。

[法]布尔努瓦:《丝绸之路》,耿昇译,新疆人民出版社 1984 年版。

[德]布罗克尔曼:《伊斯兰教各民族与国家史》,孙硕人等译,商务印书馆 1985 年版。

[日]长泽和俊:《丝绸之路史研究》,钟美珠译,天津古籍出版社 1990 年版。

[法]费琅:《阿拉伯波斯突厥人东方文献辑注》,耿昇、穆根来译,中华书局 1989 年版。

[英]弗朗西斯·鲁滨逊:《剑桥插图伊斯兰世界史》,安维华、钱雪梅译,世界知识出版社 2005 年版。

[德]克林凯特:《丝绸古道上的文化》,赵崇民译,新疆美术摄影出版社 1994 年版。

[美]劳费尔:《中国伊朗编》,林筠因译,商务印书馆 1964 年版。

[阿拉伯]马苏第:《黄金草原》一、二卷,耿昇译,青海人民出版社 1998 年版。

穆根来等译:《中国印度见闻录》,中华书局 1983 年版。

[爱尔兰]赛弗林:《现代辛伯达航海记》,史春永、古明译,世界知识出版社 1988 年版。

[日]三上次男:《陶瓷之路》,李锡经、高善美译,文物出版社 1984 年版。

[日]桑原骘藏:《蒲寿庚考》,陈裕菁译,中华书局 1954 年版。

[日]桑原骘藏:《唐宋贸易港研究》,杨炼译,商务印书馆 1935 年版。

[日]桑原骘藏:《中国阿剌伯海上交通史》,冯攸译,商务印书馆 1934 年版。

[美]斯塔夫里阿诺斯:《全球通史——1500 年以前的世界》,吴象樱、梁赤民译,上海社会科学院出版社 1996 年版。

[瑞典]斯文·赫定:《丝绸之路》,江红、李佩娟译,新疆人民出版社 2010 年版。

[苏]威廉·巴托尔德:《中亚突厥史十二讲》,罗致平译,中国社会科学出版社 1984 年版。

[英]威廉·穆尔:《阿拉伯帝国》,周术情等译,青海人民出版社 2006 年版。

[美]希提:《阿拉伯通史》,马坚译,商务印书馆 1979 年版。

[摩洛哥]伊本·白图泰:《伊本·白图泰游记》,马金鹏译,宁夏人民出版社 1985 年版。

[阿拉伯]伊本·胡尔达兹比赫:《道里邦国志》,宋岘译注,中华书局 1991 年版。

[日]羽田正:《"伊斯兰世界"概念的形成》,刘玉娇、朱莉丽译,上海古籍出版社 2012 年版。

[日]羽溪了谛:《西域之佛教》,贺昌群译,商务印书馆 1999 年版。

[法]张日铭:《唐代中国与大食穆斯林》,姚继德、沙德珍译,宁夏人民出版社 2002 年版。

五、英文著作

Al-Tamimi, Naser. *China-Saudi Arabia Relations, 1990—2012: Marriage of Convenience or Strategic Alliance?* New York: Routledge, 2013.

Alterman, Jon B., and, John W.Garver. *The Vital Triangle: China, the United States, and the Middle East*. Washington, D.C.: Center for Strategic and International Studies, 2008.

Andrews-Speed, Philip, and Roland Dannreuther. *China, Oil and Global Politics*. New York: Routledge, 2011.

Asian Development Bank Institute. *Infrastructure for a Seamless Asia*. Tokyo: Asian Development Bank Institute, 2009.

Aziz, Zeti Akhtar et al. *Islamic Finance: Global Trends and Challenges*. Washington, D.C.: National Bureau of Asian Research, 2008.

Bentley, Jerry H. *Old World Encounters: Cross-cultural Contacts and Exchanges in Pre-modern Times*. New York: Oxford University Press, 1993.

Bhattacharyay, Biswa N., Masahiro Kawai, and Rajat Nag, eds. *Infrastructure for Asian Connectivity*. Cheltenham, UK: Edward Elgar Publishing, 2012.

Boulnois, Luce, and Bradley Mayhew. *Silk Road: Monks, Warriors and Merchants*. Hong Kong: Odyssey Books & Guides, 2012.

Calabrese, John. *China's Changing Relations with the Middle East*. London: Pinter, 1991.

Calder, Kent E. *The New Continentalism: Energy and Twenty-First-Century Eurasian Geopolitics*. New Haven: Yale Press, 2012.

Carter, Hannah, and Anoushiravan Ehteshami, eds. *The Middle East's Relations with Asia and Russia*, New York: Routledge Curzon, 2004.

Chen, Gang, and Ryan Clarke. *China's Intensified Energy Engagement in the Middle East*. Singapore: National University of Singapore, 2010.

Clarke, Michael E. *Xinjiang and China's Rise in Central Asia, 1949—2009: A History*. New York: Routledge, 2011.

Cordesman, Anthony H., and Sam Khazai. *Iraq After US Withdrawal: US Policy and the Iraqi Search for Security and Stability*. Washington, D. C.: Center for Strategic and International Studies, 2012.

——. *Iraq in Crisis*. Washington, D. C.: Center for Strategic and International Studies, 2014.

——. *Shaping Iraq's Security Forces*. Washington, D. C.: Center for Strategic and International Studies, 2014.

Crews, Robert D., and Amin Tarzi, eds. *The Taliban and the Crisis of Afghanistan*. Cambridge, MA: Harvard University Press, 2008.

Currier, Carrie Liu, and Manochehr Dorraj. *China's Energy Relations with the Developing World*. New York: Continuum, 2011.

Curtin, Philip D. *Cross-Cultural Trade in World History*. New York: Cambridge University Press, 1984.

Davidson, Christopher. *The Persian Gulf and Pacific Asia: From Indifference to Interdependence*. London: Hurst & Co., 2010.

Davis, Elizabeth V., and Rouben Azizian. *Islam, Oil and Geopolitics: Central Asia after September 11*. Lanham, MD: Rowman & Littlefield Publishers, 2007.

Dillon, Michael. *Xinjiang: China's Muslim Far Northwest*. New York: Routledge Curzon, 2004.

Downs, Erica S. *Inside China, Inc: China Development Bank's Cross-Border Energy Deals*. Washington, D.C.: John L. Thornton China

Center at Brookings Institute, March 2011.

Economist Intelligence Unit. *Near East Meets Far East: The Rise of Gulf Investment in Asia*. New York: The Economist Group, 2007.

Eisenman, Joshuaet al., eds. *China and the Developing World: Beijing's Strategy for The Twenty-first Century*. Armonk, N. Y.: M. E. Sharpe, 2007.

Elisseeff, Vadime ed. *The Silk Roads: Highways of Culture and Commerce*. New York: Berghahn Books, 2000.

Elverskog, Johan. *Buddhism and Islam on the Silk Road*. Philadelphia: University of Pennsylvania Press, 2010.

Ernst & Young. *World Islamic Banking Competitiveness Report 2011—2012*, 2011.

——. *World Islamic Banking Competitiveness Report 2012—2013*, 2012.

Esposito, John L. et al. *Asian Islam in the 21st Century*. New York: Oxford University Press, 2008.

Foltz, Richard C. *Religions of the Silk Road: Overland Trade and Cultural Exchange from Antiquity to the Fifteenth Century*. New York: St.Martin's Press, 1999.

——. *Religions of the Silk Road: Premodern Patterns of Globalization*. New York: Palgrave Macmillan, 2010.

Hamilton, Carl. *The New Silk Road to Europe: New Directions for Old Trade*, Adelaide: Centre for International Economic Studies, 1989.

Hansen, Valerie. *The Silk Road: A New History*. New York: Oxford University Press, 2012.

Harold, Scott, and Alireza Nader. *China and Iran: Economic, Political, and Military Relations*. Arlington, VA: RAND Corporation, 2012.

Harris, Lillian C. *China Considers the Middle East*. New York: I. B. Tauris, 1993.

Hedin, Sven. *The Silk Road: Ten Thousand Miles through Central Asia*. London: Tauris Parke Paperbacks, 2009.

Henry, Clement M., and Rodney Wilson. *The Politics of Islamic Finance*. Edinburgh: Edinburgh University Press, 2004.

Herberg, Mikkal E. et al. *The New Energy Silk Road: The Growing Asia-Middle East Energy Nexus*. Washington, D.C.: The National Bureau of Asian Research, 2009.

Hickey, Dennis and Baogang Guo, eds. *Dancing with the Dragon: China's Emergence in the Developing World*. Lanham, MD: Rowman & Littlefield-Lexington Books, 2010.

Johnson, Rob. *Oil, Islam and Conflict: Central Asia Since 1945*. London: Reaktion Books, 2007.

Karagiannis, Emmanuel. *Political Islam in Central Asia: The Challenge of Hizbut-Tahrir*. New York: Routledge, 2010.

Karrar, Hasan H. *The New Silk Road Diplomacy: China's Central Asian Foreign Policy Since the Cold War*. Vancouver: University of British Columbia Press, 2009.

Kemp, Geoffrey, and Abdulaziz Sager, eds. *China's Growing Role in the Middle East: Implications for the Region and Beyond*. Washington, D.C.: The Nixon Center, 2010.

Kemp, Geoffrey. *The East Moves West: India, China, and Asia's Growing Presence in the Middle East*. Washington, D.C.: Brookings Institution Press, 2010.

Khan, Riaz Mohammad. *Afghanistan and Pakistan: Conflict, Extremism, and Resistance to Modernity*. Baltimore: Johns Hopkins University Press, 2011.

Kim, Hodong. *Holy War in China: The Muslim Rebellion and State in Chinese Central Asia, 1864—1877*. Stanford, Calif.: Stanford

University Press, 2004.

Levathes, Louis. *When China Ruled the Seas: The Treasure Fleet of the Dragon Throne, 1405—1433*. New York: Oxford University Press, 1996.

Lin, Christina. *The New Silk Road: China's Energy Strategy in the Greater Middle East*. Washington, D.C.: Washington Institute for Near East Policy, 2011.

Liu, Xinru. *Connections across Eurasia: Transportation, Communication, and Cultural Exchange on the Silk Roads*. Boston: McGraw-Hill, 2007.

——. *The Silk Road in World History*. New York: Oxford University Press, 2010.

Mackerras, Colin, and Michael Clarke, eds. *China, Xinjiang and Central Asia: History, Transition and Crossborder Interaction into the 21st Century*. New York: Routledge, 2009.

Marketos, Thrassy N. *China's Energy Geopolitics: The Shanghai Cooperation Organization and Central Asia*. New York: Routledge, 2009.

McGiffer, Carola, ed. *Chinese Soft Power and Its Implications for the United States: Competition and Cooperation in the Developing World*. Washington D. C.: Center for Strategic and International Studies, 2009.

McKinsey Global Institute. *The New Power Brokers: How Oil, Asia, Hedge Funds, and Private Equity Are Shaping Global Capital Markets*. 2007.

Mehden, Fred R. *Two Worlds of Islam: Interaction between Southeast Asia and the Middle East*. Gainesville: University Press of Florida, 1993.

Millward, James A. *Eurasian Crossroads: A History of Xinjiang*, New York: Columbia University Press, 2007.

——. *The Silk Road: A Very Short Introduction*. New York: Oxford University Press, 2013.

Misra, Ashutosh, and Michael E. Clarke, eds. *Pakistan's Stability Paradox: Domestic, Regional and International Dimensions*. New York: Routledge, 2012.

Mufti, Mariam. *Religion and Militancy in Pakistan and Afghanistan*. Washington, D.C.: Center for Strategic and International Studies, 2012.

Olcott, M.Brill. *Roots of Radical Islam in Central Asia*. Washington, D.C.:Carnegie Endowment for International Peace, 2007.

Olimat, Muhamad S. *China and the Middle East: From Silk Road to Arab Spring*. New York: Routledge, 2012.

Pigato, Miria. *Strengthening China's and India's Trade and Investment Ties to the Middle East and North Africa*. Washington, D. C. : World Bank, 2009.

Rashid, Ahmed. *Descent into Chaos: The US and the Disaster in Pakistan, Afghanistan, and Central Asia*. New York: Viking, 2008.

Rashid, Ahmed. *Taliban: Militant Islam, Oil, and Fundamentalism in Central Asia*. New Haven: Yale University Press, 2001.

Rehman, Aamir A. *Gulf Capital and Islamic Finance: The Rise of New Global Players*. New York: McGraw-Hill, 2010.

Rumer, Eugene, Dmitri Trenin, and Huasheng Zhao. *Central Asia: Views from Washington, Moscow, and Beijing*. Armonk, New York: M.E.Sharpe. 2007.

Ruthven, Malise. *Historical Atlas of the Islamic World*. Cambridge, MA: Harvard University Press, 2004.

Sanderson, Henry, and Michael Forsythe. *China's Superbank: Debt, Oil and Influence-How China Development Bank is Rewriting the Rules of Finance*. Singapore: WILEY, 2013.

Shambaugh, David, ed. *Tangled Titans: The United States and China*. New York: Rowman & Littlefield Publishers, 2012.

Shen, Simon, and Jean-Marc Blanchard, eds. *Multidimensional Diplomacy of Contemporary China*. Lanham, MD: Lexington, 2010.

Simpfendorfer, Ben. *The New Silk Road: How A Rising Arab World is Turning Away from the West and Rediscovering China*. New York: Palgrave Macmillan, 2009.

Smith, Martin. *State of Strife: The Dynamics of Ethnic Conflict in Burma*. Singapore: Institute of Southeast Asian Studies, 2007.

South, Ashley. *Ethnic Politics in Burma: States of Conflict*. New York: Routledge, 2008.

Starr, S. Frederick. *Xinjiang: China's Muslim Borderlands*, Armonk, New York: M.E.Sharpe, 2004.

——. *The New Silk Roads: Transport and Trade in Greater Central Asia. Washington*, D.C.: Johns Hopkins University, 2007.

Wakefield, Bryce, and Susan L. Levenstein, eds. *China and the Persian Gulf: Implications for the United States*. Washington, D. C.: Woodrow Wilson International Center for Scholars, 2011.

Whitfield, Susan, and Ursula Sims-Williams. *The Silk Road: Trade, Travel, War and Faith*. Chicago: Serindia Publications, 2004.

Zhao, Huasheng. *China and Afghanistan: China's Interests, Stances, and Perspectives*. Washington, D. C.: Center for Strategic and International Studies, 2012.

六、英文期刊论文

Abdel-Khalek, Gouda, and K. Korayem. “The Impact of China on the Middle East.” *Journal of Developing Societies*, vol.23, no.4(2007), pp.397—434.

Alterman, Jon B. “China's Balancing Act in the Gulf.” *Gulf Analysis Paper*, August 2013, pp.1—8.

Armijo, Jaqueline M., and Lina M. Kassem. "Turning East: The Social and Cultural Implications of the Gulf's Increasingly Strong Economic and Strategic Relations with China." *Singapore Middle East Papers*, vol.1(2012), pp.22—45.

Barton, Dominic et. al. "The New Silk Road: Opportunities for Asia and the Gulf." *The McKinsey Quarterly*, July 2006, pp.1—2.

Barzegar, Kayhan. "Iran and The Shitte Crescent: Myths and Realities." *The Brown Journal of World Affairs*, vol.15, issue 1(Fall/Winter 2008), pp.87—99.

Boer, Kito de et al. "Investing the Gulf's Oil Profits Windfall." *The McKinsey Quarterly*, May 2008, pp.1—5.

Christoffersen, Gaye. "Xinjiang and the Great Islamic Circle: The Impact of Transnational Forces on Chinese Regional Economic Planning." *The China Quarterly*, vol.133(March 1993), pp.130—151.

Chung, Chien-peng. "The Shanghai Co-operation Organization: China's Changing Influence in Central Asia." *The China Quarterly*, vol.180 (December 2004), pp.989—1009.

Cole, Juan. "A 'Shiite Crescent'?: The Regional Impact of the Iraq War." *Current History*, January 2006, pp.20—26.

Das, Sanchita Basu, and Catherine Rose James. "Addressing Infrastructure Financing in Asia." *ISEAS Perspective* (Singpore), no.27(May 2013), pp.1—15.

Dorian, James P. et. al. "Central Asia and Xinjiang, China: Emerging Energy, Economic and Ethnic Relations." *Central Asian Survey*, vol.16, issue 4(1997):461—486.

Dorraj, Manochehr, and James English. "China's Strategy for Energy Acquisition in the Middle East: Potential for Conflict and Cooperation with the United States." *Asian Politics and Policy*, vol.14, issue 2

(April 2012), pp.173—191.

Douglas, John K., Matthew B. Nelson and Kevin L. Schwartz. "Rising in the Gulf: How China's Energy Demands Are Transforming the Middle East." *Al Nakhlah*, Spring 2007, pp.1—15.

Friedberg, Aaron L. "'Going Out': China's Pursuit of Natural Resources and Implications for the PRC's Grand Strategy." *NBR Analysis*, vol.17, no.3(2006), pp.5—34.

Glain, Stephen. "The Modern Silk Road." *Newsweek*, May 26/June 2 (2008), pp.32—33.

Haider, Ziad. "Sino-Pakistan Relations and Xinjiang's Uighurs: Politics, Trdae and Islam along the Karakoram Highway." *Asian Survey*, vol.45, no.4(July/August 2005), pp.522—545.

Harris, Lillian C. "Xinjiang, Central Asia and the Implications for China's Policy in the Islamic World." *The China Quarterly*, no.133(March 1993), pp.111—129.

Jin, Liangxiang. "Energy First: China and the Middle East." *Middle East Quarterly*, vol.12, no.2(Spring 2005), pp.3—10.

Leverett, Flynt, and Jeffrey Bader. "Managing China-U. S. Energy Competition in the Middle East." *The Washington Quarterly*, vol.29, no.1(Winter 2005—06), pp.187—201.

Liao, Janet Xuanli. "A Silk Road for Oil: Sino-Kazakh Energy Diplomacy." *The Brown Journal of World Affairs*, vol.12, issue 2 (Winter/Spring 2006), pp.39—51.

Liu, Xinru. "A Silk Road Legacy: The Spread of Buddhism and Islam." *Journal of World History*, vol.22, no.1(March 2011), pp.55—81.

Marantidou, Virginia."Revisiting China's 'String of Pearls' Strategy: Places 'with Chinese Characteristics' and Their Security Implications." *Issues&Insights*, vol.14, no.7(June 2014), pp.1—39.

Miller, Paul D. "The Fading Arab Oil Empire." *The National Interest*, July/August 2012, pp.38—43.

Olimat, Muhamad S. "The Political Economy of the Sino-Middle Eastern Relations." *Journal of Chinese Political Science*, vo. 15, issue 3 (September 2010), pp.307—335.

Ong, Russell. "China's Security Interests in Central Asia." *Central Asian Survey*, vol.24, no.4 (2005), pp.425—439.

Pantucci, Raffaello, and Alexandros Petersen. "China's Inadvertent Empire." *The National Interest*, November/December 2012, pp.30—39.

Pew Research Center's Forum on Religion & Public Life. *The Future of the Global Muslim Population: Projections for 2010—2030*. January 27, 2011.

Pham J.Peter. "China's 'Surge' in the Middle East and Its Implications for U.S. Interests." *American Foreign Policy Interests*, vol. 31, no. 3 (2009), pp.177—193.

Sheives, Kevin. "China Turns West: Beijing's Contemporary Strategy Towards Central Asia." *Pacific Affairs*, vol. 79, no. 2 (Summer 2006), pp.205—224.

Ziegler, Charles E. "The Energy Factor in China's Foreign Policy." *Journal of Chinese Political Science*, vol.11, issue 1(Spring 2006), pp.1—23.

Zweig, David, and Bi Jianhai. "China's Global Hunt for Energy." *Foreign Affairs*, vol.84, no.5(Sep.—Oct., 2005), pp.25—38.

后　记

现在呈现在读者面前的这本书，系根据我的博士论文修改而成。2013 年 5 月，《中国与伊斯兰世界"新丝绸之路"的兴起》一文通过答辩，为我在复旦大学国际政治系九年的求学生涯画上了句号。毕业以后，我一度离开了国际关系研究领域，也从未预料到这篇论文还会有重生乃至付梓刊行的一天。随着"一带一路"倡议的提出，在诸多师友的鼓励下，我对论文进行了重大修改。历时大半年的反复打磨，工作量绝不亚于重新创作一篇博士论文。毫不夸张地说，"一带一路"在某种程度上改变了我的人生轨迹，我也第一次强烈感受到了个人命运与大时代之间的紧密关系。

我曾先后对西方政治思想、近现代中国政治外交史、冷战史、中国企业"走出去"、"三农"问题等抱有浓厚的兴趣，可惜皆只是泛泛涉猎，无一专精。我也一度试图能够在历史学与国际关系之间走一条中间道路，也始终为如何能学以致用而困惑，到头来却成了如今的不伦不类。相较于那些早早在国际关系某一领域有所建树的同龄人而言，过于驳杂而分散的学术兴趣使得我迄今为止并没有多少可以拿得出手的所谓学术成果。

本书得以完成，首先要感谢导师徐以骅教授。徐老师具有很强的学术敏感性，且善于进行"顶层设计"，师门同侪也都受惠于徐老师的各种顶级题目而始终走在该领域学术前沿。平心而论，若非当初徐老师独具慧眼建议我研究"新丝绸之路"，也绝不会有今天本书的问世。相识近 10 年来，徐老师始终以其润物细无声的方式在做人、做事、治学上给予教导。

衷心感谢我的硕士导师俞沂暄老师。俞老师学养深厚、人品贵重，从指导我的本科毕业论文至今，无论是学业、择业还是生活中遇到的各种问题，我总能在第一时间得到她热情而耐心的帮助。所谓良师益友，大概如是。本书的许多思路都直接源于俞老师，若没有她不厌其烦的指点，我很难想象能顺利完成。

感谢复旦大学陈志敏教授、沈丁立教授、潘忠岐教授、苏长和教授，他们都曾以不同的形式对我的博士论文提出了坦率的意见和建议，并在我求学过程中给予热情鼓励。感谢国政系丁常昕师兄和上海外国语大学熊文驰老师近10年来的无私帮助，每念及此，总让人备感温暖。感谢台湾政治大学历史系唐启华教授，我曾有幸在政大选修唐老师的外交史课程，并在此后长期得到他的悉心指点，不仅向我传授知识，更与我分享人生经验。唐老师曾鼓励我可以将中国外交史、国际关系理论和国际法三者相结合，亦不时将其尚未发表的最新研究成果供我参考，然而，我始终没有像样的研究成果作为回馈。如今，随着中国外交史研究的学术理想愈发遥远，想到唐老师曾经的殷切期望便觉得惭愧。

在我求学、写作的过程中，我的同学贺嘉洁、姜璐、徐炜君、王铸成、左希迎等，以及我的朋友宋越、王盈等都给予我很多启发。复旦大学9年是我人生中最青涩而珍贵的时光，能与不同时期的同学共同成长，实在是人生的一大幸事。同一师门的涂怡超、秦倩、黄平、刘骞、章志萍、贾付强、何健宇、刘倩洁、杜旭赟、冯羽婷、田艺琼等兄弟姐妹皆曾给予我大量的帮助和关照，深情厚谊一直持续到今天。

本书出版得到了徐以骅教授所主持智库的资助。作为本书的责任编辑，我的同门师妹史美林付出了大量的心血，没有她的辛劳工作，便没有本书的早日问世。《华东科技》杂志社的张婷帮助我处理了本书的图表，在此一并致谢。

博士毕业以后，由于机缘巧合，我曾有将近一年的时光在上海市科技委从事科技政策研究工作。这段特别的经历大大拓宽了我的眼界，不仅使我得以短暂跳脱出国际关系乃至学术研究的窠臼，也给我的工作、研究和生活带来了全新的契机。我也感谢目前任职的上海市委党校发展研究院，校领导尤其是鞠立新教授的大力支持，以及相对宽松的工作环境是本书得以顺利完成的重要前提。

最后,我要感谢我最亲爱的父母和家人。正是他们的默默支持,使我得以顺利完成漫长的学业和写作。

由于学力不逮和时间所限,本书的不足有目共睹。若曾有过一二创见,也早已因实效之故而变得稀松平常。随着"一带一路"研究渐成显学,诚惶诚恐之心日甚。唯一值得欣慰的是,我对完成本书的态度始终认真而真诚,称之为"用心之作"似乎可以成立。我也由衷期待着能得到更多方家和读者的批评、指正,敬请您发函至 leizou10@163.com 赐教!

邹　磊

2014 年 9 月 10 日于沪郊

图书在版编目(CIP)数据

中国"一带一路"战略的政治经济学/邹磊著.—上海:上海人民出版社,2015
(宗教与中国国家安全和对外战略论丛)
ISBN 978-7-208-12784-5

Ⅰ.①中… Ⅱ.①邹… Ⅲ.①政治经济学-研究-中国 Ⅳ.①F0

中国版本图书馆CIP数据核字(2015)第022740号

责任编辑 史美林
封面装帧 楚 门

·宗教与中国国家安全和对外战略论丛·
中国"一带一路"战略的政治经济学
邹 磊 著
世 纪 出 版 集 团
上海人民出版社出版
(200001 上海福建中路193号 www.ewen.co)
世纪出版集团发行中心发行 上海商务联西印刷有限公司印刷
开本635×965 1/16 印张22.75 插页4 字数309,000
2015年2月第1版 2016年3月第3次印刷
ISBN 978-7-208-12784-5/D·2623
定价 60.00元